- 全流程的规划实操
- 市长必备决策宝典
- 政府前瞻规划辅导

全流程规划

吴维海 著

中国计划出版社

图书在版编目（CIP）数据

全流程规划 / 吴维海著. -- 北京 : 中国计划出版社，2016.4
ISBN 978-7-5182-0374-1

Ⅰ. ①全… Ⅱ. ①吴… Ⅲ. ①经济规划—研究—中国 Ⅳ. ①F123

中国版本图书馆CIP数据核字(2016)第047957号

全流程规划
吴维海 著

中国计划出版社出版
网址：www.jhpress.com
地址：北京市西城区木樨地北里甲11号国宏大厦C座3层
邮政编码：100038 电话：(010) 63906433 (发行部)
北京天宇星印刷厂印刷

787mm×1092mm 1/16 26.5 印张 431 千字
2016年4月第1版 2016年4月第1次印刷

ISBN 978-7-5182-0374-1
定价：79.00元

序

规划是国民经济发展的基础,也是一个国家或地区管理水平的重要体现。党中央、国务院高度重视政府规划编制与管理工作。

“全流程规划”是我国规划领域的创新性研究，它是宏观环境、资源的输入、聚集、整合、提升、优化和调整的动态过程，也是一个国家、产业园或企业管理的最高境界，是一个反复循环、螺旋上升、持续优化的系统工程。它高度融合了我国经济新常态，体现了较强的体系性和实践性。

吴维海博士总结提炼了许多规划案例和课题实践，深刻理解十八大、十八届五中全会精神，全面把握发展改革委、工业和信息化部、住房城乡建设部、环境保护部、科技部等改革精神，在我国学术界和管理界首次创新性地提出了包括规划编制、执行、评估和调整等全流程的新思路、新框架，值得各级政府、学者、教授和高校研究生关注、借鉴、研究和实践应用。同时，对于企业战略管理也有很好的借鉴作用。

本专著对宏观环境、产业基础、规划编制、规划执行、规划评估、规划调整、产业园规划、专项规划等进行了模型构建与案例剖析，理论联系实际，循序渐进，为地方政府、城市、园区和企业家提供了系统、前瞻、科学、实操的规划决策与管理辅导。

本专著对于推动各地“多规合一”改革，提升地方经济、企业管理、城市治理、生态文明、资源配置、产业优化和改善民生，具有较好的指导和实践参考。

特此推荐。

中国国际经济交流中心副理事长、中央政策研究室原副主任 郑新立

二零一五年十二月八日

目录

第一章　规划宏观环境

一、全球宏观形势

（一）全球政治形势

全球政治形势错综复杂。美国推动亚太再平衡和经济上对中国的竞争和战略布局。

2011 年 11 月，美国总统奥巴马在亚太经济合作组织（APEC）非正式首脑会议上提出亚太“再平衡”战略。亚太再平衡战略包括两个含义，一是战略要点从欧洲、中东和阿富汗转移，二是在亚洲各国间存在领土争端背景下，美国实现对东南亚盟友的防务承诺。

亚太再平衡战略的研究要点包括：

一是欧亚地区战略的平衡，亚洲是美国的战略重点，美国将加强在太平洋地区的军事存在，将更大比例的部队部署在该地区。

二是军事战略的平衡，更加注重海军和空军，到 2020 年前，美国将 60% 的战舰部署在太平洋；大部分巡洋舰、驱逐舰、潜艇与濒海战斗舰部署在太平洋，航空母舰数量增加到 6 艘，在太平洋部署更先进的高科技潜艇与战舰，以及新的电子战设备与通讯系统。

三是部署方式的平衡，美国与日本等盟友和伙伴国协作，通过接受临时任务，参加联合军演、训练和行动，确保伙伴国提供港口、机场和其他设施供其使用。

在各种“平衡”之外，美国推动扩军与加强美亚经贸关系之间的 “再平衡”。加大与日本、菲律宾、澳大利亚等国家的军事联盟，挑起中国南海的领土争端，分散中国的军事力量和经济发展力量。

美国积极实施 TPP 战略，推动亚洲市场开放，为国内经济复苏寻求动力源泉，积极强化对亚洲区域合作的控制权，削弱中国经济影响力及在区域经济合作中的号召力。

欧洲国家近年来面临经济下滑、恐怖组织袭击、叙利亚难民潮等多重压力，乌克兰危机导致俄罗斯和美国、欧盟之间的关系恶化。叙利亚难民潮和IS对法国恐怖袭击一定程度上加强了法国与俄罗斯在打击恐怖组织方面的军事合作，美国与欧盟在难民潮、金融政策等方面存在政策和利益冲突。中国和日本、菲律宾、越南等国家存在领土争端和经济的合作与竞争。非洲、南美洲等国家政治和军事形势发生新的变化，中非合作更加紧密。全球政治军事形势更加复杂多变。

（二）全球经济形势

近几年，全球经济增长速度整体下滑、经济复苏脆弱且不均衡，全球经济结构调整非常困难，整体没有明显复苏，全球失业率偏高，各大洲之间、各国之间的贫富差距扩大。2015 年美国、日本等主要发达经济体就业状况有所改善，但失业率处于较高水平，将影响私人消费和内需带动经济增长动力。

美国货币政策产生了溢出效应，发达国家货币政策分化，新兴市场国家经济增速放缓，原油价格持续暴跌，俄罗斯遭到西方制裁，中国一带一路和亚投行战略启动，国际经济形势变幻莫测。欧洲、南美洲、瑞士等国家财政资金紧张，被 IMF 要求继续削减债务。英国特别是美国升息的外溢作用巨大，欧元区逼近通缩希腊，“退欧”和欧洲主权债务危机风险升高，地缘政治风险，西亚、北非其他国家出现政局动荡等。IMF 预计，2015 年美国、欧元区、日本政府债务率仍将分别高达 105.1%、96.1% 和 245.5%。

全球央行货币政策失衡的矛盾尖锐，主要风险是美元升值趋势增加，大宗商品价格继续低迷，通缩压力加大。美元升值导致国际资本回流，给全球金融市场和世界经济复苏增加了不确定性。热钱从新兴市场回流美国，致使美国股市再度创下历史新高。

国际石油价格整体持续下跌，使得俄罗斯和委内瑞拉等严重依赖石油出口的国家和地区遭受了经济的沉重打击，增添了政治动荡的可能性，油价持续走低加剧了金融风险，对世界经济带来了冲击。

2015 年，国际贸易环境没有明显改善。全球经济脆弱，地缘政治风险加大，大宗商品价格和美元汇率大幅震荡，成为贸易发展的不稳定因素。

IMF 预测，2015 年按照 PPP 计算的世界经济增长率为 3.8%。亚洲经济温和增长成新常态：2015，亚洲新兴经济的增长受到石油价格下跌与美国退出量化宽松政策的影响。

在全球宏观经济疲软态势下，中国经济结构出现重大分化，低迷中存在繁荣，转型中存在新生机和新动力，结构性调整深化。从供给角度看，受到工业萧条的影响，国内第二产业回落幅度加大，第三产业逆势上扬，增长强劲。从总需求看，国内需求呈现疲软态势，投资和出口增速回落明显。国内产能过剩、消费市场疲软和投资总量不足的问题突出，供应侧管理成为我国经济结构调整的新策略。

二、中国经济形势

（一）中国梦

习近平总书记指出，中国梦的本质和内涵是“国家富强、民族振兴、人民幸福”。“中国梦”具有鲜明的中国特色、时代特色、大众特色，是新一届中央领导集体对全体人民的庄严承诺，是执政党和国家面向未来的政治宣言。

习近平总书记明确指出，实现“中国梦”必须走中国道路，必须弘扬中国精神，必须凝聚中国力量。习近平总书记的重要论述，深刻阐释了“中国梦”的本质和内涵，阐释了国家、民族、个人三者在实现“中国梦”过程中相互依赖、相互依存的辩证统一关系，指明了中国未来的发展道路，这对中央政府和地方政府的职能实施、工作重心转移和规划定位等，提出了全新的、更高的基本要求。

如何立足国富民强、人民幸福的执政理念，科学规划，勤政为民，是各级政府需要研究和探索的重要任务。

（二）经济新常态

亚太经合组织（APEC）工商领导人峰会上，习近平总书记发表《谋求持久发展，共筑亚太梦想》的主旨演讲，阐述了什么是经济新常态、新常态的新机遇、怎么适应新常态等关键点。

习近平总书记总结了中国经济呈现出新常态的主要特点是：速度——

“从高速增长转为中高速增长”，结构——“经济结构不断优化升级”，动力——“从要素驱动、投资驱动转向创新驱动”。同时，指出了新常态将给中国带来新的发展机遇，包括：

(1) 经济增速虽然放缓，实际增量依然可观。即使7%左右的GDP增速，无论是速度还是体量，在全球也名列前茅。

(2) 经济增长更趋平稳，增长动力更为多元。以目前确定的战略和拥有的政策储备，有信心、有能力应对各种可能出现的风险。国家正在协同推进新型工业化、信息化、城镇化、农业现代化，有利于化解各种“成长的烦恼”。中国经济更多依赖国内消费需求拉动，避免依赖出口的外部风险。

(3) 经济结构优化升级，发展前景更加稳定。以前三季消费对经济增长的贡献率超过投资、服务业增加值占比超过第二产业、高新技术产业和装备制造业增速高于工业平均增速、单位GDP能耗下降等数据为例，表明中国经济结构“质量更好，结构更优”。

(4) 政府大力简政放权，市场活力进一步释放。由于改革了企业登记制度，2014年前3季度新增企业数量较去年增长60%以上。

习近平总书记关于经济“新常态”特征，给中央政府和地方政府职能转变和规划目标确定、产业选择等注入了新的元素和指针。

“十二五”时期，我国经济存在的主要问题：

结构优化升级进展缓慢：高增长主要靠固定资产投资超常增长支撑，相当部分投资集中在基础设施、房地产和部分产能过剩领域，积累了较大债务风险。产业优化升级进展缓慢。钢铁、水泥、电解铝、平板玻璃和船舶等行业产能过剩严重，光伏等新兴行业的产能利用率只有30%—50%。技术进步和人力资本对经济增长的贡献不高，城乡分割、区域分割的体制机制尚未根本破除。

环境污染形势严峻：环境风险日益突出，突发环境事件处于高发期，环境应急能力不足，环境质量改善与人民群众的期待差距较大。全国有60%左右的城市空气质量不能达标，灰霾现象和雾霾天气在局部地区频繁出现且日趋严重。

财政金融风险增大：地方政府性债务扩张较快、财政金融风险加大等，部分地区政府性债务规模过大。大量债务集中在收益水平低且回收期长的基础设施、产能严重过剩产业和房地产领域，资金周转速度和使用效率下降。

（三）国家战略

1．一带一路战略

“一带一路”分别指丝绸之路经济带和21世纪海上丝绸之路。初步估算，“一带一路”沿线总人口约44亿，经济总量约21万亿美元，分别约占全球的63%和29%。根据“一带一路”走向，陆上依托国际大通道，以沿线中心城市为支撑，以重点经贸产业园区为合作平台，共同打造新亚欧大陆桥、中蒙俄、中国—中亚—西亚、中国—中南半岛等国际经济合作走廊；海上以重点港口为节点，共同建设通畅安全高效的运输大通道。以政策沟通、设施联通、贸易畅通、货币融通、民心相通为研究要点。

“一带一路”战略具体包括以下线路：新亚欧陆桥经济带（西北方向）：通过新的亚欧大陆桥向西通过新疆连接哈萨克斯坦及其中亚、西亚、中东欧等国家，发挥新疆独特的区位优势和向西开放重要窗口作用，打造丝绸之路经济带核心区。

中蒙俄经济带（东北方向）：连接东三省，向东可以抵达绥芬河、海参崴出海口，向西到俄罗斯赤塔通过老亚欧大陆桥抵达欧洲。现已开通“津满欧”、“苏满欧”、“粤满欧”、“沈满欧”等“中俄欧”铁路国际货物班列，并基本实现常态化运营。

中国—南亚—西亚经济带（西南方向）：通过云南、广西连接巴基斯坦、印度、缅甸、泰国、老挝、柬埔寨、马来西亚、越南、新加坡等国家；通过亚欧陆桥的南线分支连接巴基斯坦、阿富汗、伊朗、土耳其等国家。

海上丝绸之路经济带（南路）：福建为核心区，通过环渤海、长三角、海峡西岸、珠三角等地区的港口、滨海地带和岛屿共同连接太平洋、印度洋等沿岸国家或地区。

2．京津冀协同发展战略

京津冀协同发展核心是区域总人口超过1亿、土地面积21.6万平方公里的京津冀三地作为整体协同发展，以疏解非首都核心功能、解决北京“大城市病”为出发点，调整优化城市布局和空间结构，构建现代化交通网络系统，扩大环境容量生态空间，推进产业升级转移，推动公共服务共建共享，加快市场一体化进程，打造现代化新型首都圈，努力形成京津冀目标同向、措施一体、优势互补、互利共赢的协同发展新格局。

习近平提出京津冀协同发展的 7 点要求：一是加强顶层设计，明确三地功能定位、产业分工、城市布局、设施配套、综合交通体系等重大问题，并从财政政策、投资政策、项目安排等方面形成具体措施。二是加大对协同发展的推动。三是加快推进产业对接协作，理顺三地产业发展链条，形成区域间产业合理分布和上下游联动机制，对接产业规划，不搞同构性、同质化发展。四是调整优化城市布局和空间结构，促进城市分工协作，提高城市群一体化水平，提高其综合承载能力和内涵发展水平。五是扩大环境容量生态空间，加强生态环境保护合作。六是构建现代化交通网络系统，把交通一体化作为先行领域，加快构建快速、便捷、高效、安全、大容量、低成本的互联互通综合交通网络。七是加快推进市场一体化进程，下决心破除限制资本、技术、产权、人才、劳动力等生产要素自由流动和优化配置的各种体制机制障碍，推动各种要素按照市场规律在区域内自由流动和优化配置。

3．长江经济带战略

长江经济带是国家的重大战略，长江经济带覆盖上海、江苏、浙江、安徽、江西、湖北、湖南、重庆、四川、云南、贵州 11 个省市，面积约 205 万平方公里，人口和生产总值均超过全国的 40%。目前，上海、浙江和江苏等政府工作报告中均指出，积极融入长江经济带建设，拓展对内开放。江苏省建设“五个区”，即长江南京以下江海联运港区、全球先进制造业和现代服务业集聚区、长江流域内外开放合作先导区、长三角城市群北翼核心区、全国生态文明建设先行示范区。湖北省政府工作报告对长江经济带战略做了重点部署，具体措施包括建立综合交通运输体系、推进长江中游航运中心等相关项目建设等。湖北省确定的 279 个长江经济带重大工程中，基础设施工程占三成以上，其中交通基础设施工程最为集中，包括蒙华铁路湖北段、荆江河段的航道整治工程、武汉天河机场三期工程等一系列重大工程。贵州、云南和重庆 2015 年工作重点涵盖利用长江经济带大通关体制，加强与沿线省市合作，服务长江经济带。重庆出入境检验检疫局和两江新区管委会联合推出 43 项举措推动内陆检验检疫改革创新示范区建设，将建设长江经济带检验检疫一体化通关数据交换平台项目，实现货物在口岸“一路冲关”，节省企业通关时间和成本。

上述三大国家战略是各地政府制定各自经济社会发展规划和各类专项规划的重要基础，有必要系统研究并科学利用。如：新疆建设兵团紧跟国家“一带一路”战略，立足区位优势，组织召开一带一路与转型论坛，邀请笔者参加论坛并做主题演讲，探讨新疆建设兵团战略转型的思路。

2015年7月9日至12日，笔者应新疆建设兵团十二师之邀，参加了“今日十二师”一带一路创新与发展论坛，并做了主题演讲。笔者解读了国家一带一路战略的内涵、布局、要点、路径、各地布局，分析研究了我国的产业机会和新疆建设兵团的发展机遇、企业战略转型的思路。提出了新疆建设兵团应该遵循“知彼知己，顺势而为，外方内圆，双轮驱动”十六字方针。通过战略目标和发展思路的分解，全面履行戍边、屯田、维稳和发展的职责，紧紧抓住国家战略的历史机遇，立足自身优势和特色，实现多种职能的融合和协调。在论坛举办的前期，笔者受邀调研了新疆建设兵团十二师各子公司、各团场和重点产业园，走访调研了新疆建设兵团的重点产业和空间布局、未来思路。双方就战略合作，共同推动一带一路战略在新疆建设兵团十二师的全面落地达成了初步的意向。

（四）十八届五中全会政策

1．十八届五中全会的关注点

十八届五中全会是我国经济发展和政府规划的重要依据，应该重点关注：

（1）规划原则。坚持人民主体地位，坚持科学发展，坚持深化改革，坚持依法治国，坚持统筹国内国际两个大局，坚持党的领导。

（2）发展目标。到2020年国内生产总值和城乡居民人均收入比2010年翻一番。国家治理体系和治理能力现代化取得重大进展。

（3）发展理念。创新、协调、绿色、开放、共享。

1）创新。推动理论创新、制度创新、科技创新、文化创新等，让创新贯穿党和国家一切工作。把发展基点放在创新上，形成促进创新的体制架构，塑造更多依靠创新驱动、更多发挥先发优势的引领型发展。

实施“互联网＋”行动计划。实施国家大数据战略。构建产业新体系。

2）协调。正确处理发展中的重大关系，重点促进城乡区域协调发展，促进经济社会协调发展，促进新型工业化、信息化、城镇化、农业现代化同步发展。推动城乡协调发展，健全城乡发展一体化体制机制。推动城镇公共服务向农村延伸。

3）绿色。坚持绿色发展，必须坚持节约资源和保护环境的基本国策，坚持可持续发展，坚定走生产发展、生活富裕、生态良好的文明发展道路，加快建设资源节约型、环境友好型社会。建立绿色低碳循环发展产业体系。

实施近零碳排放区示范工程。

4）开放。坚持开放发展，丰富对外开放内涵，提高对外开放水平，协同推进战略互信、经贸合作、人文交流，努力形成深度融合的互利合作格局。

5）共享。坚持共享发展，必须坚持发展为了人民、发展依靠人民、发展成果由人民共享，作出更有效的制度安排，使全体人民在共建共享发展中有更多获得感，增强发展动力，增进人民团结，朝着共同富裕方向稳步前进。

建立健全农村留守儿童和妇女、老人关爱服务体系。实现家庭经济困难学生资助全覆盖。缩小收入差距，坚持居民收入增长和经济增长同步、劳动报酬提高和劳动生产率提高同步，健全科学的工资水平决定机制，完善市场评价要素贡献并按贡献分配的机制。完善人口发展战略，全面实施一对夫妇可生育两个孩子政策，积极开展应对人口老龄化行动。

2．《深化农村改革综合性实施方案》的关注重点

中办国办最新出台了《深化农村改革综合性实施方案》文件，聚焦五大领域深化农村改革。

在政府规划过程中，对于农业产业转型和创新发展，应该重点关注和把握如下一些方面：

要把握和理解如何深化农村改革，相关规划要聚焦农村集体产权制度、农业经营制度、农业支持保护制度、城乡发展一体化体制机制和农村社会治理制度五大领域，到 2020 年全国城乡经济社会发展一体化体制机制基本建立。

全面理解和贯彻落实集体经营性建设用地制度改革的基本思路，主要关注如下方面：

允许土地利用总体规划和城乡规划确定为工矿仓储、商服等经营性用途的存量农村集体建设用地，与国有建设用地享有同等权利，在符合规划、用途管制和依法取得的前提下，可以出让、租赁、入股，完善入市交易规则、

服务监管制度和土地增值收益的合理分配机制。

出台农村承包土地经营权抵押、担保试点指导意见。在有条件的地方开展农民土地承包经营权有偿退出试点。

加快构建新型农业经营体系：加快培育家庭农场、专业大户、农民合作社、农业产业化龙头企业等新型农业经营主体，构建符合国情和发展阶段的以农户家庭经营为基础、合作与联合为纽带、社会化服务为支撑的立体式、复合型现代农业经营体系，提高农业经营集约化、规模化、组织化、社会化、产业化水平。

鼓励农民合作社发展农产品加工业务，创新农业产业链组织形式和利益联接机制，构建农户、合作社、企业之间互利共赢的合作模式，让农民更多分享产业链增值收益。

培养职业农民队伍。制定专门规划和切实可行的政策，吸引年轻人务农，培育新型职业农民，造就高素质的新型农业生产经营者队伍。扶持有技能和经营能力的农民工返乡创办家庭农场、领办农民合作社，创立农产品加工、营销企业和农业社会化服务组织。

发展生态循环农业，构建农业废弃物资源化利用激励机制。

稳妥开展农民合作社内部资金互助试点，引导其向“生产经营合作＋信用合作”延伸。金融监管部门负责制定农村信用合作组织业务经营规则和监管规则，地方政府切实承担监管职责和风险处置责任。

健全城乡发展一体化体制机制。坚持工业反哺农业、城市支持农村的基本方针，协调推进城镇化和新农村建设，加快形成以工促农、以城带乡、工农互惠、城乡一体的新型工农城乡关系，努力缩小城乡发展差距。修订完善县域乡村建设规划和镇、乡、村庄规划，在乡镇土地利用总体规划控制下，探索编制村土地利用规划。

加快基础设施向农村延伸，探索建立城乡基础设施和公共服务设施互联互通、共建共享的机制。创新农村基础设施和公共服务设施决策、投入、建设和运行管护机制，建立自下而上的民主决策机制。

加快推进户籍制度改革。促进有能力在城镇稳定就业和生活的常住人口有序实现市民化。加快建立和实施居住证制度，以居住证为载体，逐步实现基本公共服务对常住人口的全覆盖。构建政府、企业、个人共同参与的农业转移人口市民化成本分担机制，明确各级政府承担的相应支出责任，增强吸纳农业转移人口较多地区政府公共服务保障能力。切实维护进城落户农民的土地承包权、宅基地使用权、集体收益分配权。

落实农民工与城镇职工同工同酬原则，制定具体运行机制和工作措施，突出解决好农民工工资拖欠问题等。

（五）国民经济和社会十三五规划纲要的建议

《中共中央关于制定国民经济和社会发展第十三个五年规划的建议》制定了指导思想和基本原则，是地方政府规划编制与实施的行为指南，要深入学习和全面贯彻。

“十三五”时期我国发展的指导思想是：

高举中国特色社会主义伟大旗帜，全面贯彻党的十八大和十八届三中、四中全会精神，以马克思列宁主义、毛泽东思想、邓小平理论、“三个代表”重要思想、科学发展观为指导，深入贯彻习近平总书记系列重要讲话精神，坚持全面建成小康社会、全面深化改革、全面依法治国、全面从严治党的战略布局，坚持发展是第一要务，以提高发展质量和效益为中心，加快形成引领经济发展新常态的体制机制和发展方式，保持战略定力，坚持稳中求进，统筹推进经济建设、政治建设、文化建设、社会建设、生态文明建设和党的建设，确保如期全面建成小康社会，为实现第二个百年奋斗目标、实现中华民族伟大复兴的中国梦奠定更加坚实的基础。

“十三五”时期我国发展的基本原则是：坚持人民主体地位、坚持科学发展、坚持依法治国、坚持统筹国内国际两个大局、坚持党的领导。

“十三五”时期我国发展目标：全面建成小康社会新的目标要求、经济保持中高速增长、人民生活水平和质量普遍提高、国民素质和社会文明程度显著提高、生态环境质量总体改善、各方面制度更加成熟更加定型。

实现“十三五”时期发展目标，破解发展难题，厚植发展优势，必须牢固树立创新、协调、绿色、开放、共享的发展理念。

“十三五”时期，我国发展的工作重点和实现路径是：坚持创新发展，着力提高发展质量和效益；坚持协调发展，着力形成平衡发展结构；坚持绿色发展，着力改善生态环境；坚持开放发展，着力实现合作共赢；坚持共享发展，着力增进人民福祉；加强和改善党的领导，为实现“十三五”规划提供坚强保证。

研究上述政策要点和宏观环境，为各地政府规划编制提供了较好的决策参考。

第二章　规划理论依据

一、田园城市理论

田园城市理论是当前较为流行的政府规划理论之一，它与我国的绿色发展、循环经济等产业趋势具有较强的协同性。美国是城市规划和政府规划研究与探索很早的国家之一。

霍华德提出“三磁铁理论”为核心的田园城市理论，倡导城市分散化发展。霍华德认为，解决大城市的拥挤及其产生的弊端的方法是使人们返回“土地”，降低大城市集聚的引力。霍华德的“三磁铁”理论包括：第一枚磁铁是城市，城市的优点是拥有各种经济和社会机遇，缺点是住宅拥挤，环境恶化；第二枚磁铁是乡村，乡村有宽敞的空间和清洁的空气，但是就业机会较少，社会生活相对枯燥；第三枚磁铁是田园城市，它既有城市的经济社会机遇，又有乡村优美的环境，同时避免了两者的主要缺点。按照霍华德的研究，事实并不像人们通常设想的只有城市生活和乡村生活的选择，而是存在第三种选择，即：将城市生活的生动活泼与乡村生活的优美快乐等完美结合，这就是田园城市。

霍华德的田园城市思想认为，实施土地社区所有制代替土地私有制，通过建设田园城市的方法治疗社会弊病：成立合作性的股份有限公司，发债筹集资金，邀请企业将工厂和工人迁移到田园城市。购买的土地归社区所有，交给信托人管理。田园城市的发展导致土地价格上升，城市地产租金的价格随之上调，上升的租金可以偿还抵押贷款，并建立地方性的社会福利基金。田园城市的居民通过建筑公司、友好组织、合作组织或者工会等提供的资金建造自己的住宅。

二、城市空间理论

城市空间理论是城市规划和空间布局的重要参考。主要有城市空间艺术原则、城市设计理论、空间划分等理论学派。

（一）城市空间艺术原则

卡米诺·西特（Camillo Sitte，1889）在《城市建设艺术》中，运用艺术原则对教堂等城市空间的实体与广场等空间的相互关系及形式美的规律进行探讨。卡米诺·西特认为，现代城市规划的骄傲是圆形广场，这是现代城市规划的特征。当围绕广场步行时，眼前的景象持续不变，人们不知道自己正确的确切位置。转一个弯就足以使陌生人在这种旋转木马的广场上无所适从，迷失方向。

卡米诺·西特的城市空间艺术原则，是基于城市物质空间形态中，各实体要素之间功能关联及组合关系而形成的，其艺术原则的核心注重整体性，注重关系，注重关联的内在性。

（二）城市设计理论

凯文·林奇通过调查，对城市空间提出两个基本要求：易识别性(legiblitv)；可认知性(imaginability)。可认知性是林奇提出的城市空间评价的新标准，即城市空间应为不同层次、不同个性的人共同接受。认知意象是城市生活的基石，使用者主要通过认知认识城市，城市设计应以满足人的认知要求为目标。

凯文·林奇指出：市民一般用路径、边界、节点、地区和标志这五个元素，组织城市意象，其中：路径(Path)：观察者习惯或可能顺其移动的路线，如街道、小巷、运输线。其他要素常常围绕路径予以安排。边界(Edge)：指不作道路或非路的线性要素，“边”常由两面的分界线，如河岸、铁路、围墙构成。区域(District)：中等或较大的地段，这是一种二维的面状空间要素，人对其意识有一种进入“内部”的体验。节点(Node)：城市的战略要点，如道路交叉口、方向变换处、抑或城市结构的转折点、广场，也可大至城市一个区域的中心和缩影。它使人有进入和离开的感觉。标志(Landmark)：城市的点状要素，是人们体验外部空间的参照物，但不能进入。通常是明确、肯定的具体对象，如山丘、高大建筑物、树木、招牌、建筑物细部等。

（三）诺伯格·舒尔兹的空间划分

诺伯格·舒尔兹（Norberg Schulz，1971）提出五种空间概念：肉体行为的实用空间；直接定位的知觉空间；环境方面为人形成稳定形象的存在空间；物理世界的认识空间；纯理论的抽象空间，并对存在空间和建筑空间的详尽分析。

诺伯格·舒尔兹认为，场所是存在空间的基本要素之一。场所概念的发达和作为各种场所体系空间概念的发达，就是找到存在立足点的必要条件，场所必须有明显的界限或边界线。场所与包围其外部相比，是作为内部来体验的。场所、路线、领域是定位的基本图式，也是存在空间的构成要素。这些要素组合起来，空间才真正成为可测出人的存在的次元。诺伯格·舒尔兹将存在空间划分为：用具；住房；城市阶段；景观阶段；地理阶段。

（四）“类似性城市”理论

阿尔多·罗西将城市作为某个地域一个种群人们“集体记忆”的所在地，城市交织着历史和个人的记录，当记忆被某些城市片断多触发，过去遇到的经历就会和个人的记忆一起呈现，罗西从研究场所和记忆入手，就形成了“类似性城市”理论的内涵。

城市空间形态及场所与人类特定的生活密切相关，包含历史与文化，是人类文化观念在形式上的表现，体现在时间因素中现存城市的建筑类型（历时性）。要寻找有共时性和历时性的集体创作的城市（即城市空间）及某个体参与者（建筑师、规划师和居民）之间的关系，可借助形态—类型学的如下方法：

发现城市建筑环境中变化缓慢或基本稳定的那些特点，它们构成了城市的不同类型；确定城市的主要人工环境（街道、市场、建筑物等）在类型学上的归属；表明这些人工环境的构成关系；研究城市类型和构成的形式问题。

三、多元和生态理论

（一）多元理论研究

Foley(1964 年) 认为城市结构的概念框架多层面。城市结构包括三种要素：即文化价值、功能活动和物质环境。城市结构包括空间和非空间两种属性，城市结构的非空间属性是指文化价值，功能活动和物质环境是空间属性。城市空间结构包括形式和过程两个方面，分别指城市结构要素的空间分布和空间作用的模式。城市结构的演变显而易见，有必要在城市结构的概念框架中引入时间层面。

1963 年，塔弗 (E. J. Taaffe) 和耶提斯 (M. H. Yeatos) 等提出城市地域理想结构模式。城市的核心是中心商务区 (CBD)，有集中的摩天大楼、银行、保险公司、股票交易市场、百货商店和大量的文化娱乐场所；围绕 CBD 的是 CBD 边缘区，属于中心商务区向四周蔓延，由若干扇面组成，需要有批发商地段和工业小区；中间带是以住宅区为主的混合经济社会活动区，占市区用地的较大部分；外缘带属市区的周边地区，或城市的新城区，居住和轻工业混合地带；放射近郊区、沿着城市对外的高速路和快速道路向外辐射、蔓延，包含有工业、农牧、住宅区和高、中级住宅形成的卧城。

英国学者帕顿 (John Pacten) 提出城市内部空间结构的综合模型。Harvey(1973 年) 认为：任何城市理论必须研究空间形态和作为其内在机制的社会过程之间的相互关系。城市研究的跨学科框架就是在社会学科的方法和地理学科的方法之间建立“交互界面”。 Knox(1982 年) 把城市空间结构的研究工作分为：物质环境；感知环境和社会—经济环境。

Forbel 等 (1980 年) 认为：70 年代以来，劳动力的国际分工发生了根本性的变化，在原有世界经济格局中，发展中国家作为原料产地，发达国家从事成品制造，在新一轮劳动力的国际分工中，发达国家仍然掌握着管理和控制、研究和开发的功能，发展中国家成为跨国公司的生产和装配基地，产品市场是全球性的，相当一部分将返销到发达国家。新兴工业国家和地区的出现就是这轮劳动力的国际分工的产物。

1979 年，C. P. LO 提出中国城市内部结构的解释性模型，模型由 4 个同心圆组成，是多中心功能规划的结果。1981 年，Leung ChiKin 将中国城市概括为大城市、中等城市、小城市三种结构模式。

Stewig. R(1983 年) 提出欧洲城市结构、北美城市结构、伊斯兰教城市结构、拉美城市结构四个模型。

战后区位论的发展：从单个厂商区位的区位决策发展到地区总体经济结

构及其模型的研究，从抽象的纯理论模型的推导，变为力求作接近区域实际的、有应用性的区域模型。

区位决策客体从原先的工业、农业、市场，增加到包括运输，商业，服务业，银行，保险，旅游，度假等第三产业。区位决策既要考虑节约生产成本、实现利益最大化目标，也要考虑居住、采购、出行、游乐等行为效用最大化目标。

1936 年，凯恩斯《就业、利息和货币通论》：面对二三十年代英国经济困境，明确地承认经济运行存在大量的问题，认为不能再放任自流，须运用市场机制以外的力量，进行调节和干预，才能恢复经济的均衡发展。

西方实践表明，在完全竞争条件下，以具体微观的区位选择为主要研究对象的区位理论不能适应制定中观或宏观的国家区域发展计划和区域经济政策的需要。

（二）生态城市理论

德国生物学家赫克尔（Ernst Heinrich Haeckel）1869 年首次提出生态学（ecology），1886 年创立了生态学学科。城市生态学是研究城市生态系统的结构、功能及其运动规律的生态学分支学科，研究城市人口与自然环境和社会环境之间的相互关系的应用生态学的新兴学科。

“生态城市”是在联合国教科文组织发起的“人与生物圈计划”研究过程中提出的重要概念。生态城市是经济高度发达、社会繁荣昌盛、人民安居乐业、生态良性循环四者保持高度和谐，城市环境及人居环境清洁、优美、舒适、安全，失业率低、社会保障体系完善，高新技术占主导地位，技术与自然达到充分融合，最大限度地发挥人的创造力和生产力，有利于提高城市文明程度的稳定、协调、持续发展的人工复合生态系统。

理查德·雷吉斯特（Richard Register，1987）认为，生态城市追求人类和自然的健康与活力，生态城市即生态健康的城市，是紧凑、充满活力、节能并与自然和谐共处的聚居地。杨东振等认为，生态城市是基于生态学原理建立的自然和谐、社会公平和经济高效的复合系统，更是具有自身人文特色的自然与人工协调、人与人之间和谐的理想人居环境。

城市生态化指城市向生态城市的转化过程，是从生态环境、经济社会等多个层面促进生态城市建设的重要环节，其建设目标是致力于城市基本生态条件的改善，引导和推动城市向生态城市的目标迈进，为城市向更高层次的社会经济发展转化奠定生态基础。

城市在生态系统的适应性表现在：通过对社会环境的适应，把握时代脉搏和现实需求；通过对自然环境的适应，创造适合地方物理环境和资源条件的舒适空间；通过对地形文化脉络的适应继承的生态经验。

环境生态化表现为：发展以保护自然为基础，与环境的承载能力相协调。自然环境及其演进过程得到最大限度的保护，合理利用自然资源和保护生命支持系统，开发建设活动始终保持在环境的承载能力范围之内。

生态城市的空间设计理念，传承是对过去的适应，发展是对未来的适应，以人的环境、社会环境和自然环境相互适应协调为目标。

绿色城市设计的要素包括：自然环境与城市基础设施，开放空间，建筑空间，交通与停车，人行步道，社会活动及活动场所。

绿色生态城市设计原则包括：整体优先，从社会、经济和环境三者的整体效益考虑，强调人类与自然系统在一定时空整体协调的新秩序下寻求发展；生态优先，以生态为导向，尊重自然，维护和发展自然生态格局和物种多样性，探求人与自然的生态连接，建立新的生态伦理观念；可持续发展，强调发展兼顾当代与后代、自身与区域的利益，整体考虑有限资源的合理利用，实施清洁生产和绿色消费，保护自然资源和生命支持系统，持续提高环境与生活质量。

2011 年 11 月 8 日“中国大型公共建筑绿色节能减排高峰论坛”，住建部副部长仇保兴表示：“生态城最重要的标志就是 100% 的建筑都应该达到绿色建筑的标准，中国近几年要建 50 个生态城市，远期上百个，它们作为绿色建筑的摇篮和基地将会发挥巨大的地区性示范作用，从质和量上保证绿色建筑整体实现飞跃性发展。”

四、城市发展理论

（一）区域发展梯度理论

区域发展梯度理论认为：区域经济发展不平衡，就像处于不同的阶梯上，高收入地区处于高梯度，低收入地区处于低梯度，在高收入地区和低收入地区之间，还有几个中间梯度。

有梯度就有空间的转移，高梯度地区首先应用新技术，先发展起来，以后随着时间推移，逐步有序地从高梯度地区向处于二级、三级的低梯度地区推移。随着经济发展，梯度推移加快，区域间差距可以逐步缩小，最终实现经济分布的相对均衡。

区域经济梯度推移过程中，有三种效应同时起作用，即极化效应、扩展效应和回程效应，它们共同制约地区生产分布的集中和分散。极化效应作用的结果使生产进一步向条件好的高梯度地区集中，扩展效应使生产向其周围的低梯度地区扩散，回程效应削弱低梯度地区，促成高梯度地区进一步发展。三种效应综合作用的结果就是不断扩大发达地区与不发达地区之间的差别。其中起主导作用的是极化效应，回程效应起到了推波助澜的作用。

一般认为，高梯度区域一般采取创新型经济发展战略。中梯度的萧条区可以实行改造型发展战略。低梯度区域可以实行渐进型发展战略。

（二）区域发展辐射理论

区域发展辐射理论认为，经济发展与现代化进程中的辐射指经济发展水平和现代化程度相对较高的地区（辐射源）与经济发展水平和现代化程度相对较低的地区进行资本、人才、技术、市场信息（辐射媒介）等的流动和思想观念、思维方式、生活习惯等方面的传播。通过流动和传播，进一步提高经济资源配置的效率，以现代化的思想观念、思维方式、生活习惯取代与现代化相悖的旧的习惯势力。一般将经济发展水平和现代化程度较高的地区称为辐射源。辐射的媒介是交通条件、信息传播手段和人员流动等。

（三）区域发展增长极理论

区域经济发展增长极理论认为，在经济增长过程中，不同产业的增长速度不同，其中增长较快的是主导产业和创新产业，这些产业和企业一般都是在某些特定区域集聚，优先发展，然后对周围地区进行扩散，形成强大的辐射作用，带动周边地区的发展。这种集聚了主导产业和创新产业的区域被称为“增长极”。

增长极的吸收和扩散作用表现为：技术的创新和扩散；资本集中和输出；规模经济效益；产生聚集经济效果。

增长极的作用效应表现为：

极化效应：指增长极的推进型产业吸引和拉动周围地区的要素和经济活动不断趋向增长极，从而加快增长极自身的成长。

扩散效应：指增长极向周围地区进行要素和经济活动输出，从而刺激和推动周围地区的经济发展。

溢出效应：增长极的极化效应和扩散效应的综合影响。如果极化效应大于扩散效应，溢出效应为负值，结果有利于增长极的发展。反之，如果极化效应小于扩散效应，就溢出。效应为正值，结果对周围地区的经济发展有利。

（四）区域发展比较理论

1．区域差异理论

古典区位论认为，区位选择总是趋向生产总成本费用最低的地点，这就是“成本决定论”。

近代区位论认为，以市场—价格分析揭示利润最大化是影响区位选择的决定性因素，使区位论走向宏观化，弥补了传统成本决定论排除市场因素的缺陷，这就是利润决定论。

现代区位论认为：合理的区位选择和产业配置受到多种因素的影响，必须对多种因素综合分析。决策者最终选择的区位，不一定是成本最低的或利润最高的区位，通常是综合优势显著的区位。

2．地域分工理论

绝对优势理论认为，每个国家都自己生产所需的全部物品是不明智的。每个国家都有擅长生产和不擅长生产的东西，每个国家都有其绝对有利的、适宜于某些特定产品的生产条件，如果每个国家都按其绝对有利的生产去进行专业化生产，然后进行交换，各国的资源就能正确地配置和有效地利用，从而提高劳动生产率，增加国民财富。这种绝对优势理论也可用于不同国家的同种产品。

比较优势理论认为，参与国际贸易的各个国家虽然在经济发展、资源情况等方面存在差异，但每个国家都能以比较优势的产品参与国际贸易。只要成本比率在各国之间存在差异，各国就能生产各自的比较优势产品，并在国家间进行交换，通过贸易增进利益。

3．区域结构比较理论

区域产业结构静态比较指各区域某一时点上的产业结构在区际分工阶梯

中的相对地位的比较。决定一个地区在全国区际分工中的相对地位的主要因素是该地区非农产业的发展水平，特别是主要制造业的专业化程度。地区产业结构静态比较可从非农产业发展水平和制造业构成技术水平的区域比较两方面进行。非农产业发达、主要制造业专业化程度较高的地区，在经济联系和区际分工中的地位相对有利。

区域产业结构动态比较指地区产业结构的变动比较，包括产业结构变化状况的区域比较、产业结构转换能力的区域比较。

4．区域规划理论

区域规划理论包括：区域（空间）经济学理论、社会生态学理论、系统科学理论和区域管制理论等。

空间经济研究：关于资源在空间的配置和经济活动的空间区位问题。空间经济的核心问题：解释地理空间中经济活动的集聚现象。解释经济活动地理结构和空间分布是如何在集聚的向心力和分散的离心力这两股力量的相互作用下形成的。

空间经济学的基本模型包括：

（1）区域模型：中心—外围模式（CP Model）；

（2）城市模型：城市层级体系的演化；

（3）国际模型：产业集聚与国际贸易。

为消除区位论的限制，开始应用宏观经济学进行区域规划，研究区域资本积累、劳动力就业、技术创新与国民经济增长的关系，区内产业结构等经济要素与有关影响。

我国政府自 20 世纪 80 年代开始，编制地区国土规划、区域发展战略和地区产业政策；90 年代，对区域发展模式、区域产业结构优化、城市经济、城乡联系、农业可持续发展等区域经济进行规划，并注重区际之间发展差异分析、区际分工合作等研究，对跨区域行业联合等微观领域的经济活动进行研究。一些学者开始翻译西方区域经济学著作和文献，与我国区域经济实践结合，逐渐形成区域经济学。

5．城市经营理论

20 世纪中叶，城市经营的思想在国外萌芽，90 年代传到中国。关于城市经营的主体，有一元论（政府是城市经营的主体）、二元论（市场和政府）

和多元论（以政府为主体的多元化参与）等理论与观点。

一般认为，城市经营指以城市政府为主导的多元经营主体，根据城市功能对城市环境的要求，运用市场经济手段，对以公共资源为主体的各种可经营资源进行资本化的市场运作，实现资源资本在容量、结构、秩序和功能上的最大化与最优化，从而实现城市建设投入和产出的良性循环、城市功能的提升，以及促进城市社会、经济、环境的和谐可持续发展。

（五）区位理论

1．区位论

区位论，又称区位理论，是关注经济活动地理区位的理论，已成为经济地理学、区域科学和空间经济学不可或缺的组成部分。区位论研究和解决经济活动的地理方位及其形成原因等。区位论以德国经济地理学家约翰 · 海因里希 · 冯 · 杜能 1826 年发表的《孤立国同农业和国民经济的关系》第一卷为标志。区位论有以韦伯、杜能等为代表的成本学派、以克里斯泰勒等为代表的市场学派和以丹妮逊、普莱德等为代表的行为学派等分类。

区位作为开放的、复杂的、动态的环境子系统，在区位选择时，要保持系统内各部门以及系统（区位系统与地理系统）之间的协调与统一；在区位活动中，要关注经济效益，兼顾经济效益、社会效益和环境效益的统一。

2．中心地理论

中心地理论是由德国城市地理学家克里斯塔勒（W.Christaller）和德国经济学家廖士（A.Lsch）分别于 1933 年和 1940 年提出的，50 年代开始流行于英语国家，传播到其他国家，被认为是 20 世纪人文地理学最重要的贡献之一。该理论认为，每一点均有接受一个中心地的同等机会，一点与其他任何一点的相对通达与距离成正比，不管方向如何，均有一个统一的交通面。

中心地指向居住在周围地域（尤指农村地域）的居民提供各种货物和服务的地方。中心地主要提供贸易、金融、手工业、行政、文化和精神服务。根据中心商品服务范围的大小，中心地分为高级中心商品和低级中心商品。高级中心商品指名牌服装等服务范围的上限和下限都很大的中心商品。低级中心商品指小百货、蔬菜等商品服务范围的上限和下限小的中心商品。

中心货物与服务分别指在中心地内生产的货物与提供的服务，也称为中心地职能。中心货物和服务分为较高（低）级别的中心地生产的较高（低）

级别的中心货物或提供较高（低）级别的服务。

一个地点的中心性可理解为该地点对围绕周围地区的相对意义的总和，是中心地所起的中心职能作用的大小。

服务范围指中心地提供的每一种货物和服务的涉及范围。范围的上限是消费者愿意去一个中心地货物或服务的最远距离，超过这一距离便可能去另一个较近的中心地。以最远距离 r 为半径，可得到一个圆形的互补区域，表示中心地的最大腹地。服务范围的下限是保持一项中心地职能经营必需的腹地的最短距离。以为半径，也得到一个圆形的互补区域，表示维持某一级中心地存在必需的最小腹地，也称为需求门槛距离（Threshold），即最低必需销售距离。

构成市场原则的两个限制因素：各级供应点必须达到最低数量以使商人的利润最大化；一个地区的所有人口都应得到每一种货物的提供或服务。

克里斯塔勒认为，有三个条件或原则支配中心地体系的形成，即：市场原则、交通原则和行政原则。市场原则适用于由市场和市场区域构成的中心地商品供给情况。交通原则适合新开发区，交通过境地带或聚落呈线状分布区域。在文化水平高、工业人口多、人口密度高的区域，交通原则比市场原则作用更大。行政原则适用于有强大统治机构的时代，或以行政组织为基础的社会生活。自给性强、与城市分离、相对封闭的偏远山区，行政原则的作用较强。高级中心地按照交通原则布局，中级中心地按照行政原则作用较大，低级中心地的布局用市场原则解释较为合理。以上三个原则共同导致了城市等级体系（Urban Hierachy）的形成。

均衡模式：在满足上述前提条件下，中心地均匀分布在平原上，同一等级的中心地之间的距离相等，服务范围是相同半径的圆形区。每三个相邻 B 级中心地之间有一个空白区，得不到这 3 个中心地任何一个提供的商品和服务，因此，在这个空白区的中心产生 1 个次一级 K 级的中心地，用来满足居民消费。每 3 个 K 级中心地之间又出现空白，出现次一级中心地 A 级，依此类推。中心地可分为许多等级。由于竞争机制的存在，各中心地都想扩大服务区范围，相邻的中心地服务区之间将出现重叠，根据到中心地购物的原则，重叠区的消费者将以中心线为界被最近的中心地吸引。于是，每个中心地的服务区变成最稳定空间结构的六边形，每个次一级的中心地成为六边形的 6 个顶点，各级中心地组成一个有规律递减的多级六边形图形，形成一般均衡状态下的中心地空间分布模式。

（六）政府规制理论

“规制”是规制部门通过对某些特定产业或企业的产品定价、产业进入与退出、投资决策、危害社会环境与安全等行为进行的监督与管理。

依据规制性质，规制可分为经济性规制与社会性规制。经济性规制主要关注政府在约束企业定价、进入与退出等方面的作用，重点针对有自然垄断、信息不对称等特征的行业。社会性规制是以确保居民生命健康安全、防止公害和保护环境为目的所进行的规制，主要针对与对付经济活动中发生的外部性有关的政策。

对规制经济理论的研究主要分为两类：规制规范分析与规制实证分析。规制规范分析学派产生于 19 世纪，主要代表人物是查得威克、马歇尔、庇古、德姆塞茨、威廉姆森等。规制实证分析学派萌芽于 19 世纪法国经济学家迪普特（Dupuit，1849）的研究，主要代表人物有斯蒂格勒、卡恩、帕尔兹曼、贝克尔等。

规制规范分析学派主要观点：由于市场机制不完善及存在市场失灵，如自然垄断、外部性等，应对企业活动进行规制，规制目的是确保资源配置效率情况下，保证公共利益不受损害。

规制实证分析学派主要观点：政府规制目的是维护个别集团的利益，在规制者与被规制者之间的相互利用，通过经验数据分析，佐证观点。

规制俘虏理论是斯蒂格勒 70 年代初提出的。核心内容是：具有特殊影响力的利益集团—被规制企业—进行寻租活动，使规制者成为被规制者的“俘虏”，并参与共同分享垄断利润，使政府规制成为企业追求垄断利润的一种手段。

政府规制内容主要有：进入（退出）规制；价格（收费）规制；数量、质量规制；资源、环境规制等。

（七）习近平总书记城市治理重要思想

习近平总书记高度重视城市治理工作，并且提出了一系列城市治理和城市工作的指导思想与理论体系。

2015 年 12 月 20 日至 21 日，中央城市工作会议在北京举行。中共中央总书记、国家主席、中央军委主席习近平发表重要讲话。会议指出，当前和今后一个时期，我国城市工作的指导思想是：全面贯彻党的十八大和十八届三中、四中、五中全会精神，以邓小平理论、“三个代表”重要思想、科学发展观为指导，贯彻创新、协调、绿色、开放、共享的发展理念，坚持以人为本、科学发展、改革创新、依法治市，转变城市发展方式，完善城市治理体系，提高城市治理能力，着力解决城市病等突出问题，不断提升城市环境质量、人民生活质量、城市竞争力，建设和谐宜居、富有活力、各具特色的现代化城市，提高新型城镇化水平，走出一条中国特色城市发展道路。

本次会议提出，“做好城市工作，要顺应城市工作新形势、改革发展新要求、人民群众新期待，坚持以人民为中心的发展思想，坚持人民城市为人民。这是我们做好城市工作的出发点和落脚点。要坚持集约发展，框定总量、限定容量、盘活存量、做优增量、提高质量，立足国情，尊重自然、顺应自然、保护自然，改善城市生态环境，在统筹上下功夫，在重点上求突破，着力提高城市发展持续性、宜居性”。

本次会议确立了“尊重城市发展规律；统筹空间、规模、产业三大结构，提高城市工作全局性；统筹规划、建设、管理三大环节，提高城市工作的系统性；统筹改革、科技、文化三大动力，提高城市发展持续性；统筹生产、生活、生态三大布局，提高城市发展的宜居性；统筹政府、社会、市民三大主体，提高各方推动城市发展的积极性”的六大原则，这为我国城市治理提出了新的理论依据和决策方向。

五、产业发展理论

（一）产业定位理论

定位理论认为，品牌就是某个品类的代表或者说是代表某个品类的名字。建立品牌要实现品牌对某个品类的主导，成为某个品类的第一。找到定位的基本方法有：聚焦、对立和分化。

定位理论共同创始人，迈克尔·波特与里斯先生合著《定位》、《商战》、《营销革命》、《22条商规》等定位书籍，开创了定位理论，还著有《新定位》、《什么是战略》等。

产业定位理论是研究如何进行产业定位的基本理论。

（二）产业集群理论

产业集群理论是 20 世纪 20 年代出现的西方经济理论。产业集群理论是 20 世纪 90 年代由美国哈佛商学院的迈克尔 · 波特创立的：在一个特定区域的一个特别领域，集聚着一组相互关联的公司、供应商、关联产业和专门化的制度和协会，通过这种区域集聚形成有效的市场竞争，构建出专业化生产要素优化集聚洼地，使企业共享区域公共设施、市场环境和外部经济，降低信息交流和物流成本，形成区域集聚效应、规模效应、外部效应和区域竞争力。

迈克尔 · 波特提出由四种关键要素形成的“钻石体系”理论，从竞争力角度对集群的现象进行分析和研究，结果显示集群不仅降低交易成本、提高效率，而且改进激励方式，创造信息、专业化制度、名声等集体财富。集群能改善创新的条件，加速生产率的成长，有利于新企业的形成。虽然集群内企业竞争暂时降低了利润，但相对于其他地区的企业建立了竞争优势。

Krugman（1991）从区域经济与规模经济的角度，解释了工业活动的集中性，聚集效应的关键是规模经济，特别是外部规模经济，聚集能导致生产某一产品的平均成本下降，产生递增的规模效应。

（三）全球化理论

全球化（globalization），是一种概念，也是一种人类社会发展的现象过程。T. 莱维 1985 年在《哈佛商报》提出“全球化”概念，认为经济全球化就是商品、服务、资本和技术在全球生产、消费和投资领域的扩散。

货币基金组织认为，全球化就是通过贸易、礼金流动、技术涌现、信息网络和文化交流，实现世界范围的经济融合。

美国哈佛大学的杰弗里 · 萨克斯教授认为，经济全球化至少包含四方面的内容：促进经济更快增长、影响宏观经济稳定、改变收入分配状况和对国际政治格局产生影响。

新自由主义经济学认为，自由贸易有利于发挥比较优势，经济自由化能够产生生产要素的最佳配置，形成新的国际劳动分工，创造更多利润，推动经济增长。

（四）劳动地域分工理论

劳动地域分工又称生产地域分工或地理分工。它与部门分工一起成为社会分工的两种基本形式。劳动地域分工指一个国家或地区按某一优势的社会物质生产部门实行专业化生产，是社会分工的地域表现形式。是在生产地与消费地分离、靠运输进行交换的条件下形成的。通常实现分工的前提是产品在生产地的价格与运费之和低于在消费地生产同种产品的价格。

地域分工分为绝对地域分工和相对地域分工。绝对地域分工：由于自然条件和社会条件的限制，某地区不能生产某种产品，必须由其他地区输入；相对地域分工：某地区生产某种产品，但生产耗资大，收效小，外部输入更好。

劳动地域分工有四个特点：

地区生产的产品主要是通过交换和贸易在其他国家和地区最终实现消费；一定的运输手段和商品贸易的存在是劳动地域分工发展的前提；劳动地域分工得以实现的原动力是经济效益；劳动地域分工发展的最终结果是经济区的形成。

劳动地域分工有以亚当·斯密的绝对成本论、大卫·李嘉图的比较成本论、马克思的劳动地域分工思想构成的古典经济学的劳动地域分工，以及以赫克谢尔·俄林的要素禀赋说、里昂梯夫之谜等新古典经济学的劳动地域分工理论等分类。

（五）比较优势理论

大卫·李嘉图在《政治经济学及赋税原理》提出了比较成本贸易理论（后人称为“比较优势贸易理论”）。比较优势理论认为，国际贸易的基础是生产技术的相对差别（而非绝对差别），以及由此产生的相对成本的差别。每个国家都应根据“两利相权取其重，两弊相权取其轻”的原则，集中生产并出口有“比较优势”的产品，进口有“比较劣势”的产品。

假设条件：

(1) 假定贸易中只有两个国家和两种商品（X 与 Y 商品），该假设的目的是为了用二维的平面图说明这一理论。

(2) 两国在生产中使用不同的技术。技术的不同导致劳动生产率的不同进而导致成本的不同。

(3) 模型只假定在物物交换条件下进行，没有考虑复杂的商品流通，而且假定 1 个单位的 X 产品和一个单位的 Y 产品等价（不过他们的生产成本不等）。

（4）在两个国家中，商品与要素市场都是完全竞争的。

（5）在一国内要素可以自由流动，但是在国际间不流动。

（6）分工前后生产成本不变。

（7）不考虑交易费用和运输费用，没有关税或影响国际贸易自由进行的其他壁垒。但是，在贸易存在的条件下，当两国的相对商品价格完全相等时，两国的生产分工才会停止。

（8）价值规律在市场上得到完全贯彻，自由竞争，自由贸易。

（9）假定国际经济处于静态之中，不发生其他影响分工和经济变化。

（10）两国资源都得到了充分利用，均不存在未被利用的资源和要素。

（11）两国的贸易是平衡的，总的进口额等于总的出口额。

（六）主导产业理论

主导产业最先由美国的经济学家罗斯托在其经典著作《经济成长阶段》提出。罗斯托将其定义为革新创造的可能或利用新的有利可图，或至今未开发的资源的可能，将造成很高的增长率并带动这一经济中其他方面的扩充力量。

主导产业有三个明显的特征：具有与新技术相关联的新的生产函数；有超出国民经济总增长率的持续高速增长的部门增长率；主导产业对其他部门乃至国民经济有着回顾效应、旁侧效应、前瞻效应。

一国或地区的主导产业通常都是成熟产业或较为成熟的新兴产业。

主导产业的选择基准有：DEA 有效基准、波特的钻石理论基准、可持续发展基准、人力资本匹配基准、就业功能基准、SSM 基准等。从主导产业选择基准的发展过程看，有如下的特点：

在理论上，部门主导产业转向区域主导产业群和主导产业链，强调区域特性、产业组织生产方式对主导产业的重要性；区域主导产业的选择由单一工业部门扩展到区域各个产业部门的综合；对区域概念的理解更加深入；产业环境从封闭到开放，关注区域经济一体化和经济全球化的影响；主导产业的选择注重生态环境和人本主义。

我国使用的主导产业定量选择方法大致分为两类：

（1）传统的参数模型方法。运用参数模型计算有效边界，采用观察点到有效边界的某种距离确定决策单元的运作效率。

该方法的主要缺点：研究者难以摆脱主观的对有效边界的函数类型和模型随机结构的预先假设，结果缺乏客观性。样本数量较少时，研究者陷入两难境地：复杂的模型拟合效果更好，但包含更多的参数，无法计算；简单模型的参数较少，可以全部估计，但模型可能失真，结果失去意义。这类方法以主成分分析和层次分析法为代表。

(2) 非参数数据包络分析法 DEA。DEA 可以避免参数模型的缺点，不必事先人为地对有效边界做任何假设，完全以数据为依据，具有客观性，被广泛应用于公共领域的绩效评估和主导产业的选择等领域。

（七）点轴开发理论

点轴开发理论（点轴理论）由波兰经济家萨伦巴和马利士提出。点轴开发模式是增长极理论的延伸。研究区域经济发展的过程，经济中心总是首先集中在少数条件较好的区位，成斑点状分布。这种经济中心既可称为区域增长极，也是点轴开发模式的点。随着经济发展，经济中心逐渐增加，点与点之间，由于生产要素交换需要交通线路以及动力供应线、水源供应线等，相互连接起来，就是轴线。这种轴线首先为区域增长极服务， 但轴线一经形成，对人口、产业也有吸引力，吸引人口、产业向轴线两侧集聚，并产生新的增长点。点轴贯通，形成点轴系统。点轴开发可以理解为从发达区域的经济中心（点）沿着交通线路向不发达区域纵深地发展推移。

其主要特征是：

方向性和时序性：点轴渐进扩散过程有空间和时间的动态连续特征，是极化能量摆脱单点的限制走向整个空间的第一步。

过渡性：点轴开发开始将开发重点由点转向了轴线，多个点轴的交织构成网络，点轴开发变为网络形成的过渡阶段；随着区域网络的完善，极化作用减弱，扩散作用增强，区域经济趋于均衡。点轴渐进是区域不平衡向平衡转化的过程。是欠发达地区二元经济结构逐渐消除的过程。

（八）产品生命周期理论

产品生命周期理论由美国哈佛大学教授雷蒙德 · 弗农 (Raymond Vernon)1966 年在《产品周期中的国际投资与国际贸易》首次提出。产品生命周期（product life cycle），简称 PLC，是产品的市场寿命，一种新产品从开始进入市场到被市场淘汰的整个过程。产品的生命经历初创、成长、成熟、衰退等基本的周期。这个周期在不同的技术水平的国家和地区，发生的时间和过程不一样，期间存在较大的差距和时差，该时差表现为不同国家或地区技术水平的差距，反映了同一产品在不同国家或地区的竞争差异，决定了国际贸易、国际投资，以及国内贸易和投资等变化。

判断某个产业或产品生命周期处在哪个阶段的方法有：曲线判断法、类比判断法、经验判断法（家庭普及率推断法）、销售量增长率法和比率增长判断法等。

（九）循环经济理论

循环经济即物质闭环流动型经济，指在人、自然资源和科学技术的大系统内，在资源投入、企业生产、产品消费及其废弃的全过程中，将传统的依赖资源消耗的线形增长经济，转变为依靠生态型资源循环发展的经济。

循环经济是在物质的循环、再生、利用的基础上发展经济，是建立在资源回收和循环再利用基础上的经济发展模式。主要原则是资源使用的减量化、再利用、资源化再循环。其生产的基本特征是低消耗、低排放、高效率。

循环经济的实施包括三个层面：小循环（企业内部）、中循环（企业之间）、大循环（社会化）。从资源利用的技术层面看，主要通过资源的高效利用、循环利用和废弃物的无害化处理的技术路径予以实现。

六、产业结构理论

（一）二元结构理论

从产业供给与需求的角度看，由于农业的边际劳动生产率为零或接近零，农业剩余劳动力对城市工业的供给价格低，工业的边际劳动生产率高于农业剩余劳动力的工资，工业生产可以从农业获得无限廉价的劳动力供给，从劳动力供给价格与边际劳动力差额当中获得较高的利润。由于工业利润的储蓄倾向较高，城市工业发展对农村剩余劳动力的吸纳能力增强，由此产生累积性效应。累积的结果使得农业劳动力的边际生产率提高，工业劳动力的边际生产率下降，导致工业、农业劳动力边际生产率趋向一致。这时，二元经济转变为一元经济。

政府与产业规划编制时，需要研究和分析各类产业的发展现状，用二元结构理论作为依据，进行二元结构的状况及变化分析。政府部门习惯于划分为一产（农业）、二产（工业）、三次产业（服务业）分析与评价产业现状、产业结构的趋势，通常以3至5年的经济数据和发展趋势，判断产业分析与趋势。

（二）赫尔曼的不平衡增长理论

由于发展中国家资源的稀缺性，全面投资和发展所有部门是不可能的，政府只能把有限的资源有选择地投入某些行业，使有限资源最大限度地促进经济增长，这就是不平衡增长。

赫希曼认为，在发展中国家，有限的资本在社会资本和直接生产之间的分配具有替代性，有两种不平衡增长的基本途径：

一是“短缺的发展”，先对直接生产资本投资，引起社会资本短缺。社会资本短缺引起直接生产成本的提高，迫使投资向社会资本转移进而实现二者的平衡，然后，通过对直接生产成本的投资引发新一轮的不平衡增长过程。

二是“过剩的发展”，对社会资本投资，使二者平衡后再重复此过程。

（三）罗斯托的主导部门理论

罗斯托按照技术标准，把经济成长阶段划分为传统社会、为起飞创造前提、起飞、成熟、高额群众消费、追求生活质量六个阶段，每个阶段的演进以主导产业部门的更替为特征。按照其理论，经济成长的各阶段存在起主导作用的产业部门，主导部门通过回顾、前瞻、旁侧三重影响带动其他部门的发展。罗斯托的《战后二十五年的经济史和国际经济组织的任务》列出了五种主导部门综合体系：

(1) 作为起飞前提的主导部门综合体系，主要是食品、饮料、烟草、水泥、砖瓦等工业部门；

(2) 替代进口货的消费品制造业综合体系，主要是非耐用消费品的生产；

(3) 重型工业和制造业综合体系，如钢铁、煤炭、电力、通用机械、肥料等工业部门；

(4) 汽车工业综合体系；

(5) 生活质量部门综合体系，主要指服务业、城市和城郊建筑等部门。

罗斯托认为：主导部门序列不可任意改变，任何国家都要经历由低级向高级的发展过程。罗斯托的主导部门通过投入产出关系带动经济增长的观点，以及主导部门可以变化的观点，对我国的经济布局和产业规划有一定的借鉴意义。

（四）两基准理论

两基准理论指收入弹性基准和生产率上升基准。收入弹性基准要求把积累投向收入弹性大的行业或部门，主要是由于这些行业或部门有广阔的市场需求，便于实现规模经济效益，迅速地提高利润率；生产率上升基准要求积累投向生产率（指全要素生产率）上升最快的行业或部门，这是由于这些行业或部门由于生产率上升快，单位成本下降最快，在工资一定的条件下，该行业或部门的利润必然上升最快。两基准理论以下列条件为基本前提：

（1）基础产业相当完善，不存在瓶颈制约；或即使存在一定程度的瓶颈制约，但要素有充分的流动性，资源能够短期内迅速向颈瓶部门进行转移，缓解产业发展的瓶颈。

（2）产业发展中不存在技术约束。

（3）不存在资金约束。如果上述条件不存在，两基准理论未必成立，利用两个基准理论选择优先发展产业也未必可行。

（五）产业分配理论

（1）配第—克拉克定律。英国经济学家配第和克拉克研究发现：随着全社会人均国民收入水平的提高，就业人口首先由第一产业转移；当人均国民收入水平进一步提高时，就业人口大量向第三产业转移。这种由人均收入变化引起的现象称为配第－克拉克定律。进一步研究发现：工业收入比农业多；商业收入（服务业）又比工业收入（附加值）多。克拉克研究了产业结构的演进趋势，得出了产业结构演进的规律性结论。

（2）库兹涅茨人均收入影响论。库兹涅茨在继承配第和克拉克等研究成果的基础上，依据人均国内生产总值份额基准，考察了总产值变动和就业人口机构变动的规律，揭示了产业结构变动的总方向，进一步证明了配第—克拉克定律。他研究发现，产业结构的变动首先引发人均国民收入变动的影响，这被称为库兹涅茨人均收入影响论。

（3）罗斯托主导产业扩散效应理论和经济成长阶段论。罗斯托提出了主导产业及其扩散理论和经济成长阶段论：无论在任何时期，甚至在已经成熟并继续成长的经济体系中，保持经济增长的原因是，为数不多的主导部门迅速扩大，这种扩大又产生了对产业部门的重要作用，即产生了主导产业的扩散效应，包括：回顾效应、旁侧效应和前向效应。罗斯托的这些理论被称为罗斯托主导产业扩散效应理论。根据科学技术和生产力发展水平，罗斯托将经济成长的过程划分为五个阶段：传统社会、为“起飞”创作前提的阶段、“起飞”阶段、向成熟挺进阶段、高额大众消费阶段。后来在《政治与成长阶段》中又增加了“追求生活质量”的阶段。

（4）钱纳里工业化阶段理论。 钱纳里从经济发展的长期过程中考察了制造业内部各产业部门的地位和作用的变动，揭示制造业内部结构转换的原因，即：产业间存在产业关联效应，为了解制造业内部的结构变动趋势奠定了一定基础，他发现：制造发展受到人均GNP、需求规模和投资率的影响大，受工业品和初级品输出率的影响小。他将制造业的发展分为三个发展时期：经济发展初期、中年期和后期；将制造业也按照三种不同的时期划分为如下的三种不同类型的产业：

1）初级产业，指经济发展初期对经济发展起主要作用的制造业部门，如食品、皮革、纺织等部门；

2）中期产业，指经济发展中期对经济发展起主要作用的制造业部门，如非金属矿产品、橡胶制品、木材加工、石油、化工、煤炭制造等部门；

3）后期产业，指在经济发展后期起主要作用的制造业部门，如服装和日用品、印刷出版、粗钢、纸制品、金属制品和机械制造等部门。

（5）霍夫曼工业化经验法则。霍夫曼对工业化问题进行了富有开创性的系列研究，提出了被称为“霍夫曼工业化经验法则”的问题阶段理论。他根据霍夫曼比例，即消费品工业净产值与资本工业净产值的比例，把工业化分为四个阶段：

第一个阶段：消费品工业占主导地位，霍夫曼比例为（5+/−1）。

第二个阶段：资本品工业快于消费品工业的增长，消费品工业降到工业总产值的50%左右或以下，霍夫曼比例为（2.5 +/− 0.5）。

第三个阶段：资本品工业继续快速增长，并已达到和消费品工业相平衡状态，霍夫曼比例为（1 +/− 0.5）。

第四阶段：资本品工业占主导地位，该阶段被认为实现了工业化，霍夫曼比例为 1 以下。

在经济实践应用中，霍夫曼比例经常采用轻工业品净产值与重工业品净产值的比例表示。霍夫曼的工业阶段论主要阐述工业过程中重化工业阶段的演变情形。

（六）立体产业分类理论

1．三次产业的划分

三次产业分类理论于 20 世纪 40 年代初提出，其中：第一次产业指广义的农业，划分依据为第一产业的属性为取自于自然；第二次产业为广义的工业，划分依据为第二次产业的属性为加工取自于自然的生产物；第三次产业是广义的服务业，划分依据为第三次产业是繁衍于有形物质财富生产活动之上的无形财富的生产部门。

2．三次产业分类法的局限性

近十年来，信息技术、互联网、高新技术等不断出现，需求结构不断变化，产业分析更加复杂，三次产业分类理论出现了很多的局限性。围绕信息产业化浪潮展开的“第四次产业”、“环境产业”、“资源产业”、“生态环保产业”等，逐步形成了新的战略性产业。现有的产业分类理论，不能明确界定新兴产业的内涵、范围和地位等有必要创新。

3．立体产业分类理论的内容

随着新技术、信息化和互联网等新概念的出现，逐渐形成了一批被称之为“新兴产业”的独立的产业部门，包括自然资源产业、环境产业、高技术产业等。

新兴产业与传统产业，尤其是一、二次产业存在交融及被包含关系，与传统产业之间的界线是有一定宽度的“带”，产业界限模糊，产业定义难以统一。

新兴产业活动与传统产业活动有高依附性和相关性。高次产业（新兴产业）来源于传统三次产业但又有所差异。

立体产业分类理论的核心内容：引入了两类新的独立产业，即自然资源产业作为零次产业，以及由环境产业、高技术产业（包括信息产业）等组成的高次产业；提出了产业结构立体层级理论。

七、土地开发理论

（一）土地开发模式

地方政府土地开发包括一级开发和二级开发等类别。

一级开发：有权属转移的过程，如通过农地征用、收购等实现权属国有；毛地变净地、生地变熟地。通过农地征用、地上附属物拆迁实现净地，进行市政基础设施的建设和投入实现熟地。土地一级开发的目的，达到出让条件，以备二级市场出让。

二级开发：包括：公建配套开发、商品房开发和产业园开发等主要模式。土地使用者经过开发建设，将新建成的房地产进行出售和出租的市场。一般指商品房首次进入流通领域进行交易而形成的市场。

房地产二级市场也包括土地二级市场，土地使用者将达到规定可转让的土地，进入流通领域进行交易的市场。主要运作模式有三种：

(1) 由政府主导的运作模式：土地储备机构充当政府土地一级开发机构，开发土地的权属登记在该机构名下，可以保证政府完全控制地价，熟地后的增值收益不流失，土地一级开发法律关系单纯，便于政府实施土地一级开发的事务；缺点是：政府自筹土地开发资金压力较大，土地储备投入较多，开发效率低。

(2) 企业主导的运作模式：有效利用市场资源，减轻政府开发资金压力。促成二级市场拿地，由于在一级开发中具备了土地成本定价、对规划及地块的熟悉程度等优势，与当地政府的深度合作，二级市场拿地的成功率较大。

(3) 政府和企业混合模式（城市运营开发模式）：企业采取与政府签订合作协议的方式，或合作成立第三方公司，资金投入与利润分成进行约定，在前台职能及程序以有收储资格的政府机构实施。通过土地一级开发的参与和运作，在二级市场进行项目和土地操作。

（二）产品（项目）开发模式

产品开发模式的基本要素，包括：

城市选择，基于战略发展规划选择拟进入的目标城市或地区。

区位选择，选择项目在城市的中观区位和具体特征。

确定项目规模，确定项目的占地面积、建筑面积、容积率等。

目标客户选择，研究并锁定核心消费者。

确定项目风格，设计项目独特的、便于识别的“符号”，使社会公众、目标客户容易识别是企业开发的类型和特定项目。

设计定型，对各项目进行规划设计、景观设计等。

卖场设计、广告风格定型，宣传资料（包括楼书、媒体广告等）。

统一的 VIS。对特定项目或具体产品的策划和总体包装等。

第三章　规划框架体系

一、政府规划体系

（一）我国政府规划类别

我国政府规划的类别很多，也有不同的观点与争议。国家各部委、有关部门、学者等也在持续地进行规划讨论、改革与修正。

常见规划类型，包括：主体功能区规划、总体发展规划、土地利用总体规划和城市总体规划等。

全国主体功能区规划，就是根据不同区域的资源环境承载能力、现有开发密度和发展潜力，统筹谋划未来人口分布、经济布局、国土利用和城镇化格局，将国土空间划分为优化开发、重点开发、限制开发和禁止开发四类，确定主体功能定位，明确开发方向，控制开发强度，规范开发秩序，完善开发政策，逐步形成人口、经济、资源环境相协调的空间开发格局。2011 年 6 月初，《全国主体功能区规划》正式发布。

发展规划指对一定时期、范围内的国民经济和社会发展的战略谋划与总体部署，包括国民经济和社会发展总体规划、国民经济和社会发展年度计划、专项发展规划、主体功能区规划、区域发展规划等。

编制土地利用总体规划、城市总体规划依据国民经济和社会发展总体规划。《中华人民共和国城乡规划法》第一章第五条明确提出：城市总体规划、镇总体规划以及乡规划和村庄规划的编制，应当依据国民经济和社会发展规划，并与土地利用总体规划相衔接。

（二）按照政府层级分类

按照我国政府的层级，对各类规划进行分类，主要有：

1．国家级层面政府规划

主要是以国务院总理等名义颁布的重大综合性规划和产业政策等，如：国家“十二五”规划纲要的编制历时两年多。

2．国务院发布的各类规划

主要由国务院组织有关部门编写并发布，如：《国务院关于印发全国主体功能区规划的通知》由国务院以国发〔2010〕46号的形式发布。

3．部委和省（直辖市、自治区）的政府规划

国家部委和各省市区出台的经济规划包括五年发展规划、专项规划等。如：“2014年国家新型城镇化规划（2014—2020年）”由国家发改委编制并发布。

4．地级市的政府规划

这类规划等一般由地市级人民政府或其职能部门如各级发改委、经信局等组织编写，或者委托专业机构编写，组织专家审核和予以完善，有些综合性的发展规划，还需要提报市人大等审批后予以发布，如：“廊坊市城市总体规划(2012—2030年)”分为市域、规划区（中心城市）、中心城区三个层次。

5．县（市区）政府规划

这类规划一般由各县、县级市、市辖区等组织编制，由县市区人民政府发布并实施。如：我负责编制的“潍坊节能环保产业园中长期规划”，由潍坊人民政府选择专业机构，提供基础资料并协助调研，委托国家发改委国际合作中心组织编制。

6．城乡规划

根据《中华人民共和国城乡规划法》，城乡规划包括城镇体系规划、城市规划、镇规划、乡规划和村庄规划。

城市规划、镇规划分为总体规划和详细规划。详细规划分为控制性详细规划和修建性详细规划。城市总体规划、镇总体规划包括：城市、镇的发展布局，功能分区，用地布局，综合交通体系，禁止、限制和适宜建设的地域范围，各类专项规划等。

规划区范围、规划区内建设用地规模、基础设施和公共服务设施用地、水源地和水系、基本农田和绿化用地、环境保护、自然与历史文化遗产保护以及防灾减灾等内容，应当作为城市总体规划、镇总体规划的强制性内容。

城市总体规划、镇总体规划的规划期限一般为二十年。城市总体规划还应当对城市更长远的发展作出预测性安排。

乡规划、村庄规划的内容包括：规划区范围，住宅、道路、供水、排水、供电、垃圾收集、畜禽养殖场所等农村生产、生活服务设施、公益事业等各项建设的用地布局、建设要求，以及对耕地等自然资源和历史文化遗产保护、防灾减灾等的具体安排。乡规划还应当包括本行政区域内的村庄发展布局。

乡镇和街道办经济规划一般是参照县级规划，结合本地核心优势和主要特点研究编制。

除了上述各类规划之外，其他各类开发区、国家级或省级高新区、国家级新区等经济规划参照各类级别进行编制计划确定和分类，如：国家级开发区规划一般是地市级或略低于地市级层面。国家级新区根据所在地区的级别不同，可能是副省级或地市级等。

（三）按照规划时限分类

1．中长期规划

政府中长期规划期限一般超过 5 年，有 10 年、20 年或更长的时间跨度。如：“国家中长期教育改革和发展规划纲要(2010—2020 年)”时间跨度 10 年，从 2010 至 2020 年。

2．五年规划

2005 年国务院《关于加强国民经济和社会发展规划的意见》明确规定：五年规划分别包括 3 级（国家级、省级和市县级）和 3 类（总体规划、区域规划和专项规划）。国家总体规划、省（区、市）级总体规划和区域规划的规划期一般为 5 年，可以 10 年以上。市县级总体规划和专项规划期限，可以根据当地的经济发展需要确定。

各级地方政府与各类产业园五年经济规划等，一般有各级政府“十三五”规划之类的国民经济与社会发展规划，也有循环经济、现代服务业、城市矿产、节能环保、生态文明等专项规划。

3．三年发展规划

各级政府或开发区等经济组织为了贯彻落实有关经济规划与发展目标，部分机构开始制定各自的三年规划，便于更好地实现阶段性的工作计划和发展目标。

4．年度专项规划

各级政府和产业园年度规划实际就是年度工作计划，主要界定上年度工作情况和本年度工作重点、主要目标、工作要点和保障措施等。

（四）按照规划范围分类

1．总体（综合）规划

国家和地方政府等综合规划一般涉及多个方面、多个地域的经济布局或社会发展规划，如国民经济和社会发展五年规划，大连国家级金普新区发展规划等。

2．专项规划

专项规划主要是对特定领域、区位或产业等进行的经济规划或其他规划，如：国家新能源发展规划、地方循环经济发展规划、河北省白洋淀科技产业园规划、智慧北京行动纲要、潍坊节能环保产业园发展规划、贵阳高新区低碳发展规划、贵阳市低碳城市发展规划等。

按照在政府规划中的作用，专项规划可分为总体规划附属的专项规划、完善总体规划的专项规划和指导城市开发的专项规划。

（五）按照规划功能分类

1．全国主体功能区规划

根据不同区域的资源环境承载能力、现有开发密度和发展潜力，统筹谋划未来人口分布、经济布局、国土利用和城镇化格局，将国土空间划分为优化开发、重点开发、限制开发和禁止开发四类，确定主体功能定位，明确开发方向，控制开发强度，规范开发秩序，完善开发政策，逐步形成人口、经济、资源环境相协调的空间开发格局。

全国主体功能区规划是战略性、基础性、约束性的规划，是国民经济和社会发展总体规划、人口规划、区域规划、城市规划、土地利用规划、环境保护规划、生态建设规划、流域综合规划、水资源综合规划、海洋功能区划、海域使用规划、粮食生产规划、交通规划、防灾减灾规划等在空间开发和布局的基本依据。同时，编制全国主体功能区规划要以上述规划和其他相关规划为支撑，并在政策、法规和实施管理等方面做好衔接工作。

全国主体功能区规划由国家主体功能区规划和省级主体功能区规划组

成，分国家和省级两个层次编制。国家主体功能区规划由全国主体功能区规划编制工作领导小组（以下简称领导小组）会同各省（区、市）人民政府编制，规划期至2020年，并通过中期评估实行滚动调整；省级主体功能区规划由各省（区、市）人民政府组织市、县级人民政府编制，规划期至2020年。编制全国主体功能区规划的主要任务是，在分析评价国土空间的基础上，确定各级各类主体功能区的数量、位置和范围，明确不同主体功能区的定位、开发方向、管制原则、区域政策等。

2．土地利用总体规划

《中华人民共和国土地管理法》：各级人民政府应当依据国民经济和社会发展规划、国土整治和资源环境保护的要求、土地供给能力以及各项建设对土地的需求，组织编制土地利用总体规划。《中华人民共和国土地管理法实施条例（国务院令第256号）》，土地利用总体规划的规划期限一般为15年。

依照《土地管理法》规定，土地利用总体规划应当将土地划分为农用地、建设用地和未利用地。

县级和乡（镇）土地利用根据需要，划定基本农田保护区、土地开垦区、建设用地区和禁止开垦区等；其中，乡（镇）土地利用总体规划还应当根据土地使用条件，确定每一块土地的用途。

土地分类和划定土地利用区的具体办法，由国务院土地行政主管部门会同国务院有关部门制定。

3．经济（区域发展）规划

（1）内涵解读。经济规划指在生产资料公有制的基础上，根据社会主义基本经济规律和国民经济有计划按比例发展规律的要求，由国家按照经济、社会建设与发展的计划，管理国民经济的社会经济制度。

区域发展规划以跨行政区的特定区域国民经济和社会发展为对象，以促进相关行政区之间合作与协调发展为目的编制的规划，是规划纲要在特定区域的细化与落实，是编制该区域内专项发展规划和区域内各行政区规划纲要的依据。

区域发展规划分为省级、州（市）级，规划期限一般为10年，可以进行远期展望。研究要点为：发展基础和条件；区域定位、发展战略和目标；区域发展的空间结构框架；区域基础设施、产业布局、市场体系、公共服务、城乡建设、生态环保等一体化发展的重点内容；区域协调机制等规划实施的保障措施。

(2) 主要分类。经济规划可按照不同的标准分类，如：根据政府层级分为国家级、国务院、部委和各省（直辖市、自治区）、地市、县市区、乡镇等；根据功能分为综合经济规划和专项经济规划等。

4．控制性详细规划

控制性详细规划以城市总规划或分区规划为依据，确定建设地区的土地使用性质和使用强度的控制指标、道路和工程管线控制性位置以及空间环境控制的规划要求。

5．修建性详规

修建性详细规划是以城市总体规划、分区规划或控制性详细规划为依据，制订用以指导各项建筑和工程设施的设计和施工的规划设计，是城市详细规划的一种。

根据建设部《城市规划编制办法》，修建性详细规划包括：

建设条件分析及综合技术经济论证；作出建筑、道路和绿地等的空间布局和景观规划设计，布置总平面图；道路交通规划设计；绿地系统规划设计；工程管线规划设计；竖向规划设计；估算工程量、拆迁量和总造价，分析投资效益。

6．产业或项目环境评价

项目环评(EIA)指在一定区域内进行开发建设活动，事先对拟建项目（规划）可能对周围环境造成的影响进行调查、预测和评定，提出防治对策和具体措施，为项目决策提供科学的依据。

建设项目环境影响评价的管理程序，主要包括：编制大纲→编制报告书→评估报告书→审批报告书。

（六）重点规划框架体系

1．主体功能区规划

主体功能区规划指以全国、各省（直辖市、自治区）等国土空间为对象编制战略性、基础性、约束性的规划，是规划纲要在空间开发和布局方面的体现，是规划纲要、区域发展规划和土地利用总体规划、城乡规划、人口、环境保护、生态建设、流域综合开发、水资源综合利用、粮食生产、交通、防灾减灾等专项规划在空间开发和布局的基本依据。主体功能区规划的规划期一般为20年，研究要点为：

资源环境承载能力、现有开发密度和发展潜力分析；主体功能区的分类及其划定原则；各类主体功能区的数量、位置和范围；各主体功能区的功能定位、发展方向、开发时序和管制要求等；能源和资源开发；保障措施和财政、投资、产业、土地、农业、人口、民族、环境、应对气候变化等相关配套政策。

2．城市总体规划

总体规划是在一定区域内，根据国家社会经济可持续发展的要求和当地自然、经济、社会条件，对土地的开发、利用、治理、保护在空间上、时间上所做的总体安排和布局。

城市总体规划为了实现一定时期内城市的经济和社会发展目标，确定一个城市的性质、规模、发展方向，合理利用城市土地，协调城市空间和进行各项建设的综合布局和全面安排，还包括选定规划定额指标，制订该市远、近期目标及其实施步骤和措施等。总规的规划期限一般为20年。

城市总体规划应按照以下程序编制：

(1)组织前期研究，提出进行编制工作的报告，经同意后组织编制。其中，组织编制直辖市、省会城市、国务院指定市的城市总体规划的，向国务院建设主管部门提出报告；组织编制其他市的城市总体规划的，向省、自治区建设主管部门提出报告。

(2) 组织编制城市总体规划纲要，按规定提请审查。其中，组织编制直辖市、省会城市、国务院指定市的城市总体规划的，报请国务院建设主管部门组织审查；组织编制其他市的城市总体规划的，报请省、自治区建设主管部门组织审查。

(3) 依据国务院建设主管部门或者省、自治区建设主管部门提出的审查意见，组织编制城市总体规划成果，按法定程序报请审查和批准。

在城市总体规划的编制中，对于涉及资源与环境保护、区域统筹与城乡统筹、城市发展目标与空间布局、城市历史文化遗产保护等重大专题，在城市人民政府组织下，由相关领域的专家领衔进行研究。

城市总体规划的编制中，在城市人民政府组织下，充分吸取政府有关部门和军事机关的意见。

对于政府有关部门和军事机关提出意见的采纳结果，应当作为城市总体规划报送审批材料的专题组成部分。

组织编制城市详细规划，应听取政府有关部门的意见，保证有关专业规划的空间落实。

在城市总体规划报送审批前，城市人民政府应依法采取有效措施，充分征求社会公众的意见。

在城市详细规划的编制中，应采取公示、征询等方式，充分听取规划涉及的单位、公众的意见。对有关意见采纳结果应当公布。

城市总体规划调整，按规定向规划审批机关提出调整报告，经认定后依照法律规定组织调整。

城市详细规划调整，应取得规划批准机关的同意。规划调整方案，向社会公开，听取有关单位和公众的意见，并将有关意见的采纳结果公示。

城市总体规划包括市域城镇体系规划和中心城区规划。对涉及城市发展长期保障的资源利用和环境保护、区域协调发展、风景名胜资源管理、自然与文化遗产保护、公共安全和公众利益等内容，应当确定为必须严格执行的强制性内容。

编制城市总体规划，以全国城镇体系规划、省域城镇体系规划以及其他上层次法定规划为依据，从区域经济社会发展的角度研究城市定位和发展战略，按照人口与产业、就业岗位的协调发展要求，控制人口规模、提高人口素质，按照有效配置公共资源、改善人居环境的要求，充分发挥中心城市的区域辐射和带动作用，合理确定城乡空间布局，促进区域经济社会全面、协调和可持续发展。

编制城市近期建设规划，依据已经依法批准的城市总体规划，明确近期内实施城市总体规划的重点和发展时序，确定城市近期发展方向、规模、空间布局、重要基础设施和公共服务设施选址安排，提出自然遗产与历史文化遗产的保护、城市生态环境建设与治理的措施。

编制城市分区规划，依据已经依法批准的城市总体规划，对城市土地利用、人口分布和公共服务设施、基础设施的配置做出进一步的安排，对控制性详细规划的编制提出指导性要求。

编制城市控制性详细规划，依据已经依法批准的城市总体规划或分区规划，考虑相关专项规划的要求，对具体地块的土地利用和建设提出控制指标，作为建设主管部门（城乡规划主管部门）作出建设项目规划许可的依据。

编制城市修建性详细规划，依据已经依法批准的控制性详细规划，对所在地块的建设提出具体的安排和设计。

历史文化名城的城市总体规划，包括专门的历史文化名城保护规划。历史文化街区应当编制专门的保护性详细规划。

城市规划成果的表达应当清晰、规范，成果文件、图件与附件中说明、专题研究、分析图纸等表达应有区分。

城市规划成果文件以书面和电子文件两种方式表达。

城市规划编制单位严格依据法律、法规的规定编制城市规划，提交的规划成果符合本办法和国家有关标准。

城市总体规划期限一般为二十年，可以对城市远景发展的空间布局提出设想。确定城市总体规划具体期限，应当符合国家有关政策的要求。

总体规划纲要应当包括下列内容：

（1）市域城镇体系规划纲要，内容包括：提出市域城乡统筹发展战略；确定生态环境、土地和水资源、能源、自然和历史文化遗产保护等综合目标和保护要求，提出空间管制原则；预测市域总人口及城镇化水平，确定各城镇人口规模、职能分工、空间布局方案和建设标准；原则确定市域交通发展策略。

（2）提出城市规划区范围。

（3）分析城市职能、提出城市性质和发展目标。

（4）提出禁建区、限建区、适建区范围。

（5）预测城市人口规模。

（6）研究中心城区空间增长边界，提出建设用地规模和建设用地范围。

（7）提出交通发展战略及主要对外交通设施布局原则。

（8）提出重大基础设施和公共服务设施的发展目标。

（9）提出建立综合防灾体系的原则和建设方针。

市域城镇体系规划应当包括下列内容：

（1）提出市域城乡统筹的发展战略。其中位于人口、经济、建设高度聚集的城镇密集地区的中心城市，根据需要，提出与相邻行政区域在空间发展布局、重大基础设施和公共服务设施建设、生态环境保护、城乡统筹发展等进行协调的基本建议。

(2) 确定生态环境、土地和水资源、能源、自然和历史文化遗产等的保护与利用的综合目标和要求，提出空间管制原则和措施。

(3) 预测市域总人口及城镇化水平，确定各城镇人口规模、职能分工、空间布局和建设标准。

(4) 提出重点城镇的发展定位、用地规模和建设用地控制范围。

(5) 确定市域交通发展策略；原则确定市域交通、通信、能源、供水、排水、防洪、垃圾处理等重大基础设施，重要社会服务设施，危险品生产储存设施的布局。

(6) 根据城市建设、发展和资源管理的需要划定城市规划区。城市规划区的范围应当位于城市的行政管辖范围内。

(7) 提出实施规划的措施和有关建议。

中心城区规划应当包括下列内容：

(1) 分析确定城市性质、职能和发展目标。

(2) 预测城市人口规模。

(3) 划定禁建区、限建区、适建区和已建区，并制定空间管制措施。

(4) 确定村镇发展与控制的原则和措施；确定需要发展、限制发展和不再保留的村庄，提出村镇建设控制标准。

(5) 安排建设用地、农业用地、生态用地和其他用地。

(6) 研究中心城区空间增长边界，确定建设用地规模，划定建设用地范围。

(7) 确定建设用地的空间布局，提出土地使用强度管制区划和相应的控制指标（建筑密度、建筑高度、容积率、人口容量等）。

(8) 确定市级和区级中心的位置和规模，提出主要的公共服务设施的布局。

(9) 确定交通发展战略和城市公共交通的总体布局，落实公交优先政策，确定主要对外交通设施和主要道路交通设施布局。

(10) 确定绿地系统的发展目标及总体布局，划定各种功能绿地的保护范围（绿线），划定河湖水面的保护范围（蓝线），确定岸线使用原则。

（11）确定历史文化保护及地方传统特色保护的内容和要求，划定历史文化街区、历史建筑保护范围（紫线），确定各级文物保护单位的范围；研究确定特色风貌保护重点区域及保护措施。

（12）研究住房需求，确定住房政策、建设标准和居住用地布局；重点确定经济适用房、普通商品住房等满足中低收入人群住房需求的居住用地布局及标准。

（13）确定电信、供水、排水、供电、燃气、供热、环卫发展目标及重大设施总体布局。

（14）确定生态环境保护与建设目标，提出污染控制与治理措施。

（15）确定综合防灾与公共安全保障体系，提出防洪、消防、人防、抗震、地质灾害防护等规划原则和建设方针。

（16）划定旧区范围，确定旧区有机更新的原则和方法，提出改善旧区生产、生活环境的标准和要求。

（17）提出地下空间开发利用的原则和建设方针。

（18）确定空间发展时序，提出规划实施步骤、措施和政策建议。

城市总体规划的强制性内容包括：

（1）城市规划区范围。

（2）市域内应当控制开发的地域。包括：基本农田保护区，风景名胜区，湿地、水源保护区等生态敏感区，地下矿产资源分布地区。

（3）城市建设用地。包括：规划期限内城市建设用地的发展规模，土地使用强度管制区划和相应的控制指标（建设用地面积、容积率、人口容量等）；城市各类绿地的具体布局；城市地下空间开发布局。

（4）城市基础设施和公共服务设施。包括：城市干道系统网络、城市轨道交通网络、交通枢纽布局；城市水源地及其保护区范围和其他重大市政基础设施；文化、教育、卫生、体育等方面主要公共服务设施的布局。

（5）城市历史文化遗产保护。包括：历史文化保护的具体控制指标和规定；历史文化街区、历史建筑、重要地下文物埋藏区的具体位置和界线。

（6）生态环境保护与建设目标，污染控制与治理措施。

（7）城市防灾工程。包括：城市防洪标准、防洪堤走向；城市抗震与消防疏散通道；城市人防设施布局；地质灾害防护规定。

总体规划纲要成果包括纲要文本、说明、相应的图纸和研究报告。

城市总体规划的成果包括规划文本、图纸及附件（说明、研究报告和基础资料等）。在规划文本中应当明确表述规划的强制性内容。

城市总体规划明确综合交通、环境保护、商业网点、医疗卫生、绿地系统、河湖水系、历史文化名城保护、地下空间、基础设施、综合防灾等专项规划的原则。

编制各类专项规划，应当依据城市总体规划。

3．土地利用总体规划

土地利用总体规划指在各级行政区域内，根据土地资源特点和社会经济发展要求，对今后一段时期内（通常为15年）土地利用的总安排。根据《土地管理法》第一章第四条和第三章的规定，全国土地利用总体规划到省、市、县、乡土地利用总体规划分别由各级人民政府编制，主要编制依据包括：国民经济和社会发展规划，国土整治和环境保护要求，土地供给能力，各项建设对土地需求，上级土地利用总体规划等。

4．五年发展规划

总体发展规划以国民经济和社会发展为对象编制的战略性、纲领性、综合性规划，是统领规划期内经济社会发展的行动纲领，是对本辖区国民经济和社会发展的全面部署和总体安排，是编制各级各类规划的基本依据。规划期限一般为5年。

五年规划是中国国民经济计划的一部分，主要是对全国重大建设项目、生产力分布和国民经济重要比例关系等作出规划，为国民经济发展远景规定目标和方向。

中央政府和地方政府“十三五”国民经济和社会发展规划的基本内容，包括但不限于：

（1）发展环境。主要包括上一个五年规划的经济情况、主要指标、取得的成绩，以及本个五年规划的产业形势、机遇与挑战等。

（2）指导思想。主要描述本个五年规划的核心思路和重点方向，以及重点产业布局等。

（3）主要目标。主要描述本个五年规划的经济、产值、资源、人才、科技、开放、能耗、人均收入等指标以及阶段性任务目标等。

（4）政策导向。主要描述本个五年规划的政策依据和产业导向，以及需要抓住的发展机遇等。

（5）现代农业。主要描述农业产业发展的主要方向、产业调整结构、科技创新、农业教育、基础设施、县域经济、农业服务体系等，为下一个五年发展奠定基本的思路。

（6）先进制造业。主要描述本个五年规划的钢铁、船舶、建材、轻工、纺织等重点制造业发展方向、制造业优化结构、技术路线、重大布局、重点项目或龙头企业等。

（7）战略性新兴产业。主要描述本个五年规划的节能环保、新一代信息技术、生物医药、高端装备制造、新能源、新材料、新能源汽车、海洋产业等重点领域、产业结构、重点技术、产业布局、重点项目或龙头企业等。

（8）交通运输业。主要描述本个五年规划的区际交通、城际交通、公共交通、运输服务等重点领域、重点项目、重点技术、重大工程或龙头企业等。

（9）现代服务业。主要描述本个五年规划的金融、物流、商务服务和高技术等生产性服务业，以及商贸服务、家庭服务、旅游、体育等生活性服务业、重点项目、重点技术、重大工程或优惠政策等。

（10）区域发展战略。主要描述本个五年规划的区域战略、老工业基地战略、主体功能区布局等。

（11）城镇化建设。主要描述本个五年规划的城镇化布局、城镇化工程、城镇基础设施、城镇服务体系以及重点工程等。

（12）绿色发展。主要描述本个五年规划的生态环保、循环经济、节能减排等政策、环保目标、产业布局、重大工程、生态基础设施、环保监控体系等。

（13）友好型社会。主要描述本个五年规划的生态环保、循环经济、节能减排等政策、环保目标、布局、重大工程、基础设施、监控体系等。

（14）科教人才。主要描述本个五年规划的各类教育、科技卫生、医疗养老、人才战略等。

（15）公共服务。主要描述本个五年规划的就业培训、收入分配、社会保障、医疗改革、重大工程等。

（16）市场体系。主要描述本个五年规划的文化改革、财税改革、税收分配、资源配置等。

（17）对外开放。主要描述本个五年规划的对外贸易、利用外资、国际化战略等。

（18）政治文明。主要描述本个五年规划的政治改革、民主法制、政府改革等。

（19）港澳台关系。主要描述本个五年规划的港澳台关系、国家政策、重大导向等。

（20）国防建设。主要描述本个五年规划的国防政策、军队建设、重大变革等。

（21）规划实施。主要描述本个五年规划的规划组织实施、机制体系、资源供应、考核激励、监督优化等。

5．专项发展规划

专项规划是针对国民经济和社会发展的重点领域和薄弱环节、关系全局的重大问题编制的规划。是总体规划的若干主要方面、重点领域的展开、深化和具体化，应该符合总体规划的总体要求，并与总体规划相衔接。

下列领域可以编制专项发展规划：

总体发展规划确定的重大战略和重大工程；农业、林业、水利、能源、交通、通信、信息化应用等基础设施建设；土地、水、矿产、湖泊等重要资源的开发利用和保护；环境保护、生态建设、循环经济、低碳发展、园林绿化、安全生产、防灾减灾、公共安全和应急能力建设；教育、科技、文体广电、卫生、社会保障、住房保障、人力资源、社会管理等公共事业和公共服务；产业发展和结构调整；区域合作、对外开放和体制改革的重点领域；国家、省、市确定的其他领域。

国家级专项规划编制与审批的一般程序，如下：

（1）立项。国家级专项规划由国务院有关部门依据相关法律、行政法规和国务院规定的职责负责编制。

编制国家级专项规划均需制定工作方案。工作方案包括规划编制必要性、规划期、衔接单位、论证方式、进度安排和报国务院审批的依据或理由等。

工作方案是国家级专项规划立项的依据，由发展改革部门统筹协调后予以立项确认。

（2）起草。 编制国家级专项规划，必须认真做好基础调查、信息搜集、课题研究以及纳入规划重大项目的论证，采取多种形式广泛听取各方面意见。

国家级专项规划文本一般包括现状、趋势、方针、目标、任务、布局、项目、实施保障措施以及法律、行政法规规定的其他内容。

内容要达到以下要求：符合国家总体规划，发展目标尽可能量化，发展任务具体明确、重点突出，政策措施具有可操作性。对需要国家安排投资的规划，要充分论证并事先征求发展改革和相关部门意见。

（3）衔接和论证。国家级专项规划的发展方针、目标、重点任务要与国家总体规划保持一致，相关规划之间对发展趋势的判断、需求预测、主要指标和政策措施要相互衔接。

国家级专项规划草案，应送发展改革部门与国家总体规划进行衔接，涉及其他领域的，还应送相关部门进行衔接。

有关部门自收到规划草案之日起 30 个工作日内反馈衔接意见。

国家级专项规划草案，由发展改革部门与有关部门共同组织论证。

国家级专项规划应委托规划专家委员会、有资质的中介机构或组织专家组进行论证。参加论证的其他相关领域专家不少于专家总数的 1/3。

论证后出具论证报告。论证报告应全面、客观、公正，由专家组组长签字，并附每位专家的论证意见。

（4）报批。由国务院批准的专项规划，要拟订年度计划。编制部门应在已确认的立项基础上，每年 10 月向发展改革部门提出下一年度国家级专项规划报批建议。发展改革部门商有关部门在此基础上拟订国家级专项规划年度审批计划，于每年 12 月前报国务院，经国务院批准后执行。基础工作不深入，不能保证在一年内完成上报程序的规划，不应列入年度审批计划。

各部门按照审批计划有序报批。未列入审批计划的，原则上不予受理。

（5）备案和公布。国务院授权有关部门印发或批准的专项规划应在印发同时报国务院备案，并抄送发展改革部门。

（6）实施。国家级专项规划经批准后，编制部门要及时对规划的主要目标和任务进行分解，明确责任，保障规划的实施落到实处。

专项规划根据产业、行业和地区的资源与产业特征，具体结构可以略有不同。

6．产业园规划

产业园发展规划指各类产业园为了实现特定发展目标，根据已有总体布局和产业特征，结合产业园基础与发展潜力，研究制定未来几年发展目标、重点工程、主要任务、实施路径，以及保障机制等，进而推动特定产业园的可持续发展。

归纳各类产业园规划的一般结构，如下：

（1）前言。

（2）产业园区规划的背景。

主要包括产业园区规划的目的、意义以及产业园区发展的有利条件等。

（3）产业园区的发展定位。

主要包括产业园区的区位选择、功能定位、产业定位等。

（4）产业园区的规划布局。

主要包括产业园区的用地布局、各功能区的建设规模与产业布局。

（5）产业园区的投资成本与收益估算。

主要包括产业园区总投资、分阶段投资、成本估算、产值、销售收入及销售税金估算和社会效益、生态效益评估。

（6）产业园区适应性评价指标体系。

主要包括目标适应性指标、经济适应性指标以及社会适应性指标等。

（7）产业园区招商引资方案。

主要包括产业园区的品牌推广策略、团队管理及运作模式、招商引资目标企业推介等。

（8）产业园保障机制。

主要包括产业园组织体系、重大工程、责任分解、资源匹配、服务平台、风险管理，以及对外合作等。

7．控制性详细规划

控制性详细规划指以城市总体规划或分区规划为依据，确定建设地区的土地使用性质和使用强度的控制指标、道路和工程管线控制性位置以及空间环境控制的规划要求。

控制性详细规划，主要包括：确定规划范围内不同性质用地的界线，确定各类用地内适建，不适建或有条件地允许建设的建筑类型；确定各地块建筑高度、建筑密度、容积率、绿地率等控制指标；确定公共设施配套要求、交通出入口方位、停车泊位、建筑后退红线距离等要求；提出各地块的建筑体量、体型、色彩等城市设计指导原则；根据交通需求分析，确定地块出入口位置、停车泊位、公共交通场站用地范围和站点位置、步行交通及其他交通设施。规定各级道路的红线、断面、交叉口形式及渠化措施、控制点坐标和标高；根据规划建设容量，确定市政工程管线位置、管径和工程设施的用地界线，进行管线综合。确定地下空间开发利用具体要求；制定相应的土地使用与建筑管理规定。控制性详细规划确定各地块的主要用途、建筑密度、建筑高度、容积率、绿地率、基础设施和公共服务设施配套规定应当作为强制性内容。

8．修建性详细规划

城市、县人民政府城乡规划主管部门和镇人民政府可以组织编制重要地块的修建性详细规划。修建性详细规划符合控制性详细规划。

乡、镇人民政府组织编制乡规划、村庄规划，报上一级人民政府审批。村庄规划在报送审批前，经村民会议或村民代表会议讨论同意。

修建性详细规划应当包括：

（1）建设条件分析及综合技术经济论证。

（2）建筑、道路和绿地等的空间布局和景观规划设计，布置总平面图。

（3）对住宅、医院、学校和托幼等建筑进行日照分析。

（4）根据交通影响分析，提出交通组织方案和设计。

（5）市政工程管线规划设计和管线综合。

（6）竖向规划设计。

（7）估算工程量、拆迁量和总造价，分析投资效益。

控制性详细规划成果包括规划文本、图件和附件。图件由图纸和图则两部分组成，规划说明、基础资料和研究报告收入附件。

修建性详细规划成果应当包括规划说明书、图纸。

二、政府规划实践

（一）政府规划演变

建国初期，政府规划体系不很完善，城镇化规划基本空白。十一届三中全会以后，我国确立了对外开放的改革道路，城市建设进入高速发展轨道，西方理论引入我国实践，综合国土规划、城市／区域规划、大城市市域规划等逐步完善。

1989 年，《中华人民共和国城市规划法》提出“国家实行严格控制大城市规模，合理发展中等城市和小城市的方针”，将城镇体系规划纳入法定规划框架内。根据该法，我国城镇体系规划包括全国、省、自治区和直辖市层面的城镇体系规划，以及各地级市、县市级总体规划内容框架内的城镇体系规划。

20 世纪 90 年代后期，《中国二十一世纪议程》提出适当控制大城市人口增长过快的势头，发展大城市的卫星城市，积极发展中小城市与大力发展小城镇。2005 年《全国城镇体系规划 (2005—2020)》推动了城镇规划的进一步发展。

2005 年，国务院发布《国务院关于加强国民经济和社会发展规划编制工作的若干意见》（国发〔2005〕33 号），对五年规划编制提出了明确的要求。2007 年国务院发布《国务院关于编制全国主体功能区规划的意见》（国发〔2007〕21 号）。

2007 年“国家发展和改革委员会关于印发《国家级专项规划管理暂行办法》的通知发改规划〔2007〕794 号”规定，国家级专项规划是指国务院有关部门以经济社会发展的特定领域为对象编制的、由国务院审批或授权有关部门批准的规划。

关于我国城市新区的发展阶段，李矿辉、张有才、王建军等在《新区总体规划编制的理念与内容创新实践》中提出了“我国新区建设经历了工业发展带动型、疏解老城压力型、低碳生态型三个阶段”，按照他们的研究，三个阶段的各自特点是：

（1）第一个阶段：工业发展带动型。我国当代的第一代新城主要通过工业用地的建设带动新城的开发，以土地换投资，从而带动城市的基础设施建设，经过多年的发展，这类新区有的已经完成了从工业增长向综合性新区的转变。

（2）第二个阶段：疏解老城压力型。城市化已经成为我国重要的发展战略。经过多年的城市快速发展，我国许多老城区已经不能满足城市发展的需要。为了培育新的城市中心并分散老城中心区交通压力，新城建设应运而生。它不仅能带动周边地区的城市化，也能有效地疏散和缓解老城的人口、产业及部分职能压力，构筑多中心的城市发展体系，促进城市空间结构的良性发展。以触媒启动为主，通过触媒建设，带动周边地区的土地升值，完成基础设施的建设。

(3) 低碳生态型。中国第三代新城将是在“低碳”、“生态”理念指导下的新型人居环境示范区。以循环经济和低碳经济等模式促进新型低碳新城、生态新城，将会被广泛认可并逐步成为21世纪城市可持续发展的理想范。

（二）政府规划的缺陷

当前，我国政府规划和城镇规划等编制、执行中存在一些缺陷，包括但不限于：规划编制自上而下为主，规划编制受到行政干预，缺少对市场规律和专业权威的尊重，规编成果以规划末期发展图景的静态规划为主，对市场与环境变化预测少，缺乏规划期内未来趋势探索和多种发展情景的模拟。规划过于理想化和追求形式，对社会服务研究不够，生态和环境保护规划重视不够，土地使用违反土地使用总体规划，规划各方参与与社会宣传不够等。

（三）政府规划层次

归纳我国各类城市、产业园等基本特征、驱动模式、发展阶段与未来方向，研究国内外经典案例和专业文献，2014 年 9 月份我在为河北省保定市委、市政府、市政协、市人大及各县市区，包括各级发改委、经信委、高新区和开发区等管理层，进行政府规划与运营专题培训时，提出了我国城市和产业园发展 5 个阶段的观点，包括： 生产要素聚集阶段、产业主导阶段、创新突破阶段、都市科技阶段和生态文明家园阶段。这些阶段可能是跳跃式的，不一定每个阶段必然经过，或者有时候几个阶段的产业特征并存。在不同的发展阶段，呈现不同的功能、特征和驱动方式等。具体如下图所示。

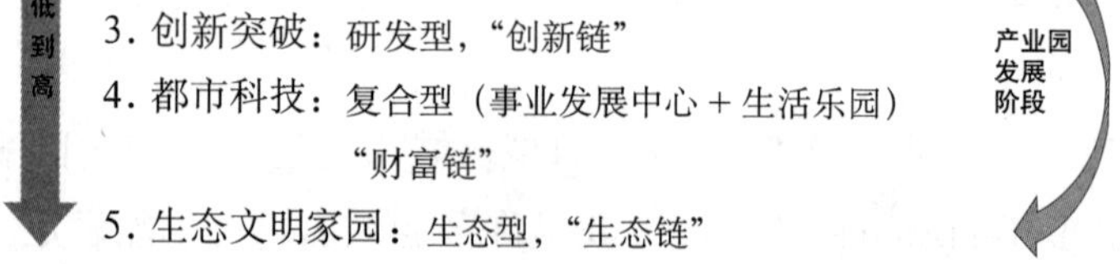

我国产业园发展可以划分为五个阶段，各阶段的产业链导向、产业发展需求要素、园区功能、与城市空间关系、核心驱动力、主要产业类型、产业空间形态、园区增值方式等分别如下所示：

产业园发展第一阶段是生产要素聚集。该阶段主要特征如表 1 所示。

表 1　第一阶段生产要素聚集

分析维度	主要特征
产业链导向	低成本导向，要素低效串配置
产业发展需求要素	廉价的土地、劳动力、优惠的税收政策
园区功能	加工型，单一的产品制造、加工
与城市发展的空间关系	基本脱离（点对点式）
核心驱动力	政府优惠政策等“外力”的驱动
主要产业类型	低附加值，劳动密集型传统产业
产业空间形态	纯产业区，在空间上呈现沿交通轴线布局，单个企业或同类企业聚集
园区增值方式	园区主要活动的关注顺序：贸—工—技。增值手段主要是“贸易链”，即通过与区内外、国内外的贸易交换获取附加值

如表 1 所示，在生产要素聚集阶段，产业园主要是低成本导向，要素之间低效率串连配置，政府依靠廉价的土地、劳动力和优惠政策，吸引企业和聚集产业，这阶段产业园功能是加工型企业，单一的低附加值的、劳动密集型的产品制造和加工。产业空间形态呈现沿着交通线路的轴线布局，单个企业或同类企业聚集。园区增值模式是“贸易链”，即：以贸易交换，带动工业制造，促进技术研发等活动。

产业园发展的第二阶段是产业主导聚焦。该阶段主要特征如表 2 所示。

表 2　第二阶段产业主导聚集

分析维度	主要特征
产业链导向	生产要素重新整合，形成稳定的主导产业和上、中、下游结构特征的产业链，有较好的产业支撑与配套条件
产业发展需求要素	一定的配套服务和研发能力，企业主要依靠外部科学结构和大学的支撑
园区功能	以产品制造为主
与城市发展的空间关系	相对脱离（串联式）
核心驱动力	由政府的优惠政策等“外力”的驱动
主要产业类型	低附加值，劳动密集型传统产业
产业空间形态	纯产业区，在空间上呈现沿交通轴线布局，单个企业或同类企业聚集
园区增值方式	对园区主要活动的关注顺序：贸—工—技。“高技术产品生产基地”，增值手段主要是“产业链”

如表 2 所示，在产业主导聚焦阶段，产业园主要生产要素重新整合，形成稳定的主导产业和上、中、下游结构特征的产业链。这时的产业园已经具有了一定的配套服务和研发能力，企业主要依靠外部科学结构和大学的支撑。园区功能以产品制造为主，产业园与城市之间是相对脱离的串联关系。核心驱动力是由政府的优惠政策等“外力”的驱动。这阶段产业类型仍然是低附加值、劳动密集型的加工企业，产业空间形态是纯产业区，空间上呈现沿着交通线路的轴线布局，单个企业或同类企业聚集。园区增值方式是“产业链”，即：通过产业的聚集，确立贸易订单，促进工业制造，重视技术研发活动。

产业园发展的第三阶段是创新突破阶段。该阶段主要特征如表 3 所示。

表 3　第三阶段创新突破阶段

分析维度	主要特征
产业链导向	创新文化
产业发展需求要素	高素质人才、较好的信息、技术及其他高端产业配套服务。园区自身能力不断增强
园区功能	研发型。科技产业区、制造、研发复合功能
与城市发展的空间关系	相对耦合（中枢轴辐式）
核心驱动力	内力为主，技术推动，企业家精神
主要产业类型	技术密集型、创新型产业。信息技术、生物医药、新能源技术、新材料和先进制造技术等
产业空间形态	产业社区。产业间开始产生协同效应，在空间上形成围绕产业集群的圆层布局
园区增值方式	对园区主要活动的关注顺序是：技—工—贸。其增值手段主要是“创新链”。代表园区：中关村科技园、台湾新竹科学工业园、法国索菲亚高科技园区

如表 3 所示，在创新突破阶段，大力倡导创新文化，产业园主要依赖高素质人才、较好的信息、技术及其他高端产业配套服务，获得发展，园区自身能力不断增强。这时的产业园已经具有科技产业区、制造、研发复合功能。产业园与城市之间是相对耦合（中枢轴辐式）的关系。核心驱动力是内力为主，技术推动，企业家精神。这阶段主要产业类型是技术密集型、创新型产业。信息技术、生物医药、新能源技术、新材料和先进制造技术等。产业空间形态是产业社区：产业间开始产生协同效应，在空间形态上，逐步形成围绕产业集群的圆层布局。园区增值方式是“创新链”：技—工—贸。代表园区有中关村科技园、台湾新竹科学工业园、法国索菲亚高科技园区。

产业园发展的第四阶段是科技都市阶段。该阶段主要特征如表 4 所示。

表 4　第四阶段科技都市阶段

分析维度	主要特征
产业链导向	高势能优势
产业发展需求要素	高价值的品牌、高素质的人才资源、高增值能力和高回报率的巨额资本
园区功能	复合型（事业发展中心 + 生活乐园）。现代化综合城市功能，产业集聚地，人气的集聚区、文化的扩散区、资本的融通区
与城市发展的空间关系	紧密整合（多极耦合式）
核心驱动力	高价值的“财富级”要素的推动
主要产业类型	文化创意、科技创新产业及其他高端现代服务业为主
产业空间形态	综合新域。在空间上城市功能和产业功能完全融合
园区增值方式	对园区主要活动的关注顺序：技—贸—工。以研发中心、研发型产业、科技服务业为主体，其增值手段主要是“财富链”。代表园区：美国硅谷

如表 4 所示，在科技都市阶段，产业链导向是高势能优势。产业园主要依赖高价值的品牌、高素质的人才资源、高增值能力和高回报率的巨额资本，获得发展。这时的产业园已经具有复合型（事业发展中心 + 生活乐园）。现代化综合城市功能，产业集聚地，人气的集聚区、文化的扩散区、资本的融通区。产业园与城市之间是紧密整合（多极耦合式）的关系。产业区动力是高价值的“财富级”要素的推动。这阶段产业形态是文化创意、科技创新产业及其他高端现代服务业为主。产业空间形态是综合新域，在空间上城市功能和产业功能完全融合。园区增值方式是“财富链”，以研发中心、研发型产业、科技服务业为主体，其增值手段主要是“财富链”。代表园区：美国硅谷。

产业园发展的第五阶段是生态文明阶段。该阶段主要特征如表 5 所示。

表 5　第五阶段生态文明家园

分析维度	主要特征
产业链导向	生态与循环发展
产业发展需求要素	高生态环境、高技术应用、高资源利用率
园区功能	产业生态化。生态的城市业态，产业与自然和谐，以人为中心的资源集聚与产业协同，产业园与园区周边环境、产业的协同
与城市发展的空间关系	融合与耦合
核心驱动力	生态利用与创新驱动
主要产业类型	生态产业、生态生活、生态环境
产业空间形态	人与自然、城市与产业的完全融合
园区增值方式	对园区主要活动的关注顺序是：人—产—城。以生态产业、生态技术和生态服务业为主体，其增值手段主要是基于“人本”价值观的“生态圈”。这是未来几十年内全球先进国家和地区将要追求的“未来城”——基于“生态圈”的“泛产业园”

如表 5 所示，在生态文明阶段，产业链导向是生态与循环发展，这是笔者研究、归纳和倡导的最高产产业园发展的生态模式。产业园主要依赖高生态环境、高技术应用、高资源利用率，获得可持续发展。这时的产业园已经具有产业生态化。生态的城市业态，产业与自然和谐，以人为中心的资源集聚与产业协同，产业园与园区周边环境、产业的协同。产业园与城市之间是融合与耦合的关系。核心区动力是生态利用与创新驱动。这阶段产业类型主要是生态产业、生态生活、生态环境。产业空间形态是人与自然、城市与产业的完全融合。园区增值方式是“生态圈”，园区主要活动的关注顺序是：人—产—城。以生态产业、生态技术和生态服务业为主体，其增值手段主要是基于“人本”价值观的“生态圈”。这是未来几十年内全球先进国家和地区将要追求的“未来城”——基于“生态圈”的“泛产业园”。

三、政府规划改革

（一）规划改革尝试

近几年，国务院、国家发改委、国土资源部、国家住建部等部委、地方政府和专业机构等，积极探索“多规合一”的实践应用与规划改革。

在地方试点的规划改革中，武汉市提出了“1+6+1”的“一张图”的规划编制改革。其中：“1”是主干体系，包括：总规、分规、控规三个层次；“6”是专项规划，包括：城市设计、历史文化名城保护、交通及市政、地下空间、旧城专项改造及其他要素规划；“1”是基础研究，包括政府政策与专业技术标准研究等。武汉市提出城乡规划和土地利用规划的两规合一，与其他专项规划的多规协调。新编制体系包括两段五层次、主干加专项，即：“两段”是指导控型规划＋实施型规划；“五层次”是“指导控制型规划”有 3 个层次，即“城乡土地规划＋市级土地总体利用规划”、“分区规划＋区级土地总体利用规划”、“控规＋乡级土地总体利用规划”，以及“实施型规划”，即“近期建设规划＋中长期土地储备规划＋功能区实施规划”、“年度实施计划＋年度土地储备供应计划”。

围绕新的规划体系思路，武汉市开展了“一张图”建设工作，建立全市统一的规划信息平台。“一张图”以基础地理信息、规划审批信息、土地现状信息为基础，以控制性详规和乡镇土地利用规划为核心，同时，纳入控制性详规、大型单位总平面、规划论证报告，以及市政基础设施专项规划等。法定规划库由控制性详规、分区规划、城乡总体规划、市区乡镇土地总体利用规划等组成；专项规划库由交通、历史文化名城保护、地下空间、基本农田保护、乡镇用地增减挂钩、城中村改造、其他专项规划组成。

（二）“多规合一”改革

国家部委和地方政府推动的规划改革，包括土地总体规划、城市总体规划、经济发展规划的“三规合一”，以及政府专项规划如环保、交通、教育、文化、市政、环卫等专项规划的跨界整合和专项规划的一体化等。这里介绍一些地方改革的思路和做法。

1．上海市三规合一试点

为了探索和推动规划体系的一系列规范化改革，国家各部委、各地区近年来做了一些有益的试点，如：上海市2008年前后，研究并实行了国土资源部门和规划部门的合并试点，逐步实施“两规合一”，并在嘉定、青浦两组开展了改革试点，按照“统一目标，各有侧重，突出重点，有序衔接”的原则，推动土地利用规划和城市总体规划的有效衔接。后来，上海市进一步推动了土地利用规划、城市总体规划和经济发展规划的“三规合一”改革试点。

上海市“两规合一”的改革方式是：坚持城市总体规划确定的城市发展方向、空间布局、基础设施基本不变的前提下，依据国家下达的土地总体规划指标，同步进行城市建设用地和基本农田保护任务落地。两规按照“统一数据地板、统一用地分类、统一技术规程”的原则。实施技术层面的衔接。通过关键技术衔接，确定规模，优化布局，确保流量。为此，确立了建设用地控制线、产业区块控制线、基本农田保护控制线管控方案、配套政策和城乡规划编制体系。

2．广东云浮“三规合一”试点

广东省推动云浮的“三规合一”试点，整合有关部门，优化资源配置，构建“一套规划、统一规划、统一平台、分工实施”的“三规合一”整体方案。为此，成立了规划审批委员会，是政府规划的决策机构，对规划建设的重大事项决策与审议，他们的意见作为地方政府进行土地行政审批、管理与决策的主要依据。规划审批委员会下设的规划监督监察委员会，是规划委员会的监督机构，对规划执行进行监督并提出意见。监督意见是市监督局予以处罚的主要依据。

成立“规编委”，统筹规划编制与审批，对原来的由发改委编制的经济发展规划、城乡规划局编制的城乡总体规划、国土资源局编制的土地利用规划三者合并和上收，由“规编委”统一编制与审查。“规编委”下设总规划师和总建筑师，负责规划编制的技术把关。“规编委”下设地理信息中心，构建“一个平台、统一标准、分类管理”的规划管理体系，对经济发展、交通、国土、市政、环保、教育、文化等地理信息管理工作，制定多规适用、认可的技术标准与规则。

特定规划编制定稿之后，分别由发改委、国土资源部和城乡规划局具体实施。实施过程中发现的某些问题，及时反馈到信息平台进行技术处理，如有必要，反馈给“规编委”调整规划，形成实施、反馈、调整的循环过程。

3．重庆的“五规合一”试点

重庆“多规合一”由规划局转到发改委牵头，由“三规合一”到“四规叠合”，逐步到“五规叠合”。重庆的“四规叠合”要求同时编制四个规划和叠合规划，实施规划的一张图、建设一盘棋、管理一张网，依据“国土定量、规划定位”规划的思想，建设用地指标依据土地总体规划。按照“框架、弹性利用”的原则进行具体布局，将可调整的建设用地指标在空间上进行布局。

“四规叠合”工作由“四规叠合”工作小组管理，采取自上而下，自下而上，综合平衡，联合审批的工作流程，由“四规叠合”工作小组下达各区主体功能定位和重要控制指标的具体数据，作为相关规划编制的依据；各单位开展国土空间状况调研，形成方案初稿；“四规叠合”工作小组根据各单位上报的方案综合平衡，提出修改意见；各单位根据“四规叠合”反馈的修改意见，完成自己的规划修改，再次上报“四规叠合”工作小组，进行联合审批。在各个规划编制的基础上，形成综合四规影响要素的规划方案，用于指导五年发展规划。

重庆市以沙坝为试点，推动了经济社会发展规划、城乡总体规划、土地利用规划、产业规划、人口和环境规划的“五规叠合”，又称“五规合一”的编制工作，并向社会公布规划方案。

“五规合一”的基本原则，如下：

一是开放务实、科学规划；二是立足地区核心优势和发展目标编制规划；三是部门协调，各方互动：五个核心机构的多部门协调合作；四是精明增长、刚弹分管：把全区划分为建设开发的主体功能区域——刚性空间（彩色用地）、可调功能地域——弹性空间（灰色用地），从全域的角度实现生产、生活和生态三大空间的合理布局；五是图件共建，标准统一：在发展定位和功能目标的导向下，通过统计口径、用地标准、规划年限等指标，协调各要素，通过空间规划的协调整合进行落地实施，实现“五规合一”方案的引导管理。

4．广州的新增上位规划型

广州市2008年开始推动三规合一，2009年广州市编制“广州市总体发展战略规划（2010—2020年）”，该规划实施了主体功能区规划、城市总体规划、土地利用总体规划的“三规合一”，属于指导性、综合性的区域规划，是在各规划之上的一个综合规划，综合发展规划、空间规划、人口和环境规划的内容，为编制具体规划提供依据。

广州市规划思路采取了“三上三下”的编制步骤，其中：一上一下，实现了图斑衔接(控制性详规与土地总体规划对比的差异图斑，进行对比调整)，划定“四线”：建设用地控制线——引导城乡建设项目布局，产业区域控制线——产业项目选址区域，生态控制线——保障城市基本生态安全，基本农田控制线——落实农田保护；广州市制定了《广州市区（县级市）“三规合一”规划编制技术指引》、《广州市“三规合一”规划成果数据标准》，对各地提交的规划审核和反馈意见。

“二上而下”：明确方案、优化“四线”：各单位根据反馈的意见，进行“四线”调整，明确两规图斑调整方案，依据技术标准调整后二次上报，审核指导并完成“四线”规划。“三上三下”：汇总方案，形成全市成果，并制定相应的管制规则。

（三）大数据的政府治理

大数据时代，政府规划和公共决策项目借助云计算和大数据，分析更多、更加完整的信息数据，处理与决策有关的数据包。政府规划和公共决策从依托传统的抽样调查、典型调研、专家会议等，转变为分析全面、完整、动态的数据，超越惯性思维和原有模式，实现重大决策的实践融合。政府治理、产业规划和公共决策可以通过全数据、全视野、动态化的大数据系统，精准掌控政府规划和项目全局，防止以偏概全，妥善处理各类异常情况，确定潜在的机会和各种威胁，采取动态的应对措施。

通过大数据应用，科学处理各种要素和指标之间的关系，以预定的规划目标和治理标准为标准，衡量治理行动实现治理目标的程度。利用大数据技术，将文字、声音、视频等半结构性、无结构信息进行分析评估，尽可能地用量化的指标体系逐渐取代弹性很大、语义含糊的政府业绩和规划目标的定性评价，提高政府治理过程量化的范围和深度。

（四）部委“多规合一”

国家发改委、国土部、环保部和住建部四部委 2014 年 8 月联合下发《关于开展市县“多规合一”试点工作的通知》，提出在全国 28 个市县开展“多规合一”试点，实现一个市县一本规划、一张蓝图。

“多规合一”指推动国民经济和社会发展规划、城乡规划、土地利用规划、生态环境保护规划等多个规划的相互融合，融合到一张可以明确边界线的市县域图上，实现一个市县一本规划、一张蓝图，解决现有的这些规划自成体系、内容冲突、缺乏衔接协调等突出问题。

“多规合一”试点的主要任务是，探索经济社会发展规划、城乡规划、土地利用规划、生态环境保护等规划“多规合一”的具体思路，研究提出可复制可推广的“多规合一”试点方案，形成一个市县一本规划、一张蓝图。探索完善市县空间规划体系，建立相关规划衔接协调机制。具体任务是：

1．合理确定规划期限

统筹考虑法律法规要求和相关规划的特点，探索确定统一协调的规划中期年限和目标年限，作为各类规划衔接目标任务的时间节点。以 2020 年作为规划的中期年限，研究探索将 2025 年或 2030 年作为规划中长期目标年限的可行性和合理性。

2．合理确定规划目标

把握市县所处的大区域背景，按照县市的不同主体功能定位，以及上位规划的要求，统筹考虑经济社会发展规划、城乡规划、土地利用规划、生态环境保护规划等相关规划目标，研究“多规合一”的核心目标，合理确定指标体系。

3．合理确定规划任务

按照资源环境承载能力，合理规划引导人口、产业、城镇、公共服务、基础设施、生态环境、社会管理等方面的发展方向与布局重点。探索整合相关规划的空间管制分区，划定城市开发边界、永久基本农田红线和生态保护红线，形成合理的城镇、农业、生态空间布局，探索完善经济社会、资源环境政策和空间管控措施。

4．构建市县空间规划衔接协调机制

从支撑市县空间规划有效实施的需要出发，提出完善市县规划体系的建议，探索整合各类规划及衔接协调各类规划的工作机制。

《通知》要求，研究制定“多规合一”试点方案，探索实现“多规合一”的技术路径和具体内容。2014 年 11 月底，形成推进“多规合一”试点工作的方案，上报经济体制与生态文明体制改革专项小组。《通知》提出，国家发展改革委将会同国土资源部、环境保护部、住房城乡建设部，做好试点工作的统筹指导，加强对重点难点问题的调查研究，及时组织开展咨询论证，适时将试点经验进行提炼总结，上报中央全面深化改革领导小组推广实施。

第四章　规划编制步骤

一、规划编制原则

（一）符合国家政策规划要求

国民经济和社会发展纲要是规划期内社会主义现代化建设的总体战略部署，是制定其他各类规划的重要依据，应符合国家中长期政策和法律要求。

专项规划是对地区发展战略、目标及发展重点和任务的具体落实，专项规划不能与规划纲要相违背。

（二）体现政府权利职责

五年规划、总体规划、专项规划等有政府管理色彩，应该符合国家或地域性的政府管理与服务职责，满足经济发展的基本需要，体现政府的意志和责任等。

（三）反映经济社会规律

规划任何一种事物既有共性，又有个性。在进行各类规划原则的描述时，应揭示其发展的独特规律，反映经济和社会生活的内在逻辑。

（四）综合各方意志或意见

在制订各类规划时，需要有高度综合性，要考虑经济社会各方面的因素，吸收专家与利益有关方，听取社会各方意见，考虑规划实施的可行性与先进性等。

（五）完善规划保障机制

各类规划与行动方案一般通过下一层规划或者具体的重大项目安排予以实施、执行。无论是哪种规划保障措施，都要与国家政策、法律法规相一致，有利于各类规划目标实现，并且与各类规划、行动方案紧密配合与辅助促进。

二、规划编制程序

（一）规划编制单位

政府规划的编制单位有：政府组织各部门参与，自己进行研究和编制；政府委托部委研究机构、社会化团队或规划咨询公司等编制；政府与外部机构联合编制等多种模式。

（二）基本编制流程

各类经济与社会社会发展规划的编制背景、编制依据、规划原则、规划内容、具体要求各不相同。但是一般包含如下的基本程序：

1．进行规划立项

贯彻执行上级有关政策和具体规定，结合本地区、本单位的经济发展和社会生活实际要求，在不同发展阶段，履行特定的审批程序，确立相应的规划编制任务，进行规划编制机构和人员的筛选与确定，进行规划立项。

2．组织编制团队

通常专项规划涉及的部门不仅是单一领域，参与专家也尽量吸收各个相关专业。在进行规划编制与审核时，应该由多个部门专家组成。

3．搜集相关资料

根据规划主体的要求进行，制定具体的调研和资料搜集计划，分工到人，列出时间表，系统收集有关社会和经济方面的资料，访谈行业专家和部委领导、上级主管部门等。

4．评估原有规划

进行新的规划调整的原因有：以往的规划可能到期，需要重新制定发展规划；以往的规划在实施中发现某些问题，需要进行问题解决和规划修编；以往的规划在执行中遇到外界环境巨大的变化，需要重新调整规划。

5．撰写规划初稿

这是规划工作的核心。正式规划编制不可能在一个环节完成，需要经过讨论和论证，审核与修订，需要专家研究、讨论，经过特定的程序，予以确定并发布。

6．规划相互衔接

以现有规划编制为基础，研究国家政策和区域政策，研究全球、国家经济形势和发展趋势，做好专项规划与总体规划的衔接，重点关注和分析五年规划与国家政策、法律是否一致，总体规划确立的重大规划方针和实施举措在专项规划中是否得到延伸和细化。专项规划在指导思想、发展目标、具体任务、政策措施等方面是否符合总体规划的核心要求，规划内容是否体现了总体规划的精神和具体方向。同时，本级规划是否与上一层级规划相衔接等。

7．征求修改意见

将编制的规划方案在一定范围内，包括政府和利益相关方等，采取一定的交流与论证模式，组织专家等进行交流、讨论，吸收各类专家和利益相关方等的反馈意见，予以修改、完善和优化。

8．规划初次修改

根据各方意见和信息反馈，对初稿进行必要的优化、修改和适度调整。

9．规划评审论证

规划在送审之前进行专家论证。可以委托同级规划咨询委员会论证，也可以由规划编制单位自行组织论证，由组织论证的单位提出论证报告。未经论证的规划不得报请批准并公布实施。

10．报送审核审批

五年规划或专项规划等由规划编制单位提出规划草案，经本级发改委等职能机构审核后，由本级发改委会同编制单位上报本级人民政府批准。需要提报人大会议室审议的，执行有关审批程序。经审核同意后，由各级政府或有关职能部门签发并颁布。

11．规划对外发布

五年规划纲要执行审批程序予以发布，专项规划由本级政府或由授权的职能部门批准、发布。除法律、行政法规另有规定外，本级政府批准的专项规划由行政负责人签署命令公布，本级人民政府有关部门批准的专项规划由部门领导人签署命令并公布。

12．规划中期评估

五年规划或专项规划可以在规划实施的中期阶段组织评估，并将评估结果报关同级人民政府或有关部门。

13．规划修订废止

经过中期评估或其他原因需要对原有规划进行修订和废止时，规划编制单位应提出规划修订和废止方案，按规划的程序报批和对外公布。

国家关于五年发展规划编制程序的特殊说明：国家从 1953 年开始编制以五年一个时间段的国家五年发展规划。

中华人民共和国国民经济和社会发展五年规划纲要的规划编制工作包括前期调研、编制起草、论证衔接、审批发布四个阶段。在制定程序上，各部委省市区提前完成本领域、本地区的规划统一汇总到国务院，编制全国的“五年”规划，将在规划前一年下半年的中共人大中全会讨论建议稿，提交全国“两会”审议通过付诸实施。

三、规划编制方法

（一）定量与定性结合

在各类规划编制过程中，对于发展现状的基本描述，必须进行定量指标分析。发现缺陷和问题。在各类规划中对于问题和关键因素的系统研究，尽可能采用数量指标和规范分析。

对各类规划的发展方向、规划目标、产业趋势和基本规律，必须有定量指标进行描述或测算。

在政策建议方面，应研究有关经济形势与行业特征，提出针对性的建议或措施。

在规划定位方面，应有一些定性描述和未来展望，定性描述需要清晰和科学的基本判断。

（二）自上而下与自下而上结合

各类规划在有关研究领域之内，与上级、下级规划相衔接、相融合。如地市级发展规划，既要和部委、本省有关规划衔接，也要征求下级、基层的意见与建议，作为修改本级规划的重要依据和必要补充。

（三）理论分析与实证研究相结合

在规划编制过程中，需要一定的理论分析，有必要的实证研究。规划编制必须以事实为依据，进行必要的科学分析，针对基础的调查研究对各类规划存在的问题和方案进行佐证，必要时进行实际调查与专家访谈。

（四）理论模型和案例研究结合

在规划编制过程中，需要使用理论依据和分析模型，进行系统设计和规划编制。系统研究国内某一行业、产业园或国内外先进地区或经典案例，分析其内在规律和发展特征，找出可持续发展的经验和核心特征，剖析存在的问题或缺陷，为规划编制或后期执行提供经验借鉴或者可能的实践预警。

四、规划编制步骤

（一）规划框架体系

从发展规划编制看，综合发展规划由国民经济和社会发展中长期规划、城市总体规划、土地利用总体规划和中长期专项规划中提炼，归纳、编制而成。这些规划可以从5年国民经济和社会发展规划、地区远期建设规划、地区5年专项规划等总结和提炼编制而成。

上述5年规划可以通过归纳年度国民经济和社会发展规划、近期建设规划年度实施计划，以及专项规划等构建框架体系和组织规划报告的实际编制，按照既定的程序审核，对外发布。具体如下图所示。

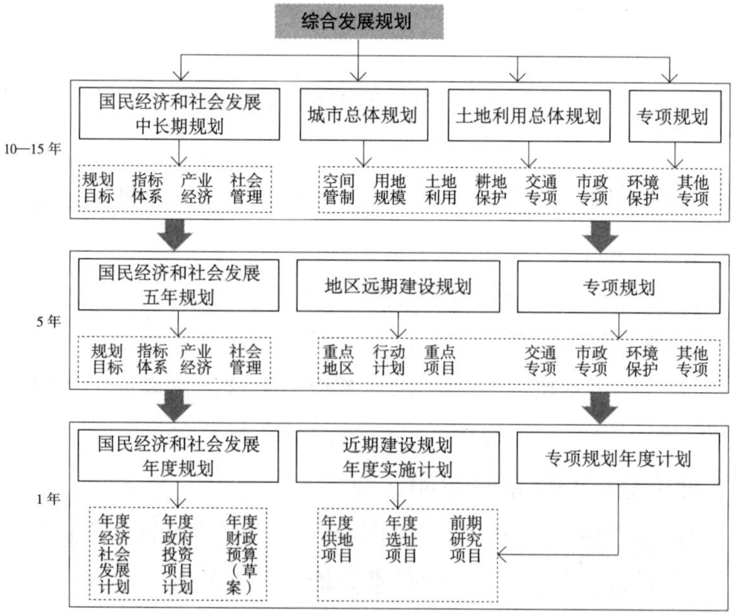

一般来说，各类经济规划、专项规划、城市总体规划等编制步骤和框架有所不同，归纳起来，研究要点如下：

（1）环境与资源能力分析。主要分析特定规划的外部环境、产业政策和内部环境、资源能力、愿景等。

（2）政府规划或上级战略研究。主要研究政府或上级单位的规划、战略定位与发展思路等。

（3）业务战略或产业战略。主要研究具体产业和业务的方向和定位等。

（4）目标确定。主要确立规划目标和重点任务、路径等。

（5）职能战略。主要研究保障战略实施的土地、交通、环保、人力、资金、研发、融资、市场等专业规划与竞争战略。

（6）预算与战略管理。主要进行预算编制，进行战略实施、风险控制与战略优化等。

（二）规划编制步骤

近年为地方政府、高新区、开发区等编制的规划项目，首先要与委托单位签订委托编制合同，然后，针对规划的核心要求和专业性，组建规划编制课题组，制定具体的规划编制计划，交流与确认调研提纲和访谈计划，组织现场调研与专家访谈，并遵循如下规划编制“五步法”基本流程：

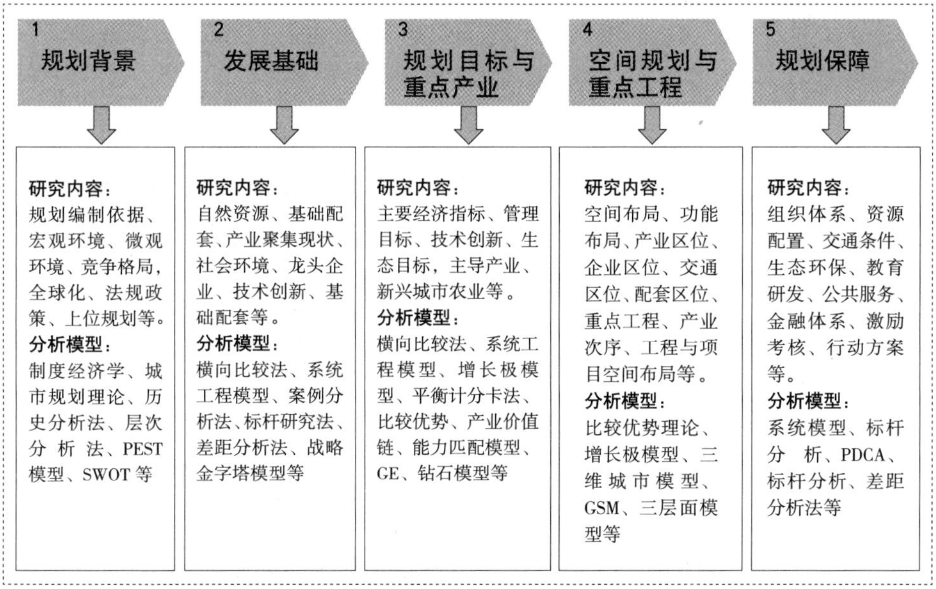

1．规划背景

（1）按照特定规划编制要求和专业领域，组建规划编制团队。

（2）与规划委托单位协商，确立调研计划和时间安排，组织项目调研组，按照既定调研计划和规划程序，有计划地搜集、整理和分析国家政策、市场布局、地方政府提供的各类规划文本、地域性文件、年度报告、经济数据、统计报表等。

（3）通过组织行业访谈、政府座谈与交流、抽调部分企业进行现场调研，开展居民与社区走访，以及发放问卷、网上调研等方式，进行地方政府或园区的经济基础和产业现状等研究。

该阶段，一般采取历史比较法、标杆分析法、比较优势法、PEST等工具，研究撰写特定规划的“编制背景”和“外部环境”调研报告，或者产业现状诊断报告，提交规划委托单位交流论证，为下一步的规划编制与推进提供基础参考。

2．发展基础

主要是分析研究对象的产业现状与行业、产业、企业、市场、社会生活等情况，分析研究对象的资源与能力，研究核心竞争力，研究特定行业或产业链现状，对比参照标杆单位等，提出存在的问题与可能的挑战，寻找市场机遇与自身的优势等。

该阶段规划研究采取区位法、案例分析、标杆研究、比较优势理论、差距分析、战略金字塔模型等分析工具。

3．规划目标与重点产业

主要进行规划研究对象的产业布局、指标设计、行业选择、产业链构建，以及管理目标、科技目标、人力目标、土地资源、交通条件、资金平台等重点目标确定，对特定功能区和重点产业进行选择与定位等。

该阶段主要采用层次分析法、增长极理论、能力匹配模型、钻石模型等。

4．空间规划与重点工程

主要研究确立规划的空间布局、重点工程、重点任务、实施步骤和区域分布等。通过规划编制和讨论，确定规划研究对象的规划实施路线图和工作重点等。

该阶段主要采取系统工程、比较优势、增长极理论等理论模型与研究工具。

5．规划保障

主要确定规划实施的保证措施及政策措施等。主要包括：政策、组织、财务、土地、交通、金融、人才、服务平台等。

该阶段的分析工具主要有：PDCA、标杆分析、系统工程法、差距分析法等。

第五章　规划背景分析

一、规划编制依据

（一）研究要素

“规划背景”的编制依据是全球形势、国家政策、法律法规、各类政府规划、产业园规划、控制性详细规划、专项规划等进行编制的基本依据和主要信息来源。

从各类规划背景分析来看，主要依据全球化趋势、国际经济金融政策和国内外政治、经济环境、产业特征、国家政策与法律法规、地区性政策和产业环境、政府经济与社会统计数据、基础报表资料、行业统计数据、重点企业和重大工程经济指标（数据），各类政府规划与文件、上级和本级政府各类已有经济规划与文件、主体功能区规划、土地利用规划，以及市场供需方和其他利益相关者的各类调研、国家部委、政府机构和专家学者的实地访谈、二手资料与有关数据等。

从全球经济发展和城市治理来看，创新、协调、绿色、开放、共享等是主旋律，以人为本、循环经济、智慧城市等是我国经济和产业转型的重要方向与技术支撑。关于智慧城市的未来趋势和环境研究，笔者 2015 年 10 月在人民大会堂作了主题发言。

此次论坛在人民大会堂举办。2015 年 10 月 24 日上午，应经济日报、经济杂志邀请，笔者在人民大会堂河南厅做了“智慧城市为魂，一带一路为桥，协同发展，共创人类文明”的主题发言，对智慧城市发展现状、趋势，智慧城市与一带一路的关系，智慧城市与一带一路的五个协同，五大发展机遇进行了阐述，提出了中国智慧城市融入一带一路战略的机遇和模式，为参会人员提出了智慧城市发展和国际化的新思路、新视角。中国经济传媒集团副总王璐、经济杂志社长陈志强、全国工商联院副主席沈建国、工信部原党组成员、总工程师朱宏任、中国互联网协会副理事长高新民等作了致辞或发言。论坛重点讨论了 PPP 模式下的产融结合，人工智能等话题，并进行了智慧城市项目签约。

（二）理论依据

规划编制的理论依据包括但不限于：制度经济学、城市规划学理论、市场经济理论等。

制度指人际交往中的规则及社会组织的结构和机制。制度经济学是把制度作为研究对象的一门经济学分支。它研究制度对于经济行为和经济发展的影响，以及经济发展如何影响制度的演变。

制度学派分为旧制度经济学和新制度经济学，新制度经济学认为制度就是规则。

城市经济学是研究城市范围内的各种经济现象的学科。研究城市经济的一般路径：一是微观经济理论的研究，二是从宏观层面来研究，其理论流派有“主流城市经济学”与“保守主义城市经济学”。

围绕市场经济，主要有两种理论传统：

一是强调市场机制绝对合理的传统。由斯密、萨伊到马歇尔、哈耶克代表的经济自由主义或新古典经济学的传统。认为资本主义市场经济是内在完满，具备自我均衡机制的完善体系，市场机制本质上没有缺陷，市场本身的均衡调整机制足以保证经济长期均衡运行，可以导致资源的最佳配置。周期性危机是非必然的，是可以避免的。

二是认为市场机制有缺陷的传统。以马克思和凯恩斯为代表，马克思认为，近代资本主义的历史是由小市场经济走向大市场经济，即由民族市场走向世界市场经济的进程。这就是“全球化”。马克思认为这个进程不可阻挡，在世界市场经济统治全世界的时候，周期性的世界经济危机最终会产生破坏世界市场的力量，从而撕毁这一体制。他把这种全面危及世界统一市场的危机，称作“普遍危机”或“总危机”。

马克思认为，市场体制中的危机机制是不可救的。凯恩斯相信，通过政府对经济作宏观干预的方法，能够补救市场机制的缺陷。

政府规划的编制依据与研究背景，基于各种制度对于经济发展的外部制约和强制性，以及与宏观经济、微观经济的关联性，市场经济的内在规律等。

二、规划编制要点

（一）内涵解读

规划背景分析是各级政府经济规划和产业园专项规划研究与编制的基础和起点，也是国民经济和社会发展五年规划纲要编制需要系统研究和编写到有关规划报告文稿的重要组成部分。

规划背景分析的重要工作是编制依据的研究与归纳。以《北京市国民经济和社会发展第十二个五年规划纲要》为例，其编制的主要依据是：《中共中央关于制定国民经济和社会发展第十二个五年规划的建议》、《中共北京市委关于制定北京市国民经济和社会发展第十二个五年规划的建议》、国务院对《北京城市总体规划(2004 年—2020 年)》的批复。进一步研究分析，该规划编制背景还包括：国务院和北京市主体功能区规划定位等有关规划与文件。

（二）研究要点

1．基本内容

“规划背景”的系统研究一般包括：总体背景、行业背景、政策背景和竞争背景等。其中：

总体背景，即宏观环境分析，主要包括：前言（序言）、政治、经济、社会文化、技术等一系列具体的分析。

2．分析步骤

根据规划编制的“五步法”，规划背景的研究内容和分析模型，如下页图所示。

3．宏观环境分析

“规划背景”的宏观环境分析，其规划报告文稿的研究思路和文本撰写，有不同的表述方法。有的规划报告文稿“从国际、国内、地区分层级研究，先综述，再分别阐述”；有的规划报告文稿是“先阐述各层级的主要特征，然后结论性概述”；还有的规划报告是“从政治、经济、文化、社会等维度研究”，具体规划风格与规划文本不太一致。

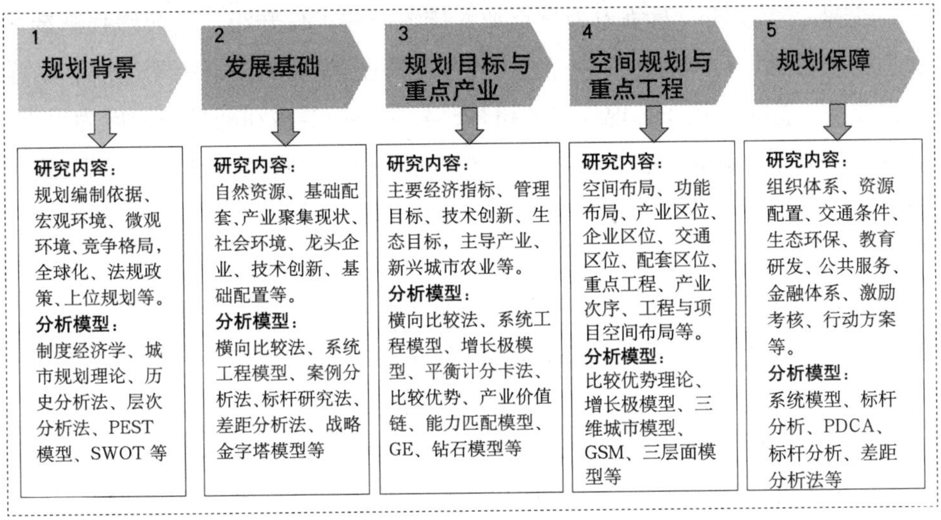

关于宏观环境分析，一般的研究和表述方法是：重点跟踪全球经济形势与产业趋势，分析国家最新政策，研究国家发改委、科技部等相关部委的产业政策与行业导向，评估确定未来几年的行业与产业选择等，如：研究发现，全球石油价格持续下滑，石油加工行业、煤炭行业、天然气行业等，据此做出了下一年度能源进出口、产成品价格、市场走向等基本判断与重大经营决策。

从规划案例来看，笔者编制地方政府节能环保产业园发展规划时，采用了分层分析法、对比分析法等分析工具，对全国、省市节能环保市场进行了简要分析，从单位 GDP、建筑能耗、机动车能耗等研究维度，进行了各个层次的分析。在此基础上，逐步归纳了当地节能环保产业存在的问题，为规划编制目标设定与重点项目、主要任务等提供了研究的方向和基本参考。

4．微观环境分析

微观环境分析包括行业背景、政策背景和竞争背景等分析。

行业背景、政策背景等对于规划编制的影响很大，如：国家发改委初步提出 2015 年创新引领产业结构升级，积极发现培育新增长点的三项工作重点：

一是进一步优化产业布局。落实重点产业布局调整和产业转移的指导意见。加快产业有序转移，引导产业集聚发展，避免产业在空间上的简单平移。统筹经济建设和国防建设，促进基础设施和重要领域军民融合深度发展。

二是以增强核心竞争力为重点加快传统产业优化升级。出台增强制造业核心竞争力三年行动计划，以工业机器人、轨道交通装备、高端船舶和海洋工程装备、新能源汽车、现代农业机械、高端医疗器械和药品等领域为重点，培育制造业竞争新优势。要落实好化解产能严重过剩矛盾的指导意见及配套措施，相关地方要进一步落实主体责任，严格控制新增产能项目，坚决防止违规项目复工建设，支持企业加快兼并重组，大力淘汰落后产能。

三是加快培育新兴产业。积极发展信息经济。支持云计算与物联网、移动互联网等融合发展，积极培育高技术服务业。深入落实加快发展生产性服务业促进产业结构优化升级的指导意见，大力发展工业设计、融资租赁等生产性服务业。抓紧制定加快发展生活性服务业的政策意见。实施物流业发展中长期规划及三年行动计划，开展现代物流业创新发展城市试点和国家级物流园区示范，支持物流公共信息平台建设。

根据国家发改委 2015 年产业升级和培育新增长点的工作重点，各省市县结合区位优势与主要特征，进行产业升级、行业选择、招商引资策略调整等前瞻性规划与决策。

竞争背景分析主要包括：本单位、竞争者、消费者、供应商、中间商及其他利益相关者等。

“规划背景”的微观环境分析的报告文稿，可以划分行业、产业、市场等，并得出基本结论，也可以横向比较分析。分析的基本要素包括：政治与法律、经济、社会文化、科技创新等。

行业研究与产业研究的方法很多，其中横向比较法、层次分析法是经常使用的方法。

以《北京市国民经济和社会发展第十二个五年规划纲要》为例，该报告分析了三大产业的结构和第三产业与上一个五年规划的变化，规划报告文稿如下：“（十一五期间）全市（北京）地区生产总值年均增长 11.4%，总量达到 13777.9 亿元，人均超过 1 万美元。经济发展高端化格局初步形成，中关村国家自主创新示范区加快建设，六大高端产业功能区初具规模，首都经济特征进一步显现，第三产业比重达到 75%。”该规划中阐述了六大高端产业的发展趋势，以及第三产业的结构数据，给规划报告审阅和报告使用者等一个清晰的产业结构分析和决策参考。

以实际案例解读市场、产业分析对于规划编制的影响和作用。如：笔者在编制循环经济规划项目中，综合研究了1990—2010年我国二氧化碳排放量与变化趋势。分析可知，我国二氧化碳在1990—2010年期间排放总量持续增加，2010年达到82.6亿吨，占全球排放量的18%以上，增速达到22%以上。经过分析项目组初步判断，当前，我国碳减排的工作任务艰巨。

在分析贵阳高新区产业发展路径时，以航空制造业为例，描述了贵阳高新区的低碳发展路径。通过分析、挖掘、整合中航工业等龙头企业优势，逐步打造航空工业特种合金废料再生利用基地，如下图所示。

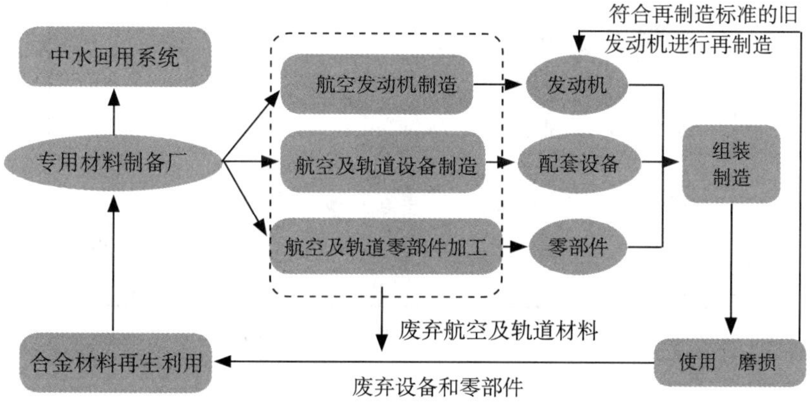

未来趋势分析是政府经济和产业规划的重要内容。特定产业的未来趋势预测是经济规划的基本工作之一，也是预测特定地区规划目标的重要依据。以节能减排案例和未来趋势预测为例，具体如表6所示。

表6　我国“十三五”期间节能减排的影响因素分析

有利因素	不利因素
国家高度重视节能减排	我国产业结构调整
企业节能减排技术创新	国家节能减排与地方经济发展的冲突
生态环境的协同需求	我国节能减排的市场机制不完善
国民节能减排意识增强	我国节能减排技术水平不高

由表 6 可知，在“十三五”规划实施期间，我国节能减排既有国家政策支持、企业研发技术提高、生态环境、国民环保意识增强等有利的因素，同时，也存在产业结构调整、地方经济发展冲动、节能减排的市场机制不完善、节能减排的技术水平不高等不利因素，未来几年，节能减排的工作压力很大。

进一步研究可以预测，特定产业未来几年的全球行业政策、国际贸易规则、市场规模、产业趋势和技术方向等。这里仍以节能减排产业为例，简要阐述政府规划报告文本中，产业预测与趋势分析的基本思路，如下图所示。

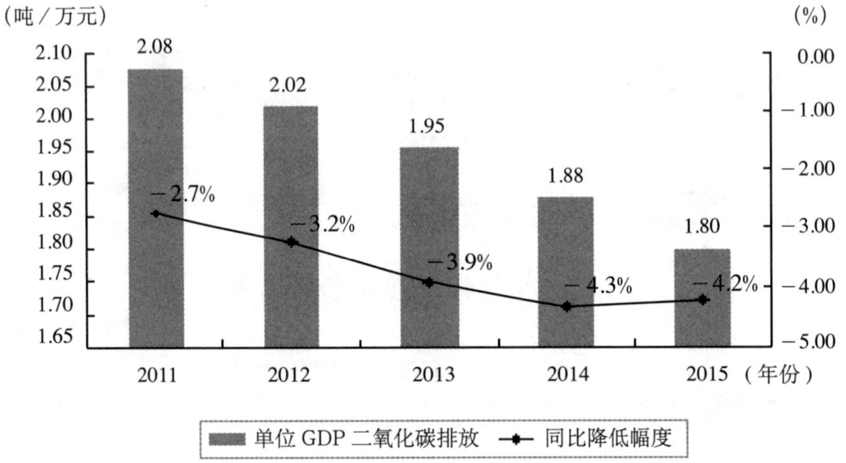

从上图可知，2011—2015 年我国单位 GDP 的二氧化碳排放量将逐年降低（注：这里仅是研究思路，预测数据可能与国家统计局等公布数据有差异）。

5．SWOT 分析

优劣势与机会、威胁分析是规划背景分析的重要内容，可以通过 SWOT 模型予以体现和展示。

6．五力模型分析

市场、竞争者、供应商等市场与竞争格局分析，经常使用“五力模型”等分析工具。如：通过对特定市场的进入壁垒、替代品威胁、买方议价能力、卖方议价能力以及现存竞争者之间的竞争等维度分析，并得出市场预测或基本判断。如：开发区是否需要引进和构建新能源汽车产业？是否需对特定产业的某些环节进行“增链”或“补链”，都可以使用“五力模型”具体分析，并做出产业和市场选择的判断。

7．PEST 分析

PEST 分析主要是研究国家和地方政府产业政策、法律法规、经济形势、社会文化、消费习惯、技术研发和产业化趋势等，以某地区的节能环保产业规划为例，简要分析如下。

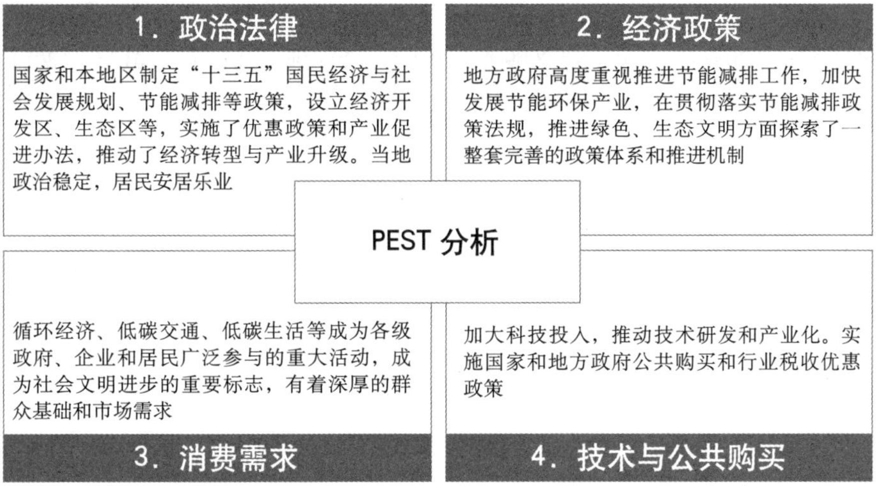

通过 PEST 分析，系统把握特定地区的政治环境、经济基础、产业趋势、社会文化、消费习惯、技术研发与技术应用等现状于未来趋势，有助于产业定位和目标预测等研究工作。

8．规划调研

“没有调查就没有发言权。”在政府规划编制之前，组织系统、规范的宏观环境、产业形势等前期调研与访谈很有必要。资料搜集是规划编制的基础和前提条件。

政府规划的基础资料包括：政策法规、产业环境、研究对象现状、区域经济数据、各种发展规划以及自然资源资料等。编制地方经济规划时，除了组织研究团队到现场调研、系统搜集、整理和分析地方政府近年规划文件、统计数据、产业指标等信息资料之外，还会选择当地各行业排名靠前的规模以上企业进行摸底调研，以便客观地掌握当地主导产业现状和未来可能的发展方向与速度等。

为做好政府规划与产业研究，需要开展现场调研和企业摸底调查，把规划前期工作做深做细。

笔者及研究团队设计的工业企业调研表，如表 7 所示。

表 7　按照行业划分的规模以上工业企业

单位：万元

要素指标	2007 年	2008 年	2009 年	2010 年	2011 年	2012 年	2013 年	2014 年
企业名称								
负责人介绍								
主营业务								
上下游企业								
员工数量								
投资额								
市场布局								
主营业务								
用电量								
年产值								
年业务收入								
产值销售率 (%)								
年业务收入增长率 (%)								
净利润								
税金								

注：本表所列指标可根据规划需要增加与调整，本表由地方政府填写。

工业企业划分：①采矿业；②制造业；③电力、热力、燃气及水生产和供应业；④建筑业；⑤新兴产业；⑥其他。

在政府规划编制的前期调研阶段，对产业进行前期调研时，一般选择规模以上企业进行调研，研究和掌握当地产业现状和未来可能的发展速度与产业布局。

以服务业调研为例，笔者设计的规划调查问卷如表 8 所示。

表 8 规模以上服务业 2007—2014 年主要经济数据调研

单位：万元

主要指标	2007 年	2008 年	2009 年	2010 年	2011 年	2012 年	2013 年	2014 年
规模以上企业数量								
员工数量								
产业类别								
主营业务								
用电量								
年产值								
年业务收入								
产值销售率 (%)								
年业务收入增长率 (%)								
净利润								
税金								

注：本表所列指标可根据规划需要增加或调整。

服务业分类：①农、林、牧、渔服务业；②开采辅助活动；③金属制品、机械和设备修理业；④批发和零售业；⑤交通运输、仓储和邮政业；⑥住宿和餐饮业；⑦信息传输、软件和信息技术服务业；⑧金融业；⑨房地产业；⑩租赁和商务服务业；⑪科学研究和技术服务业；⑫水利、环境和公共设施管理业；⑬居民服务、修理和其他服务业；⑭教育；⑮文化、体育和娱乐业；⑯公共管理、社会保障和社会组织；⑰国际组织。

三、规划分析模型

（一）历史分析法

1．模型解读

国家或地方性五年规划、总体规划、专项规划等一般使用历史分析法，用于比较规划编制前的经济数据和产业变化，总结成绩，分析缺陷，发现经济增长的一般规律，为下一个五年发展规划，或者本行业、本地区、本产业园的中长期规划目标、重点业务等增长速度和定量指标的设定等提供科学的分析依据和测算支撑。

2．模型应用

历史分析法通常使用在规划调研分析和规划报告的规划背景分析或发展环境的文稿部分，作为以往经济和社会生活的总结与回顾。如："《北京市国民经济和社会发展第十二个五年规划纲要》"总结了"十一五"期间北京市取得的经济成绩，即：十一五期间，"全市地区生产总值年均增长11.4%，总量达到13777.9亿元，人均超过1万美元。经济发展高端化格局初步形成，中关村国家自主创新示范区加快建设，六大高端产业功能区初具规模，首都经济特征进一步显现，第三产业比重达到75%。经济增长的质量和效益显著提高，地方财政一般预算收入增加1.7倍，节能减排走在全国前列。"这些经济数据和产业规律分析，将为下一个五年经济发展速度和产业方向提供科学测算的基础依据。

从规划编制实践看，有些政府规划纲要对上一个发展阶段总结对比的经济数据与结论，也可能不编入规划报告文本，只作为前段经济发展的分析结论，并作为未来时期设定规划目标的重要参考。

（二）层次分析法

1．模型解读

在五年规划和专项规划等的背景分析中，也有时候可以使用层次分析法，对不同经济指标按照总指标——分指标的模式予以研究和阐述，使报告审阅者更加清晰地关注主要数据和核心观点，便于政府决策者的观点提炼。如：关于经济指标，可以从大指标的"一、二、三产业"入手进行经济分析，在给出大指标的数据之后，进一步分解和阐述细分的行业指标，如："工业产业”可分解为：轻工业和重工业。

《中国统计年鉴》对重工业的定义：为国民经济各部门提供物质技术基础的主要生产资料的工业。轻工业的定义：主要提供生活消费品和制作手工工具的工业。

重工业指为国民经济各部门提供物质技术基础的主要生产资料的工业。按其生产性质和产品用途，可以分为下列三类：

(1) 采掘（伐）工业，指对自然资源的开采，包括石油开采、煤炭开采、金属矿开采、非金属矿开采和木材采伐等工业；

(2) 原材料工业，指向国民经济各部门提供基本材料、动力和燃料的工业。包括金属冶炼及加工、炼焦及焦炭、化学、化工原料、水泥、人造板以及电力、石油和煤炭加工等工业；

(3) 加工工业，指对工业原材料进行再加工制造的工业。包括装备国民经济各部门的机械设备制造工业、金属结构、水泥制品等工业，以及为农业提供的生产资料如化肥、农药等工业。

轻工业指主要提供生活消费品和制作手工工具的工业。按其所使用的原料不同，分为两大类：

(1) 以农产品为原料的轻工业，指直接或间接以农产品为基本原料的轻工业。主要包括食品制造、饮料制造、烟草加工、纺织、缝纫、皮革和毛皮制作、造纸以及印刷等工业；

(2) 以非农产品为原料的轻工业，指以工业品为原料的轻工业。主要包括文教体育用品、化学药品制造、合成纤维制造、日用化学制品、日用玻璃制品、日用金属制品、手工工具制造、医疗器械制造、文化和办公用机械制造等工业。

2．模型应用

《河北省国民经济和社会发展第十二个五年规划纲要》报告使用了层级分析法，对地方财政收入细分了地方一般预算收入的指标，对全社会固定资产投资完成额细分了“城镇固定资产投资额”，这样层层分析，使报告审阅和使用者清晰的掌握主要的指标和经济数据，其报告中的文字描述为：“（十一五期间，河北省）全部财政收入完成 2410.5 亿元，其中地方一般预算收入 1330.8 亿元，分别是 2005 年的 2.3 倍和 2.6 倍；规模以上工业增加值达到 8182.8 亿元，增长 1.1 倍；全社会固定资产投资完成 14850 亿元，其中城镇固定资产投资12921.8亿元，分别增长2.5倍和2.8倍。”

（三）PEST模型

1．模型解读

PEST分析法是分析各种规划报告“外部环境”的基本工具，通过政治的（Politics）、经济的（Economic）、社会的（Society）和技术的（Technology）分析，从总体上把握各种宏观环境，评价这些主要因素对规划目标和未来规划定位的重大影响。

（1）P，Politics，政治要素，指对组织经营活动较大影响的政治力量和有关的法律、法规等。当一个国家或地区的政治制度与体制、各级政府对组织经营环境和产业政策发生变化时，规划目标和方向需要及时调整。法律环境包括国际、本国政府等出台的有约束力的法律法规，如贸易保护主义、税法、环境保护法等。政治、法律环境和经济环境密不可分。产业规划需要研究全球或各级政府与本规划涉及的产业、活动等有关的政策和趋势，了解国际贸易规则、知识产权法等，进而确保经济社会活动的合法性、有效性。

需要研究的影响因素，包括：产业、企业和政府的关系；环境保护；外贸与外交；产业政策；专利法；财政政策；货币政策；政府换届；政府预算；产业法规等。

（2）E，Economic，经济要素，指国家的经济制度、经济结构、产业布局、资源状况、经济发展水平及未来走势等。分析经济环境的关键要素包括：GDP增速、利率变化、通货膨胀、失业率、居民可支配收入、汇率、能源供给成本、市场机制、市场需求、市场自由化等。经济环境决定和影响特定规划定位，全球经济政策影响各国经济的依赖性，以及进出口贸易、海外投资等。

（3）S，Society，社会要素，指组织所在社会中成员的民族特征、文化传统、价值观念、宗教信仰、教育水平、风俗习惯等。

分析社会环境的要素包括：人口规模、年龄、种族、收入、消费水平、计划生育、教育程度、户籍政策等。

文化核心价值观，也是需要研究和分析的重要因素。文化由许多亚文化组成，由共同语言、共同价值观念体系、共同生活经验或生活环境的群体构成，不同的社会态度、爱好和文化，影响了不同市场需求和消费行为。不同国家、民族有不同的文化，也影响了经济规划的制定和产业选择等。

自然环境指规划涉及地区市场的地理、气候、资源、生态等。它们对规划制定有一定程度的影响。

规划主要考虑的社会文化因素，包括：特殊利益集团；对政府的信任程度；对退休的态度；社会责任感；对经商的态度；对售后服务的态度；生活方式；公众道德观念；对环境污染的态度；收入差距；购买习惯；对休闲的态度。

（4）T，Technology，技术要素。包括：引起革命性变化的发明，与企业生产有关的新技术、新工艺、新材料的出现和发展趋势及应用前景。

2．模型应用

根据上述研究模型，《中华人民共和国国民经济和社会发展第＊个五年规划纲要》、国务院、各部委、各省（直辖市、自制区）、各地级市等五年规划及总体规划一般对全球主要国家和我国内部、外部的各种政治、经济、社会文化、技术等宏观环境进行综合分析。限于篇幅和报告的风格等因素，有些规划可能不会完全描述四个维度的分析过程，只是引用其分析结论或隐含的观点，如："《北京市国民经济和社会发展第十二个五年规划纲要》"在规划背景分析部分"新时期的战略选择"报告中，使用了 PEST 分析方法，得出了基本的结论，描述了北京市"在党中央、国务院的坚强领导下，全市上下深入学习实践科学发展观，振奋精神、顽强拼搏、克服重重困难，成功举办了一届无与伦比的奥运盛会，圆满完成了新中国成立 60 周年庆祝活动筹办任务，积极应对了国际金融危机冲击，有力推动了全市的科学发展，'十一五'规划确定的主要目标任务圆满完成"（即：政治，P）。"首都经济实现重大跨越。全市地区生产总值年均增长 11.4%，总量达到 13777.9 亿元，人均超过 1 万美元。"（即：经济，E）。"社会民生得到显著改善。基本公共服务均等化取得明显成效，基层社区和农村的公共服务能力显著提升。"（即：社会，S）。"城市服务功能明显提升。城市基础设施实现跨越式发展。"（即：技术服务，T）。 PEST 的分析模型，隐含在了该规划报告的文字当中。

（四）SWOT 模型

1．模型解读

SWOT 分析代表优势（strength）、劣势（weakness）、机会（opportunity）

和威胁（threats）。SWOT分析是将对内外部条件综合和概括，分析一个国家、地方政府、产业园或经济组织的优势、劣势、机会和威胁的研究方法。环境发展趋势分为：环境威胁和环境机会。环境威胁指环境中不利的发展趋势形成的挑战，如果不采取果断的行为，将导致竞争能力降低。环境机会指在特定领域，主体拥有竞争优势。SWOT模型主要分析杠杆效应（优势＋机会）、脆弱性、问题性等。

2．模型应用

SWOT分析模型是我国编制政府规划和产业园发展规划经常使用的分析工具。对于特定地方政府或产业园，可以分析主要优势、劣势、产业机会、威胁或挑战等，得出未来的重点定位、产业选择、重点任务等。如：笔者编制《潍坊节能环保产业园中长期发展规划》时，使用SWOT分析工具，对产业园内外部环境进行了分析研究，得出初步结论：

“潍坊市建设节能环保产业园的主要优势是：各级政府高度重视、产业基础较好、节能减排的需求大、有较好的节能环保领域专业人才、技术和基础条件等。

主要劣势包括：核心关键技术少、研发投入相对不足、跨企业合作机制不健全、高能耗与高污染企业使用节能环保技术或专用设备的意愿不强、特大型规模节能环保企业数量少等。”

规划编写组对该产业园的发展机遇和挑战进行了分析，提出了规划目标和发展方向。具体分析如下：

＋ 优势	劣势 －
◆领导重视 ◆经济总量大 ◆改善环境需求 ◆专业基础 ◆专业人才 ……	◆缺少关键核心技术 ◆研发投入不足 ◆跨企业合作困难 ◆节能环保意识弱 ……
＋ 机会	**威胁 －**
◆国家战略 ◆产业趋势 ◆居民要求 ◆无行业寡头 ◆地方政府支持 ……	◆同类园区竞争 ◆全国市场竞争 ◆突破跨区合作瓶颈 ◆专业人才不足 ◆行业技术风险 ……

关于政府规划、专项规划、控制性详细规划等，在编制规划“规划背景”方面的分析模型很多。不同的规划类型，不同背景的规划团队可能使用不同的模型与工具。如果使用得当，都可以达到类似的效果。

四、规划编制技巧

（一）实施规范

关于撰写“规划背景”的规划报告文稿，各类规划方案和不同部门、地方政府可能有各自的偏好或理解，一般遵循如下技巧：

1．阐述相关政治、法律、经济政策与产业环境

各类“规划背景”涉及特定规划的编写背景，编制单位或委托单位的产业和业务背景，以及上级、本级政府及海外相关产业与环境背景等，这些方面应在规划报告的发展环境或背景研究中进行描述。

2．阐述相关社会文化与技术趋势

各类“规划背景”一般需要研究相关地区、产业或市场的社会文化、消费习惯、生活习惯、购买行为、对环保的态度，以及就业和教育等。

3．阐述历史数据和主要行业的发展趋势

各级规划方案一般涉及政治、经济、土地、社会文化、消费能力等，一般期限在 3 年以上，需要对被研究对象及其上级单位或更大区域的相关历史数据和情况进行分析，便于总结以往的经验，剖析问题和瓶颈，为下一阶段规划定位与经济预测等提供测算基础。同时，通过历史数据阐述重点研究的领域或主要方向，使得规划编制和规划审阅者、政府决策者更好地对历史和未来比较，从一个侧面印证规划定位和规划目标的可行性、前瞻性或科学性。

4．文笔要精练，数据准确简要，有权威的数据支撑

由于规划报告篇幅受限，不同规划文本的呈现方式有所不同，但是，在“规划背景”部分，文字要高度概括，该部分的文字篇幅要尽可能精练和准确，要通过核心的经济指标或数据说明核心观点、经济现状、工作成绩，或者存在的问题及缺陷等。

5．背景分析与政策环境、规划目标和重点任务紧密呼应

规划背景分析主要进行规划依据、产业环境等系列研究，描述特定规划的实施环境、主要特征和需要解决的重点课题，它是规划文本中后续规划愿景、指导思想、规划目标和重点任务等的基本依据和重要引领。

（二）操作要领

1．体现政策性

背景分析要紧跟全球、国家或地区的政府导向，系统客观地分析问题和重点领域。

2．体现系统性

规划背景研究与描述要从正反维度，从经验和缺陷等方面分析规划环境与重点，避免过于片面和主观。

3．体现前瞻性

规划背景与环境分析应该立足于现状，不局限于现状，要以未来发展的视角，进行规划背景研究，并分析存在的不足或制约瓶颈，以便指导未来的经济与社会管理工作。

4．体现专业性

各类规划必须贯彻执行国家和地方政策法规，立足国民经济与社会文化实际，系统提炼以往的管理经验和典型案例，前瞻性、系统性地构建未来地方政府经济与社会文化等中长期发展目标、重点领域、重大项目、主要工作，以及实施路径等，因此，它必须体现专业性和规范性，体现政策导向和行业发展规律等，绝不能与国家政策和法律法规相抵触。

第六章　规划发展基础

一、规划编制依据

（一）研究要素

发展基础的规划研究与规划报告的文本描述，主要涉及地方政府、产业园等经济组织或者特定行政区域的土地、能源、交通、地质条件等主要资源，以及产业基础与现有禀赋等分析与描述，主要包括但不限于：分析地方政府和产业园的自然资源、核心能力、产业基础及核心竞争力。资源包括有形资源和无形资源，有形资源包括财务、组织、实物、技术等资源，无形资源包括人力、创新、声誉资源。规划管理目标是培养可持续性竞争优势，积极开发有价值的、稀有的、难于模仿的、不可替代的能力，尽快形成核心竞争力。

（二）理论依据

分析我国政府规划“发展基础”的理论依据，包括但不限于：生态城市理论、全球化理论等。

在“新常态”的大环境下，我国各地政府积极推动生态城市建设。生态城市的设计、建设和评价等，从“人—社会—自然”三个层次和城市的结构、功能、协调、优化等方面进行定位，进而实现产业结构转型、开发功能优化、核心资源协调、城市优美和谐的发展目标。

各国、我国各地区政治、经济、技术和市场等处于全球化竞争与融合状态。研究任何一个地区、城市或开发区的发展规划，都需从全球化视角，进行区域发展机遇、产业选择和空间功能等战略定位，才能确立核心优势，提高全球竞争力。

二、规划编制要点

（一）内涵解读

“发展基础”是各级政府经济规划和产业园专项规划编制的主要依据，也是国民经济和社会发展五年规划纲要的目标设计和重大工程实施的环境条件，以及规划报告文稿的重要组成部分。

（二）研究要点

1．基本内容

“发展基础”一般分为：政策基础、经济基础、产业基础、资源基础、交通基础、人才基础、教育基础、创新基础等。

规划报告在研究和分析“发展基础”时，可以采用标杆分析法，对特定国家、特定城市、特定企业等进行案例分析，研究被分析单位的管理经验或经济发展的主要教训等，为本单位的规划制定与框架构建提供有益的实践借鉴。

“发展基础”的规范研究和报告文本撰写是规划编制的重要工作内容，它需要规划编写人员花费大量的精力和时间，研究基础与现状，提出合理的趋势与思路，进行科学的调研与综合研判。

2．编制步骤

根据规划编制“五步法”，发展基础的研究与分析，基本模型如下图所示。

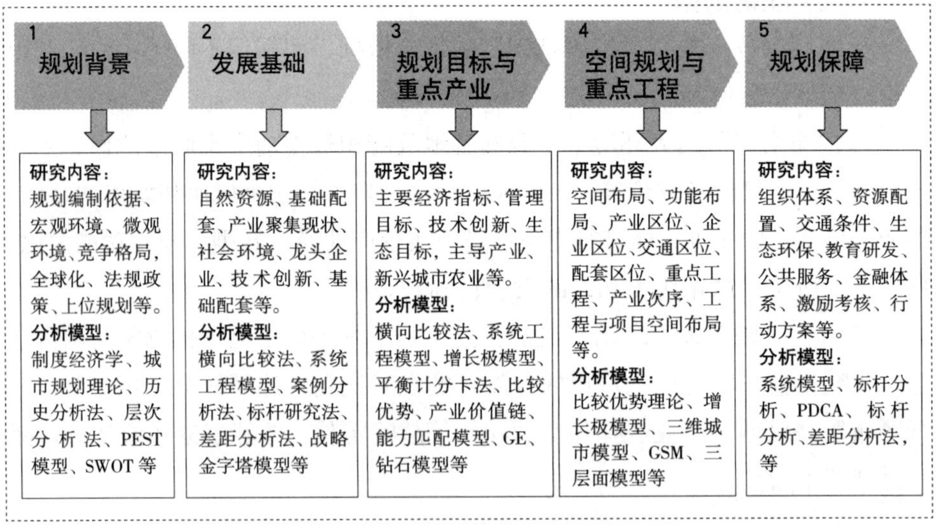

如图所示，“发展基础”需要分析自然资源、基础配套、产业聚集、人口增长、社会环境、技术创新等基本要素。研究规划报告的发展基础时，一般需要做大量的行业分析和现场调研，如我们编制港珠澳大桥沿岸口岸规划研究时，组织团队到珠海、香港和澳门进行了三地调研，走访了各地政府和项目单位，进行了实地摸底，为规划报告撰写积累了一手资料和思路。

3．人口要素分析

以人口的影响分析为例，人口是经济建设的参与者和生产者，它们对区域发展的影响表现在：

一是人口数量对区域发展的影响：区域劳动人口的数量影响区域自然资源开发利用的规模、生产规模的大小。在人口稀少的地区，生产规模的扩大受到人口数量不足的限制。人口过多的地区，由于资源的限制，可能出现人力资源过剩，大量失业，不利于区域经济发展。

二是人口素质对经济发展的影响：区域人口的素质影响区域经济的发展水平和区域产业结构。人口素质包括人口体质、文化技术、道德修养等。在那些劳动力较多，有一定的教育文化素质的地方，可以发展劳动密集型和技术密集型的产业。在那些人口教育和文化水平高的地方，如深圳，可以发展技术含量高的电子信息等产业。

三是人口迁移对地方经济的影响：人口迁移与分布影响区域生产的格局，影响地方的投资意愿等。如：我国经济重心由东部转向中西部，大量的劳动人口迁移将对经济发展产生较大的影响，如：制造企业的农民工短缺等，导致用工很难和工资成本增加，影响地区性投资和低端产业的生产活动。

4．资源条件分析

在“发展基础”分析过程中，需要分析土地、交通、环境、能源、地质等要素。以区域性交通条件分析为例，北京市“十二五”发展规划分析了本市的轨道交通条件，确定了下一步的建设方向：“优先加快中心城轨道交通建设。全面完成2015年轨道交通561公里近期线网建设规划，加快实施中心城轨道交通加密工程，2015年全市轨道交通线网运行总里程达到660公里。”具体如下图所示。

如：笔者编制《潍坊节能环保产业园中长期规划》时，综合分析了当地的交通、供水、教育、土地、地质、生态、人才等主要的资源条件，具体如下图所示。

区位交通：胶州铁路、青银高速、309国道贯穿东西，国道、省道及市区公路纵横交错。“一圈、两翼、三带”

土地资源：拟规划区域可用于建设的土地约56000亩。包括潍城经济开发区、乐埠山创新科技产业园等

水和能源：潍城区周边有水库等天然水源，工业和生活用水供应充足。电力与燃气供应网络较为完善，地热资源丰富

地质条件：潍城区产业园地质结构较为单一，以石灰岩为主，适合节能环保装备制造和企业厂房建设

生产配套：产业园原材料、电力、能源和加工零部件经销企业和专营店铺较多

生态环境：山、水资源主要集中在潍城，空气质量良好，城市路网、电气设施基本完善，有利于产业园建设

人才队伍：潍坊市有潍坊学院、潍坊医学院等全国和省内著名的专科和综合学院，系统培训和输送大量的专业人才

通过特定地区的资源条件分析，初步确定研究对象和地方经济发展规划实施需要的重点工程和有关基础设施配套项目，可以为下一步的交通运输、人才发展、生态环境专项规划等提供基本的依据。

三、规划分析模型

（一）纵（横）向对比法

1．模型解读

主要是对通过跨年度经济数据和主要业绩，以及不同国家、不同地区经济数据和发展速度等的纵向、横向分析与比较，初步揭示某种研究观点或者展现特定地区或研究对象的经济特征、市场表现等。

政府规划的资源分析框架，如下图所示。

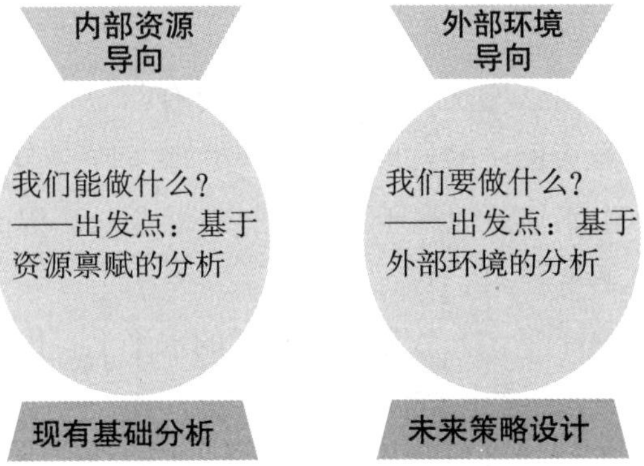

如上图所示，“现有基础分析”确定了内部资源现状，分析和确定研究对象“能做什么”。“未来策略设计”确定了研究对象的外部环境，分析和确定研究对象“未来做什么”。

2．模型应用

纵向、横向分析法是研究特定规划“发展基础”的重要模型与分析工具。

如：北京市“十二五”发展规划通过纵向、横向经济指标和发展现状的比较分析之后，重点从服务功能、人文建设、科技创新、城市化体提速、城市发展空间格局等方面研究、分析并描述了北京市经济和社会生活发展的核心优势与产业基础，即：

“首都服务功能拓展提升和潜力释放，全国政治中心、文化中心、国际交往中心和正在形成的国家创新中心的功能显著增强，为笔者在更高层次上参与全球分工、实现更高水平发展提供了新的契机。人文北京、科技北京、绿色北京发展战略和中国特色世界城市长远目标得到确立，成为全市上下凝心聚力、持久推进首都科学发展的强大动力。城市化快速推进和消费结构加快升级，在有效带动发展的同时，不断推动供给升级，为优化经济结构、深入推进经济发展方式加快转变创造了新的条件。城市发展空间格局优化和新发展区域崛起，推动新的增长极加快形成，为长期平稳较快发展注入新的活力。区域城市群的蓬勃兴起和共同发展，有利于在更大范围配置资源，拓展发展腹地，为增强首都经济的辐射带动能力形成了新的支撑。”

如果对区域性经济发展的影响要素“人口增长”进行分析，可以采取横向、纵向比较法。

其中，按照人口自认增长特点分类，主要有：

年轻型：由于社会经济的发展，人口死亡率下降，但出生率还保持在原始型水平上，使出生率显著地高于死亡率，自然增长率提高，人口总量迅速增多，年龄构成趋于年轻。

成年型：死亡率下降，大致稳定在较低的水平上，出生率明显降低，人口进入低速增长阶段，年龄构成向老年化演变。

衰老型：由于人口的老化，死亡率由低水平回升，出生率继续下降，跌到死亡率以下，自然增长率为负，人口数量逐渐减少。

对不同的人口增长情况，采取历史比较法，分析特定地区当前、历史时期，以及未来区域人口自然增长的趋势，主要指标：出生率、生育率、死亡率和自然增长率。分析人口的自然增长，即人口再生产是一般区域人口增长的主要方式，有助于判断一个地区未来的劳动力供应和产业工人市场供求变化等趋势。

人口惯性指人口再生产过程中，人口群体保持原有增长或减少趋势的特性。

经济、政治、宗教、文化、战争和灾荒等，影响一个地区人口的净迁入。区域人口的净迁入，通常用机械增长率表示。

城市人口机械增长率＝（本年城市迁入人口数－本年城市迁出人口数）÷年平均城市总人口数 ×1000(‰)

机械增长率为负，说明区域人口为净迁出，为正说明为净迁入。

区域人口素质是区域经济发展的重要影响因素。区域人口素质分析包括身体素质、文化技术素质和思想素质的对比分析。这一要素指标影响地区的经济结构和产业未来变化。

环境人口容量是区域规划的环境分析较关注的重要因素。一个地区在一定时期内的环境人口容量，指以不损害该区域环境质量和破坏资源的永续利用为前提，该地区的资源环境条件在能够充分合理利用的情况下，能持续供养的相应于一定生活水平的最高人口数。

一般来说，人口发展必须与特定区域物质资料的生产和资源供给水平相适应，与生态系统的载荷能力及其动态平衡相适应，人口数量的增长与质量的提高相适应，这是区域经济发展需要的人口环境。

（二）系统工程

1．模型解读

系统工程是从整体出发合理开发、设计、实施和运用系统科学的工程技术。根据总体协调的需要，综合应用自然科学和社会科学中有关的思想、理论和方法，利用电子计算机作为工具，对系统的结构、要素、信息和反馈等进行分析，达到最优规划、最优设计、最优管理和最优控制的目的。

管理系统工程是以政府或企业管理系统为研究对象的组织管理技术，是以系统科学、运筹学、计算机应用技术为主体的综合交叉性课程。其基本思想是坚持整体观念、统筹兼顾，运用优化分析方法，提高管理系统的整体功能。

在互联网、云计算和大数据时代，如何使用系统工程的战略思维，运用数学模型和运筹学、大数据等分析，是政府规划研究与编制的重要方向。

2．模型应用

该模型在政府规划工作中，主要用来研究特定区域人口、经济协调发展规划、区域资源最优利用、区域经济结构等。同时，用于分析和解决结构性和非结构性规划研究的重大问题。

城市与区域规划的编制工作构成管理决策系统。包括人员组织，经验、知识、价值观体系，工作程序，技术支持系统。城市与区域规划编制工作不是个别规划师的设计活动，是多维结构的系统工程。城市与区域规划的编制工作构成特定规划的决策系统。包括：人员、组织、经验、知识、价值观体系、工作程序、技术支持系统等。

城市和区域规划分层次。上层次对下层次起到控制与引领作用，下层次对上层次有反馈与修正作用。总体规划、分区规划、详细规划之间相互影响，相互衔接。编制某个地区的体系规划，必须以总体规划为基础，总体规划也要以体系规划为指导。如：编制山东省五年规划，需要以国家五年规划为指导，同时，结合山东省的经济与社会实际，予以研究和编制。如：编制潍坊市五年经济规划纲要，应该研究山东省五年规划和国家主体功能区规划等，通过正常的审核程序，及时反馈山东省有关规划部门和潍坊市有关规划参与、审核部门，其土地指标和相关功能调整也要相应优化和修订，并做到彼此衔接。

系统工程模型强调各类规划的问题发现与问题解决路径。通过规划需求导向的研究，可能发现经济发展的各种问题，对各类问题进行结构化分类，用不同的规划和研究方法解决不同性质的问题。如：城市总体规划涉及人口计算公式、区域布局、发展条件、发展策略、定性定位等。这些问题是非结构化的，适宜定性分析，主要依靠规划师的知识和实践经验。关于城市化水平、人口与用地规模、空间布局、耕地置换、经济增长等，要执行国家标准、规范和可供选择的定量计算公式，属于结构化问题。一般来讲，定性分析解决城市发展规划问题，定量分析解决建设规划问题。定量分析由定性分析指导，定性结论需要定量分析的支撑。

采用系统工程模型，研究政策制度变迁对区域规划的影响。通过改变特定区域的制度安排的激励机制，改变制度安排的效率，可以影响区域经济发展的速度与质量。制度变迁可以降低交易费用、减少交易风险，优化交易行为，推进区域的产出增长率。制度变迁能够改变贸易和专业化范围，促进经济活动的途径、方式发生改变，影响区域经济发展的广度与深度。制度改革与变迁，有助于扩大经济的自由程度。实施制度创新的主体，可以是个人、团体，或地方政府。

根据系统工程模型，分析消费者市场，可以发现，消费能力和收入状况等影响一个地区的产业规划和经济布局，地区人口数量及其增长影响区域市场的规模、劳动力资源的供给及扩大再生产的投资供给。人口素质影响区域收入水平和区域消费结构，进而影响区域生产结构和产业投资。人口的迁移及分布影响消费市场的分布与变化。人口年龄构成对人口本身的再生产产生影响，同时对区域社会经济发展产生影响。在人口老龄化的地区，劳动密集型的制造业将可能出现产业工人方面的压力和挑战。

按照系统工程模型，研究可知，劳动适龄人口与被抚养人口的比例关系，以及不同生长发育阶段的人口对社会环境有不同的影响和具体要求。社会的物质消费结构、文化教育设施、医疗卫生和社会保障事业、住宅和交通，都与人口年龄构成有关。

从民族空间布局的视角看，各民族的空间布局和人口数量，以及其在文化、宗教、习俗等的差异，影响着区域发展规划和民族政策。

技术创新也是政府规划编制重点研究和关注的影响要素，技术进步与规划目标之间的相互关系，符合系统工程模型的基本特征。技术进步改变了自然资源的经济意义，有利于减少区域发展对非地产资源的依赖程度。同时，技术的进步推动了区域经济结构多样化，为区域劳动就业开辟了广阔的出路。

备注：不同规划方案使用的分析模型可能不同，有些分析模型在规划文稿中无法体现和直观展示，这些规划文稿只是描述特定规划方案的研究成果，如：区位理论、比较优势理论、五力模型理论、运筹学、模拟技术、协同学、突变论等规划实践，在各类规划文本中可能并不体现，这里不多阐述。

（三）战略金字塔模型

1．模型解读

战略金字塔模型是总结提炼了笔者亲自编写的政府规划与企业战略规律和主要特点，逐步构建的规划编制框架模型。该模型从内外部环境等方面分析，确立组织的愿景与使命，描述了组织要“成为什么”。通过标杆分析和案例研究，以及组织内部资源禀赋的充分调研等，制定特定组织的规划目标，确立组织未来要达到的位置，描述“是什么”。

在此基础上，研究和制定组织的总体规划（战略）、业务规划（战略）、职能规划（战略），并对组织的规划实施体系进行设计，解答“怎么做”。具体如下图所示。

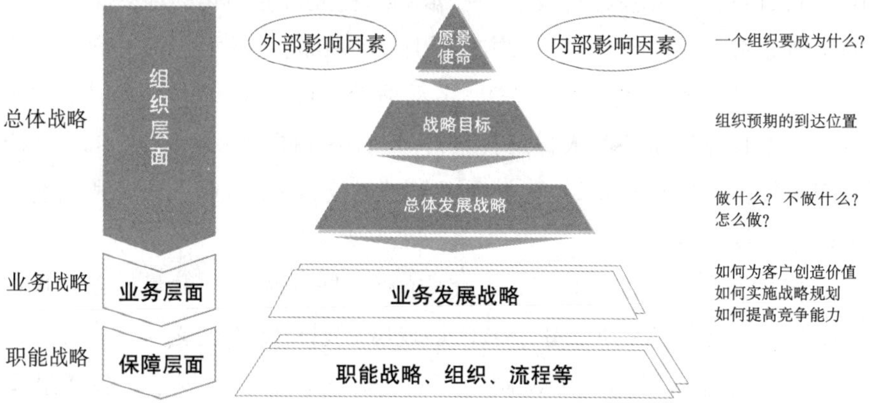

2．模型应用

战略金字塔模型主要是分析规划编制的框架和分析层次，并系统描述政府规划的不同内容及其功能等。如：《北京市“十二五”时期生物和医药产业发展规划》的报告框架分为：发展回顾、发展形势、发展规划与目标、重点发展领域、重大实施专项、保障措施。本规划编制过程中，对“发展基础”的研究分析，使用了战略金字塔模型的分析思路。该规划首先从市场总量、市场结构、市场趋势三个层次分析了北京市生物医药产业的市场需求。同时，从产业格局、产业结构、产业竞争三个方面研究了北京市生物医药产业供给趋势，最终得出的初步结论是：“十二五”时期，是北京生物和医药产业夯实基础和壮大规模的战略机遇期。该规划通过“发展形势”分析和规划文稿的撰写，为下一步专项规划的经济目标制定和“重点发展领域”确定提供了决策依据。

（四）标杆分析法

1．模型解读

标杆分析主要是选择政府、城市、行业或产业标杆，进行系统分析和研究，提炼其发展中的经验和做法，研究其产业发展中的可能缺陷或教训，为本单位的规划编制和规划执行提供借鉴。

2．模型应用

笔者在进行政府规划编制过程中，使用标杆分析法，进行重点单位研究和分析，总结归纳经验，分析教训和不足，提出可能的研究借鉴。如：笔者编制潍坊节能环保产业园规划时，对标杆城市——北京市环保产业园进行了现状、产业结构和主要特征分析，为编制和确立潍坊节能环保产业园规划定位提供了借鉴。具体概述，如下图所示。

北京国家环保产业园	
园区现状	集环保技术开发、孵化、设备制造、环保工程设计、环保软件开发，环保产品展示交易，环保技术服务等功能于一体的现代化绿色园区
节能环保产业结构	以环保产业为主体，高新技术企业和外向型经济为两翼的“一体两翼”的产业新格局，突出与北京经济技术开发区主导产业相承接的作用，重点发展汽车电子、航空电子、汽车零部件等产业
主要特征	园区以“立足首都、面向全国、着眼世界”为发展宗旨，积极与通州及环渤海经济圈周边地区产业基础形成配套，参与国际竞争

主要借鉴
——定位高端
——行业集中
——产业承接

案例研究发现，北京市国家环保产业园区是集环保技术开发、孵化、设备制造、环保工程设计、环保软件开发，环保产品展示交易，环保技术服务等功能于一体的现代化绿色园区。是国家环保技术装备生产基地，京、津、冀都市圈及华北地区的环保技术开发转化中心。环保产业园区对于科技含量高，经济效益好，单位土地面积投资大、产出多，环境污染少，能够吸纳当地劳动力，建设周期快的其他行业企业也可以引进。引进跨国公司、国内知名企业、外资企业、上市公司、高新技术企业，重点引进世界500强、国内500强企业等。

北京市环保产业园建设值得借鉴的方面，主要包括：

一是定位高端。园区定为国家环保产业园，以“立足首都、面向全国、着眼世界”为发展宗旨，设立之初就作为市级产业园进行布局和提升，并确定了引进技术领先型和国内外500强企业等招商目标。

二是行业集中。园区行业定位于装备生产基地和技术开发中心等重点领域。

三是产业承接。园区产业与已有企业、临近产业相互支撑和承接，与通州及环渤海经济圈周边地区产业基础形成配套，推动了核心产业链延伸和聚集。

四、规划编制技巧

（一）实施规范

如何撰写政府规划的“发展基础”章节，各类规划和不同部门、地方政府可能有不同的研究风格。一般遵循如下的编制规范：

1. 阐述产业资源与运营基础，寻找未来产业定位

各类规划“发展基础”着重分析产业资源、企业基础、技术应用、交通条件、人才与就业、资源条件，以及政府、产业园和重点产业的运行情况，基本优势或特征等，为寻找未来的产业定位提供帮助。如《北京市“十二五”生物医药专项规划》对生物医药从需求和供应两个角度进行了分析，认为“医疗模式由‘治疗型’向‘治疗＋保健型’转变，由‘医院集中式’向‘医院、社区和家庭分散式’过渡，医疗保健、健康咨询、家庭诊疗、远程医疗等新兴服务市场将加快发展。”

2. 阐述业绩或表现，预测未来的变化趋势

各类规划的“发展基础”一般需要研究特定政府、特定地区、特定产业或特定市场的上一阶段的经济指标和运营管理能力，以及人才、资金、技术、购买力等现有水平，据此，预测未来几年或十几年的经济规律、方向或趋势等。如：北京市十二五生物医药规划回顾了发展背景，认为：“北京市生物和医药产业继续保持良好发展态势，在总体规模、经济效益、结构升级、研发创新、潜力领域、集聚发展、节能降耗等方面取得了显著成绩。”

3. 阐述生态环保与对外开放，预测开放包容能力

规划研究“发展基础”的重要方向，基于全球绿色经济的大背景、大环境，特定研究对象现有的节能减排、居民生活与消费习惯、生态环保状况等，是否满足政府政策和产业发展导向，是否需要进行结构性战略调整，需要认真研究并详细阐述，以便科学预测主导产业、发展模式及经济特征。

4. 表现风格稳重简练，多以文字描述，辅以图和指标数据

由于不同规划报告的风格和格式不一样，“发展基础”的规划思路和报告风格差异较大，如：国家层面的国民经济和社会发展五年规划纲要一般是文字和数字描述，也有时候采用一些指标数据和特定专栏。省市级五年规划纲要一般是文字描述与专栏相结合，有些也加一些绘图和线性趋势分

析等。

5．发展基础与规划定位、重点项目和发展路径等相互关联

发展基础是地方经济发展和社会活动的基础，也是政府和产业园的产业布局、招商引资的基本依据。同时，它与特定规划的战略定位相互依托，有好的产业基础或者未来潜力的产业或领域才能被确定为重要的规划方向，因此，它与规划目标、发展策略、招商引资和重点工作等密不可分。在规划编制时，文字描述体现这一相互关系，并尽可能揭示其中的内在规律或定位原则。

（二）操作要领

1．体现政策法规的适应性

“发展基础”的分析研究是规划报告的重要工作，需要与国内外产业政策、法律法规、贸易规则等保持一致，体现或充分考虑未来的政策法律风险，通过政策法规的适应性研究，分析和把握经济发展规律和潜在的市场机遇。如：北京市“十二五”规划分析了北京市产业发展的政策环境与基础，即：“经济全球化深入发展，科技创新孕育新的突破，国际市场分化组合，特大城市在全球网络中扮演着日益重要的角色。”在研究北京市五年发展基础时，规划报告提出：“国内外产业变革和调整加快进行，资源环境压力正在转化为科技创新的强大动力。首都经济在服务业主导格局总体确立、消费拉动作用日益突出之后，面临着发展动力转换、产业结构深度调整和升级的任务。需要更加注重高端引领、创新驱动、绿色发展，走技术含量高、经济效益好、资源消耗低、环境污染少、人力资源优势得到充分发挥的科学发展道路。”这为北京市确立下一个五年发展绿色经济和现代服务业等产业定位奠定了决策基础。同时，规划报告分析了北京市经济发展的有利条件，总结了北京市“十一五”规划的发展成绩：首都经济实现重大跨越，社会民生得到显著改善，城市服务功能明显提升，城乡区域发展趋向协调，改革开放取得新的突破，百年奥运梦想圆满实现。通过产业基础分析与经验总结，为北京市下一阶段的产业转型和战略选择提供了决策参考。

2．体现规划实施主体的内在禀赋

发展基础很大程度依赖于已有规划背景的描述，要从多个维度，从优势和缺陷等方面，综合分析规划环境与产业重点，避免片面和主观结论。如：

北京市十二五规划报告研究分析了“十二五”时期北京市的发展机遇，即：“是首都在新的起点上全面建设小康社会的关键时期，是深化改革开放、深入推进经济发展方式加快转变的攻坚时期，全市发展呈现新的阶段性特征和要求。”同时，研究分析了下一个五年规划需要解决的突出问题，即：“集中力量解决好制约和影响首都科学发展的不平衡、不协调、不可持续问题：人口资源环境矛盾更加突出，尤其是城市人口规模过快增长给资源平衡、环境承载、公共服务和城市管理带来严峻挑战。特大型城市建设和运行管理的压力更加凸显，交通拥堵、垃圾治理等困扰人们生活的问题日益突出，保障城市常态安全运行和应急协调面临更大考验。国内外多层面竞争更加激烈，世界范围内对经济、科技制高点，以及国内地区间对高端要素和产业资源的竞争加剧，深入调整结构、实现创新驱动发展需要付出更大努力。社会结构变化更加复杂，教育、医疗、健康、住房、社会保障、收入分配和人口老龄化等问题日益成为社会关注的焦点，多元利益诉求协调难度加大，社会管理工作亟待加强。城乡区域协调发展的要求更加迫切，改变薄弱地区发展状况，逐步缩小城乡差距，仍需付出艰苦努力。”

3．研究地区发展的要素和经济结构

“发展基础”的规划编制研究，不限于已有主要产业、现有企业、交通条件或项目等分析，而是立足现有或将来可以开发或招商引资的重点产业、重点项目研究，关注国家即将出台或者已有政策、国家战略、地区战略，从国家和区域战略的分析与研究高度，系统思考、科学分析国家政策法规可能带来的产业、市场机遇和项目变化，进行产业综合分析，如：在研究编制北京市经济发展中长期规划时，立足北京市已有产业和业务，深度分析国家推动的京津冀一体化、生态文明示范城市建设，以及北京市经济发展较为落后的丰台区、平谷区等的经济结构，研究某种经济现象形成的原因，存在的问题和缺陷，北京市如何破解制约发展的瓶颈，实现战略转型，进而预测可能的新产业、新态势、新模式和产业升级路径。

基于系统工程的思维，可以对北京市及下属区域，如：丰台区中长期新产业、新业态、新布局相关的产业或区域进行研究，遵循规划编制原则，对北京市及海淀区、西城区、朝阳区等核心经济、文化、金融区域进行产业布局和资源分配，对于通州区、大兴区等快速发展的新兴经济区域进行产业定位，对于交通偏僻的怀柔、平谷等进行新的规划定位和产业布局。重点研究和帮促地理位置好、产业空间大、产业发展落后的丰台区，推动和协助该地区决策者确定并提出超常规发展的新思路、新战略、新路径，如：通过规划前期基础研究，可以思考：丰台区当前经济落后和产业布局不合理的原因和问题是什么？如何立足发展基础，科学实施基于京津冀一体化大背景的丰台区差异化发展战略？丰台区如何探索文化旅游、健康产业、美容产业、生态养老产业等现代服务业和生态文明产业等等。进行海淀等经济先进地区的标杆分析、规划编制前期调研等工作之后是否应该思考并判断：丰台区南城金融街如何构建？丰台区如何转变发展理念、招商策略和开发模式？丰台区如何设计超常规发展的大战略、大格局？等等，这就是基于国家产业政策和地区性长远战略的规划编制思维模式。

案例介绍：保定市徐水区“十三五”规划报告的“发展机遇”分析

笔者编制保定市徐水区“十三五”国民经济和社会发展规划纲要报告时，采用了系统工程、历史比较法等模型工具，分析了徐水区“十三五”期间的六大发展机遇，具体如下：

1．区位优势和产业基础积聚新动力

地理位置优越。徐水区辖7乡7镇，304个行政村；1个城区办事处，16个社区，面积723平方公里，人口61万。交通便利，航空、铁路、公路等交通汇集，距离北京天安门仅130公里，处于北京市的南大门。保定北区交通枢纽，南临保定主城区，三条高速公路、三条铁路，一条国道过境，一小时可抵京、进卫、赴省会。

文化资源丰富。2015年5月13日，经国务院批准，撤县建区。徐水区是中华统一合符圣地，中华大一统的标志性事件——釜山合符，就发生在徐水区西部的釜山，釜山文化遗址公园建设被保定市列为历史文化遗产保护重要工程。境内南庄头古人类遗址、刘伶醉古烧锅遗址被列为全国重点文物保护单位，北里舞狮被定为国家非物质文化遗产。特色小吃驴肉火烧参展上海世博会。

产业具有一定基础。徐水区高端装备制造基地，有省级产业园区2个，其中，大王店园区被评为全省先进开发区。形成了汽车及零部件、吊装装备、石油物探装备制造和食品加工四大主导产业，拥有长城、巨力、风帆、晨阳、俊峰等一批知名企业。规模以上企业超过65家，纳税过千万元企业超过17家，上市企业超过11家，省级以上名牌产品达到15个。2015年上半年，生产总值*亿元，同比增长*%；固定资产投资*亿元，同比增长*%；全部财政收入*亿元。

2. 京津冀协同发展助力搭建新平台

徐水隶属保定市，处于京津保的核心地带。京津冀协同发展战略，促进徐水区域经济的快速崛起，拉动经济发展新引擎，为徐水利用良好的区位条件提供了得天独厚的区位优势和政策基础。利用区位优势，积极打造北京非首都功能疏解的支撑点、京津产业转移的承接地、外资进入京津乃至北方市场的桥头堡，努力建设产业高端、功能完善、生态宜居、文明和谐的新城区。

发挥地处京津冀三角腹地优势，从区域功能定位出发，树立大保定思维，坚持高标准、高起点规划建设，积极与中心城区全面对接，加快京津的产业对接、基础设施对接、市场对接、科技人才对接，融入京津，借势发展，变区位优势为发展优势创造了难得机遇，为徐水发展搭建新平台。

3. 新型城镇化试点带动了产业升级

徐水区农业资源丰富和产业基础较好。未来五年，重点从产业融合的高度，统筹规划，科学布局，以现有农业产业为基础，以新型城镇化试点为契机，以服务农村、农业和农民为出发点，选择合适的产业和项目，园区构建为手段，以跨产业融合为模式，做好保护农业和粮食、生态和环境、产业延伸和转型的综合平衡，探索农业产业现代化、规模化、高端化的改革道路，推动城乡基础设施一体化和公共服务均等化，推动徐水城乡统筹、城乡一体、产城互动、节约集约、生态宜居、和谐发展，促进经济社会发展，实现共同富裕。

4．“一带一路”战略产业对接新契机

国家推动一带一路战略，保定市作为重要的参与城市和支撑点，拥有较好的区位优势和后发优势。一带一路战略为徐水区的优势产能输出、文化交流和贸易互通等提供了巨大的空间。徐水区可以重点推动汽车、高端装备制造等产业输出，以及文化旅游、商品贸易的国际交流和战略合作。

通过加强环境综合治理，打造生态徐水品牌，优化招商引资环境，吸引国内外机构投资，吸引国内外游客旅游和度假，推动休闲健康产业的发展。同时，推动汽车、锁具、吊具、石油勘探机械、医疗器械、水漆等产业海外设厂、开展国际贸易和产业聚集、协调发展。

5．“智慧城市”发展趋势开辟新途径

徐水处于京津保协同发展的核心区，具有发展“智慧徐水”的各种要素资源。国家推动互联网+、大数据和智慧城市建设，为徐水区的经济发展方式转变提供了新思路、新模式。

徐水区利用先进的信息技术，感测、分析、整合民生、环保、公共安全、城市服务、企业活动等城市运行核心系统的关键信息，建立大数据，把智慧城市作为“十三五”期间的重要方向，提升徐水区的城市管理智能化、产业聚集平台化，促进徐水城乡和谐、经济社会可持续发展。

6．撤县改区为社会发展创造新平台

徐水区的撤县设区，拓宽了徐水经济发展范围和平台空间，提高了区域知名度。保定市辖区的大格局下，具备更多政治优势和投资青睐，产业布局有可能更好地与保定其他区域协调和错位发展。

第七章　规划目标预测

一、规划编制依据

（一）研究要素

“规划目标”的制定，主要依赖于顶层政策与上级规划目标，规划编制背景、发展基础和已有资源禀赋。同时，考虑国际形势、国家政策、地区产业布局和市场机遇提供的发展空间等。

（二）理论依据

我国各类规划报告的“规划目标”设定，可以依据的理论依据，包括但不限于：

1．区域发展梯度理论

我国不同地区和城市的区域经济发展不平衡，各地经济收入和产业空间布局呈现梯度分布的状态。有梯度就可能存在空间的转移，高梯度地区一般新技术应用较早，优先发展并逐步向，我国中部地区、西部地区或北部地区推移。

随着各地经济的有序发展，梯度推移加快，区域间差距逐步缩小，最终实现全国范围内经济分布的相对均衡。

区域经济梯度推移过程中，极化效应、扩展效应和回程效应共同制约地区生产分布的集中和分散，起主导作用的是极化效应。

一般来说，我国高梯度区域如东部沿海的江苏浙江、广东、北京、山东等地区一般采取创新型经济发展战略。中梯度的安徽、江西等产业转移承接地区可以实行改造型发展战略。低梯度的西藏、新疆、青海、云南、贵阳、内蒙古、黑龙江等区域可以实行渐进型发展战略。如：《北京市国民经济和社会发展第十二个五年规划纲要》确立了北京市的规划目标是：“紧紧围绕人文北京、科技北京、绿色北京战略和建设中国特色世界城市的目标，按照在推动科学发展、加快转变经济发展方式中当好标杆和火炬手，走在全国最前面的要求，率先形成创新驱动的发展格局，率先形成城乡经济社会一体化发展新格局，努力把北京建设成为更加繁荣、文明、和谐、宜居的首善之区。”该规划定位是由北京市是全国政治、经济、文化和金融等现代服务中心，以及北京拥有全国最多的科技创新人才、中关村创新基地，以及众多的高等教育资源等核心要素决定的。而在“十三五”时期，北京市调整了城市功能定位，确立了“全国政治中心、文化中心、国际交往中心、科技创新中心”的四大功能定位，去掉了原来的“经济”和“金融”中心的城市定位。

2．区域发展辐射理论

我国经济发展水平和现代化程度相对较高的东部地区（辐射源）与经济发展水平和现代化程度相对较低的中西部、东北三省等地区进行资本、人才、技术、市场信息等的有序流动和价值观、实践理论、生活习惯等传播，提高经济资源配置的效率，提高可经济发展的质量。

3．区域发展增长极理论

在经济增长过程中，我国各地区、不同产业的增长速度不同，一般来说，增长较快的是主导产业和创新产业，这些产业、企业一般是在特定区域集聚，优先发展，它们辐射带动周边的省市县等经济区域，形成“增长极”。

“增长极”有技术的创新和扩散，资本集中和输出，规模经济效益，产生聚集经济效果等主要作用，引进产业和拉动周围地区的要素和经济活动聚集，向周围地区输出要素和经济活动并刺激和推动周围地区的经济发展，对周边地区产生溢出效应。

4．区域发展比较理论

我国各地区的政府规划遵循区域差异理论，产业区位布局未必是成本最低或利润最高的区位，通常是综合优势显著的区位。

我国各地政府规划应该遵循地域分工理论，本地区以比较优势的产品参与贸易，确立重点发展的主导产业和产业链。

遵循区域结构比较理论和区域规划理论，基本模型包括以下几种。区域模型：中心—外围模式（CP Model）；城市模型：城市层级体系的演化；国际模型：产业集聚与国际贸易。

二、规划编制要点

（一）内涵解读

规划目标是各级政府经济规划和产业园专项规划编制的重要内容，也是国民经济和社会发展五年规划纲要和各类规划的研究核心。

（二）研究要点

1．基本内容

“规划目标”在不同类型规划中的内容与结构不同，一般包括：指导思想、愿景、使命、规划定位、中长期目标、年度目标、管理目标等。

多数政府规划报告，可能不会对其规划愿景、使命等进行详细的确定，规划报告侧重于经济目标和社会目标。这些规划目标随着国家经济社会政策与改革方向的调整，每个规划年度将有较大的调整。

2．规划步骤

规划目标和重点产业的研究分析，具体如下图所示。

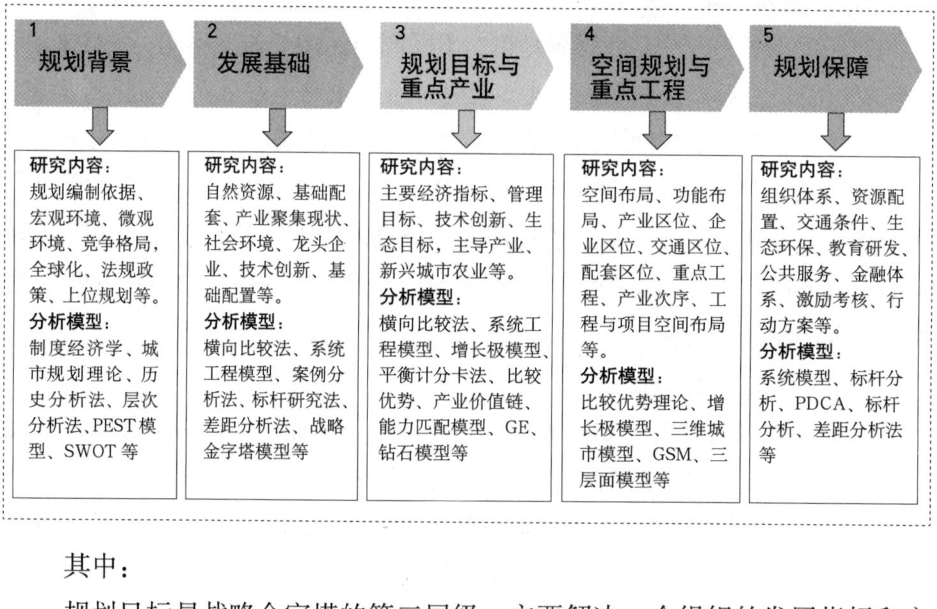

其中：

规划目标是战略金字塔的第二层级，主要解决一个组织的发展指标和应达到的位置，一般分为中长期目标，如十年；战略目标，如五年规划目标、年度指标等，具体如下图所示。

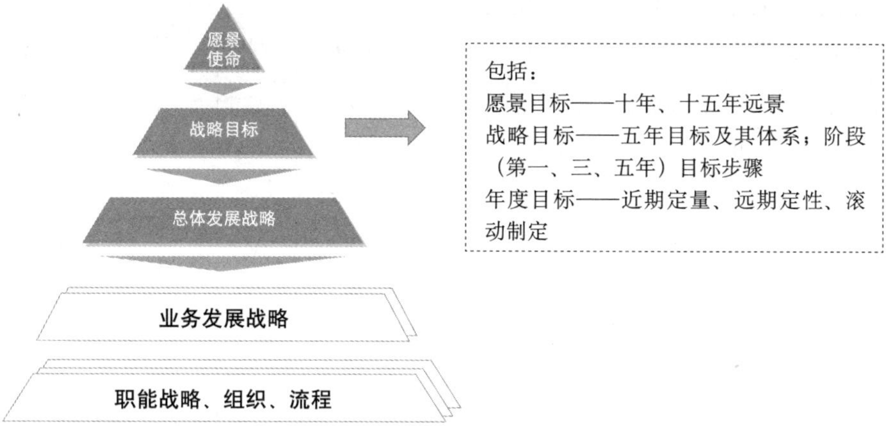

以笔者为北京通州区台湖镇编制“十三五”规划报告确定的规划目标为例，该镇是通州区重要的产业重镇，发展潜力和经济基础很好，发展的资源条件很有比较优势。在北京市核心功能疏解和通州区全面建设首都行政副中心的新形势下，通州区“十三五”规划目标进行了重大的调整，为此，台湖镇“十三五”时期的规划目标必须作出重大的、适应性调整，主要从发展约束、城乡建设、生态环境、公共服务、经济发展和人民生活六大要素进行了重新设计，规划指标侧重了生态文明、民生改善、城市治理、绿色发展等主要政策导向。具体指标如表 9 所示。

表 9　北京市通州区台湖镇“十三五”时期主要指标

类别	序号	主要指标	单位	现状	2020 年调控目标	指标属性
发展约束	1	生态红线区	平方公里			约束性
	2	常住人口规模	万人			
城乡建设	3	建成区路网密度				约束性
	4	绿色出行比例	%			
	5	城区供水安全系数				
	6	燃气管网覆盖率	%			
	7	高速无线WiFi网络覆盖率	%			
	8	第四代无线移动通信覆盖率	%			

续表

类别	序号	主要指标	单位	现状	2020年调控目标	指标属性
生态环境	9	PM2.5年均浓度降低	%			约束性
	10	森林覆盖率	%			
	11	人均公园绿地面积	平方米			
	12	地表水水质	—			
	13	城市污水处理率	%			
	14	垃圾无害化处理率				
	15	清洁能源使用比率	%			
公共服务	16	公共服务支出占一般性支出比例	%			约束性
	17	高中阶段教育入学率	%			
	18	大专以上受教育人数比重	%			预期性
	19	每千人拥有医疗床位	张			约束性
	20	甲乙传染病发病率				
	21	人均公共设施占地面积	平方米			
	22	人均体育场地占地面积	平方米			
经济发展	23	地区生产总值年均增长	%			预期性
	24	地方财政一般预算收入年均增长	%			
	25	全社会固定资产投资年均增速	%			
	26	社会消费品零售总额年均增速	%			
	27	服务业增加值占地区增加值比重	%			
	28	万元生产总值能耗降低	%			约束性
	29	万元生产总值水耗降低	%			
人民生活	30	城乡居民收入年均增速	%			预期性
	31	城镇调查失业率	%			
	32	食品安全检测抽查合格率	%			约束性
	33	药品质量安全抽查合格率	%			
	34	城乡居民养老保险续保率	%			
	35	城区一刻钟服务圈覆盖率	%			

3．产业价值链

产业价值链分析是产业选择的基础。它是基于对研究对象现有产业布局和产业环节等进行综合分析，总结归纳已有主要产业的基本情况，研究分析下一步重点扶持和优先引进的关键产业，以及主要的产业环节，进而对特定地区或产业园的产业组合、重点项目、龙头企业等进行确定，为下一步的空间布局、主要项目、核心资源和重点任务等确立提供依据。如：笔者对潍坊节能环保产业园规划的立体停车产业，按照产业价值链模型研究发现：

立体停车泊车产业链分为上中下游三部分，位于上游的是技术研发、工程设计环节，是产业链的高附加值端，是提升核心竞争力的关键环节。产业链中游是设备制造和安装环节，当前多数企业的主导产业处于中游环节，是传统竞争领域，位于产业价值链的低端，盈利能力低。产业链下游是维修保养等环节，是体现特定企业服务专业化、高端化、维护和提升客户关系的关键，目前发展较为迅速。该产业链还存在与其他产业发生上下游联系的辅助产业链，如新材料产业、节能环保装备制造产业，可以为主导产业链上的企业提供更环保、更节能的材料或设备。

对潍坊节能环保产业园研究发现，潍坊市节能环保产业园泊车产业在主导产业链的上中下游皆有企业，大洋泊车集上、中、下游业务为一身。但是，单靠一家企业研发力量不足，需要加强上游研发、设计环节，引进专门人才或者专业研发机构；中游制造环节企业较多，大部分的配套企业都集中在这一环节，能力较强；下游维修保养需要延伸与加强。

4．共同愿景

愿景是组织对于未来勾画的远景目标，是组织在一定时期内对于未来长期目标的设定和憧憬，是可变的。

愿景的调查研究和逐步确立过程充满了激情、感情、智慧、理性、行动和判断。它要求有发散型思维，具备收敛型思维，是一个反省甚至是妥协的过程。在愿景确立过程中，主要研究者和参与者可能抛开理性，超越过去和现在，展望和假设未来。通过研究和碰撞的过程建立共同愿景，对之修改和不断补充、更新。

构建组织价值观的基本要素：时代的特征、经济性和社会责任感。

共同愿景必须符合政府行政的规范要求，共同愿景是容易被别人感知，容易识别，被广泛认可和感觉感知的政府精神或奋斗目标与理想。

构建共同愿景，需要分析组织内外部的利益相关者，特别是组织影响力最大的利益相关者。

制定组织愿景需要自我超越，突破已有成就、目标、愿望等，确立组织新的目标、愿望。

根据组织和组织内部所有参与者形成的文化，探讨与构建共同愿景。将共同愿景有效传达，使组织成员知晓与理解共同愿景。

建立共同愿景的基本途径：培养共同语言，开展团队学习，进行各层次交谈，以及实现自我超越等。

愿景的基本特点：

(1) 推动性：良好的愿景推动组织面对挑战，超越现实，不懈创新；

(2) 激励性：良好的愿景描述清晰表达组织领导者对于未来的观点并激励员工；

(3) 方向性：愿景指引内部和外部组织的未来努力方向；

(4) 协同性：愿景使同一组织内部的各个部分向一致的方向努力。

关于规划报告的愿景编制，有的报告直接描述出来，有的报告文稿通过战略目标等，间接予以描述。

使命是关于组织存在的目的或对社会发展的某方面应做出的贡献的陈述，是组织长期保持不变的核心理念，是将组织凝聚在一起的无形的凝固剂，是激励组织不断发展的原动力。多数政府规划报告不直接阐述特定规划研究对象的使命。

5．规划目标

政府规划的核心目标是分析研究、科学确立和正确选择到达预期位置的最佳路径。具体如下图所示。

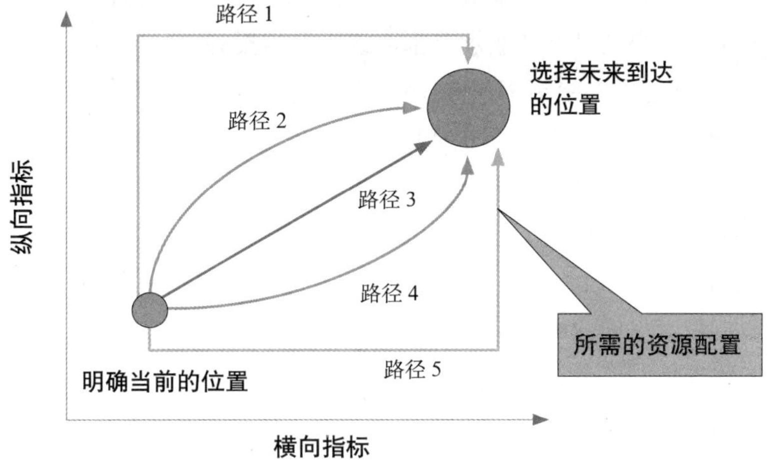

政府规划指标根据规划类型而有所差异。其中：

政府五年规划纲要的规划目标，一般包括：节能减排、经济规模、经济结构、发展速度、居民收入、生态保护、公共服务、改革开发等主要指标。

专项规划的指标主要聚焦于特定领域，如：新能源规划指标包括能源消费总量、能源自给率、非石化能源占比、天然气占比、煤炭产能等。以《河南省能源中长期发展规划(2012—2030 年)》为例，该专项规划指标包括："争取全省能源消费总量不突破 3.8 亿吨标准煤，生产总量达到 2 亿吨标准煤，能源自给率达到 52.6%；非化石能源占能源消费总量的比重达到 8% 左右，天然气占能源消费总量的比重达到 10% 左右；煤炭产能稳定在 2.2 亿吨以上，原油炼化能力达到 3300 万吨，电力装机总容量达到 1.14 亿千瓦。"

产业园规划目标主要聚集在重点产业，以《潍坊节能环保产业园中长期规划》为例，该规划包括近期目标和远期目标，其中：

近期目标："实现预期的节能环保控制目标。到 2015 年，全市万元地区生产总值能耗低于 * 吨标准煤(按 2005 年价格计算)，全市化学需氧量和氨氮排放总量(含工业、生活、农业)分别控制在 * 万吨、* 万吨以内，二氧化硫和氮氧化物排放总量分别控制在 * 万吨、* 万吨以内。节能环保产业园区各项控制指标均优于平均控制水平。

聚集和提升潍坊节能环保产业园的软实力。探索创新节能环保技术推广机制和模式，推动多领域节能减排，全面实现‘386’环保治污行动。争取获得＊个左右省级或以上产业示范基地或示范园授牌。”

编制该规划时，笔者及研究团队制定了产业园中长期规划目标：到2025年，潍坊节能环保产业园企业确保年实现营业收入突破＊亿元，力争年实现营业收入＊亿元，利税＊亿元以上，实缴税金＊亿元以上……力争＊亿元，比2013规模以上企业主营业务收入力争增长＊倍。力争培育＊家过100亿元，＊家过50亿元，＊家过10亿元、＊家过亿元的龙头企业。力争实现＊家企业新三板、主板或海外上市。节能环保产业成为潍坊市支柱产业。单位产值能耗持续降低，生态环境显著改善。

到2025年，全市万元地区生产总值能耗、化学需氧量和氨氮排放总量、二氧化硫和氮氧化物排放总量均达到规定目标。产业园各项节能环保指标明显优于全市平均控制水平。

到2025年，节能环保产业占潍坊市GDP的比重显著提升，对地方财政收入贡献率超过＊% 以上。安置就业超过＊万人，拉动住宅和生活性服务业收入＊亿元。

管理目标：主要阐述社会生活、教育培训、文化艺术、生态环保、公共服务、国防开支等非经济类指标。

“规划目标”的规范研究和文本撰写是规划编制的核心工作，需要科学调研，精心编写，多次沟通和组织评审，进行文字加工与提炼。

三、规划分析模型

（一）纵（横）向对比法

1．模型解读

纵向比较和横向比较法，主要是通过跨年度经济数据和主要业绩，以及不同国家、不同地区经济数据和发展速度等纵向、横向分析与比较，初步揭示某种研究观点或者展现特定地区或研究对象的经济特征、市场表现等，进而确定规划目标和重点任务。

2．模型应用

“规划目标”的系统研究与综合编制，主要采用对比分析法（横向、纵向）进行分析，如：《北京市“十二五”时期生物和医药产业发展规划》通过分析上一个五年规划目标实现情况，以及全球趋势、国家政策、产业环境等，研究确立了“十二五”生物医药产业规划的“指导思想”和规划目标。其指导思想的确定是基于横向跟周边的城市比较，纵向与本城市的发展速度和产业基础比较，同时考虑了国家政策与产业环境之后确立的，即：“将北京打造成具有国际影响力的生物和医药研发创新中心、全国高端制造基地、全国医药流通中心，推动生物和医药产业由先导产业向主导产业跨越。”

北京市生物医药产业“十二五”期间规划目标从总量规模、自主创新、产业集中和绿色发展四个方面进行了具体测算和确定，具体文字表述为：

“——总量规模进一步做大。到 2015 年，全市生物医药产业实现行业经济总量翻番。其中：生物医药实现工业总产值 1300 亿元左右，年均增长率 24% 左右，占全市工业总产值比重 5% 以上，对生产性服务业的带动作用进一步增强；医药流通业实现销售收入翻番。

——自主创新能力显著增强。到 2015 年，建成工程（技术）研究中心、工程（重点）实验室以及企业技术中心 100 个以上，推出国家一类新药 2—3 个，实现一批重大科技成果在京产业化，新产品产值占工业总产值的比重超过 30%。

——产业集中度明显提升。到 2015 年，前 20 强企业产值占全市生物医药总产值的 70% 以上；亿元品种销售收入占全市生物医药销售收入的比重超过 50%；国家生物产业基地产值占全市生物医药总产值的比重接近 70%。

——绿色发展取得新成效。积极开展园区生态建设，鼓励企业开展节能降耗的技术改造。到 2015 年，生物医药规模以上企业能耗总量控制在 55 万吨标煤左右；生物医药规模以上企业消耗新鲜水总量控制在 1300 万立方米左右。”

（二）系统工程模型

1．模型解读

系统工程是从整体出发，合理开发、设计、实施和运用系统科学的工程技术。根据总体协调的需要，综合应用自然科学和社会科学中有关的思想、理论和方法，利用电子计算机作为工具，对系统的结构、要素、信息和反馈等进行分析，达到最优规划、最优设计、最优管理和最优控制的目的。

管理系统工程是以各级政府或企业管理系统为研究对象的组织管理技术，是以系统科学、运筹学、计算机应用技术为主体的综合交叉性课程。其基本思想是坚持整体观念、统筹兼顾，运用有关优化分析方法，实现管理系统整体功能的提高。

政府规划和专项规划等规划目标测算和制定，需要运用系统工程的编制思路，综合考虑各方面的要素和资源支撑能力。同时，尊重产业发展的基本规律。

2．模型应用

该规划模型在政府规划编制与研究时，主要体现系统思考和不同规划目标的协同，要进行规划目标的测算和评估，避免出现脱离实际的假设目标。

规划目标的实现依赖于政府外部环境、产业政策、发展规律、组织基础和资源等，要充分考虑各种要素之间的衔接和协同，注意操作性和前瞻性的有机结合。

系统工程模型强调各类规划的问题发现与问题解决路径。通过规划需求导向的研究，发现经济发展的各种问题，对各类问题进行结构化分类，用不同的规划和研究方法解决不同性质的问题。对于非结构化的问题，适宜定性分析，主要依靠规划师的知识和实践经验。对于发展速度等结构化问题，可以采用计算模型和公式予以研究解决。定量分析由定性分析指导，定性结论需要定量分析的支撑。如：《北京生物医药十二五规划》的总量目标是：到2015年，全市生物医药产业实现行业经济总量翻番，主要考虑了上一个五年规划的发展速度、北京市的经济总量、生物医药的占比，以及北京市产业基础等因素。

（三）平衡记分卡模型

1．模型解读

平衡计分卡是把组织的使命和战略转化为全方位的运作目标和绩效指标，作为执行战略和监控的工具，它也是一种管理方法和有效的沟通工具。通过平衡计分卡将宏观的、抽象的战略转化为运作方案或工作计划，达到执行战略、监控战略，最终协助组织实现发展战略的目的。平衡计分卡目的是以战略为出发点，将组织发展战略落实到具体行动，最终实现财务或经济回报，如下图所示。

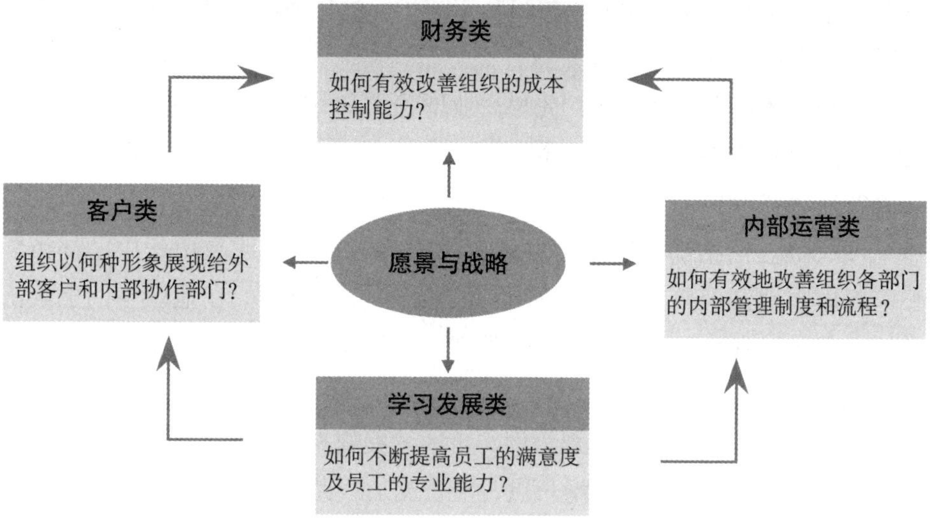

2．模型应用

政府规划目标制定和管理可以探索使用平衡记分卡法进行设定与规范管理。如：对北京市高端装备制造业五年发展规划目标的设定，除了考虑产值、税收、利润等经济指标（财务类），还应该考虑市民满意度、单位能耗等环保改善类指标（客户类），以及政府服务水平提高、基础设施改善等指标（内部运营类）。还包括政府培训、学历教育、学习与培训等指标（学习发展类）。

通过四个维度的指标设计，能够全面确立特定规划目标，避免单纯追求经济指标而忽视社会责任、组织成长和日常管理等工作。如可设计产值、税收、单位能耗、空气质量、组织培训、社会福利等指标，进行多维度的构建与管理。

（四）增长极模型

1．模型解读

增长极指如果将发生支配效应的经济空间看作力场，位于力场中推进性单元可以描述为增长极。增长极是围绕推进性的主导工业部门而组织的有活力的高度联合的一组产业，它不仅能迅速增长，而且能通过乘数效应推动其他部门的增长。

增长极理论有几个基本点：第一，其地理空间表现为一定规模的城市；

第二，存在推进性的主导工业部门和不断扩大的工业综合体；第三，具有扩散和回流效应。

增长极体系有三个层面：先导产业增长； 产业综合体与增长； 增长极的增长与国民经济的增长。

2．模型应用

增长极理论指那些通过解释地区的发展过程，说明在增长中的都市中心引起周围地区经济增长的各种假说。这些假说认为，在地理空间上经济增长不是均匀地发生，而是以不同强度呈点状分布，通过各种渠道影响区域经济。

以广东南沙新区发展规划为例，该区发展规划提出了“区域联动发展路径”：通过打造重点产业和增长点，沿着交通线路或经济聚集区，辐射带动周边区域，形成经济发展的增长极。具体如下图所示。

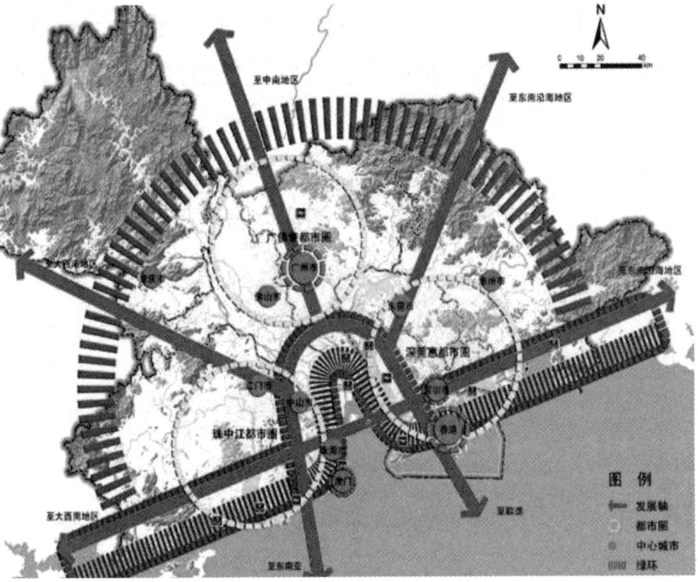

四、规划编制技巧

（一）实施规范

如何撰写政府规划的“规划目标”章节，各类规划和地方政府可能有不同的理解和要求。总体来讲，一般遵循如下的规范：

1．确定规划愿景和指导思想

通过规划愿景和指导思想的界定，为各类规划实施主体的产业领域和行动指明方向，有助于经济指标和管理目标的实现。如：笔者编制《潍坊节能环保产业园中长期发展规划》时，将其愿景定位“打造立足潍坊，辐射带动全省、全国乃至全球生态经济的‘中国节能谷’”。通过愿景定位，给当地政府的节能环保产业园建设提出了蓝图和奋斗方向，坚定了规划实施主体、利益相关方和外部投资者的信心，确立了未来的行动纲领和工作目标。

2．制定规划长远目标并分解阶段性目标

各级政府和产业园规划报告，具有鲜明的中国经济特色和时代烙印，一般体现各级政府、企业、社会公众较为关注的经济指标和管理类考核指标。首先，确立总的编制原则、规划目标和规划定位。其次，进行目标分解和衔接。如：《潍坊市节能环保产业园中长期发展规划》明确了规划编制的五大原则：突出重点领域原则、节能环保优先原则、节约集约用地原则、总部和楼宇工业原则、利用与保持融合原则。

分析国家“十二五”规划报告案例，该规划确立了我国“十二五”时期规划目标，包括经济增长、结构调整、科技教育、资源节约、生活改善等领域，具体案例分析如下：

案例：国家“十二五”规划目标

——经济平稳较快发展。国内生产总值年均增长7%，城镇新增就业4500万人，城镇登记失业率控制在5%以内，价格总水平基本稳定，国际收支趋向基本平衡，经济增长质量和效益明显提高。

——结构调整取得重大进展。居民消费率上升。农业基础进一步巩固，工业结构继续优化，战略性新兴产业发展取得突破，服务业增加值占国内生产总值比重提高4个百分点。城镇化率提高4个百分点，城乡区域发展的协调性进一步增强。

——科技教育水平明显提升。九年义务教育质量显著提高，九年义务教育巩固率达到93%，高中阶段教育毛入学率提高到87%。研究与试验发展经费支出占国内生产总值比重达到2.2%，每万人口发明专利拥有量提高到3.3件。

——资源节约环境保护成效显著。耕地保有量保持在18.18亿亩。单位工业增加值用水量降低30%，农业灌溉用水有效利用系数提高到0.53。非化石能源占一次能源消费比重达到11.4%。单位国内生产总值能源消耗降低16%，单位国内生产总值二氧化碳排放降低17%。主要污染物排放总量显著减少，化学需氧量、二氧化硫排放分别减少8%，氨氮、氮氧化物排放分别减少10%。森林覆盖率提高到21.66%，森林蓄积量增加6亿立方米。

——人民生活持续改善。全国总人口控制在13.9亿人以内。人均预期寿命提高1岁，达到74.5岁。城镇居民人均可支配收入和农村居民人均纯收入分别年均增长7%以上。新型农村社会养老保险实现制度全覆盖，城镇参加基本养老保险人数达到3.57亿人，城乡三项基本医疗保险参保率提高3个百分点。城镇保障性安居工程建设3600万套。贫困人口显著减少。

——社会建设明显加强。覆盖城乡居民的基本公共服务体系逐步完善。全民族思想道德素质、科学文化素质和健康素质不断提高。社会主义民主法制更加健全，人民权益得到切实保障。文化事业加快发展，文化产业占国民经济比重明显提高。社会管理制度趋于完善，社会更加和谐稳定。

——改革开放不断深化。财税金融、要素价格、垄断行业等重要领域和关键环节改革取得明显进展，政府职能加快转变，政府公信力和行政效率进一步提高。对外开放广度和深度不断拓展，互利共赢开放格局进一步形成。

如上所述，国家“十二五”规划对于产业规模（国内生产总值、价格等）、产业结构、科技教育、资源节约与环保、社会生活、公共建设、改革开放等确立了五年发展的规划目标。

3．对规划目标的未来前景进行预测与描述

各类规划一般要描述规划期内的发展前景、主要目标、主要经济指标和管理指标可能达到的未来状态，给上级主管、利益相关人等一个较为清晰的量化或定性说明。同时，给有关投资机构、投资企业和将要进入的其他合作者一个信心和行动方向。

4．规划愿景和管理目标在专项规划中阐述较多

由于各类规划的格式和编制重点不一样，规划目标的基本内容和呈现格式不一样。有些规划需要明确组织的愿景使命、经济指标、管理指标、科技创新指标等，有些规划可能只涉及经济指标等，这就需要根据具体的规划要求和管理习惯进行确定和评估。

（二）操作要领

1．根据产业或指标重要性进行阐述

规划目标一般从最为重要的指标开始研究，重点阐述主要经济指标和社会管理方向，可以给各类规划的评审、决策和规划使用者清晰的指标体系和导向，便于规划期内优势资源的有序匹配和各项工作的优先次序安排。如：国家五年规划纲要一般要反映 GDP、产业结构、社会教育、公共服务、科技创新、国防建设等发展指标。

2．指标和规划目标不宜过于保守或过于冒进

总体规划、经济规划的指标和规划目标较为概括和简要，不应过于烦琐，避免采用与规划主题弱相关或无关的指标等。如：地区经济规划一般包括三产结构、工业产值、服务业产值等主要指标，一般不会阐述具体企业的收入指标或业务特征。同时，规划目标要优先进行，经过努力基本可以实现，不应该明显超出经济发展规律或者过于悲观消极。

3．不同类别的规划指标各有时代的烙印

规划指标与指标类别和需要解决的核心问题等紧密相关。不同地区的同类型发展规划，其指标体系也可能不同，同一地区、同一类别规划在不同的发展时期，其指标体系可能存在差异。如：国家“九五”规划目标是“全面完成现代化建设的第二步战略部署，2000 年，在中国人口将比 1980 年增长 3 亿左右的情况下，实现人均国民生产总值比 1980 年翻两番；基本消除贫困现象，人民生活达到小康水平；加快现代企业制度建设，初步建立社会主义

市场经济体制；2010 年国民经济和社会发展的主要奋斗目标是：实现国民生产总值比 2000 年翻一番，使人民的小康生活更加宽裕，形成比较完善的社会主义市场经济体制”，该规划目标基本反映了当时国家经济社会发展重心和历史任务。国家“十二五”规划目标有了较大的变化与调整，主要聚集在经济总量、增长速度、产业结构、社会生活、居民收入等方面，这与当前国家经济发展思路的转变和经济发展程度紧密相关。

第八章　重点产业定位

一、规划编制依据

（一）研究要素

一个国家或地区能否遵循重点产业转移规律选择重点产业和进行产业布局，很大程度取决于是否对产业结构转移规律和重点产业对经济发展的引导作用，有着深刻认识和实践。

“重点产业”主要依赖产业转移规律的准确把握和具体分析。撰写本部分规划报告文稿时，需要研究特定对象的发展基础、资源禀赋、发展潜力等。

当前，我国的重点产业从轻纺工业为主导，转向重化工业为主导，进而转向传统产业转型升级和大力拓展战略性新兴产业为主。重点产业的选择应该跟未来的产业趋势相衔接。

从全球看，发达国家重点产业从重化工业向高加工度工业为主导转化，高度工业国家向知识密集型产业重点转移。以现代服务业、旅游业、金融业等为主体的第三产业和现代信息、技术为主导、现代交通运输方式为基础的第四产业，构成了现代产业的重点转移方向。这是世界产业重点转移的一般规律。也是笔者研究地方政府规划重点产业的重要参考。

（二）理论依据

我国地方政府、高新区、经济开发区、各类产业园规划编制的一般理论依据是：

1．产业定位理论

通过产业定位，确定特定地方政府、高新区、产业园等具体形象和产业方向。

2．产业集群理论

通过区域集聚形成有效的市场竞争，构建特定地区的专业化生产要素优化集聚洼地，使经济组织共享区域公共设施、市场环境和外部经济，降低信息交流和物流成本，形成区域集聚效应、规模效应、外部效应和区域竞争力。

3．劳动地域分工理论

一个国家或地区按照某一优势的社会物质生产部门实行专业化生产，形成区域性优势和产业合作。

4．比较优势理论

国际贸易的基础是生产技术的相对差别，以及由此产生的相对成本的差别。每个国家或地区应该集中生产并出口有“比较优势”的产品，进口有“比较劣势”的产品。

5．主导产业理论

主导产业具有与新技术相关联的新的生产函数；有超出国民经济总增长率的持续高速增长的部门增长率；主导产业对其他部门乃至国民经济有着回顾效应、旁侧效应、前瞻效应，需要聚集核心资源与能力进行重点产业聚集与提升。

6．点轴开发理论

点轴开发模式是增长极理论的延伸。经济中心首先集中在少数条件较好的区位，成斑点状分布。这种经济中心既可称为区域增长极，也是点轴开发模式的点。随着经济发展，经济中心逐渐增加，点与点之间，由于生产要素交换需要交通线路以及动力供应线、水源供应线等，相互连接起来，就是轴线。这种轴线首先为区域增长极服务，但轴线一经形成，对人口、产业也有吸引力，吸引人口、产业向轴线两侧集聚，并产生新的增长点。点轴贯通，形成点轴系统。通过点轴开发，实现区域经济的规模发展、聚集效应和辐射带动等效应

二、规划编制要点

（一）内涵解读

产业指由利益相互联系的、有不同分工的、由各个相关行业组成的业态总称。

行业指其按生产同类产品或有相同工艺过程或提供同类劳动服务划分的经济活动类别，如饮食行业、服装行业、机械行业、金融行业等。

重点产业选择指对特定规划对象未来一定时期内优先发展的产业进行选择和构建，使其逐步成为支柱性产业或有重大影响的产业。

战略性新兴产业指全球范围内因突破性技术创新催生的具备构成国家产业竞争优势的成长期产业。战略性新兴产业是以重大技术突破和重大发展需求为基础，对经济社会全局和长远发展有重大引领带动作用，是知识技术密集、物质资源消耗少、成长潜力大、综合效益好的产业。战略性新兴产业代表着世界科技创新和产业发展新方向，是新兴科技和新兴产业的深度融合，有战略性、全局性、创新性、关联性、动态性、风险性等特点。

战略性产业指一个国家为实现产业结构的高级化目标选定的对于国民经济发展有重要意义的产业部门。是各国根据不同的经济技术发展水平和技术变革趋势的判断确定的。战略性产业是相对的概念，任何一种产业部门在特定经济发展阶段都有可能成为战略性产业，最终都有可能退出战略性产业系统。

战略性产业受到一个国家政策保护和产业扶持，有成为未来经济发展主导产业和支柱产业的可能性，其决定因素包括：技术特点、市场前景、成长潜力、国家资源、特定条件、产业结构、资源的能力等。

战略性产业主要包括：主导产业、支柱产业、先导产业和基础产业。其中：

主导产业指对国民经济有支撑作用，在国民经济中占有较大比重的产业。主导产业在某种程度上直接关系到一个国家、地区或城市产业发展的方向，能充分利用和发挥本国、本地区的资源优势，对其他产业或行业有推动、制约和引导作用。

支柱产业是国家和地方财政的最重要的收入来源，产值和利润水平较高，对其他产业引导作用较低，属于阶段性发展或维持的产业。

先导产业指对今后国民经济发展有先导作用的产业，产品收入弹性高，全要素生产率上升幅度大，对其他产业部门带动效应大。

基础产业也被称为瓶颈产业，指对其他部门提供条件和机会的产业。

政府规划编制的重点是进行产业和行业选择，为政府或其他组织的产业定位和工作任务的确定提供依据。具体如下图所示。

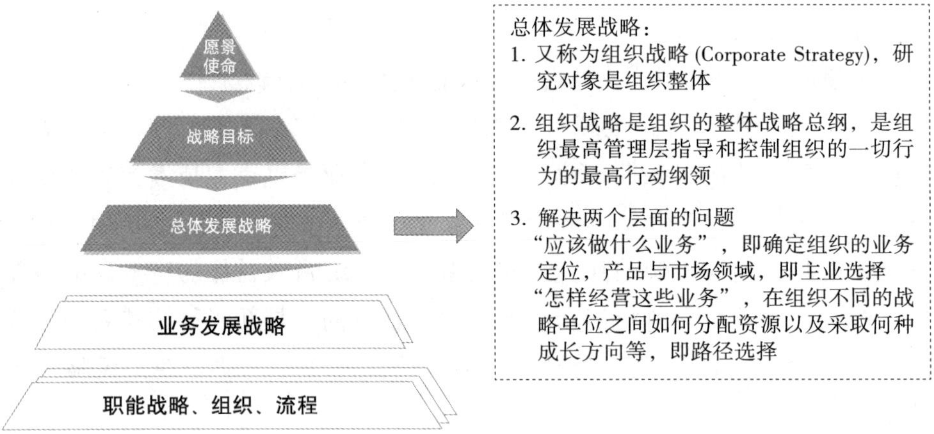

通过政府规划的总体战略研究与规划定位，帮助各级政府规划编制的研究对象和执行单位确立重点产业、主导业务、业务组合，以及如何经营这些重点业务。

（二）研究要点

1．产业分类

产业选择是政府规划的核心内容之一，它通过产业分析工具和产业价值链等予以确定。

对于重点产业选择，美国经济学家罗斯托认为：有四个依次更替的趋势，即：起飞前提阶段主导部门是食品、饮料等工业；起飞阶段主导部门是轻纺工业；向成熟推进阶段主导部门是重工业和其他制造业；高消费和追求生活质量阶段主导部门是汽车工业、耐用消费品工业和城市服务业。各阶段主导部门更替依靠前一组主导部门诱导和刺激，被新的主导部门逐步替代。在工业化初期，以劳动密集型产业为主。工业化中期，以发展资金密集型产业为主。在工业化后期，以发展知识技术密集型为主。重点产业选择方面，发挥政府在选择重点产业中“看得见的手”的作用。分析产业演进现状，制定适合供求变化的产业政策。

2．考虑要素

政府制定重点产业中长期应该考虑的主要因素，一般包括：需求结构变化、产业高级化趋势、国际产业结构演变的规律、区域经济优势，以及产业发展阶段。

选择重点产业需要突出区域强项和核心优势，综合分析产业关联度，确定重点产业选择战略，综合分析区际的贸易，运用象限结构分析模型，明确重点各产业间的间接关系。结合产业关联前、后向的连锁效应表明的附加值高低，选择重点产业可以取得尽可能大的比较利益。

对于战略性新兴产业，重点研究和分析新兴产业的政策环境和投资策略。分析研究战略性新兴产业的发展环境，探索产业规划、政策措施、空间布局、产品组合等整体策划，优化新兴产业的要素配置，引导产业投资，加快新兴产业的发展。设立财政性扶持资金，编制战略性新兴产业发展预算，建立风险投资引导基金、科技融资担保、科技创新金融中心。设立由财政、银行、社会等多方参与的产业基金，组建企业合伙制的风险投资基金，加大战略性新兴产业的资源投入。

新兴产业发展规划积极引导市场需求，挖掘需求侧的拉动作用，推进新兴产业的技术研发、应用和商业模式创新。探索PPP等社会化的基础设施投融资模式，加大新兴产业主导产品的政府采购比重，通过增值税先征后买，弹性补贴等扶持政策，扩展和创造市场需求，通过政府示范，促进新兴产业的可持续发展。

科学编制新兴产业空间规划，建立功能完善、垂直分工、科学布局的战略性新兴产业集群，促进工业功能区、开发区等，向新兴产业区、向现代产业集群转型升级，构建技术密集、资本密集和高经济效益的高新技术产业基地和产业集群。

3．注意事项

选择重点产业、战略性新兴产业，要做好基础产业与制造产业、加工产业的结合，推动传统产业与新兴产业的融合与优势互补，避免基础产业与制造业、加工产业、高技术产业的产业断裂，避免产业外向倾斜泄漏，避免传统产业与新兴产业的人为割裂和资源重复投入，努力实现产业聚集、连锁效应和示范效应。

4．编制原则

重点产业选择应符合技术趋势、遵循国家产业政策、演变顺序、依据速度和效益组成等原则、以供求关系为中心，考虑前瞻、回顾、旁侧的不同影响。

速度和效益相统一是重点产业选择的客观要求，评价重点产业的维度：在效益方面，考虑投入产出效率、市场可能占有率、可能实现利润率、劳动生产提高率、资本资产增值率和发展能力；在速度方面，考虑对其他非重点产业的前瞻、回顾和旁侧的影响，防止脱节。

重点产业是支柱产业，从产业结构发展的角度看，在经济发展的特定阶段，供求矛盾是重点产业形成的瓶颈与关键。

重点产业从生产要素上看，劳动密集型向资金密集型、技术密集型逐步的过渡；从劳动对象上看，采掘工业向原材料工业，进一步向加工工业过渡；从吸收科技成果方面，传统产业与科学技术改造传统产业相结合的演变；从产出角度，由低附加值向高附加值，进一步向更高附加值的演变。

重点工程的确定原则：符合国家产业政策，符合本地区发展规划和布局，优先考虑投资规模大、技术水平高、带动能力强、投资效益好、生态节能环保、有聚集带动效应的大项目，考虑速度和效益的平衡。

5．产业政策

国家产业政策包括：产业组织政策、产业结构政策、产业技术政策和产业布局政策，以及其他对产业发展有重大影响的政策和法规。

产业政策的功能：弥补市场缺陷，有效配置资源；保护幼小民族产业的成长；熨平经济震荡；发挥后发优势，增强适应能力。

6．项目管理

重点产业选择之后，要进行重点项目的选择与具体实施。

项目实施要有一定商业模式与行为规则。对于基础性和公益性项目，以及社会营利性项目，可以有不同的运作模式。具体如下图所示。

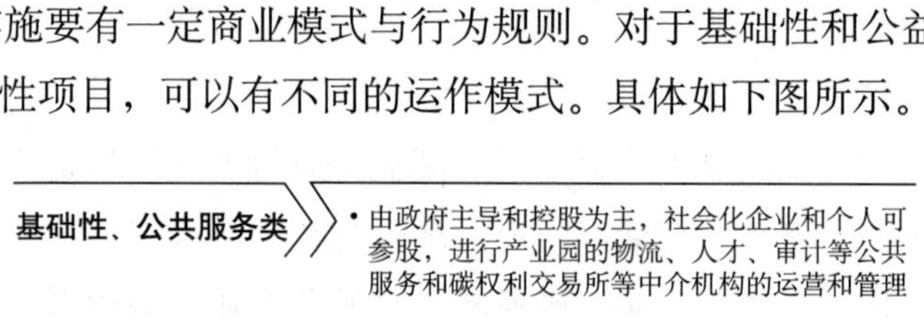

对于基础性、公共服务类项目，可以采取政府主导和控股为主，社会化企业和个人参股的 PPP 等操作模式，重点开发现代物流、人才培训、公共

服务等项目；对于产品制造、会展、智慧城市等项目，可以采取市场运作的模式，引进专门企业或政府成立公司参股，设计合适的市场运作机制，予以组织实施。

（三）战略性新兴产业选择

1．战略性新兴产业的选择

战略性新兴产业是国家大力推动的主要产业，是各地政府实现产业转型升级的重要路径，其科学定位与健康发展的前提是产业选择，这就必然存在选择标准或指标体系设计的研究工作。

战略性新兴产业的战略性，指相对于国家而言的战略性产业，不是基于区域层面。战略性新兴产业的全球性、创新性和成长性包含了选择标准的合理要素。

战略性新兴产业的产业生命周期，包括新兴产业、创新性新兴产业、战略产业、常规产业和衰退产业五个发展阶段。战略性新兴产业是产业或战略产业在特定阶段的称呼，当特定产业进入成熟阶段，战略性新兴产业变为国家的战略产业或主导产业，或转为常规产业。为此，有必要研究制定和调整战略性新兴产业的选择标准，加强新兴产业演化规律的调研与分析。

2．战略性新兴产业的发展模式

目前，战略性新兴产业发展模式尚未成熟。多数战略性新兴产业属于科技驱动和市场驱动共同作用的双轮驱动发展模式。

战略性新兴产业的企业多是中小微企业。这类企业规模小、资源少、有一定技术、管理不规范、融资难等。

为降低企业的发展成本、共享发展资源、形成规模效应，集群发展模式可能是地方政府探索的产业发展与聚集的、可行的商业模式，地方政府通过建设高科技园区或科技企业孵化园区，形成新兴产业的集群发展是一种常规的产业发展方式。

3．战略性新兴产业的关键成功因素

我国战略性新兴产业的关键成功因素，主要包括：政府支持、自主创新、集群发展、价值链延伸、市场培育、国际竞争、风险控制、服务平台构建等。

在我国战略性新兴产业发展初期，需要出台政府优惠政策，拨付扶持资金，改善发展环境。由于战略性新兴产业还没有形成主导的技术标准，需要通过自主创新，确立一个国家或地区的竞争优势。战略性新兴产业多数缺少产业链上下游和周边配套产业，通常是技术主导，市场认知度低，可以通过政府采购、市场营销、产业联盟等路径予以推动，逐步形成特定产业的产业聚集和规模效应，提升国际国内竞争力。

4．战略性产业的选择原则

(1) 科学发展原则。遵循科学发展观，综合考虑各种产业因素，选择知识技术密集、物质资源消耗少、成长潜力大、综合效益高，对地区经济社会全局和长远发展有重大引领带动作用的产业。

(2) 因地制宜原则。遵循经济社会发展的客观现实，结合本地实际，坚持“有所为，有所不为”，培育发展适合未来需求的战略性新兴产业，充分发挥自身特点和比较优势。

(3) 产业关联原则。坚持战略性新兴产业关联发展和融合发展原则，选择产业基础好、特色优势显著、技术条件成熟，能够带动关联产业及配套产业发展的战略性新兴产业。

(4) 技术创新原则。坚持自主创新，提升战略性新兴产业创新能力，形成有自主知识产权的技术、专利和标准，重点发展有国际、国内市场竞争力的品牌产品，拓展产业竞争力。

5．战略性新兴产业的竞争力

研究和提升战略性新兴产业的国际竞争力。根据波特“五力模型”，战略性新兴产业处于初创或成长期，潜在进入者多。由于科技创新驱动，战略性新兴产业对有形资源的依赖弱，供应商讨价还价能力强，产品尚未被市场普遍接受，存在培育期，有较多的替代产品，竞争程度相对弱。

6．战略性新兴产业的三个结合

(1) 新兴产业与传统产业的结合。研究如何使用信息技术、生物医药技术、新材料、高效节能、环保技术等改造传统产业，提高传统产业的工艺、形态、产品性能，推动传统制造业向高附加值的现代制造业方向发展。如：引入新能源产品技术，提高灯饰等传统产业的产品附加值，引进新材料，提升钢铁等传统行业、产业的技术含量和产品质量，提高竞争优势。

(2) 政府引导和市场机制的结合。通过政策引导与产业推动，实现新材料、新能源等战略性新兴产业的发展。运用市场规律，创新、发现和发展新兴产业，研究新兴产业的关联度，明晰产业链环节的衔接关系，构建与优化新兴产业链。

(3) 自主培育和全球资源的结合。围绕整合全球资源、面向国际市场，积极培育和拓展新兴产业。通过自主培育与资源整合，推动区域资源、生产、市场与科技优势等紧密对接、整合，优化技术突破方向与技术路线图，挖掘、提升技术创新与应用驱动的功能，推动自主品牌、自主知识产权、自主营销网络的全球化布局。建设创新联盟、示范基地、创新平台等，逐步形成重点产业、核心企业的协同创新能力。积极扶持技术创新型中小微企业，通过产业链创新和技术突破，促进新兴产业在国际与国内市场的联动发展。

三、规划分析模型

（一）优先级模型

1．模型解读

政府规划或专项规划的重点行业、主导产业和重点业务等选择，具有一定的规律和体系性，各类规划既要考虑投入产出效率、市场可能占有率、预期利润率、劳动生产提高率、资本资产增值率和发展能力，又要考虑非重点产业的前瞻、回顾和傍侧的影响。

规划编制过程中，可以用行业（业务）优先级评估模型予以研究和分析。具体如下图所示。

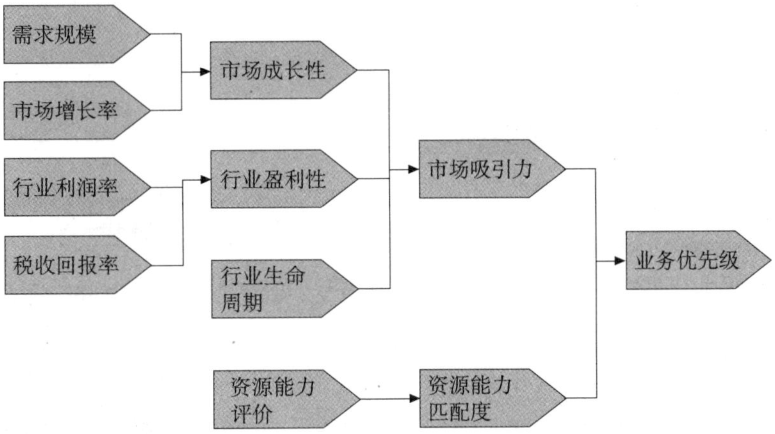

图中所示，重点行业或重点业务的筛选标准，可以从需求规模、市场增长率、行业利润率、税收回报率等指标考核和初步确定，具体可以从市场成长性、行业盈利性、行业生命周期、资源能力评价等维度，系统研究和评估。

除了经济效益，规划应考虑社会效益和综合效益等要素。

2．模型应用

使用行业或业务优先级评估模型，可以对地方政府、产业园、开发区等重点产业、主要行业或龙头企业的重点业务进行选择，可以使用业务评估指标体系予以研究，具体如下图“主业选择模型”所示。

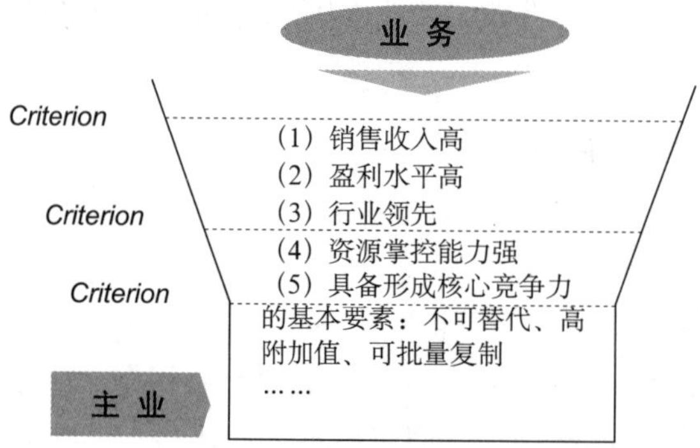

通过对国家、特定地区、特定产业园等业务收入、盈利水平、行业地位、资源控制力、核心竞争力等指标或要素分析，初步确定该国家、该地区、该园区重点产业或主导业务，进行产业定位和重点工程的详细规划与工作重点确立。

使用上述模型，笔者对特定产业园进行了主业选择，确立了主要产业与重点行业，具体如下图所示。

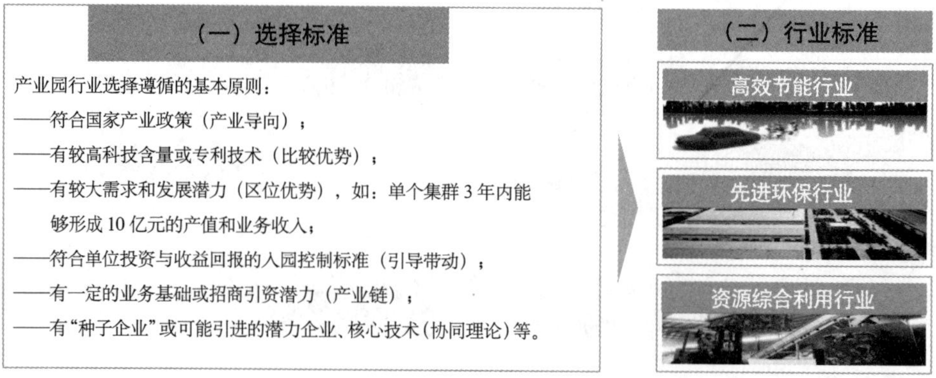

（二）产业价值链模型

1．模型解读

内涵解读。价值链由哈佛商学院教授迈克尔·波特(Michael Porter)1985年在《竞争优势》(Competitive Advantage)提出：“每个企业都是在设计、生产、销售、发送和辅助其产品的过程中进行种种活动的集合体。所有这些活动可以用价值链来表明。”

产业链是各产业部门之间基于一定的技术经济关联，并依据特定的逻辑和时空布局关系客观形成的链条式关联关系形态。产业价值链代表了产业层面企业价值融合的价值系统，每个企业的价值链包含在更大的价值活动群中，实现产业链的价值创造和实现。

2．主要特征

产业价值链的主要特征，主要包括：

(1) 整体性：构成产业价值链的各个组成部分是有机的整体，相互联动、相互制约、相互依存，每个环节由大量同类企业构成，上游产业（环节）和下游产业（环节）之间存在大量的信息、物质、资金、技术等方面的交换关系，是价值递增过程。同时，产业价值链之间相互交织，呈现多层次的网络结构。某一产业之中的竞争既有单个企业之间的竞争，还有特定产业链与另一条产业链的竞争，特定产业集群与另一个集群之间的竞争，甚至是国家之间的竞争。

(2) 增值性：特定产业链条后面的价值增值环节是在前面价值产品的基础上，面向新的客户与市场，生产新的价值产品。如果存在价值增值瓶颈，价值链上一部分投入的价值可能损失浪费，无法实现价值增值。

(3) 循环性：价值增值实现的过程是不断循环的过程。如果特定产业价值链无法有效循环，这条产业价值链就可能“死亡”。

(4) 层次性：从系统角度看，产业链有“标准制定—技术开发—产品制造”等不同的技术层次，各技术层次之间的衔接要求严格。从产业环节角度看，不同产业环节之间有层次性和相互衔接的地方。

(5) 差异性：产业价值链的各个环节存在增加值与盈利水平等差异。产业价值链的各个环节对要素条件、技术、人力、资本、规模等需求存在差异。

3．模型内涵

产业链有集群效应和链式效应，能够降低企业成本，促进创新，塑造区域品牌，形成区域和企业聚集，促进专业分工和技术进步。

以制造业为例，产业价值链模型如下图所示。

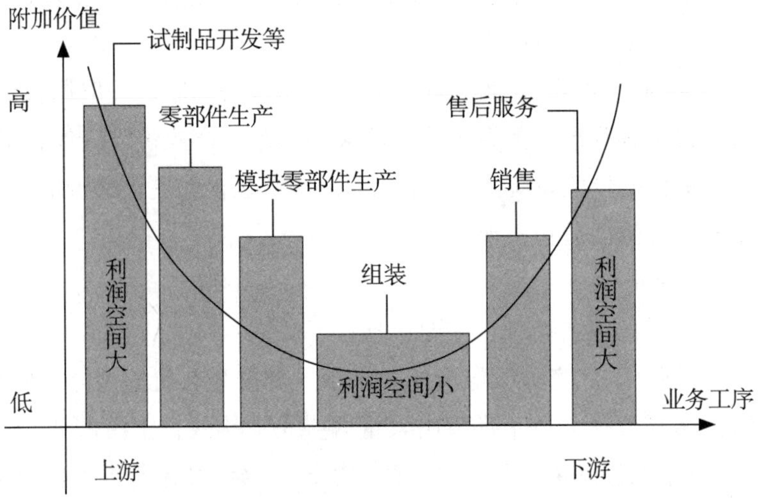

上图中，产业价值链以业务工序和附加值两个维度予以表示，其中：产品试制研发、零部件生产等属于产业链上游，其利润空间较大；模块零部件的利润空间逐步降低；产品组装的利润空间最低；产业链下游的销售、售后服务等利润空间较大，赢利性较强。因此，在产业价值链的选择中，地方政府或产业园可以选择重点产业价值链，进行产业链的“增链”、“补链”、“强链”等，逐步形成特定产业链的产品配套和资源聚集。在不同产业链的选择过程中，尽可能选择高盈利、有比较优势的重点产业链上下游企业或重点产业，提高单个产业环节、单位产品的盈利能力，提高重点行业或重点企业的盈利水平。

4．模型应用

以《潍坊市节能环保产业园中长期发展规划》为例，在系统评估产业园现有产业链时，采用了产业价值链分析模型。以节能立体停车产业为例，实地研究发现，该产业园立体停车泊车产业链具备了产业基础，产业园的相关产品年产值几十亿元，该产业链可以分为上、中、下游三部分，位于产业链上游的是技术研发、工程设计等环节，这些是产业链的高附加值端，是提升核心竞争力的关键环节。立体停车产业链中游是设备制造和安装等环节，产业园之内现有多数企业主导产业处于中游环节，是传统的竞争领域，位于产业价值链的低端，竞争激烈，盈利能力低。产业链下游是维修保养等环节，是体现特定企业服务专业化、高端化、维护和提升客户关系的关键，发展较为迅速。此外，该产业价值链还有与其他产业链发生上下游联系的辅助产业链，如新材料产业、节能环保装备制造产业，可以为立体停车主导产业链的有关企业提供更环保、更节能的材料或辅助设备。潍坊市节能立体停车产业价值链的产业分析和规划图形描述，具体如下图所示。

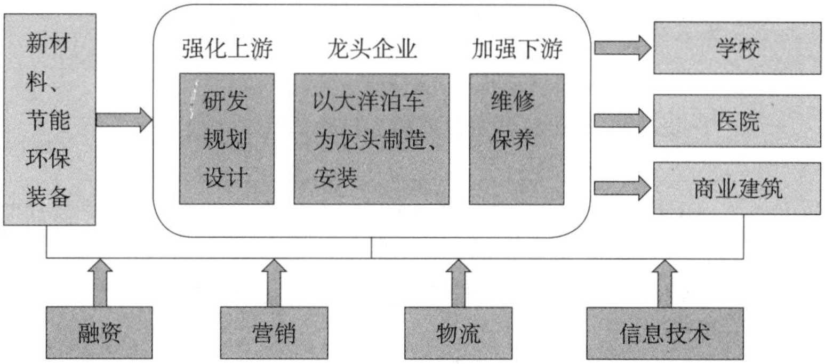

笔者与研究团队系统分析了河北省保定市汽车产业链及其产业规划思路，具体分析如下图所示。

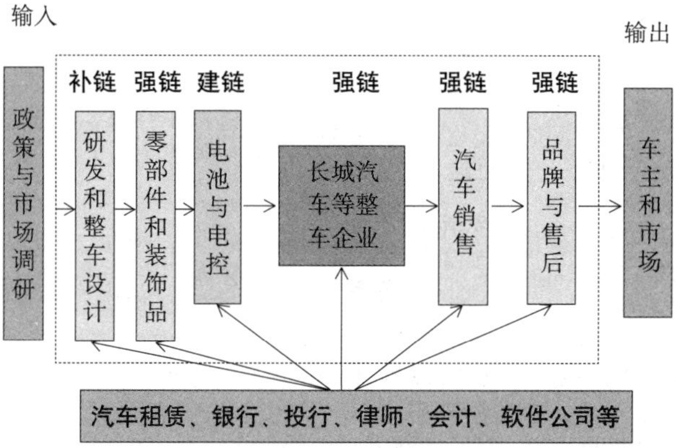

上图可知，保定市汽车产业有长城汽车等整车制造企业、一部分零部件制造辅助性企业，该地区汽车产业有了一定的生产与研发基础。未来构建的汽车产业园可以对高端零部件、销售、售后等环节进行“强链”，重点推动“建链”汽车电控、新能源电池等核心关键技术研发应用，不断提高整车制造工艺水平等。

笔者研究分析认为，河北省保定市汽车产业园的未来开发领域可聚集在：汽车新材料、特种汽车零部件、电控系统、新能源汽车电池；免充气轮胎技术，先进整车制造；等等。

产业集群分析是产业价值链模型应用的重要内容。笔者对山东省、贵州省等国家级开发区和地市产业聚集情况，按照生命周期理论进行了初步分析，研究归纳了产业集群的一般模型与分析思路，具体如表 10 所示。

表 10　产业集群生命周期各阶段的基本特征分析

要素	萌芽期	成长期	成熟期	衰退期
企业数量与规模	总量较少，少数企业	企业数量快速增加	企业数量相对稳定，达最佳规模	大量企业迁出或倒闭，企业数量下降
经济规模	经济规模较小	经济规模迅速扩大，规模报酬递增	经济规模维持在一个较高水平，表现为规模报酬不变	经济规模下降
产业特色	产业特色初步显露	主导产业或相关产业集聚，产业特色逐步形成	主导产业地位突出，产业特色鲜明	主导产业衰退，产业特色丧失
产业链和产业配套	产业链不完整，产业配套没有形成	产业链延伸，配套产业发展迅速	产业链逐步完善，产业配套齐全	产业链断裂，产业配套被破坏
企业间合作与联系	缺乏分工与协作，企业间联系较少	逐渐形成分工与协作关系，企业间联系和交易增加	企业间联系密切，交易频繁，专业化分工与合作普遍	分工协作关系破裂，企业间联系少
集群创新网络	没有形成集群创新网络，创新能力差	集群创新网络逐渐形成，有一定创新能力	形成完善的集群创新网络，创新能力强	创新网络遭到破坏，创新能力下降

续表

要素	萌芽期	成长期	成熟期	衰退期
地方融合性	尚未根植于地方经济社会文化系统	开始与地方经济社会文化系统融合，表现出根植性	与地方经济社会文化系统融合深入，有良好的根植性	集群衰退，企业外迁，根植性不复存在
竞争优势与竞争力	集群竞争优势不明显，竞争力较差	表现出一定竞争优势，竞争力增强	有明显的竞争优势，竞争力强	竞争优势丧失，竞争力下降
综合评价				

由上可知，不同地区、处在不同生命周期的产业集群，可能呈现不同的发展特征，如：处于成长期的产业集群，其主要特征是：企业数量快速增长；经济规模迅速扩大，规模报酬递增；主导产业或相关产业集聚，产业特色逐步形成；产业链延伸，配套产业发展迅速；逐渐形成分工与协作关系，企业间联系和交易增加；集群创新网络逐渐形成，有一定创新能力；开始与地方经济社会文化系统融合，表现出根植性；表现出一定竞争优势，竞争力增强等。

（三）能力匹配矩阵

1．模型解读

能力匹配模型指编制政府中长期规划或企业发展战略时，通过对某些资源、能力的组织拥有程度、市场竞争重要性进行矩阵分析，对于规划执行与实施相关的核心能力进行判断，据此确定地方政府、开发区、高新区、专业园区等是否具有某种能力或软实力，进而确定未来构建的能力或发展的方向。如果一个组织的能力拥有程度和市场竞争重要性都很强，｛（组织拥有程度，市场竞争重要性），（高，高）｝，标明该特定能力是某个组织需要重点挖掘、维护和提升的，否则，特定能力可能是某个组织需要调整或者放弃的。

2．模型应用

能力匹配矩阵的应用广泛，可以用在政府或企业的能力分析与匹配度研究方面。有些具体指标可以调整或增减。如：笔者研究开发区能力匹配时，选择市场推广、品牌、质量、销售、政府关系、资金、人力、技术等指标，通过调研问卷和专家访谈等方法，得出了如下图所示的分析结果。

示例

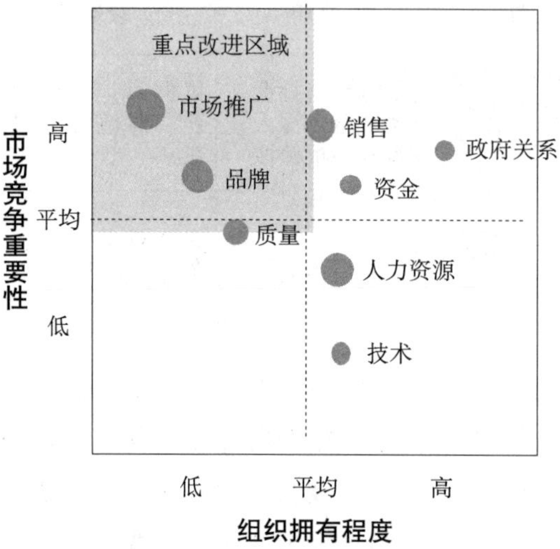

资源投入从拥有程度高，但本身重要性不高的那些因素中转移出来，转而投到那些目前拥有程度低，但对行业竞争成功意义重大的那些因素中去

上图可知，该经济组织的市场推广、品牌等要素的市场竞争重要性很高，但是该组织目前的拥有程度较低，这些要素今后应投入精力和人力，大力予以提升；该组织的销售、政府关系、资金等指标要素很高，表明未来这些要素可能是组织的优势，应积极维护和提高；人力资源和技术等的市场竞争重要性不高，组织拥有程度较高，可维持与管理。通过能力匹配矩阵分析，为资源的投入和确立工作重点提供决策参考。

（四）GE 矩阵分析法（产业分层模型）

1．模型解读

GE 矩阵法(GE Matrix/Mckinsey Matrix) 又称通用电器公司法、麦肯锡矩阵、九盒矩阵法、行业吸引力矩阵。在战略规划过程中， GE 矩阵用来根据组织或其业务单元市场的实力和市场吸引力对这些事业单位进行评估，也可以表述组织的事业单位组合判断其强项和弱点。

在对产业吸引力和业务优势分析时，用 GE 矩阵进行战略规划的分析与判断，重点分析的两个维度为：市场吸引力，业务优势。具体如下页图所示。

图中，处于矩阵九格图左上方的产业或业务，发展速度快，市场有吸引力，属于市场竞争力和业务优势明显的，需要保持优势。处于右下方的业务，市场缺少吸引力，本单位也没有业务竞争优势，需要予以放弃。

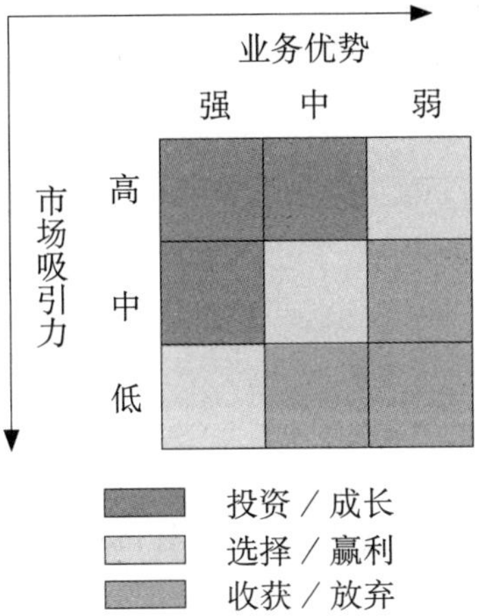

保持优势 ● 快速稳健地投资发展 ● 集中精力保持力量	投资建立 ● 向市场领先者挑战 ● 有选择地加强力量，加强薄弱环节	有选择发展 ● 集中有限力量 ● 努力克服缺点 ● 如无明显增长就放弃
选择发展 ● 在最有吸引力部分重点投资 ● 加强竞争力 ● 提高生产力加强获利能力	选择或设法保持现有收入 ● 保护现有计划 ● 在获利能力强、风险相对较低的部门集中投资	有限发展或收缩 ● 寻找风险小的发展办法，或者尽量减少投资，合理经营
固守或调整 ● 设法保持现有收入 ● 集中力量于有吸引力的部门 ● 保存防御力量	设法保持现有收入 ● 在大部分获利部门保持优势 ● 给产品线升级 ● 尽量降低投资	放弃 ● 在赚钱机会最小时出售 ● 降低固定成本同时避免投资

2．模型应用

GE 矩阵分析（产业分析模型）用在地方政府、产业园或被研究对象的战略规划的编制与评估过程中。对某一个组织的（市场吸引力，业务优势）进行研究。如果某个组织的特定产业或业务分析结果是：{(市场吸引力，业务优势)，(高，高)}，表明该产业或业务处于保持优势，快速反发展，集中精力投入的阶段；如果该产业或业务的分析结果是：{(市场吸引力，业务优势)，(低，高)}，表明该产业或业务属于调整或固守策略，应该采取保持现状、保存抵御力量等竞争策略。

（五）波特钻石模型

1．模型解读

波特的钻石模型，又称钻石理论及国家竞争优势理论。波特的钻石模型是分析国际竞争优势的工具。

迈克尔·波特认为：影响一个国家某个行业国际竞争优势由以下六点构成：生产要素，需求状况，相关产业，企业策略、结构或竞争对手，政府行为，机遇。

这六个因素画在图上像一块钻石，称为钻石模型。波特的钻石模型，具体如下图所示。

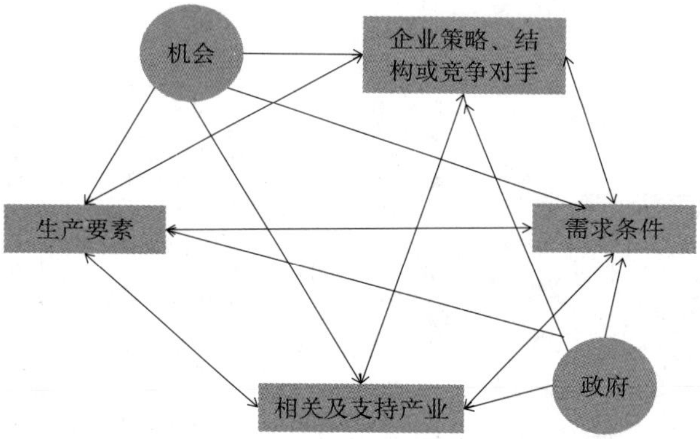

波特钻石模型的中心思想是：

一国兴衰的根本在于国际竞争是否赢得优势，它强调一国所有行业和产品参与国际竞争，并且要形成国家整体的竞争优势。

国家竞争优势的取得，关键在于以下四个基本要素和两个辅助要素的整合作用。其中：

(1) 资源要素指一个国家的生产要素状况，包括人力资源、天然资源、知识资源、资本资源、基础设施。

(2) 需求条件指对某个行业产品或服务的国内需求性质。

(3) 辅助行业指国内是否存在具有国际竞争力的供应商和关联辅助行业。

(4) 企业战略指一国内支配企业创建、组织和管理的条件，以及国内竞争的本质。

波特将这四方面的特质构成菱形，认为当某些行业或行业内部门的菱形条件处于最佳状态时，该国企业取得成功的可能性最大。波特菱形同时还是互相促进增强的系统，任何一个特质的作用发挥程度取决于其他特质的状况。如，良好的需求条件并不能导致竞争优势，除非竞争的状态（压力）达到促使企业对其做出反应的程度。

在四大要素之外还存在两大变数：机遇和政府，这是另外两个能够对国家菱形条件产生重要影响的变量，机会是无法控制的，政府政策的影响是不可漠视的。

2. 模型应用

波特的基本观点：一个国家在某个行业取得国际成功的可能性程度是该

国资源与才能要素、需求条件、关联和辅助性行业以及战略、结构和竞争企业四个方面综合作用的结果。他认为“菱形”中四个组成部分同时存在，方可有效影响和促进竞争力的发展。政府对四个组成部分中的任何一个方面都可以产生积极或消极的影响。

运用该钻石模型，我国政府规划与产业布局应该研究生产要素、需求状况、相关产业、企业策略、结构或竞争对手、政府行为、机遇六大要素，进而推动各类规划的科学定位、空间布局与顺利实现。

（六）DEA 分析

1．模型解读

数据包络分析方法是运筹学、管理科学与数理经济学交叉研究的一个新领域。是根据多项投入指标和多项产出指标，利用线性规划的方法，对具有可比性的同类型单位进行相对有效性评价的数量分析方法。DEA 方法及其模型广泛应用于不同行业及部门，在处理多指标投入和多指标产出方面。

2．模型应用

关于 DEA 模型的基本定理，主要有：

存在性定理：至少存在一个决策单元，它是 DEA 有效的。有效性与量纲选取无关定理：决策单元的 DEA 有效性与输入和输出量纲的选取无关。有效性与 DMU 同倍“增长”无关定理：决策单元的 DEA 有效性与决策单元对应的输入和输出同倍“增长”无关。

DEA 是线形规划模型，表示为产出对投入的比率。通过对特定单位的效率和一组提供相同服务的类似单位的绩效的比较，试图使服务单位的效率最大化。在该过程中，获得 100% 效率的单位被称为相对有效率单位，效率评分低于 100% 的单位被称为无效率单位。

四、规划编制技巧

（一）实施规范

1．重点描述产业选择的领域和方向

“重点产业”的规范研究与规划编制，在不同类型的规划编制过程中，其分析研究与规划编制文稿有所差异。但是，多数政府规划报告文稿包括了如何选择产业评估模型，进行主导产业等的系统研究、科学分析，以及具体确定重点产业的选择思路、评估维度、产业领域、产业技术、产业特征、重点产业链等。同时，对重点产业的发展方向、产业目标、产业路径等进行路径设计，为规划论证、审核与执行提出了具体的、可供决策的产业定位和业务方向。

2．突出重点产业（空间）布局

重点产业的编制与确立，需要结合全球导向、国家和上级产业政策、特定研究对象的产业基础、产业发展现状，以及区位比较优势等，进行重点工程设计，满足特定规划目标的实现与重点产业的发展。同时，根据不同规划的报告格式与基本特征，对可能的产业空间布局等予以直观描述或详细规划，更好地为政府规划执行、土地指标调整与修改等提供决策的依据。如：笔者编制大连国家级金普新区发展规划时，主要调研了金州区、普兰湾、保税区等重点区域的产业布局和企业基础，对工业产业、农业和现代服务业进行了功能划分和区域定位，并对先进制造业、信息通信、现代教育、临港经济等进行了空间布局设计，进一步明确了大连金普新区未来几年的发展方向与产业分布，为大连市的招商引资和产业优化提出了具体的方向。

3．体现规划期内工作重点或竞争策略

“重点产业”的规划编制，是各种政府规划报告的重要内容，也是重点分析与着力研究的主要工作。基于前面讲述的能力匹配矩阵、GE 矩阵，以及比较优势分析模型等，初步确立一般的行业或产业组合，确立特定区域的产业发展重点。

通过特定产业的聚集、引导和有序发展，确立规划实施单位的工作方向和各级政府、部门和经营主体的工作重点与主要任务，便于合理地分配资源、时间、精力与人力等，实现预期的投入产出比例，促进政府规划目标的顺利实现。

（二）操作要领

1．“重点产业”编写体现资源优势和承载主体

本部分的规划编制是政府五年规划、专项规划等编制的核心内容之一，也是各类规划编制质量与专业水平的主要体现。

该部分规划文稿的撰写，是在外部环境和内部资源综合研究基础上，针对核心资源和突出优势，以及未来可能引入的重要资源或培育的核心竞争力，进行系统、科学、前瞻的规划定位，帮助规划委托单位（地方政府、产业园、重点企业等）进行开发方向、实施主体、推动项目的设计与预测，帮助被委托单位或规划执行单位确定未来几年，乃至几十年之内的发展重点、资源聚集、资金分配，以及可能实现较高的经济效益或社会效益的路径。同时，为上级主管、有关规划审批部门等确立和提供对该组织机构的绩效管理、业绩考核和督导的重点方向与参考标准。如：笔者编制“潍坊节能环保产业园中长期规划”时，经过研究论证，确立了该产业园重点推动的主要工程包括：百亿级泊车产业链工程、住宅工业化产业工程、智能化软件设计与产业化工程、高效节能装备技术改造工程、高端节能管件产业化工程、高端电子商务建设工程、环境保护及远程智能控制工程等。从而为该市节能环保产业园的产业布局、招商引资、资源匹配等确立了具体方向和工作重点。

2．产业体系设计体现逻辑关系与内在规律

“重点产业”的规划编制和文稿撰写，在不同类型的规划文件中研究视角和编制重点各有侧重，但是，不论什么风格的经济规划，都要体现一定的逻辑关系，即：重点工程要立足于资源条件，体现重点发展的产业或技术方向，能够发挥核心优势，或者能够推动规划对象的未来战略意图。如：笔者编制《大连国家级金普新区发展规划》产业体系，确立了“优先发展战略型新兴产业、改造提升先进制造业”等重点工程和主导产业，主要编制依据是：立足大连市在辽宁省的工业基础和制造业优势，以及大连市在东北三省，乃至东北亚特殊的地理位置和交通优势，充分考虑和结合了大连金普新区在新能源汽车等重点领域的比较优势和业务基础。

3．重点产业选择体现供求关系与总量平衡

重点产业是支柱产业，它与一个地区的经济基础和人才等紧密相关。落后地区可以根据现有经济条件，充分考虑供求矛盾与总量平衡，选择适合本地区发展阶段的优势工业与服务业。工业化程度高的地区应该选择高加工度、技术型和知识型产业作为重点产业。充分考虑技术发展方向、速度与效益、供求关系等因素予以确定。

重点产业的发展具体有层次性。一般来说，技术水平通常由低级向高级、由简单向复杂的发展阶段过渡；产业特征由劳动密集型向资金密集型、技术密集型过渡；劳动对象由采掘工业向原材料工业、再向加工工业过渡；科技成果由传统产业向传统产业与科学技术改造传统产业相结合的过渡；投入产出由低附加值向高附加值，进而向更高附加值的演变。

4．战略性新兴产业选择的原则

战略性新兴产业是我国各地重点培育的骨干产业，“重点产业”规划编制时，选择“重点产业”的基本原则，如下：

(1) 研究新兴产业的优势和基础支撑条件：包括：关键技术、制造成本、资源禀赋、产业体系完整性、土地、人才、市场需求等。从区域角度看，发展有区域比较优势、产业基础与发展潜力的产业，考虑产业的规模效应以及对相关产业的渗透和带动作用，重点分析新兴产业的竞争环境、技术路线、市场结构、产业链和价值链、产业转移、消费需求趋势，确保新兴产业的方向选择与区域经济发展水平和产业配套条件相适应，在最有基础、最有条件的领域率先突破。同时，通过招商引资，引进大型企业或重点项目，转化为区域的优势产业，形成全新的新兴产业。

(2) 明确战略性新兴产业的主要领域和产业链体系。选择和发展战略性新兴产业，需要构建新兴产业之间的互补和衔接的产业链。新兴产业的发展，需要通过产业链分工的形式，实现产业协作关系和扩大产业规模。规划编制过程中，应该系统研究新兴产业链，制定差异性产业政策。培育发展技术含量高、占地耗能少、产业关联度高的项目，构建技术先进、主导明确、特色鲜明的新兴产业和分工体系，形成独特优势效应和招商引资效应。

案例：保定市徐水区“十三五”规划新兴产业和工业产业发展思路

笔者及研究团队运用比较优势理论、组织能力匹配模型、GE矩阵、产业价值链等模型和工具，研究了徐水区产业发展基础，确立了徐水区“十三五”时期战略性新兴产业、传统产业转型等产业定位，提出了初步的发展策略：

培育战略性新兴产业。制定徐水区各主导产业或重点园区的专项规划，聚焦“汽车、新能源、新材料、文化教育休闲旅游、生态循环农业”五大主导产业，依托长城汽车、风帆股份、中纺依棉、宝凯电器、亮点水族等重点企业，积极推动徐水经济开发区建设。依托巨力集团、晨阳集团、东方纸业等优势企业，大力发展徐水工业园，全面优化各产业园的空间布局，推动跨产业和同一产业之内的上下游优势互补、资源协同，推动徐水产业转型和结构调整。

确立重点产业方向。徐水区将立足战略性新兴产业骨干项目和核心关键技术创新，依托汽车及零部件、吊装装备制造、物探装备制造等主导产业，以高端产业引领为手段，突出生态、环保、节能、高效，承接好京津产业转移，发展高端装备制造业。

创新产业发展路径。徐水区将重点发展“高品质、高性能、高科技含量、高附加值”，“有品牌、有竞争力、有市场前景”的产品，把质量提升和附加值提高作为突破口。运用新科技手段，提高综合加工和精深加工能力。引进先进技术改造传统工业，走技术引进、消化、吸收的升级之路，推动生产方式、业务流程、组织结构和价值链升级。按照市场需求，通过战略性重组，推动形成有竞争力的企业集团。培育发展石油勘探、高端装备制造、新能源、新材料（水漆等）、下一代信息网络、休闲旅游等新兴产业。

(3) 研究产业发展阶段和需求结构变化。研究和把握新兴产业的特质、趋势和规律，结合区域实际、选择适宜发展的新兴产业、集中优势资源重点发展、逐步形成国内外市场的竞争优势。

笔者编制北京市通州区张家湾“十三五”规划纲要时，通过模型分析和系统研究，与当地政府、企业和项目组专家多次交流讨论，初步确立了张家湾镇重点发展的产业和方向是“双核四板块”。其中：

(1) 双核：确立张家湾镇（含开发区）和南部中街分别为行政服务与文

化创意、休闲健身与休闲农业的“双核”，目的是推动张家湾镇北部和南部经济社会的均衡发展。

(2) 四板块：确立重点培育和发展的行政服务板块、文化旅游板块、文化交流与文化创意板块、休闲健身与休闲农业板块，这是张家湾政府“十三五”时期重点聚集发展的产业。

第九章　空间规划布局

一、规划编制依据

（一）研究要素

空间规划是根据主体功能区规划总体发展规划、经济规划目标和土地利用总体规划等规划定位与产业链聚集区域等基本研究和前期设计而编制的。

空间规划主要有：城市空间规划、经济规划的空间布局规划、控制性详细规划的空间布局等类别和具体内容。如：中关村翠湖科技园紧邻位于海淀区北部的翠湖湿地公园。按照规划，中关村翠湖科技园是海淀北部地区规划的三个主要功能组团之一，是核心区未来十年发展的钻石级宝地。中关村翠湖科技园的范围为东临上庄西路，西邻六环路，南至京密引水渠，北至翠湖南路，覆盖了原环保园和创新园两个区域。该园区规划占地面积 873 公顷，建筑面积 1200 万平方米，由北京实创股份公司负责开发建设，并以“智慧翠湖、生态翠湖、人文翠湖”为整体规划建设理念。

北京中关村翠湖科技园的空间规划布局，具体如下图所示。

空间布局重点描述一个地区、园区、产业、企业或项目的空间位置、区域功能、立体空间分布、彼此关联性，以及交通运输、地下管网等基础配套结构等领域。

（二）理论依据

空间规划与总体设计是政府规划的重要内容。空间结构理论是一定区域范围内社会经济各组成部分及其组合类型的空间相互作用和空间位置关系，以及反映这种关系的空间集聚规模和集聚程度的学说。

无论单一建筑设计、群体设计、城市设计、城市规划，还是区域发展规划，都离不开空间设计与空间布局。

一般来说，空间分为：一维空间、二维空间、三维空间和思维空间。空间的特性有：限定性、通透性、参与性、动线和序列性。

空间组合的内部结构有：线性组合、中心式组合和网格式组合。空间组合的外部结构有：收敛的空间、扩散的空间。

空间规划的理论依据，包括：空间结构要素理论、空间结构尺度理论、空间结构演化理论、空间结构协调理论等。

社会经济各发展阶段的空间结构特征，合理集聚与最佳规模，区域经济增长与平衡发展间的倒“U”形相关，位置级差地租与以城市为中心的土地利用空间结构，城镇居民体系的空间形态，社会经济客体在空间的相互作用，“点—轴”渐进式扩散与“点—轴系统”等。

二、规划编制要点

（一）内涵解读

空间规划主要针对特定的总体规划、土地利用规划或城市空间规划目标，对特定的研究对象或特定区位、重点产业等，进行合理的空间布局和功能定位，进而实现总体规划或专项规划重点聚集区的位置界定和详细的描述。

地方政府的空间规划编制，以国务院批准的广州南沙新区规划总体发展定位为例，如下图所示。

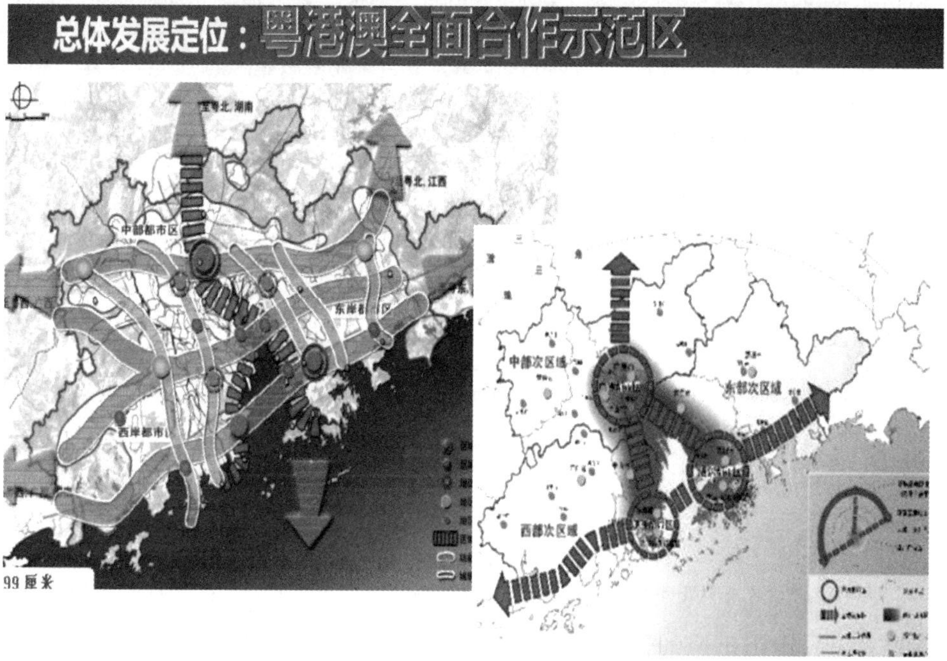

上图通过对粤港全面合作示范区的产业布局、产业链空间走向、产业功能、区位分布等进行了总体设计，为下一步的示范区产业定位、资源分布和招商引资等提供了决策依据。

（二）研究要点

1．基本内容

空间规划主要研究如何根据上层次规划和本层级规划目标与重点产业等，确立空间结构与位置分布等，并使其与主体功能规划、土地利用总体规划相衔接。如：《全国主体功能区规划》明确规定：“优化（全国）空间结构。减少工矿建设空间和农村生活空间，适当扩大服务业、交通、城市居住、公共设施空间，扩大绿色生态空间。控制城市蔓延扩张、工业遍地开花和开发区过度分散。”

2．编制步骤

空间规划在不同类型的规划中的基本内容和模型有所差别，如下图所示。

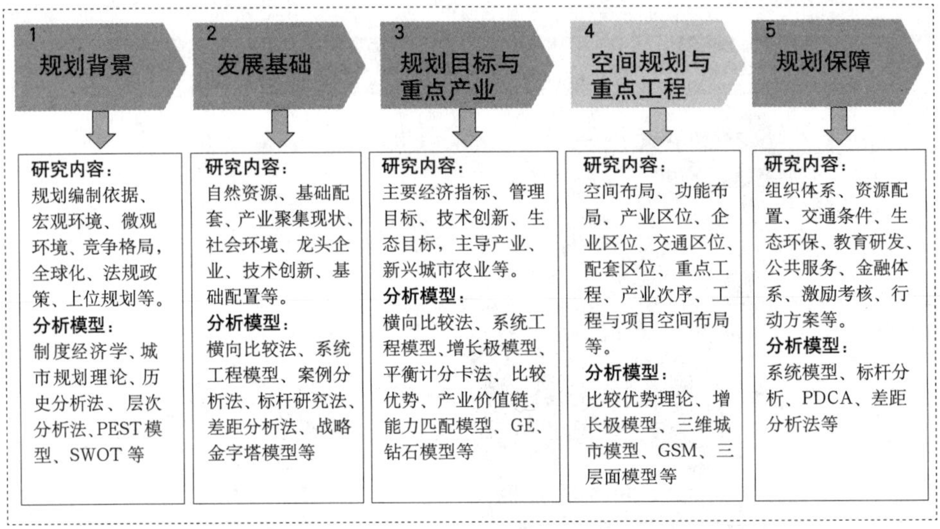

3．空间布局

从具体的空间规划内容看，有具体特征与规定，如：《全国主体功能区规划》将我国国土空间分为以下主体功能区："按开发方式，分为优化开发区域、重点开发区域、限制开发区域和禁止开发区域；按开发内容，分为城市化地区、农产品主产区和重点生态功能区；按层级，分为国家和省级两个层面。"

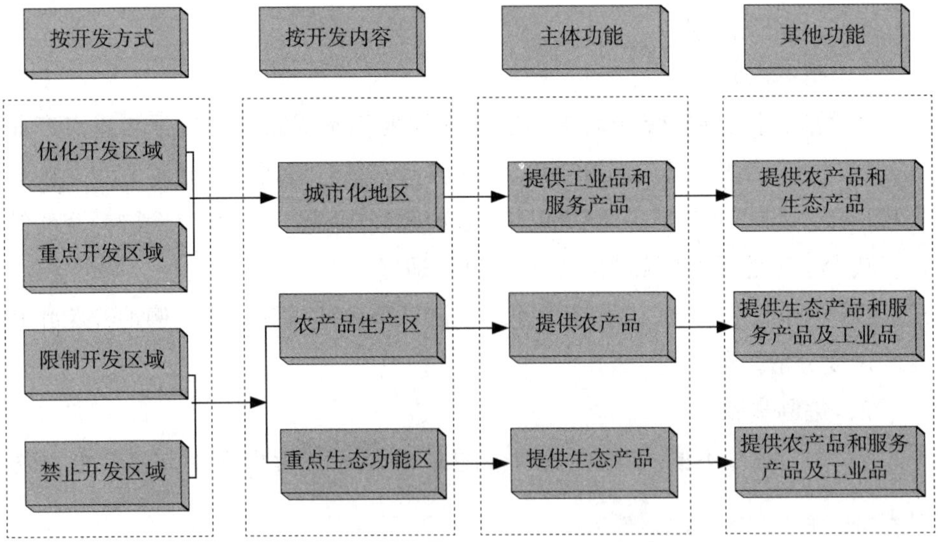

如图所示，通过对全国各地区的城市化地区、农产品主产区、重点生态功能区等开发内容进行总体的空间分布，有效地规范和优化了各地经济布局和农业开发，保护了各地生态环境。

三、规划分析模型

（一）增长极理论模型

1．模型解读

增长极理论认为：一个国家或地区的平衡发展只是一种理想状态，在现实中是不可能的。经济增长通常从一个或数个“增长中心”逐渐向其他部门或地区传导。因此，应该选择特定的地理空间作为增长极，以带动经济发展。

狭义经济增长极有三种类型：一是产业增长极；二是城市增长极；三是潜在的经济增长极。

广义经济增长极指促进经济增长的积极因素和生长点，包括制度创新点、对外开放度、消费热点等。

增长极理论的基本点包括：

(1) 其地理空间表现为一定规模的城市；

(2) 存在推进性的主导工业部门和不断扩大的工业综合体；

(3) 有扩散和回流效应。

增长极体系有三个层面：先导产业增长； 产业综合体与增长； 增长极的增长与国民经济的增长。

增长极理论认为，经济增长是由点到面、由局部到整体依次递进，有机联系的系统。其物质载体或表现形式包括：各类别城镇、产业、部门、新工业园区、经济协作区等。

增长极对地区经济增长产生的作用，表现在 ：

(1) 区位经济。区位经济指由于从事某项经济活动的若干企业或联系紧密的多项经济活动集中于同一区位而产生的。区位经济的实质是通过地理位置的靠近和聚集，获得综合经济效益。

(2) 规模经济。规模经济是由于经济活动范围的增大，获得内部的节约。可以提高分工程度、降低管理成本、减少分摊广告费和非生产性支出，降低边际成本，提高劳动生产率。

(3) 外部经济。外部经济效果是增长极形成的重要原因，也是其重要结果。经济活动在特定区域的集聚和整合，可以降低厂商生产成本，降低某些劳务开支，增加特定区域或某些企业的整体收益。

增长极理论的主要优点：

一是客观描述经济发展情况；二是促进企业创新和技术研发；三是有利于政府引导与产业聚集的实践操作。

增长极理论的主要缺陷：

(1) 增长极的极化作用。增长极主导产业和推动性工业，能够引导劳动力、资金、技术等要素转移和聚集到核心地区，削弱了聚集区周边的发展机会，拉大了核心地区与周围地区的经济差距。

(2) 扩散阶段前的极化阶段过于漫长。增长极通常扩大地区之间的差异。在增长极作用过程中，如果不加强国家干预，回流效应（即极化效应）总是大于扩散效应。增长极的扩散效应、扩散阶段前的极化阶段需要较长的时间。在这个阶段，经济落后地区的地方政府、主要企业和当地居民可能要忍受贫困、财政紧张、政治波动等不确定因素。如果短期内实现不了显著的业绩或效果，地方政府可能丧失主动实施增长极政策与推动产业园建设的积极性和规划实施的热情。

(3) 就业带动效应不明显。推动性产业多数是跟主导产业紧密配合的新兴产业，技术含量高，一般以现代工业为目标，技术装备和管理方法先进，用工较少，就业效果不明显，并且专业人员可能来自外地的人才引进。

(4) 投资难度加大。增长极多数依托产业园或新建设的城镇，多数企业不在建成区，交通条件差，生活服务设施不健全，投资者投资意愿不高。

(5) 外力驱动发展。增长极理论是政府推动的区域发展政策，主要依靠外来资本、本地自然资源禀赋等，容易造成脆弱的地方经济结构。如何实现增长极与本地资源与经济的融合，实现与资本、技术的嫁接，需要认真研究和科学设计。

2. 模型应用

增长极理论广泛应用于经济规划和空间布局。如：北京市“十二五”发展规划，提出“打造两城两带，集中力量打造中关村科学城和未来科技城，着力加快建设北部研发服务和高技术产业带、南部高技术制造业和战略性新兴产业发展带，基本形成国家创新中心的新格局。”提升高端产业功能区，即：中关村国家自主创新示范区、北京经济技术开发区、商务中心区、金融街、奥林匹克中心区、临空经济区等；培育高端产业新区，即：通州高端商务服务区、新首钢高端产业综合服务区、丽泽金融商务区、怀柔文化科技高端产业新区。确定了“集聚一批高端创新资源。深化国际创新合作，积极吸引国外大型企业、国际知名实验室设立研发机构，发展区域性和国际研发总部”的产业发展模式，通过聚集和新资源到相对集中的产业园和国际研发总部，通过增长极的聚集、辐射与带动作用，实现北京市经济的全面、可持续发展。

（二）三维城市模型

1．模型解读

三维城市模型（ three dimensional city model，3DCM）是对城市的三维的逼真描述，它有虚拟现实（VR）表现的真实感，同时有部分空间数据库管理、分析、应用等功能，可以与其他社会经济信息等互联互通。

2．模型应用

国内外对 3DCM 的研究主要集中在空间数据的获取、数据建模、数据管理、三维可视化表现和空间分析等重点领域。对于三维技术研究，主要集中在城市规划管理方面，如何利用三维平台系统或虚拟现实技术，进行规划编制与管理。该模型的实践应用，一定程度上填补了形体示意规划的缺陷，最大限度实现了有关规划的操作性。

四、规划编制技巧

（一）实施规范

1．按照特定规划要求进行空间布局

各种空间规划和空间布局是在系统调研分析的基础上，采用专业的空间规划工具或模型，对特定产业、特定产业园区、单个建筑等的空间定位或者详细性规划，确立特定的功能分布和土地利用等要素，分解和落实经济发展规划和重大项目，实现预期的发展目标。据此可以根据不同规划规范和格式要求，进行空间规划和功能布局等策划。

2．注重与总体规划等管制衔接

控制性详细规划是规划部门作出行政许可和实施有效管理的重要依据。控规修改通常因上位规划、专项规划、城市设计、修规或由建设项目等时空情形发生重要变化，确需对已经法定程序批准的控规的强制性条文和强制性内容进行修改。

空间规划需要按照一定的编制规则和主体功能区规划要求，以及总体经济布局等予以编制，必须研究总体规划，包括：总体土地利用规划、国家或地方政府中长期经济规划、特定产业园规划等。系统研究上述规划对于空间布局的要求和项目需要，结合管制性文件，进行土地开发的类型设计与具体空间、区位的设计等。如有必要，利用空间规划工具或专门的画图技术，进行特定空间规划的三维图形展示。

（二）操作要领

1．空间规划编制要根据规划目标组织编制

空间规划需要实现特定的设计目标和编制效果，且能够达到上位规划或者本规划的主要目标，这是编制空间规划遵循的主要理念。如：笔者及研究团队编制通州区张家湾“十三五”规划纲要时，结合北京市和通州区的行政副中心与文化创意等定位、北京首都功能疏解与产业外迁，以及北京市环球影城项目全面建设等上位规划，确立了张家湾重点突出“休闲和文化”的发展理念，并且进行了自身的空间布局和产业定位。将行政服务板块布局于张家湾镇域北部，该区域集中体现产城融合，规划建设行政副中心“迎宾东大门”。疏解退出东方化工厂周边低端产业，配套建设酒店商场、商务楼宇、医院学校、文体中心等公共服务设施，发展现代服务、高端商务、高端总部、体育养生产业；将文化旅游板块布局于张家湾镇域中部偏西，紧邻环球影城。统一规划、分步开发、统筹推进、融合发展。以漕运古镇规划建设为依托，结合北运河、萧太后河、凉水河贯通通航、景观提升，挖掘区域运河文明、红学文化，培育和形成文化娱乐、旅游休闲、餐饮住宿、商业购物、交通服务等业态。重点项目包括：漕运古镇、漕运码头酒吧街区、曹家大院、环球影城奥特莱斯、红学精品酒店走廊、“红楼追梦”水幕演艺中心、汽车自驾中转港等。

2．空间规划工具要利用大数据和画图工具

空间规划需要依托规划编制专业工具和大数据、云应用等信息化平台，创新规划技术和编制标准，达到高效率、低成本、可视性强等效果。

分析台湾新竹科学工业园区空间分布，如下图所示。

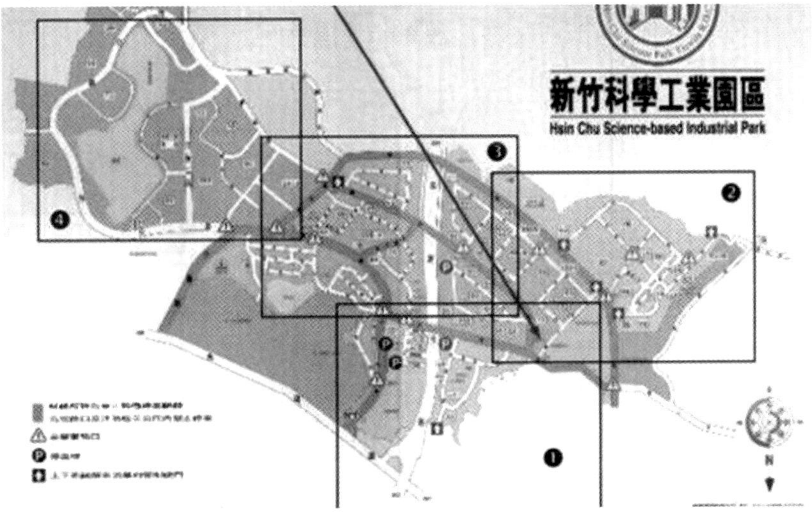

上图中，科学园区包括工业园和科学城两大部分，依托雄厚的产业基础，新竹已发展成以IC产业为主导的产业集群，功能定位是“科技、居住、社教、娱乐”。

3．空间规划要与相关规划做好管控衔接

空间规划遵循上位发展规划，并与主体功能区规划、总体经济发展规划、土地利用规划等相衔接，遵循国家规划规定和编制流程等，有序组织编制，注重做好各类规划之间的紧密衔接。如：笔者编制河北省保定市有关规划、北京市通州区和各类政府规划、山东省聊城市“十三五”规划纲要等课题的时候，基本上都是在前期战略调研和规划初稿编制形成的基础上，通过研究国务院、国家发改委、各地区上一级政府最新颁布的本地区规划纲要初稿或编制建议，结合已有的规划报告文稿，进行对照、调整和优化，确保本级政府或产业园规划报告的政策适应性、定位一致性和结构规范性。如：在中央出台十八届五中全会文件、国务院公开“十三五”规划纲要的建议之后，笔者与通州区有关指政府领导进行了规划研讨和修订意见交流，多次修订完善其规划报告文稿，突出了“创新、协调、绿色、开放、共享”等规划理念，并在规划报告的文稿结构中，做了大的结构性调整，专门增列了创新驱动、改革开放的章节，以呼应和贯彻国家“十三五”时期经济工作重心的重大调整。同时，强化了绿色发展和生态环境改善的工作力度和规划指标，使其成为当地政府各项经济社会工作的重中之重，以更好地体现党中央、国务院、上级政府的指示精神和本地区经济社会的发展趋势。

第十章　重点工程分析

一、规划编制依据

（一）基本要素

“重点工程”规划报告文稿主要包括：重点工程、重点任务、重大项目等。由于不同规划的规范格式和行为风格不一样，一些专项规划的编制与研究过程中也使用“主要任务”描述重点工程或重点工作方向。

重点任务就是对特定组织预计达成的目标设定限制。“重点任务”的描述在有的规划报告文本中不会出现。

重点任务或重点工程处于战略金字塔模型的“业务发展战略”层级，主要是确定特定行业、大型事业部或主要业务单元的重点项目、重点工程、主要任务等。具体如下图所示。

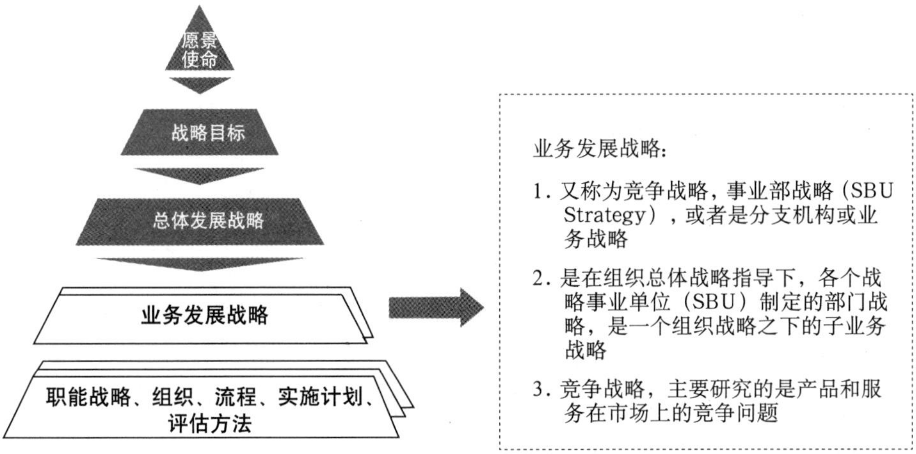

根据上图所述，“业务发展战略”重点是研究和确定特定地方政府或一个组织，如开发区、产业园管委会等负责的重点行业中的重点工程、主要任务、竞争战略等。

编制本部分的规划文稿时，需要研究特定对象的开发环境、产业基础、优先发展排序、规划目标、基础配套要求，以及现有产业环境和企业发展的业务基础等。

（二）理论依据

1．不平衡增长理论

由于我国资源的稀缺性，全面投资和发展所有部门不可能，地方政府或产业园只能把有限的资源有选择地投入某些行业，使有限资源最大限度地促进经济增长。如：北京市“十二五”发展规划“重点推进京东方八代线、长安汽车、北京现代三工厂、福田中重卡合资项目、中航工业园、北京数字信息产业基地等重大项目建设，提升电子信息、汽车、装备制造、医药等产业发展水平”。

2．主导部门理论

经济成长的各阶段存在起主导作用的产业部门，主导部门通过回顾、前瞻、旁侧三重影响带动其他部门的发展。如：潍坊市节能环保产业园区开发建设确立了大洋泊车、节能制造业等主导产业，并以此带动产业链完善和产业配套等。

3．立体层级理论

地方政府伴随新技术、信息化等创新，逐渐形成 “新兴产业”，包括：自然资源产业、环境产业、高技术产业等。这些产业将成为未来各地产业发展与聚集的重要产业。

二、规划编制要点

（一）内涵解读

1．基本要素

重点建设工程是国民经济和社会发展的重大基础设施和骨干工程，对国家和地方经济有启动、辐射和导向作用。

重点建设工程根据建设程序和工程实际情况，分别列为重点前期项目、重点预备项目、重点建设项目和重点扫尾项目等。

地方政府规划或产业园规划中的重点工程指对于本单位或特定区域经济发展较为重要、投资额大、战略价值较高、有较大产业影响、投资回报或者社会效益的重点项目与工程。

2．筛选原则

政府重点任务的确定，遵循的基本原则，一般包括：重要性准则、竞争性准则和可行性准则。

重点工程筛选的具体原则，如下：

——重点工程是那些符合国家产业政策和投资方向，对国家和地方经济和社会发展有重要影响的基础设施和骨干工程；

——能够带动行业上水平，有益于产业结构调整的重大项目；

——科技含量高，技术难度大，给地方经济和企业带来明显收益的重大项目；

——与人民群众生活紧密关联，影响重大的大型项目；

——国家或地方政府有特殊要求的重点项目等。

重点任务的确立是特定地区、产业园等经济发展与社会进步的关键工作任务，可采用文献调查、实地调查、定性与定量相结合等方法，组织基础性研究，进行综合编制与工作任务确定。

（二）研究要点

1．基本内容

“重点工程”是各类经济规划报告的核心内容，也是有关规划编制部门需要花费大量时间和精力研究的重要课题。

根据不同的规划规范格式和具体要求，它可以“重点工程”、“重点项目”、“主要任务”、“发展重点”等方式，在规划报告中详细进行描述。再：笔者对北京市通州区张家湾镇提出了“十三五”时期全面做好运河古镇和红学文化开发、国际高峰论坛、工业大院改造、智慧张家湾、国际文化交流、生态治理等重点工程。

2．涉及范围

国家和中央政府五年规划纲要的规划内容和重点工程，一般涉及：工业体系、农业体系、现代服务业、消费市场、城镇化、生态文明、科教人才、文化建设、改革开放、科技研发、国防建设等主要方面。各省、市、县级五年规划纲要和重点工程包含的范围相对狭窄，如国防建设等大部分规划涉及较少。重点工程的规划内容则各有侧重。

专项规划报告文稿的规划内容和重大工程以特定行业为主，如：《北京市“十二五”时期生物和医药产业发展规划》提出了六大重点建设专项，分别是：创新与服务平台建设专项、品牌通用名药产业化专项、医疗器械提升与配套专项、技术改造和品种培育专项、研发和流通服务提升专项和 TOP10 重点企业发展专项。

三、规划分析模型

（一）组织大战略矩阵

1．模型解读

大战略矩阵模型（GSM）由市场增长率和组织竞争地位两个坐标组成。在市场增长率和组织竞争地位不同的组合情况下，指导一个组织进行战略选择的指导性模型，是由小汤普森（A．A．Thompson．Jr.）和斯特里克兰（A．J．Strickland）根据波士顿矩阵修改而成。

大战略矩阵（Grand Strategy Matrix）是常用的制定备选战略工具。优点是将各种组织的战略地位放在大战略矩阵的四个战略象限中，加以分析和选择。一个组织的各分部也可按此分析和定位。

大战略矩阵基于两个评价数值：横轴代表竞争地位强弱，纵轴代表市场增长程度。处于同一象限的组织可以采取很多战略，下图列举了适用于不同象限的多种战略选择，其中：各战略按照其相对吸引力的大小，分列到各象限中。

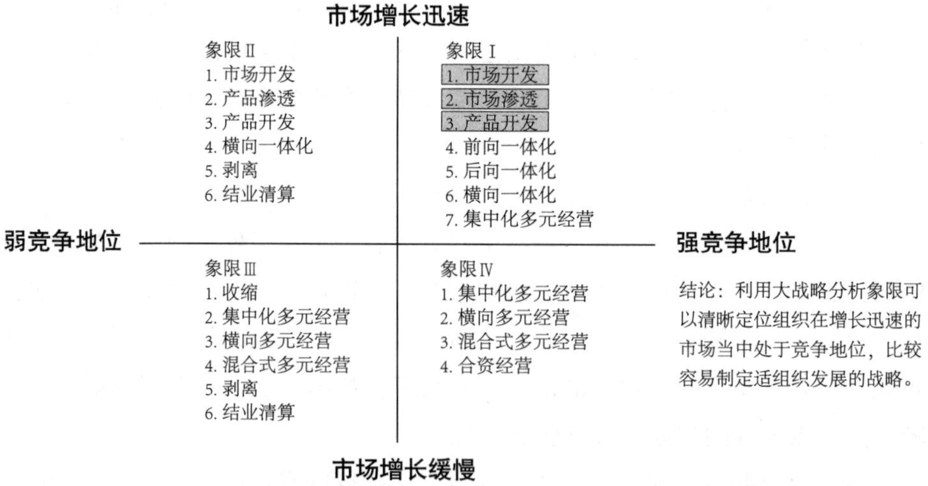

大矩阵战略模型中，处在第一象限的特定组织或产业园等有很好的成长性，可以继续开拓当前产业和市场。当第一象限的经济组织有多余资金时，可以前项一体化、后项一体化、横向一体化等产业链延伸；当第一象限组织的产品较为单一时，可以采取集中多元化战略。

处在第二象限时，需要评估现有竞争模式，采取适合的战略选择，如产品渗透剥离等。

处于第三象限的组织，处于产业发展缓慢和竞争力不足的状态，对于亏损、无发展前景的产业，适当予以清理和收割，将收回的资源等投入新的产业和业务。

处在第四象限的产业增长慢，竞争地位较好，可在发展较好的产业或领域多元化经营。

在分析和确立一个组织战略选择时，可以考虑根据规划目标和资源差异性，分别采取稳定型战略、增长型战略、紧缩型战略、混合型战略等不同的竞争战略。具体如表 11 所示。

表 11　组织的不同竞争战略类型

战略类型	描　　述	备　　注
稳定型战略	稳定型战略指在内外环境的约束下，一个组织准备在战略规划期使组织的资源分配和经营状况保持在目前状态和水平的战略	增长缓慢的行或产业
增长型战略	增长型战略指在内外环境的约束下，一个组织准备在战略规划期使组织的资源分配和经营状况实现快速增长的战略	集中型战略 多元化战略 一体化战略 进攻防守型战略
紧缩型战略	紧缩型战略指一个组织从目前的战略经营领域和基础水平收缩和撤退，且偏离起点战略较大的经营战略	经济危机期
混合型战略	采用稳定，增长和紧缩战略中的两种以上的战略组合，这是严格意义上的混合型战略	智慧城市，现代服务业等

2．模型应用

使用大战略矩阵模型，可以对一个地方政府、开发区和高新区等主要行业或主导产业的竞争地位、市场增长速度等指标，与类似的同类机构或研究对象横向比较，进而确定特定行业或产业的发展策略。如：研究分析河北省保定市高端装备制造业的产业规划和重点工程，可以使用大战略矩阵模型，与周边的唐山、廊坊、济南、石家庄、大连等城市进行市场需求、竞争力等多维比较，也可以与其他省份同类城市进行比较和数据分析，初步研究发现，保定市的装备制造业{（市场增长，竞争地位），（强，弱）}，而对比的标杆城市大连市装备制造业{（市场增长，竞争地位），（一般，强）}，故此，保定市可以采取的策略是：产品渗透、市场开发、横向一体化、剥离，等等。为了进一步分析特定产业的市场潜力和发展状况，还可根据不同行业和重点区域分别研究和予以确定，如：保定市汽车产业链由于有长城汽车集团的较大市场规模，可以实行汽车产业的集中多元化和横向多元化，可以延伸到高端汽车部件和电控系统、新能源汽车电池等重点项目和主导性工程。

运用大战略矩阵，解读《北京市节能环保产业发展规划》关于重点产业与主要任务的设计与编制思路，简要分析如下：

北京市节能环保专项规划的重点产业，可以从竞争地位和增长速度两个维度分析与探讨，进而确定北京市节能环保产业的规划定位，分析发现，北京市的高效能行业{（竞争地位，增长速度），（强，强）}，进而我们可以断定，北京市应该确立市场开发、市场渗透、横向一体化、后项一体化等发展战略，据此确立了北京市的重点工程和主要任务：培育发展专业节能服务业，支持发展合同能源管理模式，加强节能技术装备研发产业化，推广能源计量、检测技术和设备产业化，择优发展高端节能产品制造业，等等。

根据规划模型的分析结果，确立了北京市未来五年节能环保产业的主要任务：激发节能环保市场需求，加强公共环境设施建设投资并向社会资本开放，加强绿色消费市场培育对产业发展的拉动作用，加强资源产品价格和环境收费的杠杆促进作用，等等。

解读北京市节能环保规划报告，可以看出，北京市“十二五“时期节能环保产业空间布局，区分了不同地域的竞争地位和增长速度，实行错位发展，确立了北部、中部和南部三大功能聚集区域，打造北部节能环保技术策源地、打造中部超大型集团总部聚集区、打造南部节能环保装备制造基地。

为了实现节能环保产业发展目标，北京市跟踪分析了国内外环境和北京区位优势、竞争地位、产业增长速度，针对重点产业聚集和规划发展目标，确立了 2011—2015 年的八大重点工程，包括：重大节能技术和装备产业化工程、半导体照明产业化及应用工程、“城市矿产”基地建设工程、大气污染防治技术及装备产品产业化工程、污水处理技术及装备产品产业化工程、生态修复技术应用示范和产业化工程、节能环保领域智慧管理系统建设与产业化工程和节能环保服务业培育工程。

（二）麦肯锡“三层面”模型

1．模型解读

麦肯锡资深顾问梅尔达德 · 巴格海 (Mehrdad Baghai)、斯蒂芬 · 科利 (Stephen coley) 与戴维 – 怀特 (David white) 通过对 40 个处于高速增长的机构进行研究，在《增长炼金术——持续增长之秘诀》中提出所有不断保持增长的组织的共同特点是保持三层面业务的平衡发展：第一层面是拓展和守卫核心业务；第二层面是建立新兴业务；第三层面是创造有生命力的候选业务。

一个组织源源不断地建立新业务，革新其核心业务，拓展新业务，保持创新，以及产业、业务的有序组合与分层开发。一旦出现业务减退，就采取以新替旧。这就是著名的三层面理论。

三层面增长理论认为：健康的经济组织增长要综合平衡管理三个层面的业务：第一层面是守卫和拓展核心业务；第二层面是建立即将涌现增长动力的业务；第三层面是创造有生命力的未来业务。具体如下图所示。

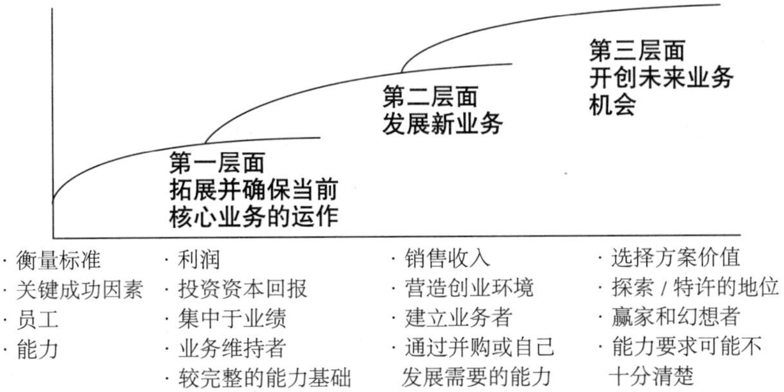

2．模型应用

使用麦肯锡三层面模型，可对地方政府、产业园等重点产业和重点工程进行分层的组合和有序开发，确保经济发展质量和建设效率。

以北京市工业产业重点工程规划编制为例，北京市“十二五”时期工业发展规划的有关规定：“大力发展战略性新兴产业作为主攻方向，着力实施‘大项目带动’、‘大企业支撑’、‘大园区集聚’、‘大品牌引领’和‘信息化推动’战略，加快构建以‘人文、科技、绿色’为特征、战略性新兴产业为引领、现代制造业为主体、生产性服务业协同发展的现代产业体系，不断‘做强二产’，巩固和提高实体经济对‘三个北京’和中国特色世界城市建设的重要支撑作用。”

案例分析发现，北京市现代制造业成为北京市工业的主体；电子信息、装备、汽车、医药四大产业占工业的比重超过60%，这些重点产业和领域，可以作为北京市的产业和业务的“第一层级”大力发展；新能源汽车等战略性新兴产业增速高于全国增速，可以作为“第二层级”探索和培育发展；目前，正在研发试验的部分高端核心关键技术应用等，目前还不成熟，需要一个培育阶段，可以作为北京市工业产业的“第三层级”，未来一段时间之后可能成为主导产业，在近几年内可以逐步研发和政策引导、积极培育。

四、规划编制技巧

（一）实施规范

1．“重点工程”规划文稿编写应该语言简练

重点工程、主要任务、发展领域等是规划撰写的重点。从经济规划的文稿风格看，这部分内容应该语言简练、朴实，杜绝夸张性、模糊性的语言描述。本部分规划报告文稿重点阐述主要工程内涵、时间、实施者、技术路径、投资额或预期效果等，展示的方法可以有多种，如专栏等，但是，规划描述语言应该简洁、实用。

2．“重点工程”规划内容应该突出重点产业

重点工程、主要任务、发展领域等是为了将产业规划目标和产业布局具体化、详细化，因此，确定的相关工程、重点任务需要对应规划的“重点产

业”、“重点行业”，并且要系统性地体现规划的主要行业发展路径或实施项目、工作安排等，应该相互呼应，重点项目的确立是有理有据，而不是与规划目标和产业无关。

（二）操作要领

1．重点工程体现先进性和代表性

规划编制“重点工程”、“重点任务”时，要依据拟确定的工程、任务的重要性、相关性、规模和影响力，以及实施单位的重要性、能力与资源等确定，尽可能描述重点工程的目标、技术、路径、实施单位、投资额、需要的资源和预期的效果，以及对于特定产业和领域的影响等。重点工程应该有代表性，具有一定的经济价值和社会效益等。

2．重点工程的项目确定应反复论证和研讨

规划调研和编写一般要经过调研、撰写、论证、评审、修改等多个环节，有多个领域专家和主要决策者等参与，有政府主管和行业权威审核与反馈。要多次与被规划单位及相关部门沟通交流，论证工程名字和规划内容，探索规划实施的可能性和重点工程的合规性、先进性等，该工作贯穿规划前期调研、规划编制、观点沟通、规划评审、文稿修改、规划定稿等全过程，需要反复交流、多方论证和组织修改，并与先进单位已有规划、编制经验和本单位已有规划等比较和衔接，确保规划质量和规划内容达到预期的要求。

第十一章　重点行动方案

一、规划编制依据

（一）基本要素

行动方案（计划）是各类经济规划逐步细化和分解的实施方案。它可以独立编写，成为单独的行动计划或实施方案，也可以在总体规划中作为其中的一部分简要阐述。

行动规划，也称行动方案，它是西方国家实现城市发展的长远目标与解决近期突出问题的有效手段，正在逐步制度化。

2001 年开始，英国推动规划体系改革，以行动规划为特色的地方发展框架代替传统的编制周期长、时效性差的结构规划和地方规划，规划内容包括：阐述地方政府的发展目标和发展战略的政策文本，针对近期采取建设或改造行动的行动规划，一张标明上述需要采取行动所在地区的总图。这些行动规划主要是地方性规划，也可以是更广阔区域的专项行动规划。

美国纽约市 2007 年制定并实施“更绿色、更美好的纽约”为主题的城市规划，属于“行动规划”。该规划注重务实性、操作性、互动性和动态评估性等特征，取得了很好的实施效果。

行动方案（计划）的编写依据是政府规划、政策要求、规划目标、行动方案编制的任务说明书等。如：《工业领域应对气候变化行动方案（2011—2020）》编写依据是：《国民经济和社会发展第十二个五年规划纲要》、国务院《“十二五”工业转型规划》和《“十二五”控制温室气体排放工作方案》等。

根据战略金字塔模型，行动方案属于职能战略和规划实施层次的事情，包括但不限于组织体系、财务管理、人力资源、生产、营销、组织架构、内控、业务规范等。有些行动方案还包括行动背景、行动目标、行动路径等，可以单独实施。具体如下图所示。

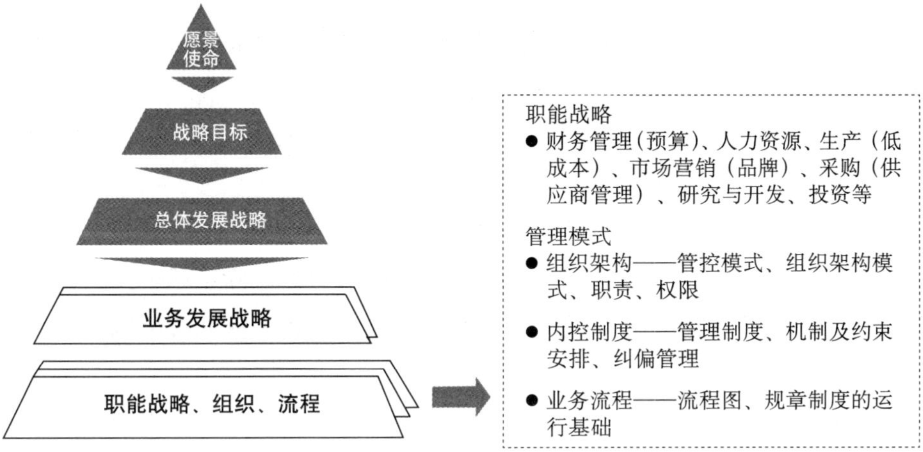

独立成文的行动方案多数是上级对下级或涉及面较大的工作，一般都是正式文件下发，由标题、正文和时间等部分组成。

一般方案的标题有两种写法：一是“三要素”写法，由发文机关、计划内容和文种三部分组成，如《智慧城市建设行动方案》；二是“两要素”写法，发文机关在“批示性通知”(文件头)的标题中体现，主要有计划内容和文种。

方案的正文一般有两种写法：一是常规写法，主要包括：指导方针、主要目标（重点）、实施步骤、政策措施、要求等，这种格式适合常规性单项工作；二是变项写法，根据实际需要加项或减项，适合特殊性的单项工作。

方案也可以是下级或具体责任人为了落实具体工作形成的文件，可以报上级或主管批准实施。

在政府规划的研究领域，由于个各地经济发展水平、管理理念、主导产业、管理目标、工作模式等各不相同，具体行动方案呈现的行文风格与报告内容各不相同。

（二）理论依据

行动规划方案的编制理论依据，包括但不限于：劳动分工理论、区域分工理论等。

劳动分工论由亚当 · 斯密在《国富论》提出，劳动分工的优点是：

(1) 劳动分工可以使工人重复完成单项操作，从而提高劳动熟练程度，提高劳动效率。

(2) 劳动分工可以减少由于变换工作而损失的时间。

(3) 劳动分工可以使劳动简化，使劳动者的注意力集中在一种特定的对象上，有利于创造新工具和改进设备。

产业发展理论主要研究产业发展过程中的发展规律、发展周期、影响因素、产业转移、资源配置、发展政策等。

从区域分工的角度确定城市产业发展定位是城市发展的客观要求。从区域角度分析城市在区域中的优势、劣势和发展潜力等，确定城市在区域中所发挥的作用、扮演的角色，进而确定城市产业，避免“就城市论城市”的产业确定方式。

通过运用区域分工理论、劳动分工理论等，可以有效划分不同区域、不同部门和不同岗位的职责权限与业务分工，以及相关业绩指标和考核办法，进而分解和执行预定的规划目标和工作任务，提高规划执行的效率。

二、规划编制要点

（一）内涵解读

方案是由于某种职能的具体工作较复杂，需要做出全面的部署。研究要点有：指导思想、主要目标、工作重点、实施步骤、政策措施、具体要求等。

行动方案主要是针对特定规划目标或重大工程，通过研究特定规划目标或重点工程的要求、实施背景、指导思想、行动目标、主要任务、行动保障等，确定具体的责任分工和时间表，明确工作考核等管理办法，确保工作目标的实现。

（二）研究要点

行动方案以长远的发展目标为指导，主要是解决近期和现实问题，期限可以 3—5 年，侧重于长远战略与近期运营操作的紧密结合。行动方案的内容主要包括行动背景、主要目标、主要工作、资源保障、时间安排、责任分工与监督考核等内容。

行动规划的编制采取采用“自上而下”和“自下而上”相结合的方式，

注重规划过程的全民参与和互动，行动规划确立了行动目标和空间布局，确立实现规划目标和空间布局的行动方案。

以《工业领域应对气候变化行动方案（2011—2020）》为例，该行动方案包括：现状与形势、指导思想、基本原则和主要目标、主要任务、重点工程、保障措施。该方案是针对工业气候变化问题的独立的规划行动方案。

三、规划分析模型

（一）系统工程模型

1．模型解读

系统工程是从整体出发，合理开发、设计、实施和运用系统科学的工程技术。根据总体协调需要，综合应用自然科学和社会科学有关的思想、理论和方法，利用电子计算机作为工具，对系统的结构、要素、信息和反馈等进行分析，达到最优规划、最优设计、最优管理和最优控制的目的。

管理系统工程是以政府或企业管理系统为研究对象的一门组织管理技术，是以系统科学、运筹学、计算机应用技术为主体的综合交叉性课程。其基本思想是坚持整体观念、统筹兼顾，运用有关优化分析方法，实现管理系统整体功能的提高。

政府规划行动方案的编写需要使用系统工程的分析思路，进行目标、任务、责任、投资、路径、保障等分析与确定，才能更好地实现规划实施。

2．模型应用

该分析模型在政府规划行动方案编写过程中，主要研究特定发展规划的环境、资源、目标和方向，据以确定具体计划、任务、路径、部门、项目和实施条件等，分阶段、分层次地组织实施。

（二）PDCA 模型

1．模型解读

PDCA 循环，是美国质量管理专家休哈特博士首先提出的，由戴明采纳、宣传，获得普及，也被称为“戴明环”。它是全面质量管理遵循的科学程序。PDCA 是英语单词 Plan（计划）、Do（执行）、Check（检查）和 Act（修正）的第一个字母，PDCA 循环就是按照这样的顺序进行质量管理，循环不止地进行的科学程序。

P（Plan）计划，包括确定方针和目标，制定活动规划。

D（Do）执行，根据已知信息，设计具体的方法、方案和计划；再根据设计和布局，进行具体的管理与运作，实现预期计划。

C（Check）检查，总结执行计划的结果，分清责任与原因，明确效果和路径，找出问题所在。

A（Act）修正，对检查的结果进行处理，对成功的经验予以肯定，并标准化；总结失败的教训。对于没有解决的问题，提交下一个 PDCA 循环中解决。

在规划执行进入稳定阶段，可以使用 SDCA 模型进行管理优化与完善。PDCA 与 SDCA 模型的区别，简要概括如下图所示。

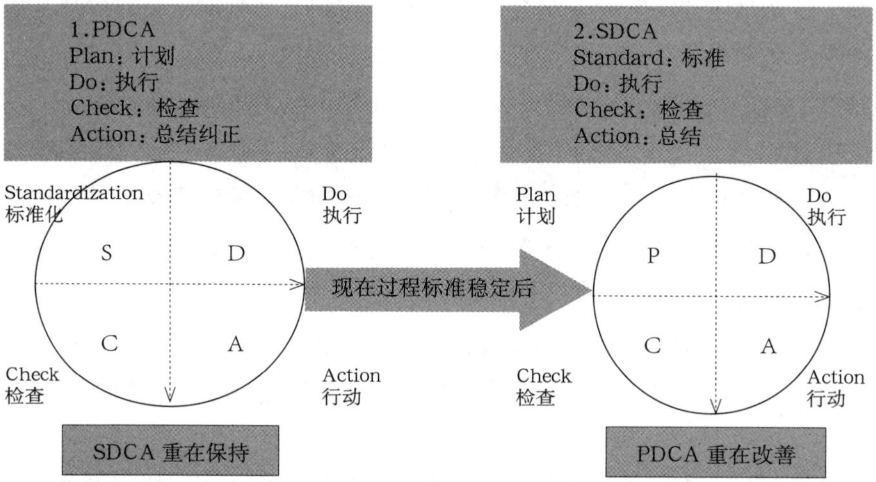

2．模型应用

使用 PDCA 分析模型，可以对某一个政府规划实施方案和行动计划进行目标和方案的制定、方案实施、进度检查和方案修正等，发现新的问题和缺陷之后，进入下一个计划—执行—检查—修正的再次循环。

以笔者编制的《新华 08 项目行动方案》为例，笔者接受大庆高新区和新华社项目组联合委托，编制大庆高新区与新华社战略合作的《新华 08 项目行动方案》，该行动方案的架构包括：发展思路、发展目标、发展模式、产业协同、重点任务、行动路径、实施保障等部分。其中：

计划制定（P）主要体现在整个方案中，并且在“发展目标”的章节阐述；方案执行（D）主要体现在产业协同、重点任务、行动路径等章节中；效果检查（C）主要体现在实施保障的章节中，规定：明确各部门、各岗位的权责，强化业务分工、岗位分离和相互协作，优化业务流程，提高工作效率。实行重大投资集体决策管理制度。完善审计和法律部门设置，强化对重要业务、重点项目和重要环节的监督管理。建立和完善项目管理制度。推行项目规划和预算体制，加强工程项目立项审核和招投标工作的管理。建立信息化项目后评估制度，将评估结果作为后续项目申请重要依据。建立项目责任制；实行重大工程项目通报制度，将重大工程工作纳入相关部门考核体系。

为了解决方案执行中出现的突出问题（A），规划编制组研究确定：强化重点项目的系统评估与审查，相关责任部门领导负责，组成专门的工作组，协调解决有关问题，督促检查项目进展；建立健全新华08项目全生命周期管理机制；等等。

通过PDCA模型的使用，有助于有关政府和部门系统、规范、分层的制订行动方案，确立发展方向和工作任务，对重点工程进行监督，评估和总结存在的问题与缺陷，进行相应的调整，并进入下一个循环。

四、规划编制技巧

（一）实施规范

1．行动方案体现计划的完整性和可操作性

政府规划行动方案不同于一般的工作计划，它需要根据特定的规划或者预先设计的行动目标进行编制，通过有关权力部门审批后签发执行。

行动方案的格式可能有所不同，但是需要解答和描述基本依据、行动目标，工作重点、行动路径、责任分工、注意事项、资源保障、业绩考核、风险控制、有关要求等。

行动方案需要内容相对完整，具有操作性，并确有确定的项目、工作任务、责任部门和时间、进度等规定。

2．行动方案能够达到预期的计划执行和工作目标

由于行动方案是为了实现预期的工作目标，或者为了分解落实较为宏观

或较为复杂的战略规划而制定的，因此，它需要在计划、组织领导、控制等环节进行较为细致的设计与研究，确立的方案应该使方案使用者明确知道应该怎么做、各自的责任与权力、任务与要求、资源与风险，以及标准与考核等。方案应该跟具体的责任部门、实施主体和主要项目挂钩，能够有效参照执行和实践操作。

（二）操作要领

1．行动方案要体现方案决策者或方案下达者的意图

政府规划行动方案一般由行动方案的直接上级或者本级做出，或者委托外部专业机构编制和定稿发布。如：笔者编制《新华 08 行动方案》，根据大庆高新区管委会的委托目标，重点解决大庆高新区和新华社的信息化产业园合作项目——信息安全信息平台产业园建设的思路、模式和具体步骤等，该行动方案的制定、论证、修订和颁布，为项目合作双方确立了具体目标、责任、权利、工作任务、重点项目、实施路径、资源匹配和保障机制等。

2．行动方案要有创新理念和一定的高度

政府规划的行动方案不是一般的计划编制和简单的工作汇总，它一般希望通过行动方案的调研和编制，能够深化、细化、系统化和创新性地探索与提升工作思路，为规划制定与实施部门，或者重要项目的执行部门提供实施依据和决策参考。同时，行动方案如果提出了系统的、前瞻的行动纲领和规范的指导思想，有可能更好地被上级领导重视和引起利益攸关方的兴趣、支持，这也是各地政府等委托专业机构编制行动方案的重要原因与需求来源。分析北京市“十二五”规划报告对未来五年行动路径的具体规定，可以学习和体会行动计划对于规划执行和评估的重要补充和细化职能，关于北京市“十二五”规划报告的行动路径案例分析结论，具体如下：

为实现北京市“十二五”规划纲要确定的目标，需要完善规划实施机制，发挥市场在资源配置中的基础性作用，提高政府的统筹调控能力，动员和引导全社会力量共同推进规划落实，主要行动措施包括充实完善调控机制和加强规划实施管理两个方面，具体如表 12 所示。

表 12　北京市“十二五”规划实施的行动路径

项目	工作重点	北京市落实“十二五”规划纲要的行动路径
充实完善调控机制	加强财政资金保障	编制实施年度财政预算
		加强税收征收管理
		完善公共财政体制
		合理安排基本建设预算
		强化对财政资金使用的审计监督
	健全综合发展政策	加强政策储备、研究制定和协调落实
		政策法规制定和实施
	强化战略资源管理	战略资源管理
		高度重视人才管理
		科学调控土地供应
		完善能源和重要商品管理
	实施重大项目带动	分阶段解决一批重大问题
		组织实施一批关系全局和长远发展的重大项目
加强规划实施管理	分解落实规划目标任务	预期性目标和产业发展、结构调整等任务的完成，主要依靠发挥市场机制的作用实现，改进经济调节、加强市场监管、健全利益导向机制和创造良好发展环境
		约束性指标和公共服务、社会管理等领域的任务，纳入各区县、各部门经济社会发展综合评价和绩效考核体系
		市政府有关部门要组织编制市级专项规划，细化本规划提出的主要任务，形成落实本规划的重要支撑和抓手
		各县区编制实施好区县发展规划，并做好与本规划的协调衔接，特别是加强约束性指标和重大任务的衔接
	分阶段有步骤实施规划	加强年度计划制订实施
		完善监测评估制度
	动员全社会共同实现规划	面向社会、面向市民，广泛采取多种形式，加强对规划的宣传

第十二章 规划保障体系

一、规划编制依据

（一）基本要素

“规划保障”的规划文稿编写，一般依据政府规划、专项规划、控制性规划等规划报告的产业环境、发展基础、规划目标、重点产业、重大工程、主要任务，以及实现这些目标和任务的基本条件等。

“规划保障”报告文稿重点研究和遵循产业法规与基本决策程序，可以从规划实现的基本保障、体系构建的视角进行组织规划文稿编写。如：系统研究并编制节能环保产业园发展规划的“规划保障”规划报告文稿，重点研究国家和地方节能环保产业园的国家级、省级产业园的单位 GDP 能耗，以及单位土地利用控制考核指标等，研究确立规划实施的组织领导、资源匹配、融资条件、交通能源等支撑。

（二）理论依据

“规划保障”编制的理论依据是协同理论、系统工程理论等。

协同理论要求各级政府和其他经济组织要根据规划目标和产业布局，进行资源匹配和组织体系构建等，确保实现产业协同、资源协同、工作任务协同等。

系统工程理论要求政府规划的保障机制要满足规划目标和重点工程等的资源输入和输出成果的考核与优化，实现规划前期课题调研、规划编制、规划评审、规划实施、规划评估、规划修订、规划再次调研、规划再次编制等反复循环的运行过程。

二、规划编制要点

（一）内涵解读

规划保障指研究和确定特定规划具体实施的组织机制与运行体系、资源配置、公共服务平台及奖励机制等。

一般情况下，总体发展规划的“规划保障”报告文稿也可以简要地进行组织与运行机制和措施撰写。具体管理工作中，由于地方政府的规划费用、产业发展、实践需求等限制，并不是每个职能规划都要独立编写单独的规划报告。如：笔者编制《贵阳高新区低碳发展规划》，主要构建了组织管理、政策引导、监管体系、风险控制和服务共享等保障机制，没有独立编制职能规划。具体如下图所示。

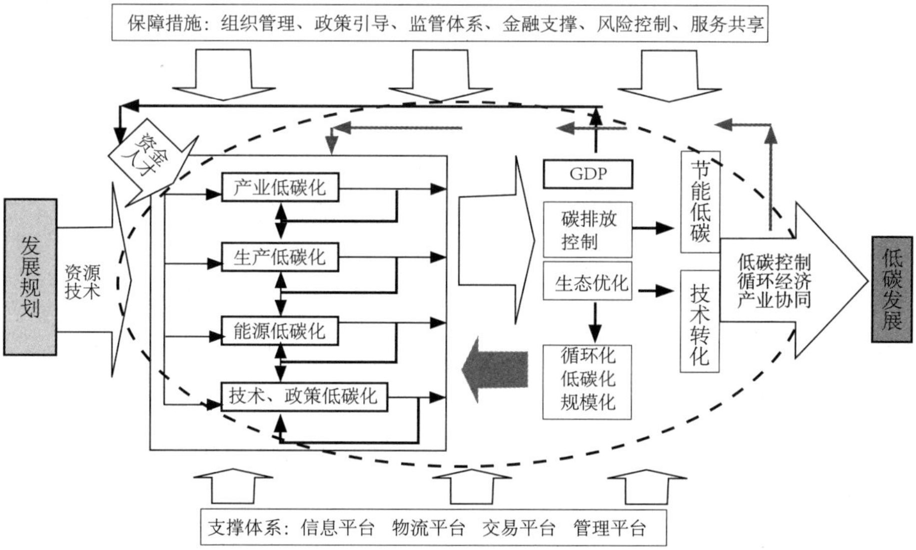

上图可知，低碳发展规划的保障措施是基于规划确定的产业低碳化、生产低碳化、能源低碳化、技术与政策低碳化等目标，是为了完成 GDP 增长、单位能耗降低等指标而研究和确立的。

（二）研究要点

“规划保障”的内容和报告写作风格差异很大。总体规划和专项规划等，可以通过编制职能规划予以实施，可以单独编制如财务规划、人力规划、研究与开发规划、生产规划、投资规划、营销规划等职能规划，推动总体规划的实际执行。

规划保障的研究内容和分析模型，具体如下图所示。

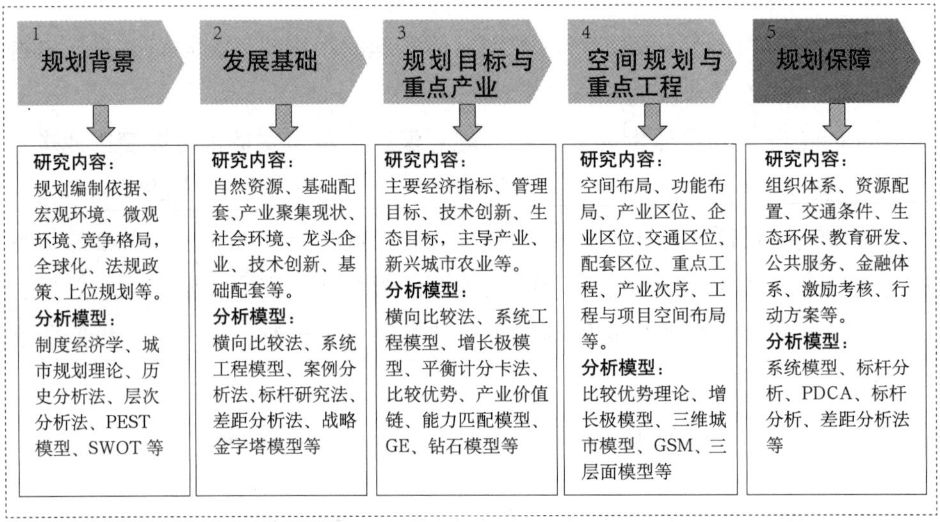

对于地方政府或产业园来说，规划保障体系包括但不限于组织领导、政策措施、交通条件、电力能源、生态环境、公共服务等核心要素。

其中：

1．组织领导

组织领导是地方规划和产业园规划实施的基本保障，产业园管理模式有公司运营模式、政府与管委会合一模式、政府与管委会双重模式三种。以笔者编制的山东某产业园规划为例，确立了该地区规划实施的三种组织模式，如下图所示。

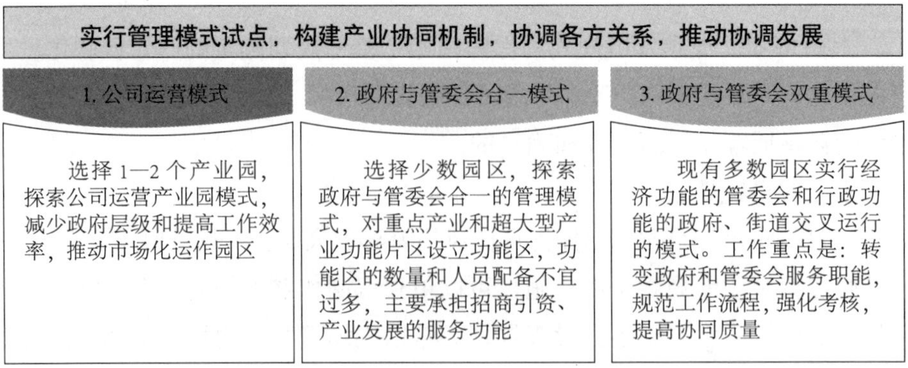

如上图所示，产业园规划的实施可以采取政府主导或政策引导，公司运营模式、政府设立管委会运营模式、政府与管委会合一模式等。

再如：笔者编制的保定市徐水区“十三五”规划报告，确立了规划实施的组织领导机制为：“成立（徐水）区委、区政府主要领导为组长的规划领导小组，各副书记、副县长为成员。设立专门办公室，各职能部门为办公室成员，各部门指定一名骨干为规划协调与联系人，具体负责‘十三五’规划的课题调研、规划编制、规划评审、规划执行、任务分解、责任考核、规划中期评估、规划修编等具体事宜。”

关于“组织体系”的人力资源规划等，可以根据地方政府或产业园的部门编制、公务员职数与职能界定等，确立规划目标，进行系统评估和重新设计，形成一系列制度文件。具体工作内容如下图所示。

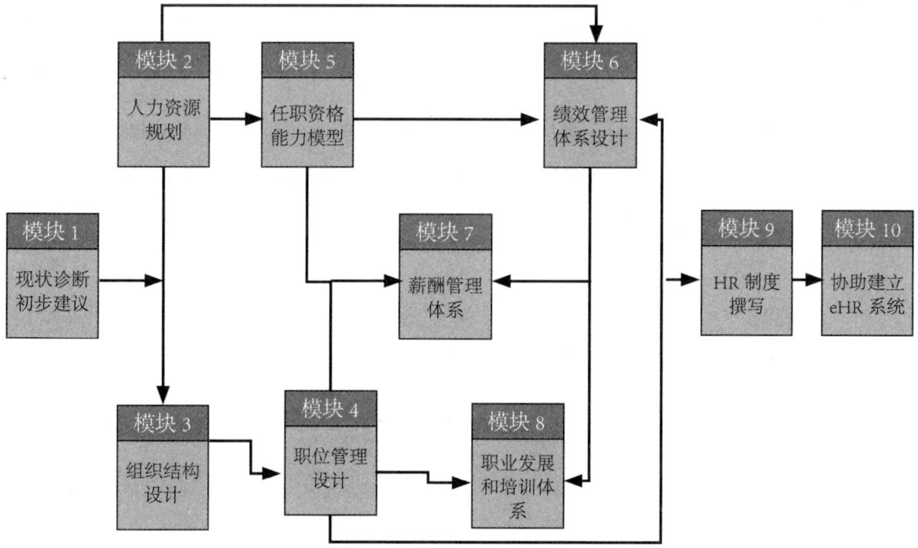

如上图所示，人力资源规划可以通过对人力配置现状、人力规划、组织结构设计、资格能力、职位设计、薪酬管理、绩效管理、HR 制度、信息化管理等内容予以研究和设计，形成规范、系统的人力资源规划与考核体系。

2．目标分解

规划保障的重要工作之一是分解落实规划目标，做到责任分工、目标明确，具体任务有人负责。具体目标分解思路如下图所示。

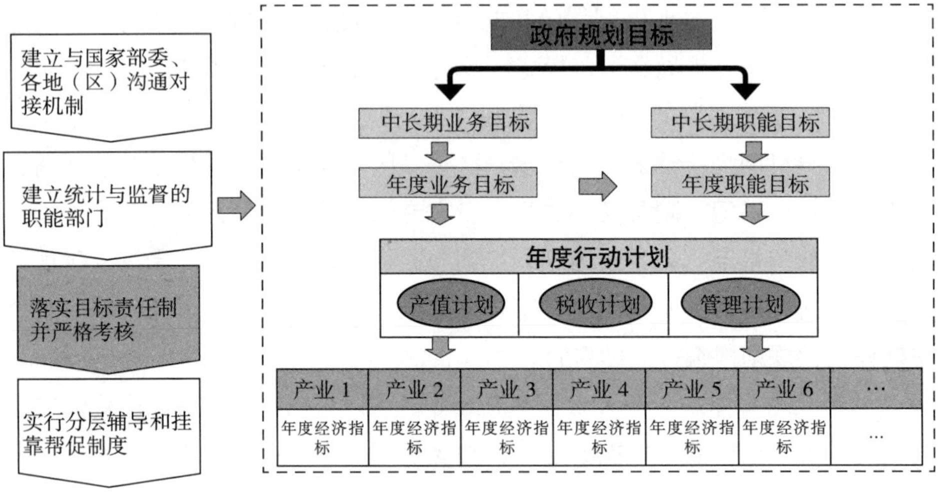

北京市“十二五”规划提出的发展规划分解与实施策略是：“加强年度计划制订实施。年度计划要依据本规划的总体安排部署，逐年落实规划提出的发展目标和重点任务，对约束性指标设置年度目标。年度计划报告要分析本规划实施进展情况，特别是约束性指标的完成情况。”北京市通过五年规划报告明确了“根据总体规划分接到年度规划、加强约束性指标的年度考核管理等重要规划执行”的工作思路。

3．产业标准

为了规范地方产业发展，优化产业结构，提高产业发展质量，政府对特定地区或重点产业设立存量优化和增量增加的筛选标准，引导产业聚集、产业优化和招商引资，提高土地集约化水平。以某产业园为例，企业进入园区的标准如表 13 所示。

表 13　产业园重点项目的筛选标准

主要目标	具体内容
投资强度	新建项目投资强度原则上不低于 280 万元／亩（省级开发区标准），力争 350 万元／亩（国家级开发区标准）
亩产均值和税收	项目达产后亩产均值一般不低于 400 万元／亩，力争 520 万元／亩；亩均税收一般不低于 20 万元／亩，力争 30 万元／亩

续表

主要目标	具体内容
新建工业项目平均容积率或投资额	新建工业项目平均容积率一般不低于1.0，建筑系数一般不低于40%。新建工程项目投资额不得低于5000万元或用地面积不低于15亩
建筑节能	严格执行新建居住建筑节能65%，公共建筑节能50%强制标准（力争实现新建节能75%的居住建筑、节能65%的公共建筑），确保12层以下住宅和集中供应热水的公共建筑全部按太阳能建筑一体化标准设计、施工
工业厂房	新建多层厂房应不低于3层，鼓励建设4层及以上厂房，容积率达到1.2以上
脱硫处理	加强大中型燃煤锅炉烟气治理，规模在20蒸吨／小时及以上的全部实施脱硫，综合脱硫效率达到70%以上。推进陶瓷、玻璃、砖瓦等建材行业二氧化硫控制。所有企业自备燃煤机组脱硫脱硝除尘改造，实现达标排放
禁止项目	禁止新、改、扩建除“上大压小”和热电联产以外的燃煤电厂，严格限制（原则上禁止）钢铁、水泥、石化、化工、有色等行业中的高污染项目入园。禁止新建除热电联产以外的煤电、钢铁、建材、焦化、有色、石化、化工等行业中的高污染项目。禁止新建20蒸吨／小时以下的燃煤、重油、渣油锅炉及直接燃用生物质锅炉

4．资源配置

从“规划保障”的基本要素看，电力、水利、煤炭、石油、天然气、供热等资源匹配是政府规划需要研究的重要内容之一。政府资源一般包括：政治资源（行政权力）、人力资源（公务员）、能源资源（电力、煤炭等）、客户资源（包括企业、事业单位、公民）、财政资源、资产资源（房产、车辆、办公设备等）、信息资源（如公文、材料、统计数据）等。

政府资源规划是以法人单位和社会公众为中心，以实行政府部门内部和外部的资源优化配置，消除公共行政过程中无效的劳动和资源，实现信息流、物流、资金流和业务流的集成，以提高行政效能为目的，以政府职能为主线，以信息系统为平台的现代公共管理思想和方法。

以北京市“十二五”规划为例，该规划保障确定了未来五年城市供热保障体系，“按照‘稳定中心大网、发展区域新网、加强多元互补、实现多网共联’的原则，全面推进中心城区供热布局调整，加快建设郊区供热设施，新增供热能力2亿平方米，2015年全市总供热能力达到8.5亿平方米。稳定和完成城中心供热网，建成东南、东北、西南和西北四大燃气热电中心，发展一批燃气尖峰锅炉房，形成‘1+4+N’的中心大网。充分利用各种新能源和新技术，建设区域性供热中心或分散清洁供热系统，逐步形成中心大网和区域供热相结合的城区供热格局。所有新城全部实现集中供热，基本实现重点镇集中供热。引进域外热源，解决通州、大兴等部分供热需求。统筹重点产业功能区供热、制冷、热水、电力等能源需求，高起点建设一批区域能源中心”。具体如下图所示。

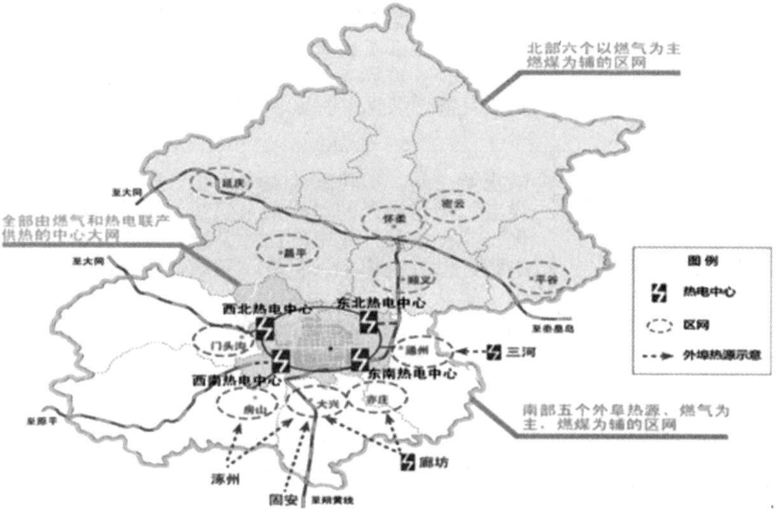

5．人口与交通等基础配套

人口、土地、交通、垃圾处理等资源供给与基础设施建设是地方经济发展和产业园建设的资源支撑。其供应和分配决定和影响着产业布局、项目引进和企业发展等。

在“规划保障”文稿中要测算人口、交通、土地等需要量，并与产业规划的开发节奏、产业内容相适应。

6．物流与公共服务

政府规划的重点项目、基础设施、餐饮酒店、金融投资、政府信息化、文化休闲，以及现代物流园区等基础配套，是政府规划保障机制的重要内容。

如：笔者编制《潍坊节能环保产业园中长期发展规划》时，为了实现产业聚集，编制并设计了“生产性物流服务区”作为产业园的配套工程等。提出了酒店、会展等产业园配套建设思路，组织编制了空间规划、重点项目设计与空间效果图的直观描述，具体如下图所示。

为构建地方经济规划的投融资保障机制，各地区可以结合各自产业基础和规划实施的核心需求，确定适合的投融资保障体系，包括但不限于：部委和当地政府资金、产业基金、上市融资、银行信贷、信用担保等。如：为了编制五年规划，笔者为某市分析并确定了“十三五”国民经济与社会发展规划纲要的投融资保障体制，具体如下图所示。

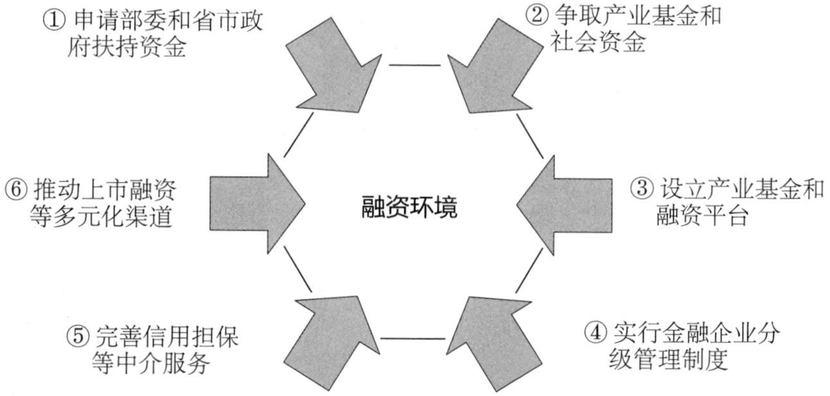

如上图所示：规划投融资保障体系中，笔者设计了“实行金融企业分级管理制度”，有其特定的创新和实践价值。当前，地方政府规划涉及重特大项目和企业很多，项目实施和企业发展需要一些金融机构的积极支持和金融服务，实际情况时，目前，相当部分基层金融机构和从业人员过于追求趋利性，社会责任感和信用意识不强，导致了金融企业违约行为或诱导性违规业务增多，对地方经济发展和企业经营造成了很大被动。因此，建议地方政府或产业园加强与人民银行、金融办的业务合作，探索并试行在特定地区、特定产业园，建立并实行金融企业信用分级管理制度，创新金融管理模式，规范金融机构信用管理体系。对商业银行、担保、基金、券商、小贷公司等金融机构，建立重点项目和金融投融资活动信用档案，进行信用登记、跟踪、分析等动态管理和信用度的年度、季度考核评估。对信誉度较好、业务发展快、支持地方经济力度大、客户满意度较高的金融机构，地方政府及行业协会在业务推荐、资源配置、政策激励等方面，优先倾斜和给予适度的激励。对信誉不好、违约率高、资金投入小、客户评价信誉度较低的金融机构，分别标注预警“黄牌”或禁止开展金融业务的“黑名单”，从而提升特定产业园相关金融机构诚信经营、合作共赢、长期发展的社会责任和职业道德水平。

关于政府规划的公共服务平台构建，一般包括但不限于科技研发服务平台、人才引进服务平台、管理支撑服务平台、电子商务营销平台、现代物流服务平台、智慧城市建设平台、电子政务服务平台等内容，具体如下图所示。

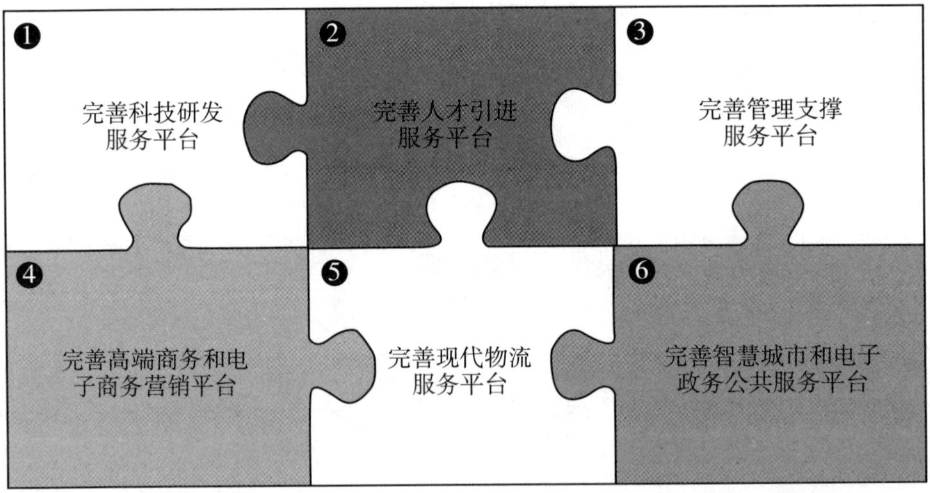

其中：

在科技创新方面，地方政府引进全球一流的科研机构和核心技术，逐步构建产、学、研、官一体化的运行机制，持续推动产业园健康发展。逐步完善地方政府、高新区和产业园等多层次的技术研发、产权交易和成果产业化支撑体系。建立持续创新文化，鼓励政府管理与企业创新。引进创新的机制和服务平台，形成外部创新资源引进、地方政府与企业创新能力培育、产业创新实践支持、企业与个人创新优先帮促的良好氛围。

7．整合招商与产业链招商

为了实现预期的规划目标，地方政府可以立足各自优势，探索与构建以会议招商、机构招商、环境招商、政策招商、项目招商、产权招商、示范招商、品牌招商等为主的“整合招商”策略，以及相关产业聚集与项目引进机制，具体如下图所示。

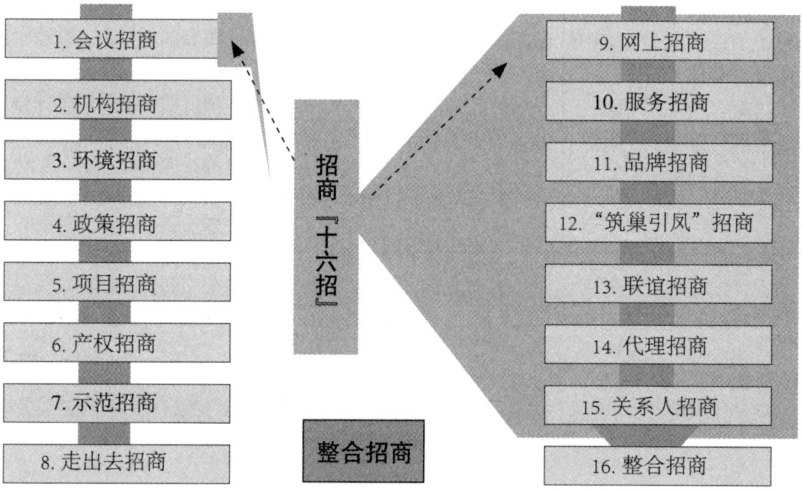

从招商的策略看，产业链招商是政府规划实施和优化的重要内容，主要包括基于传统主导产业和新兴产业的建链、补链和强链等核心要素，其中：

“建链”主要针对战略性新兴产业，通过引进产业中有核心地位的龙头企业，或以地方重点企业为基础，辐射、延伸，从而建立全新的产业链，培育有竞争优势的战略性新兴产业集群。

“补链”主要围绕产业链缺失的高附加值环节，聚焦“微笑曲线”的两端企业，将传统优势产业链延伸、补缺，做大规模，做优配套，实现产业关联发展需要。

“强链”是通过注入科技、信息化和品牌元素，促进产业精细化、高端化，加快主辅分离，发展总部经济，推进现代服务业态做强做大。通过招商发展现代服务业和总部经济，加快形成区域性金融中心，旅游休闲、文化创意、医疗保健和会展中心，打造企业总部基地，建成引领地方经济发展的高地。

以保定市政府“产业招商”保障体系为例，具体思路如下图所示。

“建链”招商	补链招商	强链招商
针对战略性新兴产业，通过引进产业中具有核心地位的龙头企业或以重点企业为基础，辐射、延伸，建立全新的产业链条，培育有竞争优势的战略性新兴产业集群，为产业园建设积蓄动力。如：长城新能源汽车的产业链建设	围绕产业链缺失的高附加值环节，紧抓“微笑曲线”的两端企业，将传统优势产业链延伸、补缺，做大规模，做优配套，实现产业关联发展需要。如：化工园区依托现有重点化工企业，围绕石化、盐化、煤化融合发展，引进石油化工、盐化工、精细化工、化工新材料、生物化工等国内外知名企业，延伸拓展产业链条，提升产业价值链	通过注入科技、信息化和品牌元素，促进产业不断精细化、高端化，加快主辅分离，发展总部经济，推进现代服务业态做强做大，打造企业总部基地，建成引领产业发展的高地。如：依托综合保税区，围绕搭建物联网、电子商务等公共物流信息平台，引进大型物流企业或管理企业，打造现代物流产业

如上图所示：对于战略性新兴产业，保定市政府可以引进龙头企业，或者以现有重点企业如长城汽车等为产业链的核心基础，有计划地延伸和建立汽车主导产业链，培育新材料等战略性新兴产业，构建新能源汽车等重点产业链。

8. 绩效评估

绩效是规划实现与组织管理的重要内容，也是规划实施的重要保障措施之一。

绩效指从过程、产品和服务中得到的输出结果，并将该输出结果与目标、标准、过去结果、其他组织的情况进行比较，从而对该输出结果进行评估。绩效评估是识别、观察、测量和评估绩效的过程。

政府绩效指政府在社会经济管理活动中的行为结果、效益及管理工作效率、效能，是政府在行使其功能，实现其意志过程中体现的管理能力。

政府绩效包括经济绩效、政府成本、政府效率、政治稳定、社会进步、发展预期等领域，可以分为政治绩效、经济绩效、文化绩效、社会绩效四个方面。它既注重行政内部关系即：如何管好自身的内部机制，更注重外部的行政与社会、行政与公民的关系，以社会、公民的满意评价作为最终标准。

政府绩效评估指运用科学的标准、程序和方法对政府绩效做出全面的评价，进而提高政府行为绩效和增强控制力的活动。

地方规划、产业园绩效等是规划保障的重要内容，也是规划编制需要论证和构建的体系。绩效评估的指标分为很多种类，不同的规划指标体系存在差异，主要包括：政府效率评估、主要经济指标、单位能耗、单位土地投资回报、环境改善水平、公共服务能力、规划执行到位率等。如北京市“十二五”规划确定的规划考核办法是：

“本规划确定的约束性指标和公共服务、社会管理等领域的任务，要纳入各区县、各部门经济社会发展综合评价和绩效考核体系。约束性指标要分解落实到区县和有关部门。

市政府有关部门要组织编制市级专项规划，细化本规划提出的主要任务，形成落实本规划的重要支撑和抓手。各区县要切实贯彻落实国家和本市的战略意图，结合自身实际，突出区域特色，编制实施好区县发展规划，并做好与本规划的协调衔接，特别是加强约束性指标和重大任务的衔接，确保落到实处。”

针对特定省（直辖市、自治区）、地区（市）、县（市、区）等专项规划，在规划报告编制过程中，可以建立各级政府（省、市、县）和产业园等多层级的规划指标统计监测中心，逐步形成覆盖当地各层级的重点指标监测网络体系，完善重点地区、重点产业、重大项目的全过程管理机制。严格执行全省、全市、县（市、区）和产业园等多层级的、规模以上企业重点指标统计与监督制度，强化对政府部门的绩效考核与评估管理，确保政府规划目标的实现。

9．编制方案的评估选择

除了上述规划保障要素建设外，通常还可以对多个规划编制方案进行评估，从中选择最适合的规划方案，作为未来政府或园区经济实践中予以执行的唯一方案，这也是一些规划报告编制的重要内容。

规划方案选择性评估的操作要点，如下：

一是使用多属性评估法、投资效益分析法等工具，通过构建人口、土地、资源等数据模型，进行规划多个方案的模拟测算和可行性研究，预测规划实施后的效果，确定可能的最优方案。

二是从内在有效性和外在有效性两个方面进行规划分析，其中，外在有效性评估包括：垂直规划的协调性评估，包括与上一级规划、上位规划等的协调性评估，如通州区五年规划与北京市五年规划之间的协调性评估；平行性规划的协调和匹配性评估，如验证北京市产业规划和主体功能规划、环保规划之间的衔接等。这就是政府积极探索和推动“多规合一”的部分内容。

三是本级职能部门的工作是否在规划中体现并协调。如：评估北京市“十三五”规划纲要中发改部门、工信部门、国土部门等主要职责是否体现，是否相互之间存在某些冲突或矛盾等。

三、规划分析模型

（一）PDCA 模型

1．模型解读

PDCA 是英语单词 Plan（计划）、Do（执行）、Check（检查）和 Act（修正）的第一个字母，PDCA 循环就是按照这样的顺序进行质量管理，循环不止地进行的科学程序。

P（Plan）计划，包括确定方针和目标，制定活动规划。

D（Do）执行，根据已知信息，设计具体的方法、方案和计划；再根据设计和布局，进行具体的管理与运作，实现预期的计划。

C（Check）检查，总结执行计划的结果，分清责任与原因，明确效果和路径，找出问题所在。

A（Act）修正，对检查结果进行处理，对成功的经验加以肯定，并予以标准化；对于失败的教训也要总结，引起重视。对于没有解决的问题，提交下一个 PDCA 循环解决。

2．模型应用

使用 PDCA 分析模型，可以对政府规划实施方案和行动计划进行目标和方案的制定、方案实施、进度检查和修正等，发现问题，进入下一个计划—执行—检查—修正的再次循环。如：“贵阳高新区低碳发展规划”的规划保障采用了 PDCA 模型，通过对规划目标（P）的分解，强化组织领导和部门职责（D），强化检查（C），强化修正（A）。

研究《潍坊节能环保产业园中长期规划》的 PDCA 模型应用，报告文本的编制技巧分析如下：

为实现潍坊市节能环保产业园预期的规划目标，规划编制组研究确立了产业园组织运行体系，建议成立节能环保产业园领导小组，发改委、经信委、规划局、环保局、国土局、建设局、科技局、财政局、商务局、交通局、农业局等部门参与，建立明确的议事日程和具体职责，进行规划实施、资源协调、重大决策评估、管理、指导与考核。编制各部门工作计划和三年行动方案，做好产业园发展的协调配合、资源倾斜与工作衔接（P，计划）。

为了执行规划方案，建议潍坊市成立产业园发展公司，设立产业园综合管理部、投资开发部和公共服务部等职能部门，制定各部门职责和流程，完善考核机制和具体办法（D，执行）。设立专门办公室。明确产业园发展中心的职权与工作程序，确立行动方案和年度计划，分解落实各项规划目标。规范入园标准和考核机制，开展重点招商和重大项目对接，提高开发速度、工作效率和服务质量。

建议产业园设立投资管理、产业基金、融资担保、物流、物业等专业公司，分工承担相应职责和服务功能。引进智囊机构，参与产业园开发的战略合作。制定工作程序，做好协调与衔接，提高服务效率和决策质量。建议产业园制定三年行动方案，分解细化，与重点产业、规模企业紧密衔接。确保规划目标的顺利实现。

确立产业园实行双链开发模式，推动骨干企业发展。抓好重点领域、重点行业、重点企业和重点项目节能监察，做好新增用能企业的节能监察工作，加强能耗限额标准、高耗能落后淘汰设备、节能评估审查和能源利用状况报告等制度执行情况的监督检查（C，检查）。对于特定产业链的开发模式，具体如下图所示。

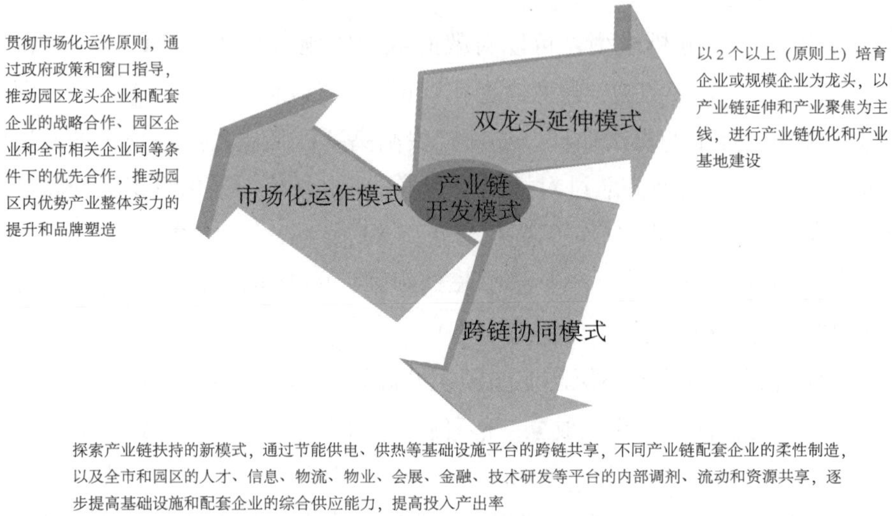

如上图所示，规划编制组建议产业链的开发模式，主要内容如下：

(1) 双龙头延伸模式：以2个以上（原则上）培育企业或规模企业为龙头，以产业链延伸和产业聚集为主线，进行产业链优化和产业基地建设。

(2) 市场化运作模式：贯彻市场化运作原则，通过政府政策和窗口指导，推动园区龙头企业和配套企业的战略合作、园区企业和辖区企业同等条件下的优先合作，推动节能环保产业整体实力的提升和品牌塑造。

(3) 跨链协同模式：探索产业链扶持的新模式，通过节能供电、供热等基础设施平台的跨链共享，不同产业链配套企业的柔性制造，以及园区人才、信息、物流、物业、会展、金融、技术研发等平台的内部调剂、流动和资源共享，逐步提高基础设施和配套企业的综合供应能力，提高投入产出率。贯彻节能环保的核心理念，对高能耗、污染大的配套产品或企业，以产品采购为主，避免由于这类企业入园导致的环境污染。

建议产业园建立完善节能环保长效机制，建立健全节能环保运行管理制度和用能操作规程，实行能源管理岗位责任制，开展节能环保宣传教育和岗位培训。建立能源消费统计制度。建立责任明确、分工协调、一级抓一级、层层抓落实的工作体系，量化具体指标，细化考核措施，制定行动方案，分别落实各部门责权利，强化协调配合，分工负责，齐抓共管，确保规划落实到位。

建议产业园制定绩效评价体系。充分考虑园区组织体系、经济增长、资源产出、减量化、再利用和资源化、污染减量、平台建设、绿色消费、循环文化、保障条件等因素，凸显产业园特征，研究制定产业园建设绩效评价指标体系。

建议完善规划的定期评估和优化机制，进行规划修订和优化，提高规划的时效性和适应性（A，修正）。

通过 PDCA 模型的实践运用，推动产业规划的实施与调整，确保实现规划目标。

笔者为潍坊政府进行了产业园规划讲座，主要介绍了规划编制背景、实施环境、建设基础、规划目标、重点产业链、重点工程、政府与企业实施策略、资源分配、考核评估，以及实施保障等内容。

（二）协同模型

1．模型解读

协同论 (synergetics) 也称“协同学”或“协和学”，是 20 世纪 70 年代以来在多学科研究基础上逐渐形成和发展的新兴学科，是系统科学的重要分支理论。由联邦德国斯图加特大学教授、著名物理学家哈肯（Hermann Haken）1971 年提出，1976 年系统地论述了协同理论，发表《协同学导论》。

协同论研究远离平衡态的开放系统在与外界有物质或能量交换的情况下，如何通过内部协同作用，自发地出现时间、空间和功能的有序结构。协同论以现代科学的最新成果——系统论、信息论、控制论、突变论等为基础，吸取了结构耗散理论的大量营养，采用统计学和动力学相结合的方法，通过对不同的领域分析，提出了多维相空间理论，建立了数学模型和处理方案，在微观到宏观的过渡上，描述了各种系统和现象中从无序到有序转变的共同规律。

协同论是研究不同事物共同特征及其协同机理的新兴学科，近十几年被广泛应用。协同论探讨各种系统从无序变为有序时的相似性。

协同论认为，千差万别的系统，尽管其属性不同，但在整个环境中，各个系统间存在着相互影响、相互合作的关系。其中包括通常的社会现象，如不同单位之间的相互配合与协作，部门之间关系的协调，企业之间相互竞争的作用，以及系统的相互干扰和制约等。

协同论研究从自然界到人类社会各种系统的发展演变，探讨其转变遵守的共同规律。应用协同论，可以把已经取得的研究成果，类比应用于其他学科，为探索未知的世界和经济领域提供有效的手段，还可以用于找出影响特定系统变化的控制因素，进而发挥系统内子系统间的协同作用。

2. 模型应用

各类政府规划、专项规划的“规划保障”报告文稿的研究与撰写，在某些方面较好体现和遵循了协同学模型的基本原理：

无论是规划环境还是资源禀赋，都影响和在某种程度上决定了规划目标的制定与选择。规划目标的实现，需要与其相适应的产业布局、空间规划、组织体系，以及资源匹配、基础设施建设等。基础设施和资源条件的改善，反过来影响和促进了规划目标的完成，或者规划目标的超水平、提前实现。环境、资源、目标、路径和机制等各种要素之间相互影响，相互促进，相互作用，在某些方面又相互衔接，彼此协同。如：北京市“十二五”发展规划提出了环保发展的目标，一方面控制煤炭使用和燃烧，另一方面从协同学的研究视角，确立了调入电、增加天然气、可再生资源等低碳环保类的新能源供应，逐步协调与解决北京市产业发展和生活用能等资源供应问题，北京市“十二五”发展规划报告文稿中阐述为：“加快能源结构调整。大力削减煤炭终端消费，显著提升天然气、电力、新能源和可再生能源利用水平，实现 2015 年优质能源占能源消费总量比重达到 80% 以上。严格限制中心城区燃煤使用，完成三大燃煤电厂和 63 座大型燃煤锅炉天然气改造，继续实施非文保区平房、简易楼小煤炉清洁能源改造，基本实现五环内供热无煤化。2015 年煤炭消费总量力争控制在 2000 万吨以内。积极推进太阳能、地温能、生物质能等新能源和可再生能源的开发利用。”具体如表 14 所示。

表 14　北京市 2015 年能源消费结构表

年度能源种类	2009 年			2015 年		
	实物量	标准量	比重（%）	实物量	标准量	比重（%）
煤炭（万吨）	2664.7	2059.7	31.3	2000	1500	16.8
调入电（亿千瓦时）	512.6	1529.6	23.3	710	2200	24.4
天然气（亿立方米）	69.4	842.7	12.9	180	2200	24.4
油品（万吨）	1269.0	1809.6	27.5	1680	2550	28.3
可再生能源	—	180.0	2.7	—	550	6.1
其他	—	148.7	2.3	—	—	
合计		6570.3	100.0		9000	100.0

（三）标杆管理法

1．模型解读

标杆管理又称为基准化管理、参照管理，起源于20世纪末，是组织提高绩效的有效的方式。它是根据既定规则进行评估、比较的过程，以改进工作程序并取得更高的绩效。标杆管理是动态的过程。

标杆管理的基本步骤如下：

(1) 确定目标和范围。决定标杆管理的项目与优先次序。

(2) 诊断自己。分析内部程序，对在运作的情况全面诊断。

(3) 考察潜在的合作伙伴。

(4) 选择绩效评估标准。挑选容易理解且有普遍性的评估标准，用来衡量选择的程序或职能。

(5) 收集内部数据，实施绩效评估标准。评估当前绩效。

(6) 收集合作伙伴组织的信息，确保数据可靠。

(7) 差距分析。

(8) 借鉴研究对象的经验，缩小差距。运用“借鉴—改造—采纳”的程序选择多个程序，允许作出修改，使其适合组织结构及方法。

(9) 监察结果。进行绩效改善。

(10) 重新修订绩效评估标准。

(11) 回到第一步。作出改善，再次运行上述程序。

2．模型应用

笔者编制《潍坊节能环保产业园中长期规划》时，对日本北九州工业园进行了标杆分析。具体文稿如下：

(1) 基本情况。北九州工业区是日本的重化工业基地，也是世界著名的老工业基地。随着工业化发展，区域环境污染严重，传统产业逐步衰退。政府将“产业振兴”和“环境保护”政策有机结合，通过建设生态工业园实现转型。

北九州生态工业园由中心区、环保企业聚集区、响滩再生利用区和环保研发中心4个功能区组成。

(2) 核心产业。中心区是开展环境教育的基地，如举办环保知识讲座、举办环保技术相关研修、推广。

环保企业聚集区是集中开展环保产业化项目的区域，通过各企业的相互合作，推进区域内零排放型产业联合企业化、成为资源循环基地。特别是建立了复合设施项目，将生态工业园中企业排放的残渣、汽车的碎屑等主要工业废物进行资源化处理，同时，利用产生的热量进行发电，提供给园区各家企业。

响滩再生利用区是市政府开辟的专用土地，长期出租给企业，扶持中小型企业在环保领域发展，由汽车再生区域和新技术开发区域组成。汽车再生区域是由分散在城区内的 7 家汽车拆解工厂集中在一起，集中开展汽车再生使用活动。新技术开发区域有食用油再生项目、清洗剂和有机溶剂再生项目、塑料油化再生项目等。

环保研发中心是专门从事实验研究的区域。企业、政府、大学联合起来进行尖端废物处理技术、再生利用技术和环境污染物质合理控制技术的研发，该中心进行了废纸再利用、填埋再生系统的开发、封闭型最终处理场、完全无排放型最终处理场、最终处理场早期稳定化技术开发、废弃物无毒化处理系统，以及食品垃圾生物质塑料化等多项实验研究。

(3) 园区特点及成功经验。政府大力支持。日本政府制定了支持节能环保发展的优惠政策。北九州还制定了对产业废弃物征税条例，以促进废弃物的减量化、资源化。同时，在政府政策投资银行等融资对象中，对与 3R 事业、废弃物处理设施等建设项目相关的项目给予税收优惠。

完善的法律保障体系。日本在国家层面上，建立了完善的保障循环经济发展的法律体系。鉴于环境问题的严重性，北九州市还制定了比国家规定更为严格的地方条例。

重视科研及人才培养。北九州工业有百年历史，积累了丰富的产业技术及人才优势。1994 年开始构建“北九州学术研究城”，为园区发展提供科技支持和智力支撑。

官、产、学、民的密切协作，共同参与。北九州生态工业园的建设以地方为主体，企业、研究机构、行政部门积极参与，形成了“官、产、学一体化”的生态工业园区管理和运作模式，企业与科研机构、政府之间进行强有力的合作。

(4) 主要借鉴。加强政府引导和政策支持。节能环保产业属于典型的初期需要政府引导型产业，各级政府应继续加强引导和政策支持。

突出特色。北九州生态产业园区产业聚焦在四大模块，有利于突出特色，更好发展。地方在建设节能环保产业园区时，应考虑地方特色，聚焦特色。

政、产、学、研一体化。重视科研，将政府、企业、科研单位、大学紧密地联系在一起。

四、规划编制技巧

（一）实施规范

1．“规划保障”报告文稿围绕规划目标进行描述

“规划保障”报告文稿，主要是系统研究规划目标，总结和提炼规划目标实现的措施、机制、体系，以及资源和服务平台等，并将这些内容重点阐述，为规划审核、进行科学决策，以及上级单位提供必要的产业政策、稀缺资源等提供制度和文件依据。

2．“规划保障”报告文稿重点阐述主要措施或机制

各类发展规划的“规划保障”报告文稿，包含的基本内容和行文格式各不相同。

无论何种风格的“规划保障”，应该重点研究和描述实现规划目标的主导产业、重点工程等实施策略，需要出台的各种政策、组织机制、资源分配、服务平台、运行模式与开发机制等。

3．可以探索规划有效性和适应性等评估

在各类规划保障体系的构成要素中，需要创新、探索和增加规划的有效性、匹配性等评估。主要考察和评估：规划是否有适时更新的机制，规划是否有灵活性，规划是否有沟通能力，规划是否有协调性等。通过上述要素评估，对已有规划得出有效性结论，提交有关部门决策参考。

（二）操作要领

1．“规划保障”文稿要体现规划对象的特征和基本规律

政府发展规划有行业特殊性，政府职能既有经济性，也有社会性。“规划保障”体现特定发展规划的地域特征、行业特征。同时，符合特定规划的经济规律，如：节能环保规划与生态文明产业政策、能耗监测机制等相关。

2．“规划保障”文稿要语言简洁并体现专业性

“规划保障”应该言简意赅，有政策高度和一定的专业性，尽量避免使用偏僻或者不规范的日常用语。

3．规划保障要与国家政策法规和地方产业政策保持一致

由于国家政策法规、地方条例和产业政策等对于经济和产业园发展有限制和阶段性的强制约束。编制规划保障措施时，需要结合政策法规，研究有关禁止性条款，并保持政策的一致性与合规性。如：前些年各地政府出台了产业投资和产业园投资税收、土地和招商激励等区域性政策。2014 年前后，国务院和有关部委出台管理规定，要求取消和废止有关地方政策，规范区域开发的外部环境，这就要求在编制规划保障时，需要研究新的政策，分析新的环境，进行适时的政策调整和措施优化，避免与上级法律或规定冲突。如：笔者负责修订编制山东省聊城市“十三五”规划纲要，系统研究了国家战略和山东省区域战略关于聊城市战略定位，结合聊城市经济、社会发展实际，建议聊城市强化生态与旅游资源建设、提升运河文化、养生文化、水浒文化、会馆文化、生态循环农业的发展层次，积极塑造优势产业新特色、新模式，需要强化规划的组织领导，优先开发重点工程，不断完善资源供给等规划实施的保障体系，进而修订完成了《聊城市“十三五”规划纲要报告（修订）》，具体报告目录如下所示。

案例：山东省聊城市镇“十三五”规划纲要（修订）报告目录

第一章　实施创新驱动战略
第二章　推进农业现代化
第三章　实施新型工业化
第四章　促进服务业跨越发展
第五章　实施互联网＋战略
第六章　深化各领域改革
第三篇　坚持协调发展　构建融合跨越新聊城
第一章　推动多层战略协调
第二章　加快城乡统筹发展
第三章　协调两个文明建设
第四章　加强基础设施建设
第五章　推进军民融合发展
第四篇　坚持绿色发展　建设休闲宜业新聊城
第一章　构筑完善的生态体系
第二章　强化环境综合治理
第三章　推动低碳循环发展
第四章　节约利用资源能源
第五章　落实主体功能区规划
第五篇　坚持开放发展　形成包容合作新聊城
第一章　加大境外招才引智力度
第二章　提高引进利用外资水平
第三章　加快建设“海外聊城”
第四章　创新优化外贸发展方式
第五章　发挥外贸平台支撑作用
第六篇　坚持共享发展　构建民生共享新聊城
第一章　实施精准扶贫战略
第二章　促进就业创业
第三章　全面提高教育水平
第四章　推进健康聊城建设

第五章　完善社会保障体系

第六章　提升人口综合素质

第七篇　坚持依法行政　构建文明诚信新聊城

第一章　强化依法执政建设

第二章　创建国家级社会信用示范城市

第三章　建设平安智慧聊城

第四章　建设高品质聊城

第八篇　完善规划实施保障措施

第一章　实施战略提升计划

第二章　完善规划实施机制

（注：这是修订版目录，最终定稿可能有较大改动，特此说明）

第十三章　规划执行检查

一、规划执行依据

（一）基本要素

规划执行指按照规划确定的指导思想和发展目标，对规划既定的重点任务、主导产业等，进行有计划、有步骤的分解落实，配置必要的资源，通过实施主体的参与和具体行动，推动预期目标的实现。

（二）理论依据

规划执行主要依据既定的规划目标、确定的工作任务、资源与能力、部门职责分工，以及本单位相关工作计划等予以统计、监督、评估、考核和兑现奖惩。其理论依据有委托代理理论等。

委托代理理论是制度经济学契约理论的研究要点之一，委托代理关系指一个或多个行为主体根据一种明示或隐含的契约，指定、雇用另一些行为主体为其服务，同时授予后者一定的决策权利，并根据后者提供的服务数量和质量对其支付相应的报酬。授权者就是委托人，被授权者就是代理人。

在对称信息情况下，代理人的行为是可以被观察到的。委托人可以根据观测到的代理人行为对其实行奖惩。此时，帕累托最优风险分担和帕累托最优努力水平都可以达到。

在非对称信息情况下，委托人不能观测到代理人的行为，只能观测到相关变量，这些变量由代理人的行动和其他外生的随机因素共同决定。委托人不能使用“强制合同”迫使代理人选择委托人希望的行动。委托人选择满足代理人参与约束和激励兼容约束的激励合同以最大化自己的期望效用。

二、规划执行要点

（一）基本要素

规划执行需要有明确的战略定位、规划目标、组织体系、行动计划、责任分工、评估机制、基础设施、公共服务、激励考核及相关配套体系等。它是 PDCA 分析工具中“监督检查”（Check）的具体体现。

规划实施过程中可以探索和使用 PPIP 模型、MEANS 等予以分析。其中：

PPIP 模型强调对过程和决策条件的评估，其实质是对规划过程的不同选择做出评估。根据不同决策要素的区别，设立政策、规划、项目或计划三类评价要素，借助模型，进行多个要素分析和评价，建立政策与规划的评价框架体系。

MEANS：欧盟实施的一种规划评估模型，主要基于关联度、效率、有效性、效用 4 个主要指标和目标清晰度、目标内部一致性、目标外部一致性 3 个辅助指标，进行规划综合性评估。

（二）研究要点

为了实现特定规划目标，建议规划实施的资源支撑体系，具体包括但不限于：准入条件、管理机制、产业扶持办法、招商策略、服务平台、公共购买、办公体系、交通居住、配套设施、示范基地等。具体如下图所示。

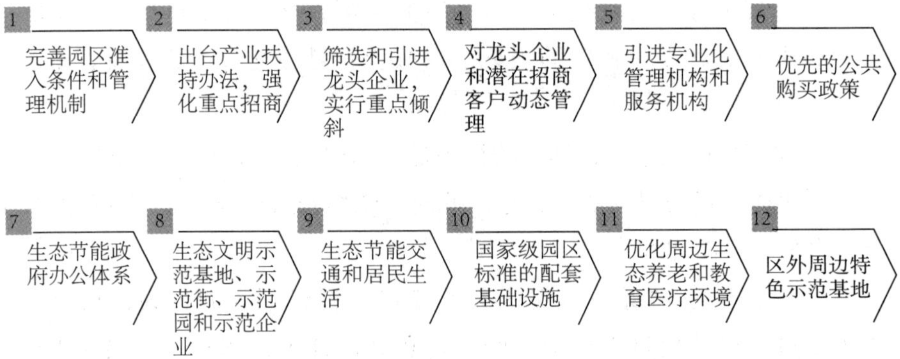

如上图所示，规划执行是一项复杂的系统工程，工作内容包括但不限于组织领导、政策约束、产业扶持、招商机制、专业机构引进、公共购买、生

态办公、示范基地、配套设施、特色基地等重点项目建设和工作推进。

政府规划的执行、评估与修订需要有稳定、有效的组织机制和运行体系。笔者在总结各类地方规划的组织机制、运行模式基础上，归纳了规划执行需要构建的组织体系，具体如下图所示。

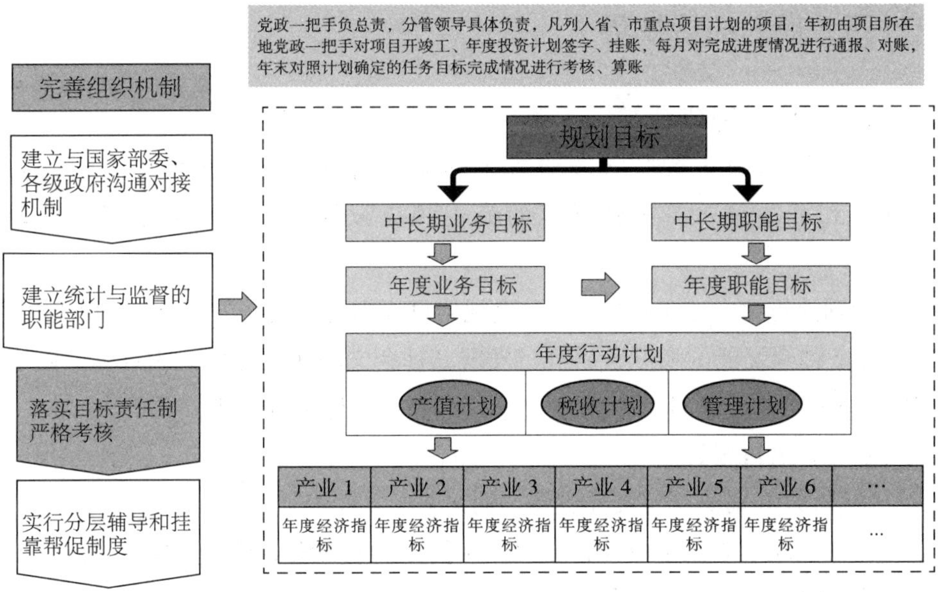

上图说明了规划执行的组织体系和目标分解的基本原理与主要构成。

三、规划分析模型

（一）规划分解

通过对政府规划主要目标和重点任务的分解，实现各级政府部门、各岗位的工作任务与规划项目的衔接，据此制定年度计划，确保政府规划的实际执行。

（二）责任考核

根据规划任务和责任分解，确立相应的行动方案，制定考核措施，进行过程跟踪，制定并实施业绩考核办法，推动政府规划目标和工作任务的落实与执行。

（三）优化提升

根据政府规划阶段性考核结果，进行经验总结和工作分析，对存在的问题或缺陷进行优化与修订，研究出台规划实施、责任分工管理办法与考核机制，提升规划执行的质量。

四、规划执行技巧

（一）实施规范

各类规划的执行应该按照既定的规划行动方案，根据各类组织领导体系和职责分工，实施规范的流程和决策程序，与日常经济管理相结合。

规划执行要突出工作重点，注重规划目标和优势资源的匹配性、协调性，立足经济社会发展的实际，以经济发展、社会文明和改善民生为目标，以法律法规为准绳。要注重各类规划的协调和衔接，避免各类规划脱节。

（二）执行要领

1．做好规划执行与责任主体挂钩

为了实现规划预期目标，避免工作任务没人负责的现象，需要根据规划实施的有关需求，进行工作任务和责任分工。

按照政府职能部门的工作范围，制定政府规划实施的操作流程与考核办法，与政府部门考核、与个人收入晋升等紧密挂钩。如：笔者编制的保定市徐水区“十三五”规划报告，提出了完善“十三五”规划纲要的标准和程序：建议徐水区委、区政府主动研究并制定徐水区和各乡镇政府、发改局等职能部门、各业务领域的规划实施考核细则，做到落实有标准，评估有体系，考核有制度，确保规划实施与管理的规范性、科学性和严肃性。

2．做好规划执行的全过程、全方位跟踪

分解规划目标和重点阶段，制定规划执行的具体计划，分解到有关部门和人员。建立运行机制，对重点项目、重点企业实行全过程跟踪和全方位服务。通过动态跟踪与全过程服务，提高产业聚集与开发效率，提高规划执行质量。笔者编制的山东省聊城市和河北省保定市徐水区等“十三五”规划纲要报告中，均建议当地政府研究并尽快制定适合自身需要的五年规划纲要编制、执行、评估等流程，明确各级领导、各部门等职责和权限，议事规程、工作标准等，分解落实规划重大事项、重点工程和主要任务，确保责任明确，分工到部门、到岗位，确保规划实施不留死角、不相互扯皮。

3．重点解决规划实施的工作难点

规划执行的不同阶段，可能在不同的研究领域，存在规划执行的某些障碍、工作难点和阻力等。经常组织开展产业研究，聚集有效资源和核心团队，积极突破、协调解决。如：在产业园建设的前期，一级土地储备和基础设施建设等可能是该项工作的难点与重点，各级政府可以成立工作组，出台有关政策措施，积极协调和妥善解决。在产业园开发进入成熟期，产业招商和项目融资可能是地方发展重要的工作，政府可以将规划执行的重点放在组织资源和人员进行重点招商、构建融资平台，帮助企业进行项目融资和上市融资等方面。

招商引资是各地规划执行的重要内容，也是产业聚集的工作难点。地方政府应该集中精力，分解工作任务，聚集优势资源，统筹规划，积极突破。实际工作中，可以与产业链构建和产业聚集结合，进行统一的招商部署。具体参考思路，如下图所示。

针对不同产业园的主导产业链，进行差异化的链条延伸与招商，通过建设、增补、强化产业链等措施，推动产业聚集和产业基地打造

“建链”招商	补链招商	强链招商
针对战略性新兴产业，通过引进产业中具有核心地位的龙头企业，或以重点企业为基础，辐射、延伸，建立全新的产业链条，培育有竞争优势的战略性新兴产业集群，为产业园建设积蓄动力。如：长城新能源汽车的产业链建设	围绕产业链缺失的高附加值环节，紧抓“微笑曲线”的两端企业，将传统优势产业链延伸、补缺，做大规模，做优配套，实现产业关联发展需要。如：化工园区依托现有重点化工企业，围绕石化、盐化、煤化融合发展，引进石油化工、盐化工、精细化工、化工新材料、生物化工等国内外知名企业，延伸拓展产业链条，提升产业价值链	通过注入科技、信息化和品牌元素，促进产业不断精细化、高端化，加快主辅分离，发展总部经济，推进现代服务业态做强做大，打造企业总部基地，建成引领产业发展的高地。如：依托综合保税区，围绕搭建物联网、电子商务等公共物流信息平台，引进大型物流企业或管理企业，打造现代物流产业

根据上图的产业链招商思路，各地政府和产业园可以针对不同发展阶段的产业链，进行各自的建链、补链和强链招商。

4．做好规划执行的业绩考核

政府规划的执行需要构建规范的约束机制与考核体系，需要有专门的部门或机制，予以督促和考核落实。在实施规划执行时，可以从规划执行状况、规划执行的责任主体工作效果两个维度进行考核。对于规划执行的责任主体考核，可以分为政府职能部门与岗位个人考核等层面，予以分解落实，并与分管部门、个人的业绩考核、工资发放和职务晋升等挂钩。

第十四章　规划效果评估

一、规划评估依据

（一）基本要素

规划评估最早来源于对城市规划执行情况进行的评价。其内涵在于，通过对城市环境、经济、社会以及基础设施等的变化对方案进行系统性评价。

规划评估分为实施前评估与规划实践评估等阶段。其中：实施前评估包括：选择备选方案、分析规划文本等，实践评估包括：研究规划行为、描述规划过程、规划实施结果评价等。还有人将评估分为三个阶段：第一阶段，对没有实施的规划方案进行测试，这种测试属于事前行为，称为规划实施前评估，又叫“预估”；第二阶段，对规划实施过程中的行为和效果进行“监测”，便于动态地修正规划行为与目标发生的偏差；第三阶段，规划实施之后的“评估”，对规划实施的各种项目进行系统回顾，考核目标实现程度，对结果进行反馈。三阶段的规划评估方案是当前很多规划研究人员和政府部门认可的评估分类方法。

2003 年英国皇家财政部出台了指导性准则，规范各部门制定规划或有关政策的实际行为。这些准则将各类规划或政策的制定过程实行了规范化，其基本步骤包括：方案可行性研究→确立目标→预估方案→监测实施过程→评估实施结果→反馈评估信息。

规划评估的主要目标在于确定特定规划方案，掌握规划实施的进展与成效，分析归纳规划实施的经验与问题，促进规划考核与规划执行。

规划评估的基本依据，一般包括：政策法规、总体规划或上一级规划、本规划，以及规划执行期出台的上级最新政策、上层综合性规划等。

规划评估属于规划执行期间的重要工作，它是 PDCA 模型的重要一环。

通过规划评估，检验规划实施效果，分析规划执行中的问题，为更好优化和执行规划提供决策依据。具体如下图所示。

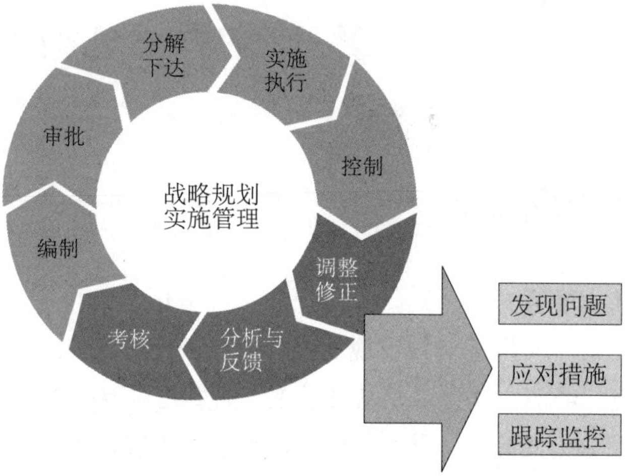

规划考核的目标在于，分析比较规划目标任务承担组织或个人实施规划的成绩与差距，推动规划实施，提高规划执行效果。规划考核的主体是上级部门或者负责监督考核的部门。

国家政策规定总体规划需要进行强制性评估，如：《国家发展改革委贯彻落实主体功能区战略，推进主体功能区建设若干政策的意见》规定："开展主体功能适应性评价。编制产业发展专项规划和重大项目布局，要与主体功能区规划相衔接，视需要开展主体功能适应性评价，使之符合各区域的主体功能定位……强化主体功能区建设进展情况的跟踪评估。"

在智慧政府的推动过程中以及互联网时代，云应用、大数据广泛应用，政府规划的评估方法和操作模式等可能要作出创新和深层改革。未来政府规划评估可能要探索结合大数据进行分析评价的"导航路径"，全面分析和剖析发现规划前期没有关注的绩效盲点，如例外绩效、异常绩效等，通过异常要素的系统研究和数据评估，适当调整规划分析的结论和方向，尽可能降低评估的偏见、惯性思维、时空局限等造成的干扰和不良影响。

（二）理论依据

现代规划评估理论主要遵循理性规划理论和交互规划理论两条线索。

理性规划理论倡导在社会资源的耗费与规划目标之间建立相互匹配的关系，其途径是在清晰界定规划目标的基础上，采用最为经济的方式来实现规划目标。理性的规划评估过程主要是设计一套评估方法，建立规划评估模型，度量规划目标的实现程度，“工具理性”的主要方法是“成本收益法”。英国审计委员会 1983 年开始将“3E”原则作为规划项目评估的基准，注重经济性 (economy)、高效性 (efficiency)、有效性 (effectiveness)。在理性规划的基础上，西方规划学界提出了渐进式规划理论、倡导式规划理论、规划实施理论和战略规划理论等经典理论，逐步形成了新的规划理论体系。

“交互规划”是将利益相关者同规划目标之间建立起有机联系，使用协调机制解决二者之间的利益关系的规划方法。它与理性规划的最大区别在于，将政治要素融入规划制定和实施过程中，如：在规划实施中重点考虑了民主因素，通过公民投票决定规划的合理性。在交互规划理论指导下，规划的主要任务在于，将各种主观评价考虑到规划的制定和实施当中，试图建立有效的协调机制推动规划的全面实施。交互规划评估集聚了多种具体操作方法，如自然反馈法、多元模型法、设计法等。

规划评估有定量法和定性法。在规划评估中，指标是评估的基础，指标的合理设置是评估结果能否反映客观现实的关键。关于规划指标选择，西方规划学者提出了“五条标准”(Coombes，Raybould and Wong,1992)。满足数据的可获得性；可以用于空间横向对比；指标要内含时间概念，具有动态的纵向可比性；指标要易于操作；指标要易于转化，容易解释。对于那些不能通过指标量化的评估对象，通常使用定性描述判断实际效果。

目前，在规划实践中，通常采用 LFA 方法、UNCSD 的 PSR 理论模型、IISD 环境经济模型等分析工具，探索构建各类规划的评估模型体系。

二、规划评估要点

（一）美英国家评估体系

自 20 世纪 40 年代起，美国、英国等西方国家针对政府公共部门的规划与政策执行情况，开展政府绩效评估，形成较完善的评估体系和评估方法：

英国、美国城乡评估体系一般分为两个层次、三个阶段。其中：“两个层次”指国家区域层次的统筹指导，以及地方的贯彻执行。“三阶段”指项目前期阶段的规划编制评估，进行项目的环境影响、交通影响、土地价值评估等评价；规划实施过程的评估，项目建设阶段进行分阶段评估，监测评估项目运行情况，提出改进计划编入行动计划；规划项目建设完成后项目质量、效益的追踪评价。

1. 美国规划评估体系

美国的城乡规划体系大体上分为：上层次的综合规划对下层次的实施规划起到指导作用，它是土地利用决策的依据。规划评估体系包含国家指导性层次规划评估和地方实施性层次规划评估。

其中：

环境评估贯穿两个层次的规划。指导性层次规划评估综合规划的专项评估、区域性环境影响评价、城市总体规划定期评估、社区与邻里规划评估。城市总体规划在固定时间期限内进行评估、调整。

美国实施性规划是开发控制的法定依据，又称法定规划。这一层次的规划由于上层次总体规划调整、地块周边情况发生重大变化、原编制程序不合法三种情况之一，可以由土地所有者或其他人提出修订要求，再按原程序编制与审批；城市设计导则基本固定，任何人提出调整要求均可以进行，但程序复杂，必须按原程序审查、审议。

实施性层次的规划评估包含：土地评价和区位评估、环境影响评估、城市增长管理、城市土地再开发评估、城市更新规划评估、城市专项规划评估、城市行动计划策略实施评估等。

规划期初，纽约市通过环境风险评估，制订统一标准，建立专门的城市管理部门负责监督的规划、检测和处理等手段，使特定项目的运效和顺畅。

规划期中，美国市长议会拟定关于项目将开发年度报告，以后每年评估报告，调查每个城市的项目开发情况。在进行评估的过程中，把政府、商业和社区连接到一起，成为有伙伴关系的利益共同体。通过利益共同体参与评估，将环境修复、合理的规划、社区参与结合。通过年度评估，评估项目进展情况，提出下年目标，针对进度与目标提出新的计划。

规划期末，通过评估项目产生的就业机会，遵循前两次评估指导意见进行实施后，显示经济效益和综合效益。

2．英国规划评估体系

2004年英国确立的规划体系包括区域空间战略和地方发展框架两部分，英国规划评估体系包含上述两个层次规划的评估。具体如下图所示。

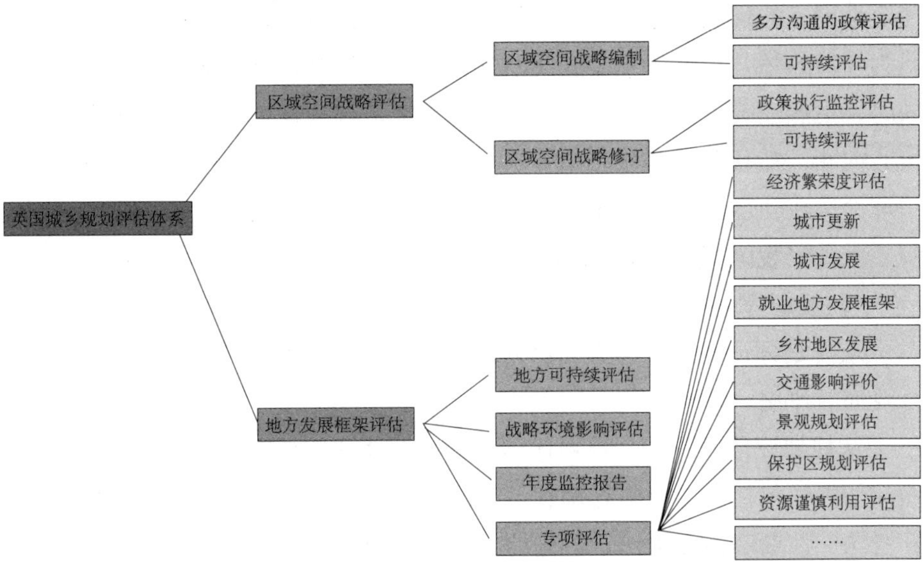

区域空间层面的规划评估分为区域空间战略编制评估和区域空间战略修订评估两个阶段三次评估：根据《城乡规划条例（区域规划）》，其中《可持续性评估》贯穿区域空间战略编制实施修订的整个过程；在区域空间战略的编制阶段，进行“多方沟通的政策评估”；在区域空间战略的修订阶段，进行“政策执行的监控评估”。其中《可持续性评估》(SA) 包含维持高和稳定的经济增长和就业水平、个人实现社会抱负的进程、环境的有效保护和资源的谨慎利用四个方面的评估。

英国发展框架的《地方发展文件》和《补充发展文件》按照英国《城乡规划法》和欧盟法律的规定进行《可持续性评估》（SA）和《战略环境影响评估》。一般评估介入时间为规划编制前；每个地方政府建立《年度监控报告》(AMR) 制度，每年年末对地方发展框架实施情况进行评估。地方政府进行交通影响评价、景观规划评估、保护区规划评估、资源利用评估等专项评估，评估年限可分为 2 年、3 年和 5 年。

美国、英国规划评估实践对于我国规划评估的主要借鉴是：绩效评估逐步走向制度化、法制化，绩效评估主体多元化，评估主体逐步趋向公民导向，评估技术更加成熟。

近年来，以理性与效率为标志的传统型评估向以交互性为特征并掺杂不确定性因素的现代评估转变，评估要素强调原始方案的系统性特征，且将其视为评估的核心指标之一，以便消除盲目追求社会福利或集体收益最大化。同时，更加注重信息手段和公众的意见反馈。规划评估更加注重把握规划的核心内涵，并且采用多种评估方法；规划评估标准进一步全面、系统化；评估理论呈现动态化方向发展。

（二）我国规划评估内容

1．规划评估模式

从规划评估实施者来看，规划评估包括：自我评估、第三方评估或上级行政部门评估。

从规划评估操作看，规划评估包括：定性评估和定量评估等。其中：定性评估方法包括：专家问卷调查、群众调研法等；定量评估方法包括：对比分析法、计量统计分析法。定量评估是利用数量计算等方式进行规划实施效果的评估。

从空间评估看，定位评估法是空间分析的一种方法，定位分析实质是空间单元上的指标运算，包括基于GIS的叠合分析、缓冲区分析和连片度分析，以及基于景观生态指数的破碎度分析等。其中：

空间叠合分析。指利用GIS空间叠合分析计算允许建设区空间偏离度、禁止建设区使用情况、基本农田地类构成和生态空间建设用地减量化程度等指标。通过GIS空间分析中擦除或裁剪操作获得空间上布局在允许建设区、禁止建设区、基本农田保护区和生态空间范围内的新增建设用地、耕地、现状建设用地面积，判断用地的空间分布与规划的一致性程度。

空间缓冲区分析。指利用GIS缓冲区分析计算交通用地通达度、通达度为交通用地缓冲区面积占土地总面积的比例。比例越大表明交通用地服务或影响的范围越大。计算步骤包括：①获取评估区域道路数据，主要包括国道、省道、县道、乡道等线状数据；②高速出入口、港口码头、火车站、机场等点状数据；③按不同缓冲距离分别对线状和点状道路数据建立缓冲区、统计缓冲区面积、计算其占评估区域总面积比例。

连片度分析。基本农田连片度指基本农田图层中地块在空间上的相对相连度。两个地块在空间上相隔的距离越小，它们的连片性就越高。当它们的距离小于一定阈值时，认为连片。

破碎度分析。土地利用总体规划强调切实保障生态用地建设，但实施中受自然或人为因素的干扰。原来连续的景观要素经外力作用后逐步变为许多彼此隔离的不连续的斑块镶嵌体，破碎度是对景观破碎程度的度量。

2．评估体系

按照规划评估的时序，规划评估体系包括：前期评估、中期评估和后期评估。

其中：

前期评估对规划及政策的科学性进行评估，确定是否继续实施；中期评估对规划的实施和完成情况评估，确定规划是否合理及改进措施；后期评估是评估规划与政策实施效果，为出台新的规划与政策提供借鉴。

评估指标选择是规划评估的重要工作，可以采取四个步骤进行评估指标的操作选择：

一是全面认识评估内涵。主要包括五个方面，即项目的基本含义、评估的主要目的、涉及的主要问题、空间单元优化、构成环境的要素。

二是构建评估框架。评估框架由规划部门统一设定，或者由评估者确定。

三是确立评估指标。在明确指标内涵的基础上，选用量化指标对核心要素进行度量，对给定的指标作出清晰的定义；将指标形成有逻辑的序列，按照指标选择的“五原则”对指标进行提炼。

四是建立指标索引。建立指标索引的目的是对指标分类，主要分为加权性、非加权性、回归分析、多元分析及其他等指标类型。

3．评估绩效

评估规划效果的前提是制定并确认政府绩效与规划绩效。

在管理学中，绩效定义为从过程、产品和服务中得到的输出结果，并将该输出结果与目标、标准、过去结果、其他组织的情况比较，对该输出结果进行评估。绩效评估是识别、观察、测量和评估绩效的过程。

政府绩效指政府在社会经济管理活动中的结果、效益及管理工作效率、效能，是政府在行使其功能、实现其意志过程中体现出来的管理能力，它包含了政治绩效、经济绩效、社会绩效、文化绩效。 政府绩效指政府在积极履行公共责任的过程中，在讲求内部管理与外部效应、数量与质量、经济因素与伦理政治因素、刚性规范与柔性机制相统一的基础上，为获得公共产出最大化。

绩效评价指标是对政府部门进行评价的依据和标准，建立一套科学、全面、可行的评价指标体系是开展政府绩效评价的核心和前提。

关于绩效评估，美国会计总署率先建立了以经济(Economy)、效率(Efficiency)和效益(Effectiveness)为主的3E评价法。后来，政府绩效评估体系加上了公平(Equality)指标，逐渐发展为福林1997年概括的4E评价法。新公共管理运动以来，西方政府绩效评估的价值一般体现为公共责任、顾客至上与投入产出的价值。我国现代意义的政府绩效评估始于改革开放时期。从20世纪80年代的目标责任制到21世纪的科学发展观，再到最近几年的绿色发展、协调发展等。政府由权力集中者变为社会服务者，政府绩效评估价值导向由经济效率、投入产出最大化，向兼顾效率公平、公众满意度和服务质量等多元化方向发展，逐步探索基于各种先进模型建构的多元、均衡的指标体系。

政府规划的效果评估和政府绩效评估有很多交叉的指标和相类似的理念。政府规划效果（绩效）评估跟规划目标与职能相一致，政府规划目标是实现特定的税收与GDP等经济效益，实现特定的社会功能，如：生态环保、居民就业、基础设施建设等综合效益。

4．评估内容

各类发展规划、五年规划、专项规划、土地利用总体规划、控制性详细规划等各类规划的评估的标准与内容可能不同，评价重点存在差异。但是，各类规划评估内容一般包括：对规划编制、规划执行的政策、环境与制度变化、规划目标的具体进展、重要指标的完成情况，重点工程进度与缺陷、主要任务的进展等对比分析，对规划执行存在的问题等深入研究，对下一步规划期内可能实现的目标等进行预测，提出规划改善建议和具体策略。如：对“十二五”绿色发展规划的期中评估，包括对规划基期、上一个规划期、本规划执行期等候数据和指标等进行评估与对比，分析主要原因，研究具体策略。具体示例如表15所示。

表 15 生态保护与实际执行对比

年份	2000	2005	2010	2011	2012	“十五”年均变化	“十一五”年均变化	2010—2012年年均变化
造林总面积（万公顷）	510.5	540.4	591	599.7	601	5.4	1.8	0.8
森林覆盖率（%）	16.55	18.21	20.36	20.91	21.09	0.3	0.4	—
森林蓄积率（亿立方米）	112.7	124.6	137.0	139.5	140.4	2.0	1.9	—
自然保护区面积（亿公顷）	9821	14995	14944	14971	—	8.8	-0.1	—
湿地面积（万公顷）	—	3489	3489	3489	3489	—	0	0
水土流失治理面积（万公顷）	8061.1	9465.5	10680	10966.4	11386.4	3.2	2.4	3.3

表中，生态保护的评估项目包括：造林面积、森林覆盖率、森林蓄积率、自然保护区面积、湿地面积、水土流失治理面积等指标，分析年份包括 2000 年、2005 年、2010 年、2011 年、2012 年数据和比较，以及“十五”变化、“十一五”变化和评估期间的 2011—2012 年变化情况，进而说明规划执行情况，并分析原因。

5．评估报告

规划评估报告内容与文稿格式可以有不同风格，一般包括但不限于：

(1) 评估依据和背景说明：主要阐述规划评估的基本文件和政策依据、评估范围、评估期限，以及有关事项。

(2) 规划评估期内的基本情况描述：主要描述评估期内规划执行和有关环境变化等。

(3) 总体评价：一般说明评估期内对规划执行的总的评价和成绩、存在的问题，以及有关核心对比数据和资料。

(4) 分项目评估：一般研究主要行业、重点领域或核心指标等具体分析和实际执行情况比较等。

(5) 政策建议：一般根据评估结果，作出对未来一段时期内规划执行的具体建议和有关策略等。

6．规划过程动态评估标准

规划过程动态评估标准｛（借鉴吴江、王选华：“西方规划评估：理论演化与方法借鉴”（国外规划研究）的翻译资料｝一般可以分为八个层次，分别是：规划制定的背景介绍、规划涉及的基本问题、规划制定的程序、规划适用的范围、规划实施中的指导、规划使用的数据与方法、沟通的程度、规划方案的格式。

(1) 背景介绍。规划背景介绍一般包括：规划制定依据的政治和法律背景；在规划编制过程中，管理机构关于编制工作的指示精神；在编制规划过程中，规划编制准备机构发挥的作用；规划编制背景提供的有用信息；规划的服务对象；编制规划的目的等；评估规划的类型和范围；编制规划的资金来源；编制规划耗费的时间。

(2) 基本问题。规划涉及的问题主要包括：按照参评规划类型，规划的编制者是否清楚规划形成全过程适用的方法；规划中设置的各项标准是否清楚；规划是否确定了方向和目标；规划是否提出了具体问题；规划的基调（综合性、渐进性还是倡导性）是否与制定过程中使用的方法相互协调；综合性规划需要考察该规划的整体性是否完善，规划与其他规划之间的衔接程度，以及在规划制定过程中是否与相关部门有横向沟通，与上级主管或区域性部门有充分的联系；规划是否考虑了基础设施承载能力及地区结构体系的容量；规划是否提出了解决问题的多种选择方案；方案选择的依据是问题导向解决问题，还是确定了差异性思路。

(3) 制定程序。规划评估应考虑规划编制的程序是否规范，主要包括：规划编制人员、选择规划编制者方式，以及规划编制形式；在制定政策或行动计划中，规划制定者使用模型、数据及其他信息准确性；在规划制定时，是否成立了咨询小组，并就规划制定工作征求小组的意见，是否将规划草案征求社会公众意见等。

(4) 规划范围。规划范围指用于阐明规划与其他系统之间的相互关系涉及问题的范围。主要包括：一是所有可能、应考虑的问题，如资源、社会、政治、市场、文化等；二是规划效益与公平问题，主要包括成本与收益的分配，或者如果重新分配或相互交换可能带来的问题，法律影响，甚至政治环境等。

(5) 规划实施。主要用于检验规划的实施是否恰当，主要包括：在规划制定时，是否考虑了优先顺序、实施成本及时间规定；是否规定了实施进度、协调机制及预期目标的实现程度；是否制定了规划实施计划；是否明确了规划实施机构并具备实施规划的能力。

(6) 数据支撑。主要从方法论角度评估规划的制定情况，主要包括：规划是否有广泛、可靠的数据，是否有灵活的方式允许新数据，或数据调整，评估数据设计的弹性；数据来源是否详细标注；数据是否满足规划需要，是否具有研究意义；是否就规划方法进行了详细介绍，标注了资料来源。

(7) 沟通程度。主要反映规划的制定过程中，规划制定者与内外部的联系密切程度：规划委托人或规划接受对象是否明确；根据阅读对象特征，规划内容是否明确；规划决策是否可靠；规划建议及结论与目标是否相符；是否设置了规划评估的标准。

(8) 方案格式。评估规划方案使用便利性、外观完整性，主要包括：规划文件是否适度，格式是否便于阅读和使用；规划目录与页码是否完整，是否标注了规划制定者姓名；是否标示了规划实施日期，规划图纸功效是否最大，规划文本排版是否美观。

（三）目标一致性评估

1．模型解读

目标一致性评估指基于已有发展规划和实践进展，在特定规划执行一定阶段之后，对规划执行的措施和效果进行评估。

2．模型应用

目标一致性评估的主要评估原则包括：对规划期初的指标数据和评估期末的指标数据等进行纵向比较的增量评估等。如：区域“十二五”规划纲要建立的指标体系，一般包括：经济增长、经济结构、科技创新、改革开放、人民生活、公共服务、资源环境等主要领域，确定的主要指标有几十项，其中又分为预期性指标、约束性指标两大类别。与以往规划期限和年份比较，不同地区比较等，取得的成绩，存在的问题，以及未来的建议等。规划考核方法一般采用重要性排序的方法。

进行特定城市空间与规划目标一致性评估。如：采用城市重心法、椭圆离差法、空间分异法、空间扩展性等分析城市空间结构、城市外部空间形状和用地边界变化等，与本地区、本城市有关规划是否相符。追求效益和价值最优是城市发展和规划评估的重要目标，主要研究经济效益、社会效益和环境效益。

（四）对比分析法

1．模型解读

主要是针对特定规划确定的规划期和主要指标数据等，进行规范的年份和特定期限的对比，分析规划评估期内的业绩和经济变化等，为规划执行效果和采取的措施等提供评估效果判断。

2．模型应用

笔者及研究团队对中关村软件园十年战略执行情况进行评估。笔者选择了国内外经典产业园的主要数据和规划指标，测算中关村软件园发展战略执行十年的数据和规划设计数据，进行了指标对比与综合分析，归纳提出了中关村软件园一期开发和二期项目建设的主要问题与缺陷，形成了中关村软件园战略规划评估报告，对于指导该产业园和其他产业园的开发有借鉴意义。

（五）层次分析法

1．模型解读

根据各类规划评估的层次关系，进行指标设计和具体分析，进而对规划评估期的工作成效等作出评估报告。

2．模型应用

土地利用总体规划实施评估内容，主要包括：规划目标实现程度、土地利用结构与布局、耕地与基本农田保护、生态用地保护、土地节约集约利用、规划实施社会效应、制度建设情况、规划背景变化情况，以及规划修改情况等。

按照层次分析法，将土地利用总体规划评估体系分为：

(1) 目标层：土地利用总体规划实施评估；

(2) 准则层：反映土地利用总体规划执行力、控制力、效益和效力的主要因素；

(3) 措施层：由直接度量准则层的单项指标构成。

一般来说，某各类规划评估重点和操作模型有所区别。

（六）逻辑框架法

国际通行的评估方法为逻辑框架法 (PR5)，逻辑框架法是由美国国际开发署 1970 年开发使用的设计、计划和评价的方法，是目前国际广泛应用于各类规划的策划、分析、管理与评价的基本方法。具体如表 16 所示。

表 16　逻辑框架的内涵与关系

层次纲要	客观验证指标	验证依据	拟定条件
目标／影响	目标／指标	检测监督手段与方法	实现目标的主要条件
目的／作用	目的／指标	检测监督手段与方法	实现目标的主要条件
产出／结果	产出物／定量指标	检测监督手段与方法	实现产出的主要条件
投入／措施	投入物／定量指标	检测监督手段与方法	实现投入的主要条件

三、规划评估技巧

（一）实施规范

遵循规划评估的一般程序，建立规划评估的标准，由有权部门组织实施，按照规范的流程组织上报和提交审批。如：北京市“十二五”规划制定了规划评估的基本程序与规则：“完善监测评估制度。加强对规划实施情况跟踪分析，自觉接受市人民代表大会及其常务委员会的监督检查。市政府有关部门要对重点领域的发展情况适时开展专题评估。在规划实施的中期阶段，由市政府组织开展全面评估，并将中期评估报告提交市人民代表大会常务委员会审议。根据中期评估情况以及国内外形势变化需要进行修订时，由市政府提出意见，报市人民代表大会常务委员会批准。完善统计制度，加强对节能减排、劳动就业、公共服务、收入分配、房地产等统计工作，为监测评估和政策制定提供基础。”

（二）评估要领

规划评估要针对规划确立相应的参考标准、规范的程序和规划评估重点，并且对评估结果作出技术的处理和修正。

1．重点评估重要产业或社会普遍关注的指标

对于设定的指标与预测性目标，根据当地经济社会实际，着重评估和确定有地方特色、对地方发展有重大影响的指标，如：体现经济转型、民生改善、环境保护等关键性指标或约束性指标。

在中期评估报告中对关键核心指标重点分析，明确给出结论，分析问题

原因，提出改善的建议，确保中期评估发挥应有的推动作用。

2．进行规划目标一致性和适应性评估

规划执行过程中的中期评估或者规划后评估主要是对规划执行一段时间后的系统验证、修订和优化。通过对比目标和政策、环境、市场等，确定前一阶段特定规划执行效果，分析发现问题和缺陷，对下一步的规划修订、规划执行和最终的规划目标实施进行重大的战略优化和行动路径的确定。笔者实施中关村软件园战略实施十年评估、海南国际旅游岛战略评估等就是这类评估。通过评估，能够对被评估对象和特定规划进行一个系统、全面和科学的评价，剖析归纳问题或缺陷，提出下一步的规划修订或后续规划落地的新的策略和行动计划等。以下是中关村软件园十年战略评估案例：

案例：中关村软件园十年战略评估

中关村软件园是我国较早建立的以软件与信息化、科技创新等为重点的专业产业园。园区自建设以来，经历了十多年的开发与提升，经过了很多探索与改革，取得了一些经验，也存在需要总结和改进的教训。

为系统、全面、客观地总结成绩，剖析实践教训，为二期开发提供决策支持，笔者及研究团队进行了中关村软件园十年战略评估。分析发现，中关村软件园原先的规划设计，一般思路如下：

1. 总体设计："浮岛"理念创意较强

软件园区总体规划设计采用"浮岛"式理念，充分体现了自然与现代、静谧与灵动、城市与田园风光的完美融合与统一，每一座浮岛就是一个独立的研发区通过控制容积率、绿化率，为软件研发群体创造一个宁静、自然的研发空间环境，为中关村软件园赢得首都科技旅游示范园区的称号，受到入住企业的欢迎。

2. 空间布局：实用性较强

在总体布局上，将企业孵化和综合管理服务部分设置园区边缘东南两侧，呈带状分布，以城市化的布局求得功能的便捷和联系，取得城市型的功能效应。总体来看，空间布局考虑到了软件研发企业和软件研发人才的实际特征和需求，具有较强的实用性。

3. 景观设计：水景观设计

以森林“绿岛”理念进行景观园林设计，规划隔离绿地、中心绿地、森林绿地、组团岛状的近环境及内环境以及庭院绿地五个不同功能的绿地，通过一级开发建设，很快形成了系统化、森林似绿色园区，当景观设计也存在不足，尤其是水景观特色没有实现，从景观设计实际花费来看，比当初规划设计成本有较大幅度降低。

从中关村软件园的规划执行看，该产业园开发中存在如下需调整的环节：

一是规划和现实条件反差较大。软件园一期开发规划的“浮岛”规划方案，五个绿化水系形态合成为园区的生态体系，大面积植被创造了水系的水土保持条件，而大面积水面使植被获得保湿环境，足够的水容才具有自净的能力，足够的植被才能使不同品种植被互为生存的依赖。但是，北京市严重缺水的现实条件，使得规划的蓝图与实施效果之间存在较大的偏差。

二是经济可行性条件相对不足。控规指标确定时经济分析不足，很难做到将将经济效益的评判量化，导致实际开发时，软件园公司多次调整地上建筑容积率，增加了沟通和协调成本，对整个园区的建设进度也有较大的影响。

三是公共配套空间与实际有较大差距。一期规划时对软件园的功能配套考虑不足，尤其是缺乏公共空间，从后期的实施看，不利于偏重于以软件工程师为主的高科技园区，缺乏人际交流空间。

针对中关村软件园一期开发的缺陷，项目团队提出了修改完善的建议。

总体来看，中关村软件园十年开发需要总结和借鉴的经验很多，也有一些不足和缺陷，如：过大的容积率，前期一级土地开发周期过长，软件园生活配套不完备等，这是中关村软件园规划评估得出的基本结论。

3. 根据规划评估结果适时调整完善

规划评估的基本功能是促进特定规划实施，关键作用是引入规划调整机制，对规划纲要进行调整修正。

以《潍坊节能环保产业园中长期规划》评估为例，进行规划评估的思路分析与研究。根据上级政策文件，结合潍坊节能环保产业园实际，构建了产业园建设的评价体系，包括但不限于：园区组织体系、园区经济增长、园区招商引资、园区重点项目、园区建设成效等评价维度，其二级指标、三级指标可细化与补充（具体执行可以细化与调整），具体如表 17 所示。

表 17　潍坊节能环保产业园建设评价体系

一级指标	二级指标	三级指标	责任部门	考核分值	基本评价
园区组织体系	组织完备性	部门完整率、岗位充足率、人才达标率等	市办公厅、园区发展中心、区组织部	0—10 分	优、良、合格、差
	组织有效性	工作有效率、工作完成率、协调到位率等	园区发展中心	0—10 分	
	组织经济性	人均费用开支、工作效率、横向对比等	园区发展中心、区组织部	0—10 分	
园区经济增长	规模以上企业收入增长	根据统计口径	园区发展中心、各行政单位，如省经济开发区	0—10 分	
	规模以上企业利税增长	根据统计口径	园区发展中心、各行政单位，如省经济开发区	0—10 分	
	规模以上企业能耗降低	根据统计口径	园区发展中心、经信局、各行政单位，如省经济开发区	0—10 分	
园区招商引资	园区招商企业数量和规模	新进企业数量、新进企业投资、新进企业产出等	园区发展中心、投资促进局等	0—10 分	
	园区招商企业实际到位率	新进企业资金到位率、新进企业技术达标率、新进企业成果落地率等	园区发展中心、投资促进局等	0—10 分	
园区重点项目	重点项目执行率	重点项目增量和实现比例等	园区发展中心、有关行政单位等	0—10 分	
	重点项目业务收入	重点项目收入同比增长等	园区发展中心、有关行政单位等	0—10 分	
	重点项目利税率	重点项目利税同比增长等	园区发展中心、有关行政单位等	0—10 分	

续表

一级指标	二级指标	三级指标	责任部门	考核分值	基本评价
重大工程成效	重大工程土地利用	重大工程单位用地等	园区发展中心、有关行政单位等	0—10 分	
	重大工程技术先进性	重大工程技术领先性、产业化能力等	园区发展中心、有关行政单位等	0—10 分	
	重大工程产业带动能力	重大工程产业延伸和带动等	园区发展中心、有关行政单位等	0—10 分	
园区平台建设	平台建设进度	核心平台进度、完工率等	园区发展中心、有关行政单位等	0—10 分	
	平台建设投入	平台投入、智慧园区、投资回报等	园区发展中心、有关行政单位等	0—10 分	
	平台建设质量	平台质量、高峰论坛影响力、服务效果等	园区发展中心、有关行政单位、科技局等	0—10 分	
	平台生态文化	政府购买、消费习惯、生态环境等	区政府、园区发展中心、经信局、环保局等	0—10 分	
节能环保成效	单位节能降低率	单位 GDP 能耗等	园区发展中心、有关行政单位、经信局等	0—10 分	
	环保指标完成率	主要污染物控制、优良空气天数等	园区发展中心、有关行政单位、环保局等	0—10 分	
	再利用和资源化	固废处理、垃圾再利用等	园区发展中心、环保局等	0—10 分	
……	……				

注：具体指标指系和部门分工参照节能环保产业园行动方案的标准和要求执行。

第十五章　规划动态调整

一、规划调整依据

（一）基本要素

控制性规划或经济规划的调整与适时修改，依据当地的经济发展规律和需求，遵循各类规划的政策法规，结合规划评估之后发现的问题和缺陷，进行规划调整与优化。

（二）调整基础

编制城市规划与区域规划，进行规划的修订与调整，一般要由地方政府组织，有关职能部门参与和合作、聘请行业专家领衔、委托专业机构和组织社会公众参与，有时要经过人大审核表决等程序，根据各方意见修订、完善。

二、规划调整要点

（一）基本要素

规划调整的基本要素，根据已有政策法规或新出台政策的某些条款的变化，以规划评估或者开发过程中的矛盾与冲突为重点，进行规划的相应调整。

（二）研究要点

规划调整要研究并严格遵循规划调整的国家法规、审核程序和实施规范，避免违规或违反程序地组织规划修正。

规划调整的研究要点，包括但不限于：本规划与上位规划冲突的某些条款，本规划执行出现的突出问题和主要缺陷，规划执行偏离规划目标的某些工作措施或重点项目，规划保障不够完善的措施，规划考核激励方面的条款等。

规划调整是规划管理的重要内容，它与规划执行和规划评估结果紧密相关。

以省级总体规划修正为例。规划修正与调整一般程序是：

1．确立基本原则

严格遵守《城乡规划法》和《城市总体规划修改工作规则》等程序要求，突出“政府组织、专家领衔、部门合作、公众参与、科学决策”等基本特点，落实国家战略，优化功能布局，体现区域特色，组织规划评估，规划审批与规划修正。

2．规划期中评估与调整

聘请外部机构，或者组建规划评估项目组，制定规划评估方案、标准，对特定省级政府总体规划进行期中评估、论证与调整，由省级政府有关部门牵头，组织编制总体规划的实施评估报告。

3．撰写修改论证报告

组织专业机构编制强制性内容修改论证报告，重点针对修改用地规模等强制性内容的必要性、可行性进行论证。

4．报请审核

报请主管部门审核同意，总体规划修改工作正式启动。

5．提交审批

规划修改报告完成后，提交并通过本级政府部门审查、规委会专家和全国专家咨询、本级政府常务会审查、本级人大常委会审议，并向社会公示。

6．提交上级审核

总体规划修改方案，通过全国专家审查会和部际联席会的审查，得到国务院批复。

7．修正规划的颁布实施

修订的规划获得上级有关部门审批后，由本级政府正式组织和实施修正的总体规划。

总体规划修改是实施总体规划的重要环节。通过实施监控—定期评估—研究深化—修改维护等关键环节，深化完善总体规划，将静态蓝图变为基于未来发展框架的实施机制和公共政策。总体规划是政策性、综合性最强的城乡规划，需要多层次、多部门的协调与合作，需要遵循必要的审批程序，适时调整与优化。

三、规划调整原因

（一）规划分散或时序杂乱

部分地方政府或产业园的用地空间规模分散，时序杂乱，如：土地利用空间结构不尽合理；功能分区不明确；城镇建设无序，生活区、生产区难以分清；城市布局相对不合理；规划区域功能不清，商业、住宅等用地布局不集中等，进行修订与调整。

（二）强制性的技术规范与实际需求的冲突

在对申请单位的用地性质、道路或市政设施进行调整时，需要对土地开发强度指标如：容积率、建筑密度、建筑高度等重点指标，以及人口增加导致的交通规划等，遵循规范的评估程序予以调整。

（三）程序与规划实操的时滞性与不衔接

当前规划调整程序和具体操作存在的问题，主要表现在：

控规修改与更新没有执行法定程序和“五线控制”等要求，区域开发或项目建设机构不熟悉控规的修改程序，擅自开工开发项目或土地，重点工程的空间规划修改时间超出预期、超出概算，控制性详细规划与项目开发之间存在冲突等。

（四）外部要素变化导致原有规划不适应

在全球环境，国内政治、经济、产业政策、行政隶属关系等发生重大变化，或者法律法规进行了实质性调整，关键核心技术取得重大突破的条件下，原有规划定位、产业方向、技术项目、重点工程等出现了不适应或者冲突，需要进行评估和调整，以更好地适应外部环境和市场需求。

四、规划调整技巧

（一）实施规范

1．遵循控规调整的一般规律

控规修改要坚持特定的原则，控规确定的地块用途、建筑密度、建筑高度、容积率、绿地率、基础设施和公共服务设施配套，作为“强制性内容”，原则上不能修改。对于降低快速路、主干路等级与标准；公园等公益性公共设施用地、基础设施用地及强制配套设施项目用地，风景名胜区核心景区、历史文化名城保护控制紫线及其建设控制区内由控规明确的规划指标等，控规修改涉及城市总体规划强制性内容等项目，一般不能修改。

2．体现用地规模和时序的前瞻性与系统性

控规调整论证要有前瞻性与规范性，从某一地区或特定城市可持续发展的视角出发，进行控制性调规，避免单纯就项目论项目的表面化思维。

在调规过程中，做好地下规划与地上规划的适当平衡，地下功能与地上功能的适应，地下功能对地上功能的优化作用等。注重搞好与城市交通的规划协调，建立各种功能之间的空间依存、价值互补、功能复合、相互衔接的关系。

3．实现规划定位和外部环境的一致性

规划修订和调整要立足长远，从全球、全国和重大政策、产业、市场与技术变化等高度出发，进行经济规划、土地利用规划等调整和修订，确保调整后的规划能够满足较长时期的政策、法律、市场、技术等需要，实现资源的集约利用和生态环保、绿色发展等长远目标。

4．注重控规修改更新和动态维护技术的合理性

在调整各类规划时，要研究历史文化，尊重历史和经济规律，主动化解历史矛盾和遗留问题，尽量追求“五线”（红线—黄线—蓝线—绿线—紫线）修改变更与区域开发的统一，强化规划的刚性与弹性。

对于工业用地功能改变为商业用地功能的控规修改，需要确保配套设施的同步修改。对于居住用地改变为商住用地的控规修改，包括但不限于：商业用地指标、办公用地指标、居住用地指标的变动，配套设施、地块控制指标等修改；城市设计指引修改等需要与道路、地下和市政工程等同步修改等。

对于控制性详细规划调整的技术路线（借鉴刘智丹、孙灿《浅议控规修编的思路与方法》），具体如下图所示。

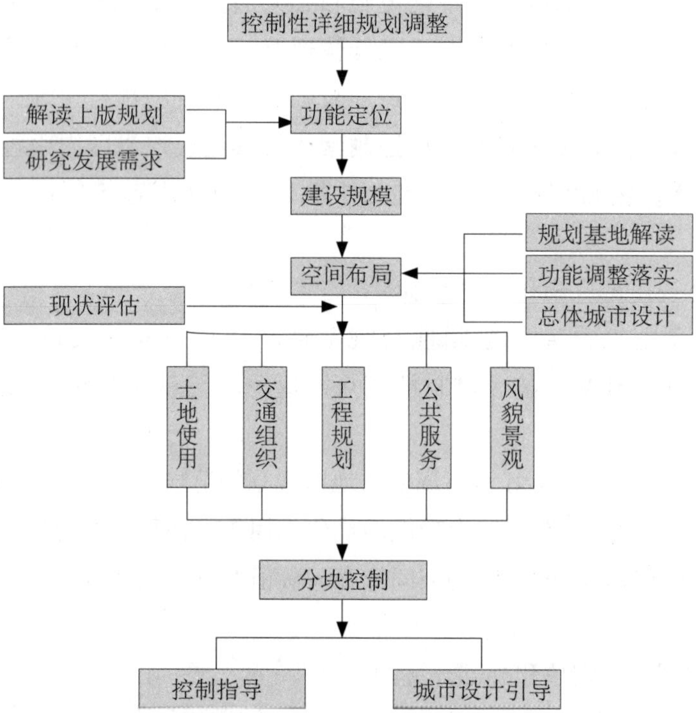

按照上图所示的规划调整技术路线，控制性详细规划的调整依赖于对上一版本规划的系统研究、经济发展和管理需求，据此进行功能定位；功能定位需要明确新的建设规模，根据规划地域、功能调整需要和总体城市设计等进行空间布局；对现状进行评估之后，确定土地使用、交通组织、工程规划、公共服务、风貌景观等；规划调整需要分块控制，确定控制指导和城市设计引导技术标准和具体方案等。这样就形成了控制性详细规划调整的技术路线。

控制性详细规划的内容修订和适应性调整，需要大数据与云应用等新一代信息技术与服务平台的支撑，持续投资建设和完善控制性详细规划相关的大数据信息管理平台，整合与政府规划相关的大数据与云平台，完善控规指标信息公开制度，及时向社会公布控规调整目的、内容等，征求各方的反馈建议，提高规划调整的技术性、可行性和公开性。

以北京市京津冀一体化发展规划的调整为例，进行说明。

20 世纪 80 年代初，北京市主要强调政治、文化中心。多年的规划执行中，由于核心定位和概念不清晰，没有真正意义上全面构建政治、文化、产业、金融等中心。

近几年，空气质量成为北京市经济发展与生态文明的重要障碍，天津、河北省的产业结构极不合理，能源消耗过大，环境污染严重，产业分工和聚集各自为战，没有形成等各自的区位优势。北京市如何形成政治、文化、金融和新兴产业中心，需要统筹考虑，全面进行统筹规划。

为了聚集北京市的核心资源与能力，实现与天津、河北省的协调发展，执行北京市已有规划定位，有必要推动北京、天津、河北省三地协同的执行与协调机制，超越三地各自行政的界限，寻求合理的产业优化和互惠互利，是考验北京市等三地政府和中央政府高端决策与战略性智慧的重要课题。

为贯彻“京津冀一体化”的国家战略，北京市政府探索建立三方共赢的产业布局与运行机制：如：在北京市等三地统筹设计与确定航空等重大交通、涵养水源、保护生态等特定区域，采取“绩效考核”等方式，逐年认定当地履行相应规划与职责的具体指标与结果，由下游的受益区域（通常是较发达区域）按照透明、规范的规则（事先确定、可动态优化、调整），以“横向转移支付”的方式，向履职尽责的生态保护区域做出实质性的补偿支持，原来的非合作博弈状态逐步转变为互利共赢、规范运作的机制体系。

通过推动北京市与天津、河北省之间，构建各方共赢的运作机制，有可能形成战略合作的三方共享的利益关系，显著提高三个地区产出发展与生态环境保护的动态平衡，尊重和激发社会公众在“一体化”机制创新过程中的作用，促进各区域共享产业发展、改革开放的成果。

北京市确定的规划保障措施，主要有：

一是以公开透明、多方参与的决策方式，讨论并编制北京市等三方政府互利共赢的规划方案，尽快付诸实行。

二是完善法律法规，在法治、规范和契约精神的效应下，推动参与各方形成利益诉求可表述、可妥协、可合作的确定性预期，减少经济和社会的运行摩擦，逐步形成可持续的京津冀“一体化”的经济发展保障条件。

三是强化责任考核，构建三方合作的信息平台和数据库，完善责任分工机制，加大资金投入，尽快形成定期互动的规划协调流程，定期兑现奖励与处罚等。

通过上述规划功能调整，北京市逐步从政治中心、金融中心、经济中心和新兴产业中心转变为政治中心、文化中心、国际交流中心等。

（二）调整要点

1．总体发展规划的自适应调整

我国《城乡规划法》规定了城乡规划的五种调整情形：“上级人民政府制定的城乡规划发生变更，提出修改规划要求的；行政区划调整确需修改规划的；因国务院批准重大建设工程确需修改规划的；经评估确需修改规划的；城乡规划的审批机关认为应当修改规划的其他情形。”

2010 年，国务院办公厅发布《城市总体规划修改工作规则》，拟修改总体规划的城市，应对原规划的实施情况进行评估，深入分析论证修改的必要性，提出拟修改的研究要点，涉及修改强制性内容的，应就其必要性和可行性编制专题论证报告。《规则》规定了总体规划的强制性内容和修改城市总体规划的相关程序。

随着政治制度与经济形势的变化，国家主体功能区规划、国民经济和社会生活中长期发展规划的评估与调整，也要与全球、国家的政策环境、产业形势、社会需求等相适应，进行自适应，或者它适应的主动优化与适时调整。

2．土地总体利用规划调整

某一层级土地总体利用规划的调整，须确保上级土地利用总体规划确定的各项用地控制指标不变。

规划调整依据调整层次分为：原则性修改土地利用总体规划和一般性土地利用规划局部调整，一般性土地利用规划分为单独选址项目规划调整和非单独选址项目规划调整。

原则性修改规划指因行政辖区为适应行政区划调整、实施城镇总体规划等相关规划建设引起的用地方向、规模、布局发生重大调整，需进行的土地利用总体规划修改。

单独选址项目规划调整指大型能源、交通、水利、军事等不在城市规划建设圈内的基础设施项目，一般以项目为基本单元，对土地利用总体规划的局部调整、非单独选址项目规划调整指为统筹安排各类项目用地，在不改变现行土地利用总体规划确定的土地利用主导方向、土地利用重大布局以及不突破规划约束指标的前提下，为满足新建项目的用地需求，对土地利用总体规划所做的局部调整，一般以行政区划为基本单元。

根据规划调整等级，可以分为：省级（直辖市、自治区）、市级、县级、乡（镇）等规划调整。

我国规划调整过程中存在的主要问题，主要有：土地总体利用规划调整随意性大，规划期限长，规划环境变化大，土地利用布局不合理，土地利用节约的集约程度不高，各类规划衔接不顺畅等。

一般来说，规划调整程序，包括：前期准备阶段、方案编制阶段和上级审批阶段三个步骤。各步骤有详细的工作内容。

3．经济发展规划适应性调整

国民经济和社会发展中长期规划、经济发展五年规划、专项规划等，一般在规划编制前期课题调研与修正，在规划编制与评审过程的意见反馈与调整；规划执行过程的中期评估与纠偏调整；规划执行后期的评估与适时调整等。

在特殊经济或法律变更条件下，特定规划的条款评估与自适应调整等，也是需要做好的规划管理工作，如：国家重大政策法规的出台与变化，有关上位法律法规变化之后，相应的下位规划对应条款需要优化与调整等。

4．下位规划适时动态性调整

国家级、省级、地市级等不同层级的中长期规划，五年规划，专项规划，土地利用总体规划等，都要执行更上层级的规划限制、资源约束与空间管制。一旦上一层级规划有较大的变更，本层级规划就要进行适当的、动态的调整。如：《国家主体功能区规划》对于北京市区的主体功能发生了重大调整与变化，《北京市主体功能区规划》就要作出适时调整，以便与国家主体功能区规划相适应。再比如，由于某种原因或环境变化，北京市政府在《北京市中长期经济发展规划》中对于丰台区的产业选择、功能定位和空间布局规划等进行了重大的、显著的功能调整，丰台区有关乡镇和产业园规划等就需要作出相应的调整与变化，以适应变化了的上位规划。

5．控制性规划适时优化调整

控制性详细规划是适应土地综合利用规划和总体发展规划等规划目标，对特定园区、重点项目等规划目标的落实分解与土地、空间等详细设计。

由于总体发展规划条款的某些调整，或土地利用总体规划等的特殊调整，可能需要控制性详细规划适度、动态的优化与调整。

分析保定市基于京津冀协同发展的规划修订与调整案例，初步思路如下：

2015 年，笔者研究保定市在京津冀协同发展战略环境下的产业布局和规划思路，结合保定市及各县市区产业基础和市场优势，探索提出了“3333”的规划调整与发展思路（三区别、三制定、三转变、三提升），即：

在经济发展速度放缓，经济质量更加注重生态环保，以及产业结构调整等“京津冀”、“京津保”一体化战略下，保定市应该研究分析新形势，分析新优势，结合新思维，确立新思路，立足保定的区位优势和资源优势，区别不同园区阶段、区别不同企业规模、区别产业重要程度（三个区别），制定全市和各县市区，以及产业园的发展策略，制定县市区和产业园的重点帮促策略，制定现有经济规划的优化策略（三个制定），转变全市和各县市区的运营理念、产业定位与招商方式（三个转变），提升对全市经济和各县市区经济规划与产业实施的服务策略、竞争策略与落地策略（三个提升）。具体如下图所示。

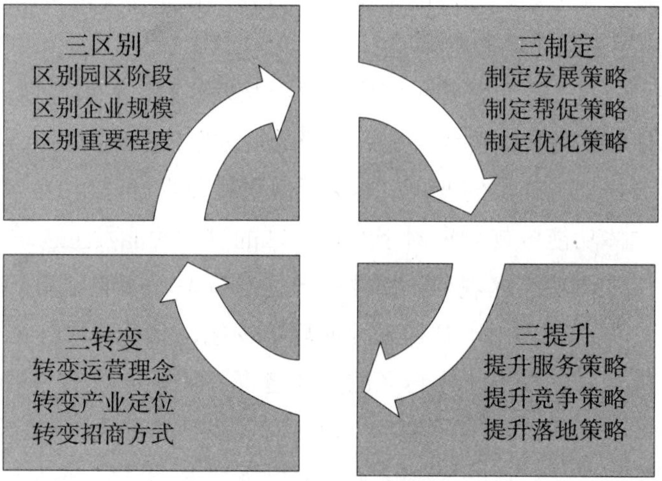

在“3333”战略优化的基础上，对保定国家级高新区、白洋淀科技城、保定经济开发区、徐水、清苑、保定工业园、涞源、高阳、徐水、曲阳等各县市、各个经济开发区等特色园区，分别提出了不同的产业定位与开发策略，具体如下图所示。

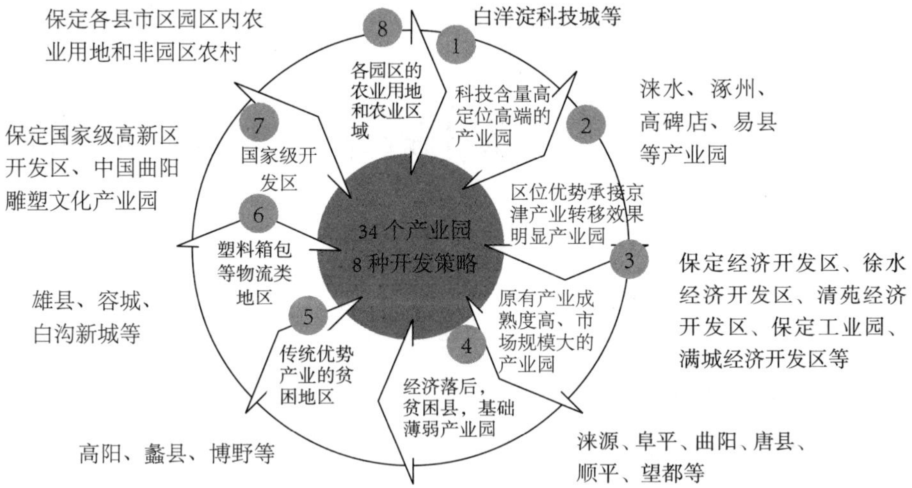

在评估地方规划执行情况的基础上，进一步优化、修订和构建规划保障机制，如：保定市政府可以结合本地规划评估情况，在资源分配机制保障方面，采取产业扶持、公共购买等一系列优化措施，具体如下图所示。

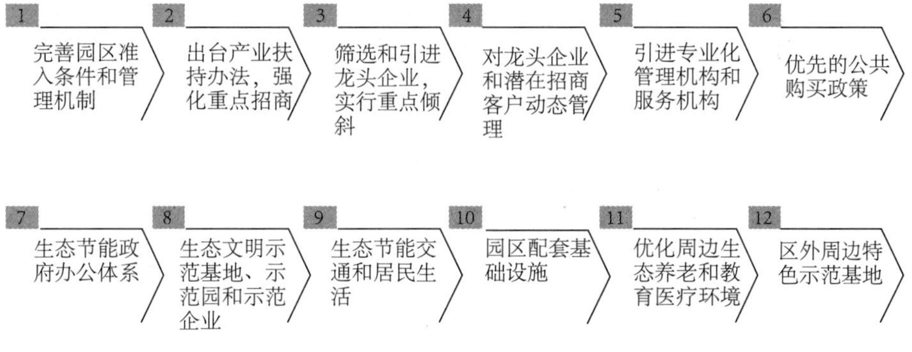

如上图所示：保定市在推动当地经济发展和产业优化工作中，通过立足区域经济特点，修订规划实施的资源保障机制，构建项目入园条件、产业扶持、龙头企业发展、专业机构、公共购买、政府办公、示范基地、生态节能、配套服务、生态养老与教育、周边示范基地等资源保障体系，为规划实施提供资源保障。

第十六章　各种规划衔接

一、规划衔接依据

（一）基本要素

规划衔接主要是主体功能规划、城市总体规划、经济发展规划和专项规划等各种规划之间存在功能或空间等方面的冲突，需要对其进行一致性协调、衔接、评估和修订，实现不同规划之间的功能衔接、定位协调和前后呼应等。

（二）衔接依据

各类发展规划的关联性和衔接，以及“多规合一”改革，是我国各类规划编制与改革的基本趋势，也是规划衔接的重要工作。其中：“三规协调”主要集中在国民经济与社会发展规划、城市总体规划与土地利用总体规划之间。针对现有规划编制操作体制，有学者建议将分属国家不同部委的规划机构进行整合，建立统一的空间规划管理实施机构，建立“三规合一”（国民经济和社会发展规划、土地利用规划、城市规划）的规划编制运行体制。

协同论等是各类规划紧密衔接与调整的理论依据之一。目前，各地积极推动“多规合一”的改革试点。

二、规划衔接内容

（一）基本要素

规划衔接主要是研究和解决国家主体功能区规划、国民经济和社会发展中长期规划等与土地利用总体规划之间、城镇规划体系与土地利用总体规划之间，以及土地利用总体规划与专项规划、控制性详细规划等之间，总体经济发展规划与专项规划之间、各项专项规划之间的彼此关系与衔接等。

（二）研究要点

1．主体功能规划成为“多规”衔接的基础

主体功能规划、土地总体利用规划、城市总体规划、控制性详细规划等“三规合一”或“四规合一”指国民经济与社会发展规划、主体功能区规划、土地利用总体规划和城市总体规划等的协调与合并。

主体功能区规划具有战略性、基础性和综合性的特征。国务院提出“全国主体功能区规划是战略性、基础性、约束性的规划，是国民经济和社会发展总体规划、人口规划、区域规划、城市规划、土地利用规划、环境保护规划、生态建设规划、流域综合规划、水资源综合规划、海洋功能区划、海域使用规划、粮食生产规划、交通规划、防灾减灾规划等在空间开发和布局上的基本依据”。

《全国主体功能区规划（2009—2020）》“规划体系”明确提出：“按照党的十七大关于完善国家规划体系的要求，加快推进规划体制改革，形成以国民经济和社会发展总体规划为统领，以主体功能区规划为基础，以城乡规划、土地利用规划和其他专项规划为支撑，各级各类规划定位清晰、功能互补、统一衔接的国家规划体系”。

国家层面的主体功能区是全国“两横三纵”城市化战略格局、“七区二十三带”农业战略格局、“两屏三带”生态安全战略格局的主要支撑。推进形成主体功能区，必须明确国家层面优化开发、重点开发、限制开发、禁止开发四类主体功能区的功能定位、发展目标、发展方向和开发原则。

根据国家部委规定，国家和省域城镇体系规划是城市总体规划编制的基本依据。有学者认为：应该明晰规划边界，科学界定各项规划编制要点：国民经济和社会发展规划“定目标”；土地利用总体规划“定规模”；城市总体规划“定布局”；主体功能区划“定政策”。主体功能区实质是区域发展政策区，其区划也是一种纯粹的区域划分，是目前经济社会发展规划、土地利用规划和城市总体规划“三规分立”走向“三规合一”的空间平台。

从“四规合一”趋势看，土地利用总体规划、城市总体规划要依据国民经济与社会发展规划和主体功能区规划。同时，满足主体功能规划的基本要求和空间限制。

2．控制性详细规划修改与总体规划相衔接

2008年《城乡规划法》第五条明确规定：城市总体规划等的编制应当与国民经济和社会发展规划，并与土地利用总体规划相衔接。三种规划的整合方法和技术核心是土地供给分析、土地需求分析、土地空间分配分析等。

探索主体功能区规划与城市规划一致性评价与协同技术是推进主体功能区规划实施和应用的关键技术支撑。建立主体功能区规划与空间规划的耦合指标体系，形成耦合机制与政策，使主体功能区规划与空间规划有机衔接，互为补充，达到高度整合，多规协调，紧密衔接。

地方政府规划或产业园发展规划与控制性详细规划存在冲突，需要修改控制性详细规划，以适应总体规划。

当前，各类规划修正可能的原因，主要包括：

(1) 由于总体规划修编调整引起的相应控规修改。随着城市与产业园的发展，总体规划不能适合城市或产业园的空间发展策略，城市或产业园开始从关注空间发展方向，向空间发展功能转型转变；由关注空间发展形态，向空间发展内涵提升转变；由核心区协调向产城一体化方向转变，需要进行控制性规划修订和衔接。

(2) 由于重大战略性调整引起的控规评估与修改。一些城市建立大量的机场和高速公路等集聚性、立体交通基础设施，形成新的区域交通网络，导致原有的地方功能变化，需要对特定地域的控规修改。

(3) 由于民生工程项目导致的控规修改。国家推动民生工程和生态环保工程，政府性大型投资、招商引资、开展保障性住房建设、城中村改造等需要调整控制性规划。

(4) 由于工业区“提升改造”、控规缺陷等导致现有控规修改。部分中心城区工业企业外迁，厂房闲置，或者控规本身缺陷导致控规修改。由于控规编制需要一定的时间，从控规的前期准备到编制完成、审批、实施，需要反复论证与修改。城市的经济、社会等可能出现大的变化，导致规划滞后或缺位，需要进行控制性详细规划的修改。

3．区域规划编制与总体规划相衔接

自2007年起，编制国家主体功能区规划，各省编制主体功能区规划，2008年完成与国家主体功能区规划以及相邻省（区、市）主体功能区规划的衔接。

2011 年，《全国主体功能区规划》对外发布。主体功能区的划分根据不同区域的资源环境承载能力、现有开发密度和发展潜力、统筹谋划未来人口分布、经济布局、国土利用和城镇化格局，将国土空间划分为优化开发、重点开发、限制开发和禁止开发四类。

优化开发、重点开发、限制开发和禁止开发成为区域规划编制考虑的首要因素，区域规划的编制要符合主体功能的划分，体现主体功能的优化方向。

笔者编制《潍坊节能环保产业园中长期发展规划》时，系统研究了国家、省市等上层级发展规划对于区域的功能定位和经济布局，进而确定产业园的产业定位，潍坊市产业功能规划的空间布局，具体分析如下图所示。

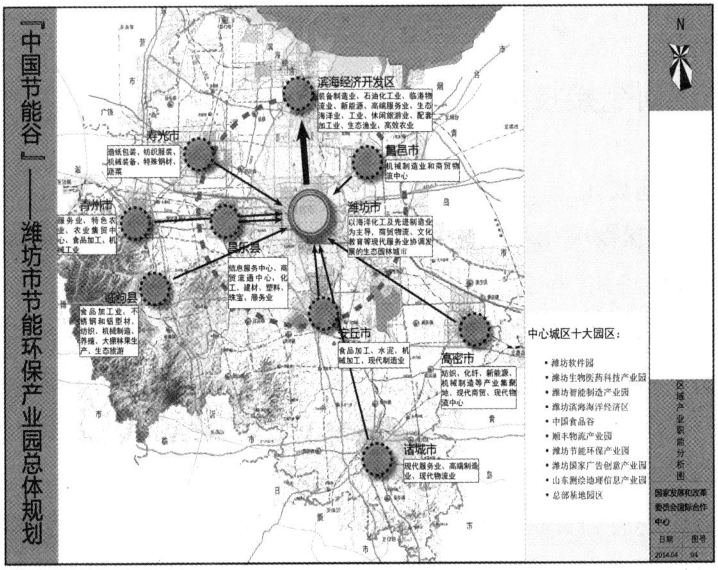

如上图所示：潍坊市 2014 年确立了十大经济发展产业园，其中：节能环保产业园是其重要的功能园区之一，重点聚焦于节能和环保产业、龙头企业等。通过功能分析，笔者把握了上层级规划的产业定位和空间布局定位，初步保证了不同层级政府规划的空间布局与产业衔接、协同。

从全国来看，2014 年以来，国家发改委、国土资源部等推动全国各地“多规合一”改革试点。未来，规划编制体系将以总体规划和主体功能规划等为主导，系统编制各类专项规划与控制性规划等，进而形成功能合一的规划体系。

4．区域规划要明确空间布局和功能

区域规划的编制要明确区域的空间功能，要对特定区域的未来发展空间进行定位，与区域规划总体定位相衔接，把握并突出区域特色，从规模、供需、市场、目标等维度，协调土地、人口、资源、就业等关系，对区域发展空间进行合理划分，明晰各子区域的空间功能。如："山东半岛蓝色经济区发展规划"确立了"一核、两极、三带、三组团"的总体开发框架。

5．区域规划追求经济和社会协调

协调发展是区域战略导向的重点，也是区域规划编制的重要导向。有效解决区域经济和社会发展不平衡，从产业配置、就业增收、民生统筹等方面，协调城市和农村、先进地区和后进地区、东部和中西部之间的关系，突出社会功能以及经济与社会发展的协调。

三、规划衔接技巧

（一）实施规范

1．规划衔接要突出政策性和规划基本方向

区域规划编制以指导性、引导性、方向性和前瞻性为准则，注重土地利用规划、城市总体规划、经济发展规划，甚至单个产业园、单个项目、环保等专项规划、品牌策划等不同政策的衔接与程序的规范。在研究不同规划之间衔接时，充分考虑地方经济发展与功能定位，谨慎、合规地组织有关修订。

2．规划衔接要注重经济效益和社会效益

不同规划的各自评估、修正与相互衔接，具有法规约束和经济要素的制约。规划修订时，要研究分析不同规划的调整目标，尊重已有规划的核心条款，科学评估需要修改的重点环节的合理性、合规性，作出充分论证与专家评价，注重经济效益和社会效益的结合，这是规划编制与规划衔接的重要思想。

3．规划衔接要注重规划之间的顺序

一般来说，各类规划编制主要依据国家政策、产业政策和上层级规划。如：地方政府城市总体规划编制依据本级土地利用总体规划，以及上一级政府城市总体规划的基本导向与空间布局等进行编制。同时，考虑国家和各省市区确定的主体功能区规划思路与功能定位等。地方经济规划依据城市总体规划，以及上级政府的经济规划，兼顾国家关于本地区主体功能区的功能定位等。在规划编制、修订优化过程中，需要遵循上述基本的规划编制与衔接规则。

《国家发展改革委贯彻落实主体功能区战略，推进主体功能区建设若干政策的意见》（发改规划〔2013〕1154号）规定："开展主体功能区建设试点示范。按照分类探索、整体规划、重点引导、协同推进的原则，优先在国家重点生态功能区和农产品主产区，选择一批具有典型代表性的市县开展主体功能区建设试点示范"。"要按照《全国主体功能区规划》的要求，编制和实施重点地区区域规划和政策文件，贯彻落实主体功能定位，推进主体功能区建设。加强区域规划和政策文件实施中期评估，根据评估结果适时开展规划修编，进一步加强与《全国主体功能区规划》的衔接。"

由于地方经济的特殊性、时效性和差异性，在某一发展阶段或特定地区，可能低层次的规划定位和功能调整与上层级的规划定位存在某些不一致，需要提请有关部门对上层级规划适当评估与修改，或者需要优化上层级的规划具体条款，这就需要正确处理各类规划之间的矛盾、程序和相互的衔接关系，努力做到经济发展和社会效益的最大化，做到各类规划的修订和规划编制的合规合法，确保规划修订有理有据，杜绝"长官意志"，避免违法违章，或者违背有关制度流程、程序，私自组织规划编制、修订与规划实施。

（二）衔接要领

1．正确把握国家规划政策和实用的编写工具

系统研究国家产业政策和规划改革的最新动态，分析全球和国内规划现状、技术标准与变化趋势。跟踪全球、国务院、国家发改委、国土资源部、住建部、环保部等产业政策与规划编制要求和技术标准，加强行业交流和规划实践，提高规划研究与创新能力。

研究前瞻性的国内外规划理论、规划分析模型和具体思路，创新规划方法和体系，探索大数据、互联网、云应用等规划手段和分析工具，提升各类政府规划编制、评估与执行的科学性、系统性、前瞻性和规范性。

加强各级政府各部门的工作互动和专业研究，加强专业数据库建设。利用地方政府"多规合一"的信息数据服务平台，凭借"多规合一"的地理信息与数据分析平台，精准确立土地利用规模和城市空间分布。

2．深刻领会各类规划之间的优先顺序和关联性

研究各类规划的基本功能和法律地位。土地总体规划主要确立土地、基本农田等空间布局，城市总体规划主要确定重点地区和各类建设用地的空间布局，做好规划之间的衔接平衡，确保农业用地和建设用地边界不冲突，保证两规建设用地的一致性。

根据不同功能分区的主导功能、发展方向、开发时序和管制原则，由城市总体规划确定城市重点发展方向、土地利用结构功能，土地总体规划确定各分区的用地规模和土地使用政策，避免各规划之间的冲突。

3．规划衔接体现国家利益和经济社会发展规律

各级政府制定各类发展规划、专项规划的目标是促进体现政府的管理意志，促进地方经济发展，改善社会基础配套条件，优化人们生存环境，提高资源投入产出回报，增强地方经济发展的活力和质量。

在规划衔接过程中，遵循规划的核心价值观和分析体系，在不同规划之间存在某些矛盾时，除了执行各种规划之间的对接规则外，还要考虑国家利益、满足经济发展、尊重经济规律，以及改善社会民生，进行重大规划决策，进行具体问题和矛盾的化解。

四、大数据应用

（一）大数据的广泛应用

大数据一般用来描述数据的规模较大，超出了传统软件和数据库工具的获取、存储、管理和分析能力。

城镇规划、政府规划、土地利用总体规划、城乡发展规划、专项规划等，需要大量的数据分析和多维度的模型研究。在信息化、互联网快速发展的时代，云计算、大数据已成为各类规划的工具和基础支撑。为此，构建以国内外各区域、行业、产业、企业、技术等多个维度的数据库和信息中心，是规划编制的重要工作和改革方向。

云计算是通过网络按需提供可动态伸缩的廉价计算服务。提供资源的网络被称为“云”。“云”中的资源对于使用者来说可以无限扩展，随时获取，按需使用，随时扩展，按使用付费。云计算是并行计算

(Parallel Computing)、分布式计算 (Distributed Computing) 和网格计算 (Grid Computing) 的发展，是虚拟化 (Virtualization)、公用计算 (Utility Computing)、IaaS(基础设施即服务)、PaaS(平台即服务)、SaaS(软件即服务) 等概念混合演进并跃升的结果。

建设并充实、更新全国、各省、地市等政策信息、土地利用信息、规划空间信息、经济信息、企业信息及相关资料的基础数据库。利用 RS、GIS 技术、PEST 等空间分析与产业研究手段，从政策环境、土地利用、生态环境、经济社会等对区域发展状况进行客观、科学的回顾评价，寻找产业和空间演变规律，为规划研究和决策提供支撑。

应用各类经济规划、区域规划、城市总体规划用地等数据多平台输入输出功能模块，采用入库检查工具，简化系统管理人员进行信息系统核心规划数据的长期动态更新维护的流程，实现后期各类规划数据检验、更新、维护、使用、调整的日常化、规范化、现代化。

传统模式和大数据模式下，我国政府规划的调研数据与信息搜集模式变化，具体分析如下图所示。

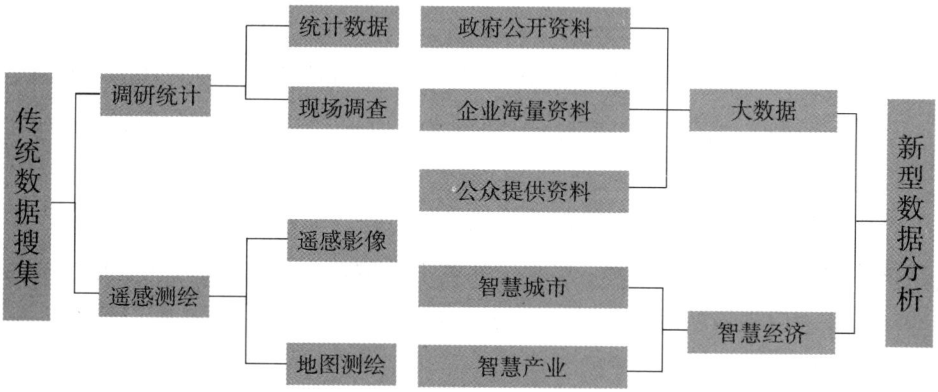

在大数据广泛应用的外部环境下，政府规划的基础条件发生了变化，主要体现在：

数据不是随机样本，而是全体数据；不是精确性，而是混杂性；不是因果关系，而是相关关系。在大数据时代，政府规划编制将出现技术和流程的巨大革新，以及参与主体及信息平台的拓展。

在大数据时代，可以探索广泛、开放和多元协同的公众参与规划编制模式。规划编制人员通过各类社交网络，利用大数据技术获取和分析公众对政府规划编制的建议。同时，构建网络化、平台化的政府规划咨询平台，采取线上、线下互动，主动征求社会公众的有关建议。

（二）规划衔接和动态优化

运用计算机和大数据等信息技术，进行各类规划编制和数据分析处理。分析主体功能规划、总体规划、五年规划、城镇体系规划、其他区域规划、各城市总体规划之间的协调和管理的综合需要，预留各类规划管理信息系统功能接口，做好数据库的技术衔接和规划应用融合，为“多规合一”提供决策与技术的支持。如：将地理信息数据库按内容划分为基础地理数据库、遥感影像数据库、城乡规划空间数据库、专项空间数据库和经济社会数据库等，分别建立信息数据和应用标准体系，实现不同规划之间的信息数据衔接和动态优化。

1．土地利用规划与城市总体规划的衔接

在土地总体利用规划修编过程中，土地利用总体规划的制定与修改，需要根据城市总体规划的发展方向、空间结构和布局优化的导向，把土地利用总体规划作为载体，推动建设用地总规模和农田保护用地的衔接协调，逐步形成规划目标一致、用地相互衔接、形态结构协调的城乡规划空间布局。

按照该规划编制与修订思路，具体组织和开展土地利用总体规划编制和实际管控，通过结构化的处理与具体规划，逐步形成省市县等各层级土地利用总体规划，进而确定“规划建设用地控制线、产业区块控制线、基本农田保护控制线”总体规划方案，实现土地利用总体规划与实际管控的协同部署，推动土地利用规划的动态管理与优化，实现各个规划之间的有序衔接。

2．经济发展规划与土地利用／城市总体规划的衔接

经济发展规划和土地总体利用规划、控制性详细规划等相互之间形成“两规”、“三规”、“多规”的有效衔接，是规划编制应该遵循的重要原则和发展趋势。

笔者编制《潍坊节能环保产业园中长期发展规划》时，系统研究了经济规划与土地利用规划、城市总体规划的彼此关系与内容衔接，根据该产业园的土地利用要求、空间布局和框架思路，积极探索产业园经济规划与土地利

用总体规划等的对接、协调，推动城市总体规划、土地总体利用规划、经济发展规划和控制性详细规划的“四规合一”，推动地方政府各类规划的衔接与协调，推动地方政府分析、总结、修订和完善已有土地总体利用规划，衔接与满足产业园发展的深层需要。规划编制项目组提出的用地规划布局构想，具体如下图所示。

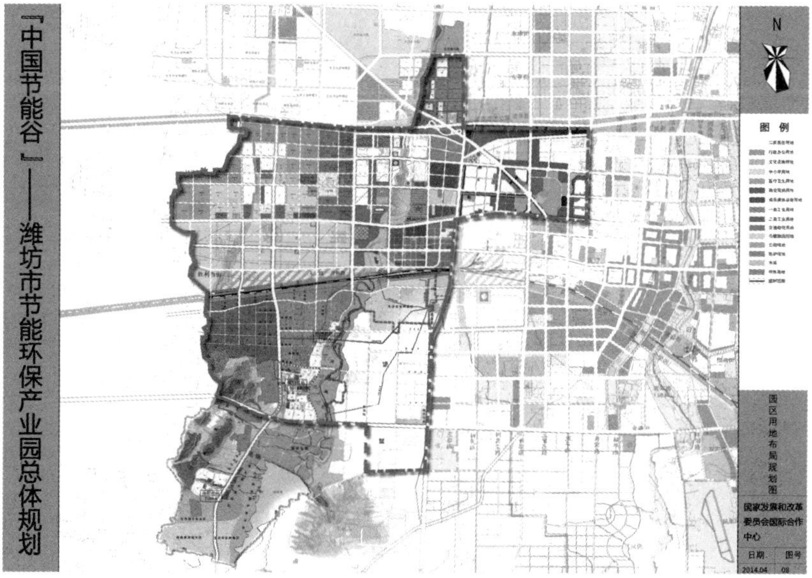

园区用地布局规划

3．上一层级规划与本层级规划的衔接

各类发展规划之间的衔接技巧是，以上位规划为依据，做好本层级规划与上位规划的有序衔接与修正，如：做好经济发展规划与总体经济规划的衔接，五年经济规划与主体功能区规划的衔接，控制性详细规划与土体地利用总体规划衔接等。同时，根据现有规划的重大变化，提出评估并修订上位规划的具体建议。

在国家各部委推动“多规合一”的现状下，如何做好各层级规划的紧密衔接与有序调整，需要创新规划编制与修订模式，探索研究“多规合一”的技术标准、操作程序，整合规划编制机构和原有流程等，这是各级政府和规划编制机构需要推动的重要工作。

4．政府规划决策的机制设计

各类规划编制与规划之间的衔接，需要国务院、国家发改委、国土资源部、规划局等的协调，需要有关机构和人员的整合，需要构建规范的机制体系。

借鉴现有改革经验，探索构建“多规合一”的规编委，国家发改委、国土资源部、规划局等机构人员组成，跨部门联合实施规划的综合管理。

“规编委”下设地理信息中心，构建“一个平台、统一标准、分类管理”的规划管理体系，针对经济发展、交通、国土、市政、环保、教育、文化等地理信息管理工作，研究和制定多规适用、认可的技术标准与规则，组织规划编制、评审、监督和修订，逐步实现“多规合一”。

第十七章　控制性详细规划

控制性详细规划是一种专项规划。同时，它又不同于节能环保等一般专项规划，它分析与研究的综合性强，有特定的格式与要求，规划涉及的领域较宽泛。

一、规划编制依据

（一）基本要素

控制性详细规划以城市总体规划或分区规划为依据，确定建设地区的土地使用性质、使用强度等控制指标、道路和工程管线控制性位置以及空间环境控制的规划。

（二）主要依据

根据《城市规划编制办法》第二十二条至第二十四条的规定，根据城市规划的深化和管理需要，一般编制控制性详细规划，控制建设用地性质，使用强度和空间环境，作为城市规划管理的依据，指导修建性详细规划的编制。控制性详细规划是城市、乡镇人民政府城乡规划主管部门根据城市、乡镇总体规划的要求，控制建设用地性质、使用强度和空间环境的规划。

修建性详细规划是具体落实未来修建物的规划，以控制性详细规划为依据。控制性规划是指标体系性的，用指标和色块指引和控制某地块的建设情况，属指引性的详细规划，有弹性，有法定图则的性质；修建性规划是在控制性规划的基础上落实特定地块的具体建设，涉及建筑物平面的造型、道路基础设施的布局、环境空间等属于确定性的规划。修建性详细规划是规划管理部门根据控规要求审核总平面图，修建性规划须按照控规规定的功能分区、用地性质和指标进行布局。

城市、县人民政府城乡规划主管部门组织编制城市、县人民政府所在地镇的控制性详细规划；其他镇的控制性详细规划由镇人民政府组织编制。城市、县人民政府城乡规划主管部门、镇人民政府委托具备相应资质等级的规划编制单位承担控制性详细规划的具体编制工作。

编制大城市和特大城市的控制性详细规划，可以根据本地实际情况，结合城市空间布局、规划管理要求，以及社区边界、城乡建设要求等，将建设地区划分为若干规划控制单元，组织编制单元规划。

镇控制性详细规划可以根据实际情况，适当调整或者减少控制要求和指标。规模较小的建制镇的控制性详细规划，可以与镇总体规划编制相结合，提出规划控制要求和指标。

二、规划编制要点

（一）基本要素

控制性详细规划包括：

(1) 土地使用性质及其兼容性等用地功能控制要求；

(2) 容积率、建筑高度、建筑密度、绿地率等用地指标；

(3) 基础设施、公共服务设施、公共安全设施的用地规模、范围及具体控制要求，地下管线控制要求；

(4) 基础设施用地的控制界线（黄线）、各类绿地范围的控制线（绿线）、历史文化街区和历史建筑的保护范围界线（紫线）、地表水体保护和控制的地域界线（蓝线）“四线”及控制要求。

（二）研究要点

控制性详细规划编制成果由文本、图、说明书及各种技术研究资料构成。文本和图的内容应当一致，并作为规划管理的法定依据。

(1) 控制性详细规划文件包括规划文本、规划图则、分图图则，规划说明及基础资料汇编。规划文本包括规划范围内土地使用及建筑管理规定；

(2) 控制性详细规划图纸包括：规划地区现状图、控制性详细规划图纸。修建性详细规划根据《城市规划编制办法》第二十五条至第二十七条的规定，对于当前进行建设的地区，编制修建性详细规划，指导各项建筑和工程设施的设计和施工。

城市的控制性详细规划经本级人民政府批准后，报本级人民代表大会常务委员会和上一级人民政府备案。

县人民政府所在地镇的控制性详细规划，经县人民政府批准后，报本级人民代表大会常务委员会和上一级人民政府备案。其他镇的控制性详细规划由镇人民政府报上一级人民政府审批。

城市的控制性详细规划成果采用纸质及电子文档形式备案。

控制性详细规划组织编制机关组织召开由有关部门和专家参加的审查会。审查通过后，组织编制机关将控制性详细规划草案、审查意见、公众意见及处理结果报审批机关。

规定性指标一般为以下各项：用地性质；建筑密度（建筑基底总面积／地块面积）；建筑控制高度；容积率（建筑总面积／地块面积）；绿地率（绿地总面积／地块面积）；交通出入口方位；停车泊位及其他需要配置的公共设施。指导性指标一般为以下各项：人口容量（人／公顷）；建筑形式、体量、风格要求；建筑色彩要求；其他环境要求。

三、规划分析模型

（一）现场调研模型

1．模型解读

控制性详细规划采取现场调研分析模型，研究并分析如下的资料或基本信息：

总体规划或分区规划对本规划地段的规划要求，相邻地段已批准的规划资料；土地利用现状，用地分类至小类；人口分布现状；建筑物现状，包括房屋用途、产权、建筑面积、层数、建筑质量、保留建筑等；公共设施规模、分布；工程设施及管网现状；土地经济分析资料，包括地价等级、土地级差效益、有偿使用状况、开发方式等；城市及地区历史文化传统、建筑特色等资料。

控制性详细规划是指标体系性的，用指标和色块指引和控制某地块的建设情况，属于指引性的详细规划，有弹性，有法定图则的性质。

修建性详细规划是在控制性详细规划的基础上，落实某个地块的具体项目建设，涉及建筑物平面的造型，道路基础设施的布局，环境布置等，属于确定性的规划。修建性详细规划是规划管理部门根据控制性详细规划要求审核总平面图。修建性详细规划必须按照控制性详细规划规定的功能分区、用地性质和指标进行布局。

2．模型应用

控制性详细规划的现场调研分析模型，主要是根据控规的报告格式，确定需要搜集的资料和底图、地理信息等基础资料，组织专业人员开展现场调研、测量和要求有相关规划编制参与单位提供一些基础资料，组织专家访谈和部门调研等，组织现场基础情况的综合分析。具体实施内容不再赘述。

为了做好现场调研，笔者参加了国务院发展研究中心专家组织的课题调研与规划研究项目组，在福建省三明市开展了生态文明规划调研，重点对三明市、高新区、沙河县等地区进行了走访与现场调研，了解当地生态保护、经济发展与空间分布，掌握第一手规划编制的数据资料。具体如下图所示。

福建省三明市产业园空间规划效果图与专家工作座谈

（左图：福建省三明市产业园空间布局，右图：国务院发展研究中心、国家发改委国际合作中心等专家组在三明市进行经济发展与产业布局的工作座谈）

（二）层次分析法

1．模型解读

层次分析法指将复杂的多目标决策问题作为一个系统，将目标分解为多个目标或准则，进而分解为多指标（或准则、约束）的若干层次，通过定性指标模糊量化方法算出层次单排序（权数）和总排序，以作为目标（多指标）、多方案优化决策的系统方法。该方法是先分解后综合。

2．模型应用

层次分析法的基本步骤，如下：

(1) 建立层次结构模型。将有关因素按照不同属性分解成若干层次，同一层的因素从属于上一层的因素或对上层因素有影响，同时，支配下一层的因素或受到下层因素的作用。最上层为目标层，通常只有 1 个因素，最下层通常为方案或对象层，中间可以有一个或几个层次，通常为准则或指标层。当准则过多时，进一步分解子准则层。

(2) 构造成对比较阵。从层次结构模型的第 2 层开始，对于从属于（或影响）上一层每个因素的同一层诸因素，采用成对比较法和 1—9 比较尺度构造成对比较阵，直到最下层。

(3) 计算权向量并做一致性检验。对于每个成对比较阵计算最大特征根及对应特征向量，利用一致性指标、随机一致性指标和一致性比率做一致性检验。若检验通过，特征向量（归一化后）即为权向量：若不通过，需重新构造成对比较阵。

(4) 计算组合权向量并做组合一致性检验。计算最下层对目标的组合权向量，根据公式做组合一致性检验，若检验通过，可按照组合权向量表示的结果进行决策，否则，需要重新考虑模型或重新构造一致性比率较大的成对比较阵。

(5) 构造判断矩阵。采用两两重要性程度之比的形式，表示两个方案的相应重要性程度等级。

(6) 计算权重向量。计算判断矩阵的权重向量，从判断矩阵中提炼有用信息，提高对事物的规律性的认识，为决策提供出科学依据。

(7) 一致性检验。对判断矩阵是否可接受进行鉴别。

(8) 进行总排序。对检验结果进行总的排序和最终决策。

四、规划编制技巧

（一）实施规范

1．规划需要公开征求意见

控制性详细规划草案编制完成后，控制性详细规划组织编制机关依法将控制性详细规划草案公告，采取论证会、听证会或其他方式征求专家和公众意见。

2．规划编制需要遵循规范的格式与程序

控制性详细规划的报告格式有具体的要求。编制单位根据规划编制要求的格式和内容进行编制，并且达到规划编制的预期目标。

控制性详细规划的内容，包括：详细规定规划范围内各类不同使用性质用地的界线，规定各类用地之内适建、不适建或有条件地允许建设的建筑类型；规划各地块建筑高度、建筑密度、容积率、绿地率等控制指标；规定交通出入口方位、停车泊位、建筑后退红线距离、建筑间距等要求；提出各地块的建筑体量、体型、色彩等要求；确定各级支路的红线位置、控制点坐标和标高；根据规划容量，确定工程管线的走向、管径和工程设施的用地界线；制定土地使用与建筑管理规定。

3．规划修改需要遵循特定程序

经批准后的控制性详细规划具有法定效力，任何单位和个人不得随意修改；确需修改的，遵循下列程序：

(1) 控制性详细规划组织编制机关组织对控制性详细规划修改的必要性进行专题论证；

(2) 控制性详细规划组织编制机关采用多种方式征求规划地段内利害关系人的意见，必要时组织听证；

(3) 控制性详细规划组织编制机关提出修改控制性详细规划的建议，并向原审批机关提出专题报告，经原审批机关同意后，方可组织编制修改方案；

(4) 修改后按法定程序审查报批。报批材料中附具规划地段内利害关系人意见及处理结果。

（二）操作要领

1．控制性详细规划不能与上位规划冲突

一般情况下，控制性详细规划遵循总体规划的空间布局和有关要求，不能出现不一致或明显的矛盾。

2．控制性详细规划符合功能定位和发展需要

控制性详细规划与特定地区的产业定位、社会发展规划等发生冲突，如果符合法律法规程序和有关要求，可以在经过规范的申请流程之后，根据法定的编制规则和修订流程，对控制性详细规划予以修正。以河北省曲阳县控

制性详细规划为例，进行编制技巧说明：

河北省是京津冀一体化的重要参与者和推动者，近年来积极推动经济转型和产业结构调整。保定市“十二五”期间重点实施“一主三次、工业西进、对接京津”三大战略，重构城市空间布局、缩小区域差距、促进全市经济社会发展可持续发展，统筹推进区域经济协调发展。

曲阳县地处太行山东麓，华北平原西部，河北省中南部、保定市西南部。曲阳县作为保定市重要的经济转型区域，具有自身的特征与资源禀赋，研究本地资源与产业特征，分析自身空间结构、旅游资源等，筹划未来发展的空间布局和主导产业，具有重大的战略价值。

当地政府组织专业机构进行土地利用总体规划与控制性详细规划等规划编制，曲阳县的空间布局现状如下图所示。

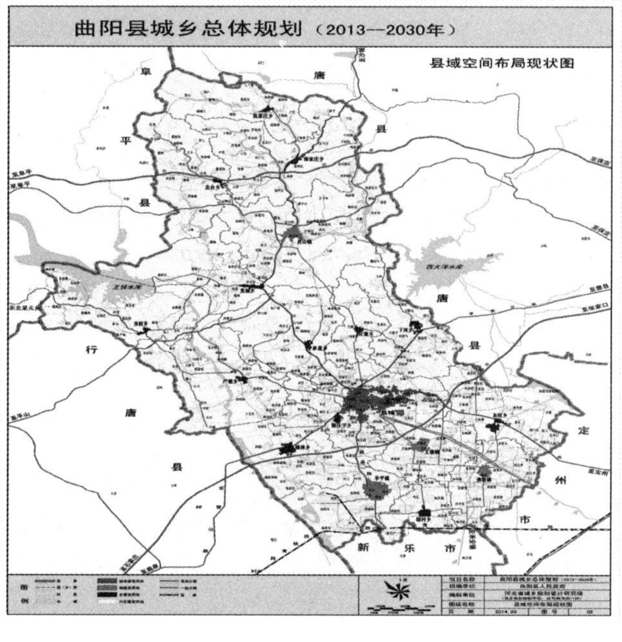

曲阳县空间布局现状图

研究曲阳县城市中心用地布局现状，有助于更好地把握经济发展思路，逐步实现经济发展规划与土地利用总体规划、与控制性详细规划等多规衔接。

具体用地布局分析如下图所示。

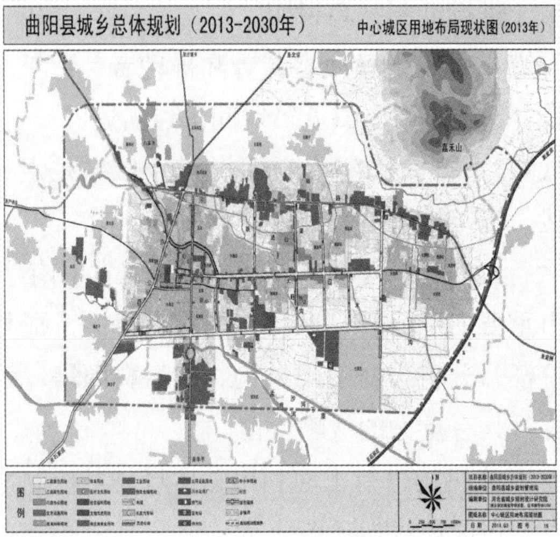

曲阳县用地现状布局

由上图可知，曲阳县作为经济需要快速发展的县区，中心城市有一些可以使用的土地指标，拥有产业发展必要的土地资源。

空间管制是总体发展规划的重要研究内容，也是进行经济发展布局和产业结构调整的基本依据。曲阳县的空间管制规划如下图所示。

曲阳县空间管制图

曲阳作为保定市经济不发达的县区，有较好的旅游开发资源，应该研究产业结构，积极推动战略转型与产业提升。该县旅游资源分布现状如下图所示。

曲阳县旅游资源分布现状图

现场调研发现，曲阳县有较好的旅游资源，符合国家产业政策，未来几年，曲阳县政府应该制定具体的政策措施，把握国家扶贫开发、河北省建设文化强县、保定市西部大开发的历史机遇，借助“中国雕刻之乡”的产业优势和“千年古县”的文化优势，主动调整产业结构，构建主导产业链，谋求可持续发展。

通过综合分析与模型测算，确立曲阳县总体空间规划的“五线”如下图所示。

中心城区“五线”控制规划图

预计到2020年，曲阳县通过实行产业转型和资源聚集，合理分布土地空间，构建主导产业，将在中心城区形成“两心三轴七区”的城市空间布局结构。

第十八章　产业园规划

一、规划编制依据

（一）研究要素

特定产业园规划报告的文本，主要涉及产业园规划背景、外部环境、发展基础、产业现状、发展机遇、问题挑战、规划目标、规划定位、产业组合、实施路径、规划保障等。通过对特定产业园的系统研究，最终形成系统、前瞻、可操作的产业园规划报告，为政府与产业园决策、招商、运营等提供前瞻、系统、科学的实践指导。

笔者出版的《产业园规划》专著，由中国金融出版社出版发行。该专著共分十一章，包括：序言、产业园和规划体系、宏观环境、发展基础、发展战略、产业价值链、空间布局、产业园整合、创新环境、支撑平台、规划编制工具、典型产业园和后记等，具体介绍了产业园规划理论和编制体系。

（二）理论依据

分析我国产业园规划的理论依据，包括但不限于：产业发展理论、区域分工理论、产业布局理论等。

1．产业发展理论

产业发展和产业园聚集的有关理论，主要包括：产业结构演变理论、区域分工理论、发展阶段理论等。

(1) 产业结构演变理论。产业结构与经济发展相对应并且不断变动，不断由低级向较高级演进，不断由简单化向复杂化演进，这些演进推动产业结构向合理化方向发展。

配第－克拉克定理：配第－克拉克定理是科林·克拉克(C．Clark)于1940年在威廉·配第(William Petty)关于国民收入与劳动力流动之间关系学说的基础上提出的。随着经济的发展，人均收入水平的提高，劳动力首先由第一产业向第二产业转移；人均收入水平进一步提高时，劳动力便向第三产业转移；劳动力在第一产业的分布将减少，而在第二、第三产业中的分布将增加。人均收入水平越高的国家和地区，农业劳动力所占比重相对较小，而第二、第三产业劳动力所占比重相对较大；反之，人均收入水平越低的国家和地区，农业劳动力所占比重相对较大，而第二、第三产业劳动力所占比重则相对较小。

库兹涅茨法则：在配第－克拉克研究的基础上，通过对各国国民收入和劳动力在产业间分布结构的变化进行统计分析，得到新的理解与认识。基本内容：随着时间的推移，农业部门的国民收入在整个国民收入中的比重和农业劳动力在全部劳动力中的比重均处于不断下降之中；工业部门的国民收入在整个国民收入中的比重大体上是上升的，工业部门劳动力在全部劳动力中的比重大体不变或略有上升；服务部门的劳动力在全部劳动力中的比重基本是上升的，它的国民收入在整个国民收入中的比重却不一定与劳动力的比重同步上升，综合看，大体不变或略有上升。

技术升级与产业链延伸在没有新的产业形式出现的情况下，通过产业技术的不断升级而对传统产业进行改造，不断提升产业自身的质量，在某种程度上也算是一种产业升级。如用高新技术产业改造传统产业，可以催生出一些新的产业形态，如光学电子产业、汽车电子产业。今后产业结构升级淘汰的将不再是夕阳产业，而是夕阳技术。除了技术升级外。对现有产业的价值链进行延伸，增加附加值也是产业结构升级的一种方式，如培育与现状主导产业有前向、后向和测向联系的其他产业等。

(2) 区域分工理论。从区域分工的角度确定城市产业发展定位是城市发展的客观要求。从区域角度分析城市在区域中的优势、劣势和潜力等，确定城市在区域中发挥的作用、扮演的角色，进而确定城市产业。

比较优势理论：主要包括绝对优势理论和相对优势理论。其中：

绝对优势理论：1776年亚当·斯密在其《国富论》中，对国际分工与经济发展的相互关系进行了系统阐述，提出了绝对优势理论。认为不同国家或地区在不同产品或不同产业生产上拥有优势，对于相同产业各国存在生产成本的差异，贸易可以促使各国按生产成本最低原则安排生产，从而达到贸易获利的目的。

相对优势理论：1817 年大卫 · 李嘉图在《政治经济学及赋税原理》中以劳动价值论为基础，用两个国家、两种产品的模型，提出和阐述了相对优势理论。由于两国或两个地区劳动生产率的差距在各商品之间是不均等的，在所有产品或生产上处于优势的国家和地区不必生产所有商品，只生产并出口有最大优势的商品；处于劣势的国家或地区可以生产劣势较小的产品。彼此可以在国际分工和贸易中增加自身的利益。

新贸易理论：由美国经济学家保罗 · 克鲁格曼提出。不同国家或地区之间的贸易，特别是相似国家或地区同类产品的贸易，是这些国家根据收益递增原理而发展专业化的结果，与国家生产要素禀赋差异关系不大。发展任何一种专业在一定程度上有历史偶然性，在不完全竞争和同类产品贸易的条件下，生产要素的需求和回报状况取决于微观尺度上的生产技术条件。生产技术的变化，可以改变生产要素的需求结构和收益格局，从而影响相似要素条件下的贸易，促成同类产品的贸易。新贸易理论认为，不完全竞争和收益递增的存在，为国家和地区采取战略性贸易政策，创造竞争优势提供了可能。

产业集群理论：产业集群指以中小企业为主体，相关的企业、研究机构、行业协会、政府服务组织集结成群的经济现象，最基本的特征是基于分工基础上的竞争性配套与合作，具有产业链条长而且配套、内部专业化分工细、交易成本低、人才集中、科技领先、公共服务便利等优势，具有强大的竞争力。

(3) 发展阶段理论。H · 钱纳里的“标准结构”理论：运用投入产出分析方法、一般均衡分析方法和计量经济模型，通过多种形式的比较研究考察以工业化为主线的第二次世界大战以后发展中国家的发展经历，构造出具有一般意义的“标准结构”，即根据国内人均生产总值水平，将不发达经济到成熟工业经济整个变化过程分为 3 个阶段 6 个时期：第一阶段是初级产品生产阶段（或称农业经济阶段）；第二阶段是工业化阶段，第三阶段是发达经济阶段。

霍夫曼定理：德国经济学家 W · 霍夫曼提出：随着一国工业化的进展，霍夫曼比例是不断下降的。霍夫曼比例是指消费资料工业净产值与资本资料工业净产值之比，即：霍夫曼比例 = 消费资料工业的净产值 / 资本资料工业的净产值。霍夫曼定理的核心思想是：在工业化的第一阶段，消费资料工业的生产在制造业中占主导地位，资本资料工业的生产不发达。此时，霍夫曼比例为5(±1)；第二阶段，资本资料工业的发展速度比消费资料工业快，但在规模上仍比消费资料工业小得多，这时霍夫曼比例为2.5(+1)；第三阶段，消费资料工业和资本资料工业的规模大体相当，霍夫曼比例是1(±0.5)；第四阶段，资本资料工业的规模超过了消费资料工业的规模。

2. 产业布局理论

产业布局指产业在一国或一地区范围内的空间分布和组合的经济现象。产业布局在静态上看是指形成产业的各部门、各要素、各链环在空间上的分布态势和地域上的组合。在动态上，产业布局表现为各种资源、各生产要素甚至各产业和各企业为选择最佳区位而形成的在空间地域的流动、转移或重新组合的配置与再配置过程。主要理论有：

(1) 韦伯的工业区位理论。阿尔弗雷德 · 韦伯 (Alfred Weber) 认为，运输费用对工业布局起决定作用，工业的最优区位通常应选择运费最低点上。韦伯还考虑了其他两个影响工业布局的因素（劳动费、运费）。其中：对劳动费在生产成本中占很大比重的工业而言，运费最低点不一定是生产成本最低点。当存在一个劳动费最低点时，它同样会对工业区位产生影响；聚集力指企业规模扩大和工厂在一地集中所带来的规模经济效益和企业外部经济效益的增长。

(2) 成本学派理论。核心是以生产成本最低为准则来确定产业的最优区位，主要代表人物是阿尔弗雷德 · 韦伯 (Alfred Weber)，阿尔弗雷德 · 韦伯之后是美国经济学家埃德加 · M · 胡佛（Edgar M. Hoover）。胡佛提出运输成本由两部分构成：线路运营费用是距离的函数；站场费用则不一定。在此基础上他对阿尔弗雷德 · 韦伯的理论做了修改：

第一，若企业用一种原料生产一种产品，在一个市场出售，在原料与市场之间有直达运输线，则企业布局在交通线的起点最佳。因为在中间设厂将增加站场费用。

第二，如果原料地和市场之间没有直达运输线，原料又是地方失重原料，则港口或其他转运点是最小运输成本区位。

市场学派理论：成本最低并不是全意味着利润最大化，市场因素对产品价格影响越来越重要，是产业布局必须充分考虑市场因素，尽量将企业布局在利润最大区位。瓦尔特·克里斯塔勒（Walter Christaller）创立了“中心地理论”，他认为高效的组织物质生产和流通的空间结构，必然是以城市这一大市场为中心，并由相应的多数市场构成相应的网络体系。

(3) 成本—市场学派理论。在前两种理论的基础上形成成本—市场学派理论。

俄林的一般区位理论。认为：运输方便的区域经济能够吸引到大量的资本和劳动力，并能成为重要市场，因此可专门生产面向市场、规模经济优势明显和难以运输的产品。而运输不方便的地方则应专门生产易于运输、小规模生产可以获利的产品。

弗农的产品生命周期理论，主要观点是：

处于创新期的产业属于技术密集型产业，一般趋向于科研信息与市场信息集中，人才较多，配套设施齐全，销售渠道畅通的发达城市。

处于成熟期的产业会出现波浪扩展效应，开始向周边地区扩散。

衰退期的产业沦为劳动密集型，技术完全定型化，产品需求已趋于饱和，生产发展潜力不大，于是从发达地区向落后地区转移。

(4) 西方产业布局理论。主要包括：增长极理论和点轴理论。

增长极理论。在一国经济增长过程中，由于某些主导部门或者有创新力的企业在特定区域或者城市聚集，从而形成一种资本和技术高度集中，增长迅速并且有显著经济效益的经济发展机制。由于其对临近地区经济发展同时有着强大的辐射作用，因此被称为“增长极”。根据增长极理论，后起国家在进行产业布局时，首先可通过政府计划和重点吸引投资的形式，有选择地在特定地区和城市形成增长极，然后凭借市场机制的引导，使增长极的经济辐射作用得以充分发挥，并从其临近地区开始逐步带动增长极以外地区经济的共同发展。

点轴理论：增长极理论的延伸。从区域经济发展的空间过程看，产业特别是工业等集中于少数点，即增长极。随着经济的发展，工业的增多，点与点之间由于经济联系的加强，必然会建设各种形成的交通线路使之相联系，这一线路即为轴。轴线一经形成，对人口和产业就具有极大的吸引力，吸引企业和人口向轴线两侧聚集，并产生新的增长点。由点到轴，由轴带面，最终促进整个区域经济的发展。

上述相关理论及研究观点，对于我国产业园主导产业选择，产业优化，产业园体系构建等重大决策，具有重要的参考支撑作用。

二、规划编制要点

（一）内涵解读

产业园指由政府或企业为实现产业发展目标而创立的特殊区位环境。它是区域经济发展、产业调整和升级的重要空间聚集形式，担负着聚集创新资源、培育新兴产业、推动城市化建设等一系列的重要使命。产业园的分类很多，包括高新技术开发区、经济技术开发区、科技园、工业区、金融后台、文化创意产业园区、物流产业园区等，以及近来各地陆续提出的产业新城、科技新城等。产业园区作为我国区域经济发展的龙头，是对外开放、招商引资、管理创新的主要载体，是发展高新技术产业、促进产业集聚的重要平台。按照产业园的发展模式，我国各类产业园可以大体分为：自然发展模式、政府管理模式、大学管理模式、公司管理模式和积极管理模式等类别。

产业园规划是产业园全面、系统、长远的发展计划，是对园区产业发展、空间布局、土地开发、招商引资、运营管理等全局性、长期性、基本性问题的研究分析，是未来一个时期指导产业园发展的行动纲领和路线图。

产业园区规划是园区发展的蓝图，是产业园发展的龙头，决定产业园建设规模、发展方向和档次。产业园发展必须坚持“规划先行”的基本理念。

（二）研究要点

1．基本内容

“产业园规划”报告的一般结构，包括但不限于：编制依据、编制范围、宏观环境、国家和区域政策、产业趋势、以往的发展回顾、存在的问题和缺陷、发展机遇、发展优势和潜力、标杆园区分析、经济基础、愿景、规划思路、规划原则、规划目标、产业布局、产业链、重点工程、主要任务、实施路径、资源支撑、规划保障等内容。不同产业园规划报告的结构根据管理需要和地方特征，存在各自的特点与差异。

2．编制步骤

根据产业园规划编制的基本特征，一般经过规划背景、发展基础、规划目标与重点产业确定、空间规划与重点工程、规划保障五个研究与规划阶段，最终形成完整的规划报告。不同研究阶段采用不同的分析模型和研究工具，呈现不同的研究成果。

3．产业价值链分析

产业价值链理论是研究产业园主导产业和现有产业链的理论依据。这里以潍坊市产业园立体停车产业链分析为例，进行详细说明。

潍坊节能环保产业园引进了全国行业排名前三的立体停车企业，积极培育立体停车产业链，打造产业聚集区。

经过潍坊市节能环保产业园的主导产业链分析之后发现，该产业园的立体停车泊车产业链及现有骨干企业，主要分为上中下游三部分，其中：位于上游的是技术研发、工程设计环节，是产业链的高附加值端，是提升核心竞争力的关键环节。产业链中游是设备制造和安装环节，当前多数企业的主导产业处于中游环节，是传统竞争领域，位于产业价值链的低端，盈利能力低。产业链下游是维修保养等环节，是体现特定企业服务专业化、高端化、维护和提升客户关系的关键，目前发展较为迅速。除此之外，该产业链还存在与其他产业发生上下游联系的辅助产业链，如新材料产业、节能环保装备制造产业，可以为主导产业链上的企业提供更环保、更节能的材料或设备。

对产业价值链的深入研究发现，该产业园泊车产业在主导产业链的上中下游皆有企业。但是，单靠一家企业研发力量不足，需要加强上游研发、设计环节，引进专门人才或者专业研发机构；中游制造环节企业较多，大部分的配套企业都集中在这一环节，能力较强；下游维修保养需要延伸与加强。

通过产业价值链分析，有助于对于产业园主导产业的深度把握和综合规划，有助于确定产业优化的重点环节和招商目标，进而提高产业园发展规划的系统性、规范性和前瞻性。

三、规划分析模型

（一）纵（横）向对比法

1. 模型解读

主要是对通过跨年度经济数据和主要业绩，以及不同地区经济数据和发展速度的分析与比较，初步揭示特定产业园的经济特征、市场表现、发展趋势和未来方向等。

2. 模型应用

纵横向分析法是研究产业园规划报告的重要模型与分析工具。以下是笔者对我国产业园现状和问题的简要分析。

初步分析发现，当前，我国产业园的发展现状可以概括为：数量众多，但发展不均衡。截至 2015 年 9 月，我国共设立 219 个国家级经济技术开发区，内地每个省区均有分布，其中江苏省最多，有 26 家。2014 年 1—11 月 215 家国家级经济技术开发区规模以上工业总产值 187206 亿元，同比增长 12.3%。2015 年我国共设立国家高新区 145 家，截止到 2015 年初，高新区上报统计的企业总计 7.6 万家，共有从业人员 1524.2 万人，实现营业总收入 22.9 万亿元，工业总产值 17.0 万亿元，工业增加值 4.4 万亿元。截止到 2015 年，我国共建设 15 个国家级新区，以及各类试验区、保税区、出口加工区、边境经济合作区等。这些示范区域由国务院批准设立，是承担国家重大发展和改革开放战略任务的综合功能区。

虽然我国产业园区数量较多，但是，发展不均衡。主要体现在：区域发展不均衡、发展政策和资源供应不均衡，以及产业结构不均衡。区域发展不均衡体现在东部、中部和西部发展不均衡，发达城市和欠发达城市发展不均衡。我国区域发展目前是“东部强、中西部快”的局面，东西部的发展差距大。发达省份产业园的数量多，经济指标和社会效益整体较好，欠发达省份和边疆地区产业园发展相对落后，多数产业园的数量、规模、管理能力和盈利水平等不高。从全国来看，不同产业园之间的产业政策和优势资源的供应不均衡，我国东部地区、京津冀地区、环渤海地区等产业基础好、产业链完整，这些省份和发达地区主要面临土地供应紧张等发展制约，西部和东北等欠发达的二、三线城市和经济欠发达地区的土地资源富足，产业结构和运营模式不健全。另外，我国产业园的产业结构总体布局不科学，主要体现在产业园的产业、项目、招商等同质化，发展模式相对单一和粗放、落后，高能耗等传统工业产业的比例较高，高端服务业和高技术产业总体比重较低，影响了各产业园的产业升级、产业聚集和产业园的开发质量。

（二）系统工程

1．模型解读

系统工程是从整体出发，合理开发、设计、实施和运用系统科学的工程技术。根据总体协调的需要，综合应用自然科学和社会科学中有关的思想、理论和方法，利用电子计算机作为工具，对系统的结构、要素、信息和反馈等进行分析，达到最优规划、最优设计、最优管理和最优控制的目的。

使用系统工程的战略思维，运用数学模型和运筹学、大数据等分析，是产业园规划报告研究和编写的重要思考路径。

2．模型应用

该模型在产业园规划报告编制过程中，主要研究特定产业园的产业、人口、资源、外部竞争等协调性、先进性和未来发展潜力等。

系统工程模型强调产业园规划的问题发现与问题解决路径，通过需求导向的研究，发现产业园发展中的问题，对各类问题进行结构化分类，研究制定解决问题的措施和办法。

产业园发展和当地经济、周边环境、国内形势、国家战略，甚至全球经济政治变化等紧密相关，这就是系统工程分析的思维和方法。基于系统工程法的规划思维模式，可以对我国产业园在国家战略中的发展机遇进行分析，初步分析观点如下：

总体来说，当前，京津冀协同发展战略、长江经济带战略和一带一路战略等国家战略的提出和推动，是党中央、国务院在我国经济发展新常态的形势下，根据全球经济、政治形势变化，统筹国内、国际两个大局做出的重大决策部署，是我国经济发展在空间格局上的重大突破和创新，对于产业园转型和战略调整具有重大的利好和推动作用。国家战略的实施也为我国产业园的未来发展提供了更多机会和动力。主要分京津冀协同发展战略、一带一路战略和长江经济带战略等国家战略进行系统分析。

(1) 京津冀协同发展战略。各地产业园在京津冀协同发展战略中的机遇主要表现在：

北京产业外迁的机遇：伴随京津冀协同发展战略的实行，一部分京津地区的产业转移到周边地方，为地方产业园区提供了新的机遇。各地区结合自身情况，建成了不同规模和特色的产业园区，以保定市为例，正在规划河北白洋淀科技城，谋求加强与北京高等院校、中关村和国内外科技型企业战略合作，打造产学研一体化发展示范基地。其他地区也相继建立新兴产业基地、改革开放示范区，形成了创新发展的新引擎。

京津技术和人才等外溢的机遇：京津地区是我国高等教育发达的区域，知名学府众多，且随着办学规模的扩大，海内外合作办学的情况增多，京津冀协同发展战略有利于各地市利用优惠政策吸引优秀人才，为园区建设提供充足的软实力。以京津冀协同发展为标志的环渤海经济区融合了北京、天津两大直辖市及辽宁、河北、山西、山东和内蒙古中部地区，共五省（区）二市；由三个次级的经济区组成，即京津冀圈、山东半岛圈和辽宁半岛圈。其中包含了中关村、亦庄、廊坊开发区、天津武清开发区、天津新技术产业园区、塘沽海洋高新技术开发区、天津经济技术开发区和天津港保税区共 8 个有一定规模的产业区。这为各地区整合优势资源，学习成熟园区先进经验提供了机会。

(2) 一带一路战略。各地产业园在一带一路战略中的机遇，主要表现在：

“一带一路”成为连接欧亚大陆、太平洋与印度洋，打通我国向西向南开放的通道，形成陆海统筹、东西互济的全方位开放新格局及欧亚双向联动发展的重要纽带。我国产业园区建设要抓住机遇，基于各自区位优势、错位发展的各个产业园之间、企业之间的产业链延伸、产业协同和资源融合。鼓励合作建设境外经贸合作区、跨境经济合作区等各类产业园区，促进产业集群发展。

产业园和园区企业实施“走出去”战略，在重点国家和地区实现突破，充分发挥具有比较优势的特色产业、企业或项目，发挥优势产业、输出多余产能，完成国际化拓展。

产业园在关注“招商引资”的同时，要关注“引智招商”，一带一路为我国和其他各国进行人才交流提供了更便利的条件，加强国内外科技合作，共建联合实验室（研究中心）、国际技术转移中心、海上合作中心，促进科技人员交流，合作开展重大科技攻关。推进青年就业、创业培训、职业技能开发、社会保障等合作。开展智库之间的联合研究、合作举办论坛等，为发展技术集聚型的产业园区提供充足的软实力。要跟随国家部委和战略导向的技术应用、海外项目和专业人才，在一带一路沿线国家的主动布局和市场对接。

(3) 长江经济带战略。 各地产业园在长江经济带国家战略中的机遇，主要表现在：

长江经济带建设的核心，是要通过产业集聚，引导产业有序转移和分工协作，实现产业转型升级与协调发展，努力成为中国经济发展新的增长带。沿江城市要结合区位条件集聚产业。区位是一种优势，也是一种资本。沿江城市要将区位作为优质资产进行管理和运营。核心产业的设置必须充分利用城市的区位优势，区位优势得到发挥不仅是实现资源合理配置的有效路径，也是城市产业聚集和辐射的重要渠道。各周边园区积极引导产业向沿江地区集中、项目向开发园区集中、生产要素向优势产业集中，沿江地区已经成为要素承载功能最优、产业集聚程度最高、带动能力和可持续发展能力最强的经济带。产业转型升级，离不开产业链分工协作。

站在全域的高度，各地对拥有比较优势的区域特色产业，推进专业化生产，加快集群发展、优化升级；对不具备比较优势的产业，利用发达的沿江综合运输体系，实施产业转移，从而在区域形成差异化分工格局，迈向互补发展，提升整体竞争优势。推动劳动力、资本、技术等要素跨区流动和优化配置，并在合作区域内进行规划和产业布局的协调，形成产业链互补，力图避免相互间恶性竞争。

（三）标杆分析法

1．模型解读

标杆分析主要是选择产业园标杆，进行系统研究，提炼其发展中的经验和做法，研究产业发展中的可能缺陷或教训，为产业园规划报告的编制和产业定位等提供基本的决策借鉴。

2．模型应用

在进行产业园规划编制过程中，使用标杆分析法，如对中关村产业园、日本产业园、新加坡产业园的系统研究，可以为地方政府的产业园定位和未来发展提供一定的参考。笔者2015年12月3日参加了同济大学发展研究院在上海组织的“2015中国产业园区持续发展论坛”，并且做了《中国产业园特征与国家战略的融合发展》专题报告，重点阐述了园区发展的产业集中化、错位化等六大特征，资源挤出效应和服务收益化等八大趋势，以及与国家战略深度融合的“找布料、缝衣服、边跑边穿衣服、一步抢先”等竞争策略，为与会的工信部和科技部等政府机构和各地产业园专家等进行了实践分析和系统解读。

四、规划编制技巧

（一）基本技巧

撰写产业园规划，需要与地方政府的经济规划、资源优势等紧密结合，需要体现本地特色和可操作性。一般遵循如下的技巧：

1．分析地方经济和区位优势，确立产业园规划总体定位

研究当地经济社会现状和资源条件，跟踪周边产业园模式和竞争格局，分析产业基础和政策限制，确立主导产业和园区定位。

不同政府经济与社会规划、各类产业园规划等基本原则和定位有所差异，但是遵循一般的原理和编制规律。如：笔者出版的《产业园规划》专著（2015年12月由中国金融出版社出版）提出了产业园规划的六条原则：

一是传统产业升级和新产业培育相结合。产业园规划需要研究传统产业和新兴产业的发展基础和增长潜力，既要考虑原有产业对于本产业园发展的贡献和支撑，更应该考虑新兴产业的发展潜力和招商引资的可能性，通过新兴产业，带动产业园的转型升级和竞争力提升。以保定市产业园为例，分析发现，保定市传统的食品加工、纺织服装、普通建材、汽车零部件等产业规模大、产业基础好，对当地税收贡献大。同时，面临产业升级、技术改进和工业自动化的压力。在编制保定市产业园规划的时候，需要正确处理传统产业发展、升级，与新能源、新材料、互联网＋等新兴产业培育的协同关系，做好各方面的衔接和平衡。

二是高新产业提速和生产性服务业相结合。高新技术产业和生产性服务业是多数产业园规划定位、产业转型的重点方向，也是全国各地区、各产业

园发挥自身核心优势，进行科学定位的工作重点。一般来说，全国各地区、各产业园需要立足自身特色与优势，增强产业体系的核心竞争力，重点发展高新技术产业和先进制造业，突破核心技术和关键领域，拓展产业价值高地；培育发展创新金融、现代物流、网络信息、服务外包、创意设计、品牌会展和高端旅游等高端服务业，构筑本产业园的服务高地。

三是产业调整与建链、补链、增链相结合。基于产业价值链管理的思维模式，传统产业和战略性新兴产业发展要实施“建链、补链、增链”产业发展策略，集聚资源加快推进优势产业、重点企业和重大项目，促进产业链向深度和广度延伸。加强创新基础能力建设，夯实产业链的基础环节。引进和培育关键缺失环节的重大产业项目，促进产业链的优化并向高端延伸。

四是产业发展与城市功能提升相结合。全国各地区、各产业园在编制规划过程中，一般来说，可以实施产业、功能、人口三位联动的调整策略，以产业结构调整带动城市功能提升和人口规模结构优化。应该强化“二产、三产”相衔接，提升产业现代服务业功能，通过产业结构优化，促进城市功能布局的调整。

五是瞄准短板和解决问题相结合。各种产业园规划的目标，主要是确立和解决产业发展中的短板，消除制约发展的瓶颈，提高经济发展的活力和质量。同时，各类规划需要立足已有的问题，采取问题导向，进行优势分析和产业优化，提出产业布局的思路和解决问题的具体措施，提高经济发展的投入产出。

六是园区发展和区域共生相结合。共生指不同种有机体与子系统合作共存、互惠互利的现象，共生的结果是使各共生者节约了原材料、能量和运输，在系统中获得多重效益。产业园共生原则指产业园的生产与生活、市区与郊区、人类活动与环境承载能力以及产业园的当前利益与长远利益、局部利益与整体利益协调统一。构建共生的产业园必须把握四个关键点：如何处理产业提升、跨越发展与园区功能构建的协同；如何满足企业集聚、人员交流、用地集约、交通便利等需求，保障空间布局的科学合理；如何充分利用园区自然条件建设生态型园区，兼顾地均效益；如何实现控规与经济规划的衔接。

基于上述思路，各地政府规划和产业园规划可以进行灵活性设计［具体产业园规划体系、原则、目标、任务、路径和保障等可以订购中国金融出版社2015年出版、由国家发改委中国计划出版社等发行营销的《产业园规划》（作者：吴维海、葛占雷）进行学习和借鉴］。

2．跟踪国家政策和改革路径，提升产业园竞争力

各类产业园规划，需要解决发展和提升的问题。应该研究政府导向和产业政策，研究企业基础和可能的潜力，进行产业园产业、资源、招商、运营和发展等谋划，提高产业园的战略定位和资源投入产出比，提高产业园的产业聚集、资源优化、效益提升、产业带动等作用，为地方经济和社会发展做出积极的贡献。

笔者在《学习时报》发表的《地方政府和园区规划编制的要点》文章，关于规划编制要点的基本思路如下所示。

地方政府和园区规划编制的要点

2015-11-24 学习时报 吴维海

地方政府和园区规划不同于国家级别的经济规划和产业规划，它具有地域性、传承性、创新性和协同性等基本特点。研究和编制地方政府和园区的综合规划和产业规划，需要开展基础性的调研和分析，综合把握相应规划的基本要点，才能较好体现本地区、本园区的产业特点和资源禀赋，使编制的规划符合本地区的产业特点和历史传承，推动地方政府和各类园区的可持续、快速发展。

总体而言，地方政府或园区规划的编制有七个要点：

应贴近国家、省市产业政策。编制各省市有关规划和高新区规划中，规划编制团队通过系统分析国家经济政策、省市产业政策，能够找到相关产业发展的方向和依据，寻找和确立本规划单位未来的产业机会，为规划编制和决策依据提供支撑。

应凸显本地产业优势。在编制地方规划时，应注重研究和归纳地方政府和园区的资源优势，因地制宜地进行规划目标设计和产业定位，避免形式主义和走过场。针对前瞻性的发展思路，从调查研究入手，通过行业调研、专家访谈、趋势分析等手段，获得较为完整、系统的基础数据和分析结论。

应融合决策者的智慧。地方规划与国家级中长期规划的不同之处在于，地方各类规划参与者和被调研者人数较少，地方高层领导的思路已经有了一定的雏形，规划编制者更多是如何沟通、理解、梳理和提炼决策者的思路，结合全国典型地区的产业经验和国家形势，进行思路优化和目标设计，这就要花更多的精力和时间与主要决策者沟通和碰撞，弄清楚决策者的核心观点和基本理念，分析与思考这些思路是否合理和可行，逐步将决策者的思路和零散的火花梳理与升华，纠正或调整不合适的部分观点和某些思路，逐步形成科学、规范、系统的规划定位和目标体系等。

应采取分析模型和体系化。编制地方规划，一般涉及经济领域的多个方面，需要系统的思维和科学的分析手段。在具体编制过程中，针对不同类型的规划，一般应用经济模型和分析工具，进行产业环境分析和产业基础研究。采用系统工程模型、产业价值链理论、产业集群理论等工具，实施产业定位、产业组合和项目设计，尽可能实现规划内容的系统化和前瞻性。

应通俗化和有针对性。地方规划主要是地方政府、园区和辖内企业等执行、参照并确立产业定位和业务布局的基础依据。规划文笔应通俗易懂，尽量减少过于专业的生僻用词，并且重点解读和解决本地区发展需要克服的障碍或困境，既容易理解，又要有针对性。

应注重经济性和微观性。地方规划的费用列支应在财政允许的范围内，尽可能节约财政开支。同时，规划中确立的重大项目和产业链、重点企业目录应该有资源相匹配，体现经济性。规划的事实路径和具体计划应该落实到具体的产业或地域，避免过于空洞和目标过高，缺少执行条件等现象发生。

应考虑简约性和操作性。地方规划的使用单位一般为地方政府、园区、下属单位等。规划要满足操作实践的要求相对高，因此，规划影响对简约和具有操作性，应尽可能构建较为清晰的实现路径和具体项目，并应有产业带动和实现路线图，便于各部门执行和推动。

3．体现绿色发展和对外开放，增强高端要素聚集能力

当前，全球和我国绿色发展成为现实需要和共识，产业园要积极推动产业转型和生态环保，不断降低单位能耗，提高高端要素聚集和提升能力，提高产业园的开放包容和自我发展潜力。

（二）操作要领

1．体现政策法规的匹配性

产业园规划报告是地方政府的重要工作内容，也是地方经济规划的组成部分，必须与国内外产业政策、国家法规、市场规则等保持一致，充分考虑未来可能的政策法律和市场风险，构建可持续发展的产业、企业或项目结构。

2．发挥区位优势和资源特征，体现前瞻性和操作性

特定产业园能否快速发展，很大程度上取决于产业园规划制定、规划执行的科学性、系统性和前瞻性。因此，要采取务实、科学的态度，以前瞻的思维和规范的研究方法，进行产业园规划、具体计划制订与执行，以及中期评估和产业优化，不断提高产业园规划引领和带动作用。

产业园空间布局是发挥资源优势的重要内容，应该系统研究和定期评估。根据不同产业园的产业定位，可以制定空间规划。空间布局是产业发展在空间的具体落实。产业空间规划要结合产业发展和布局理论，发挥各产业的特点和优势，按照市场经济规律与政府宏观调控相结合的方式，以最大限度地利用空间资源、促进产业的协调和持续发展为目标，在空间上合理配置和引导产业发展。

(1)产业发展的空间引导。产业或企业区位选择时主要依靠市场来调节，最大限度地利用各种资源和生产要素，力争获得最大利益。产业园规划要引导产业在获得满意的综合利益基础上，尽量避免产业发展和布局造成地区土地、水、矿产等资源的浪费，减少产业发展对生态和环境的压力，形成产业空间配置相对平衡，促进地区经济发展和增加就业水平的良好发展态势。

根据不同产业园的发展条件、发展背景和功能定位，通过产业政策建立行业准入机制，引导不同类型的产业在相应的产业园错位发展。如，在京津冀协调发展区域中，主要发挥生态服务功能的区域，其产业园发展方向是限制污染类、资源消耗大的产业发展，鼓励发展生态和环境友好的文创产业、高端制造业、生产性服务业、休闲旅游业等。

产业园的空间引导主要通过土地、税收、环境保护等政策工具进行统筹调控。

(2) 产业发展点（轴、带）的规划。产业园的主导产业空间布局一般不会均衡进行，在一些区位条件优越的城市（或产业园）、交通干线两侧等形成不同规模、等级的产业集聚点和集聚轴（带），这些产业集聚点（轴、带）是不同层次区域经济发展的重要依托和支撑，也是各类产业发展的核心区。按照市场经济规律，利用不同层次区域的各种资源优势，促进不同类型、规模的产业集聚点（轴、带）的形成和发展是产业园空间规划的重要研究内容。

(3) 产业空间的管制。产业园的空间布局要考虑生态与环境约束和人居环境发展的要求。针对生态和环境保护区、居民区、文物保护区、风景名胜区等或轴线，制定严格的产业发展和布局的限制政策，形成不同层次的产业管制区。根据产业管制区的特征，按照强制性、指导性、引导性等政策手段进行分类指导，促进产业发展与生态建设和环境保护相协调。

做好产业园规划和科学运营，需要对上述理论和编制、执行、运营等技巧进行深入学习、实践思考和系统创新，要使全体管理者的理论水平和实践运用能力得到持续提升，才能够构建产业园公共服务平台，做好园区企业的参谋，推动产业园和当地政府决策能力的全面提升。各地政府组织省长、市长、区长、各级发改委、工信委干部与产业园主任参加的产业园规划与运营培训，对于提高政府官员和园区运营者的能力和决策水平很有必要。保定市委、市政府在这方面就做了有益的尝试，2014 年 7—9 月，笔者两次受保定市有关部门邀请，为该市市委、市政府、市人大和市政协等主要领导、各职能部门，各县市区有关领导、职能部门和重点产业园等 3000 余人讲授分享了“保定市产业园规划与运营”专题讲座，分析了北京环保产业园等经验做法和可能借鉴，剖析了保定市产业园现状、问题和可能的发展思路。

2014 年 9 月 12 日，笔者受保定市组织部邀请，为保定市四大班子的主要领导、各县市长、区长、开发区主任，发改委、经信局、金融办等职能部门进行了政府规划运营的专题讲座，保定日报等进行了新闻报道。

本次规划讲座关于标杆分析，具体观点如下：

(1) 发展现状。本次讲座分析了北京市环保产业园等标杆单位的开发经验。希望通过标杆分析，为保定市经济发展和产业定位提供参考与借鉴。

主要内容是：

2002年12月23日，北京市人民政府同意将北京国家环保产业园区列为市级开发区。园区总体规划占地15平方公里，其中一期开发面积7.17平方公里。园区选址位于北京市通州区马驹桥镇域内，是在原马驹桥工业星火密集区基础上建立的，是距离北京最近的市级开发区之一。

北京国家环保产业园区是集环保技术开发、孵化、设备制造、环保工程设计、环保软件开发，环保产品展示交易，环保技术服务等功能于一体的现代化绿色园区。是国家环保技术装备生产基地，京津冀都市圈及华北地区的环保技术开发转化中心。环保产业园区对于科技含量高，经济效益好，单位土地面积投资大、产出多，环境污染少，能够吸纳当地劳动力，建设周期快的其他行业企业也可以引进。引进跨国公司、国内知名企业、外资企业、上市公司、高新技术企业，并重点引进世界500强、国内500强企业。

(2) 节能环保产业结构。园区形成以环保产业为主体，高新技术企业和外向型经济为两翼的“一体两翼”的产业新格局，突出与北京经济技术开发区主导产业相承接的作用，重点发展汽车电子、航空电子、汽车零部件等产业，突出环保主题，打造环保园区特色。已有北京桑德集团、北京海斯顿环保设备有限公司、北京保绿再生处理公司、北京富鼎环保设备公司、北京志峰环保设备公司等环保企业入区。

(3) 主要特征。园区是集环保开发、产品制造、环保咨询服务等功能为一体的综合性园区。园区以“立足首都、面向全国、着眼世界”为发展宗旨，积极与通州及环渤海经济圈周边地区产业基础形成配套，参与国际竞争，成为环保产业领域的技术创新、高新技术产业化、国际合作、产业发展的基地和示范园区。

(4) 主要借鉴。北京节能环保产业园建设的主要借鉴：

——定位高端。园区定为国家环保产业园，以“立足首都、面向全国、着眼世界”为发展宗旨，设立之初就作为市级产业园进行布局和提升，并确定了引进技术领先型和国内外500强企业等招商目标。

——行业集中。园区行业定位于装备生产基地和技术开发中心等重点领域。

——产业承接。园区产业与已有企业、临近产业相互支撑和承接，与通州及环渤海经济圈周边地区产业基础形成配套，推动了核心产业链延伸和聚集。

在标杆分析的基础上，研究归纳保定市各产业园规划现状，保定市确立并实施了“一核两组团”发展格局：

“一核”就是由保定主城区为主的中心城市群，“两组团”即保东生态文明新城组团和保北中小城市群组团。

制定了汽车及零部件、新能源及装备制造、食品、建材、纺织服装、航空航天及新材料、生物医药、现代农业、现代服务业、旅游产业、文化体育、节能环保12个产业发展路线图。积极发展5个传统主导产业：汽车及零部件、新能源及能源设备、纺织服装、食品、建材等；大力推动2个新型主导产业：航空航天及新材料、现代医药。

从空间布局看，保定市确定了总规划面积1149平方公里的34个重点园区，承接京津地区汽车、新能源、航空航天、电子信息、生物医药、商贸物流、旅游休闲、健康养老等产业转移，重点建设高端装备制造基地、战略性新兴产业基地、商贸物流基地、新机场临空产业基地等。

河北省保定市产业规划定位基本现状，具体如下图所示。

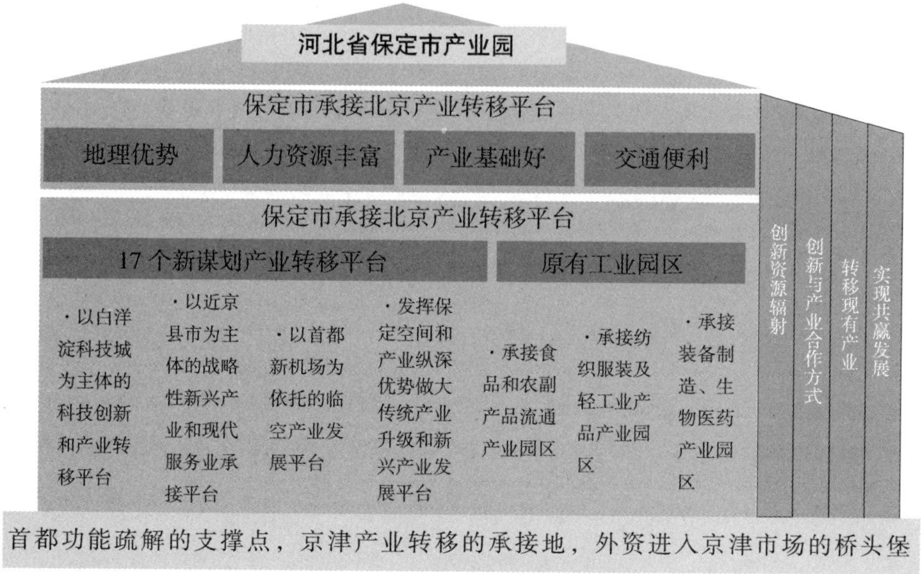

保定市34家产业园规划定位现状

在分析了保定市经济布局和产业现状之后，系统研究了保定市重点园区的产业布局和产业特征，剖析了存在的问题与缺陷，在进行研究探索保定市规划调整与规划实施的建议，提出了保定市未来规划修订的思路和机制，推动有关规划目标的顺利实现。

第十九章　专项规划技巧

一、专项规划内容

（一）核心概念

专项规划是以国民经济和社会发展特定领域为对象编制的规划，是总体规划在特定领域的细化，也是政府指导该领域发展以及审批、核准重大项目，安排政府投资和财政支出预算，制定特定领域相关政策的依据。

专项规划针对国民经济和社会发展的重点领域和薄弱环节、关系全局的重大问题而编制的特定规划。是总体规划的若干主要方面、重点领域的展开、深化和具体化，它必须符合总体规划的总体要求，并与总体规划相衔接。

专项规划的种类很多，包括：循环经济规划、智慧城市规划、节能环保规划、城镇化规划、生态文明规划、传统产业转型规划、资源枯竭型城市转型规划、一路一带产业融合规划、文化旅游规划、城市住房规划、农村垃圾处理规划、土地利用总体规划、历史文化名城规划、环境评估规划等。本书对部分专项规划予以简要介绍。

（二）规划内容

总结各类专项规划案例的报告格式，一般包括但不限于如下内容：

1．分析部分

——主要包括对现状分析、发展预测分析两个方面。

——现状分析是做好规划的前提。产业或经济现状可以从国内、国际等方面分析。分析生产与需求结构平衡状况。包括市场容量与供给规模、市场结构。分析影响领域发展的关键因素或起作用的因素。回顾评价近年采取的措施及取得的成绩，找出存在的主要问题，分析产生问题的根源。

——发展预测分析。根据未来发展状况，对需求与供给进行预测。

2．规划部分

目标。专项规划通过一定的数量指标表达到规划期末研究对象应达到的高度。目标既有定量描述，也有定性描述。目标应有压力又有激励。

规划重点与配套工程。规划重点与配套工程是实现规划目标的关键部分和主要支撑部分。规划重点主要根据专项规划的目标及存在的薄弱环节而确定。

方案研究与设计。首先明确规划的指导思想，确立规划主线，这条主线是进行规划的依据，贯穿于规划设计的始终。要明确规划的时限，分解规划目标，制定符合经济社会发展变化的阶段性目标。

3．结论与措施部分

规划制定本身是为了落实规划，而落实规划就要通过一系列的政策与手段来实施，有无可操作性最终就要通过措施来体现，可操作性是衡量政策措施是否可行、是否合理的主要标志。

规划报告的政策措施，主要包括：

(1) 政策措施内容要简洁具体。

(2) 明确执行主体、执行方法和手段、执行时间和范围、实施主体等。

(3) 根据上级政策规定和本地区的实际能力等，制定有关政策措施。

(4) 明确详细的实施目标，确立考核激励机制等。

二、循环经济规划

（一）内涵解读

循环经济指在经济发展中，实现废物减量化、资源化和无害化，使经济系统和自然生态系统的物质和谐循环，维护自然生态平衡，是以资源的高效利用和循环利用为核心，以“减量化、再利用、资源化”为原则，符合可持续发展理念的经济增长模式，是对“大量生产、大量消费、大量废弃”的传统增长模式的根本变革。

循环经济，即在经济发展中，实现废物减量化、资源化和无害化，使经济系统和自然生态系统的物质和谐循环，维护自然生态平衡，是以资源的高效利用和循环利用为核心，以“减量化、再利用、资源化”为原则，符合可持续发展理念的经济增长模式，是对“大量生产、大量消费、大量废弃”的传统增长模式的根本变革。“3R 原则”是循环经济活动的行为准则，所谓“3R 原则”，即减量化 (reduce) 原则、再使用 (reuse) 原则和再循环 (recycle) 原则。

减量化 (reduce) 原则：要求用尽可能少的原料和能源来完成既定的生产目标和消费的。这就能在源头上减少资源和能源的消耗，大大改善环境污染状况。如，使产品小型化和轻型化；使包装简单实用而不是豪华浪费；使生产和消费的过程中，废弃物排放量最少。

再使用（reuse）原则：要求生产的产品和包装物能够被反复使用。生产者在产品设计和生产中，应摒弃一次性使用而追求利润的思维，尽可能使产品经久耐用和反复使用。

再循环（recycle）原则：要求产品在完成使用功能后能重新变成可以利用的资源，同时也要求生产过程中所产生的边角料、中间物料和其他一些物料也能返回到生产过程中或是另外加以利用。

循环经济是对“大量生产、大量消费、大量废弃”的传统经济模式的根本变革。其基本特征是：在资源开采环节，要大力提高资源综合开发和回收利用率。在资源消耗环节，要大力提高资源利用效率。在废弃物产生环节，要大力开展资源综合利用。在再生资源产生环节，要大力回收和循环利用各种废旧资源。在社会消费环节，要大力提倡绿色消费。我国政府大力推动循环经济，以更好地推动传统产业转型、地方经济质量提高，通过循环经济，可以有效减低能耗，降低污染物排放，提高单位产值效益和改善环境。

循环经济规划指采用循环经济的基本理念，对特定地方政府、特定产业园等进行总体规划与产业布局，有效提升特定区域产业聚集与资源高效利用，进而实现“减量化、再利用、资源化”目标的专项规划。

循环经济规划的方法论，主要包括：物质流分析方法和能源系统分析方法等。

1．物质流分析方法

(1) 社会代谢理论框图。

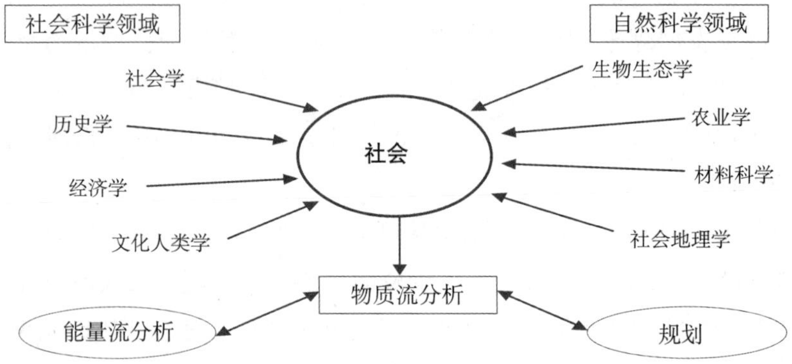

社会代谢理论框图

(2) 物质流示意图。物质流是生态系统中物质运动和转化的动态过程。它是构成生物体的各种物质如氮、磷、钾、碳、硫、水和各种微量营养元素，以及一切非生命体构成的必要物质，在生态系统中处于经常传递、转化的动态过程中。

生态系统中物质流有两种主要过程：一是地质大循环过程，或地球化学循环过程，在各种物理和化学的作用力影响下，物质由体系外引入，经过体系内循环转化和还原后流向体系外；另外一种流动过程主要受生物力的作用，物质被生物选择吸收，在生态系统内沿着生产者—消费者—还原者的方向流动，称为生物学小循环。

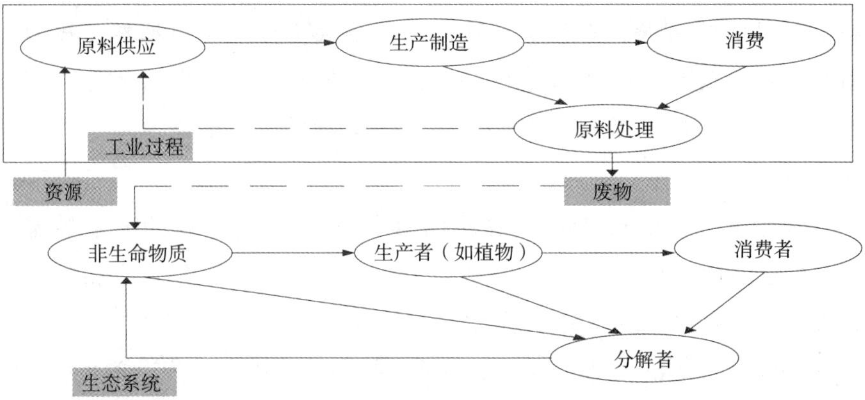

物质流示意图

2．能源系统规划方法

能源系统规划在系统分析和预测的基础上进行，能源系统分析方法包括系统仿真、系统优化和系统评价等，具体方法包括：系统动力学、能流分析、投入产出分析、线性规划和层次分析等。

能源系统预测方法包括弹性系数法、回归分析法、投入产出法、部门分析综合预测法等。

（二）案例研究：山东省循环经济发展“十二五”规划

山东省循环经济发展“十二五”规划确立的基本原则是：坚持减量化、再利用、资源化的原则；坚持政府推动、市场调节、公众参与的原则。

围绕这些基本原则，规划编制人员进一步确立了“十二五”期间的经济发展目标，包括资源产出、资源消耗、资源综合利用等类别，进一步分为能源产出率、水资源产出率、每公顷建设用地产出率、万元 GDP 能耗、万元 GDP 取水量、规模以上工业用水重复利用率、农业灌溉水有效利用系数、生活垃圾无害化处理率等，具体目标指标如表 18 所示。

表 18　“十二五”山东省循环经济发展目标指标

类别	指标	单位	2010 年	2015 年
资源产出指标	能源产出率	亿元 / 万吨标准煤	0.98	1.18
	水资源产出率	元 / 吨	152.7	154.6
	每公顷建设用地产出率	万元	140	165
资源消耗指标	万元 GDP 能耗（按 2005 年价格计算）	吨标准煤	1.02	0.85
	万元 GDP 取水量	立方米	65.5	64.7
资源综合利用指标	规模以上工业用水重复利用率	%	89.54	95
	农业灌溉水有效利用系数	0.61	0.63	
	工业固体废物综合利用率	%	82	85
	主要再生资源回收利用率	%	65.2	68
	城市建筑废物综合利用率	%	60	80
	城市再生水利用率	%	10.6	20
	生活垃圾无害化处理率	%	80	96
	农业秸秆综合利用率	%	75.1	85
	适宜农村沼气用户普及率	%	23.6	28

规划编制团队研究确立了山东省“十二五”期间循环经济的发展重点，具体如下：

“按照源头减量、过程循环、纵向延伸、横向耦合、系统复合的循环经济发展思路，结合山东半岛蓝色经济区、黄河三角洲高效生态经济区等重点区域建设，突出‘工业、农业、服务业、园区、社会’五大重点领域，优化资源配置和经济发展方式，加强上下游企业间的链接，推进产业间的协作和区域内的系统整合，积极探索循环经济标准化模式，建设循环经济链网体系，重点培育500家循环经济示范单位、20种循环经济发展模式。”

三、节能环保规划

（一）内涵解读

节能环保指为节约能源资源、发展循环经济、保护生态环境提供技术、装备和服务保障的产业，是国家加快培育和发展的七个战略性新兴产业之一。主要包括节能装备产品、环保装备产品、资源循环利用、节能服务和环保服务等领域，其产业链长，关联度大，吸纳就业能力强，对经济增长拉动作用明显。其中：节能产业主要包括节能技术和装备、节能产品和节能服务，环保产业主要包括环保技术和装备、环保产品和环保服务，资源循环利用产业主要包括矿产资源综合利用、固体废物综合利用、再生资源利用、再制造等。

（二）案例研究：潍坊节能环保产业园中长期规划

笔者编制的《潍坊节能环保产业园中长期规划》以全球生态发展、我国节能环保政策、行业法规，以及山东省循环经济政策等为研究背景，对潍坊市的发展基础、产业环境、重点产业链、配套条件等进行了综合研究，组织专业人员开展了系统研究，编制提交有关规划文稿，由人民政府邀请国务院发展研究中心、发改委、住建部、工信部等专家学者，进行规范的评审，并予以修订完善。

基本编制过程和观点，简述如下：

潍坊市地处山东半岛的中东部，地理位置优越，环境优美，经济发达，历史文化悠久。目前存在能耗过高、工业污染、生产和生活方式不节能、不环保等突出问题，已经成为制约该市经济发展、环境改善和人们生活水平持续提高的主要障碍之一。

为贯彻国家节能环保产业政策和山东省“蓝黄”经济区国家战略等指示精神，建设美丽潍坊、生态潍坊，聘请国家发展和改革委员会国际合作中心专家，组织和共同编制《潍坊节能环保产业园发展规划（2014—2025年）》。通过规划调研和科学编制，逐步统一思想，借鉴典型经验，明确具体行动，坚定工作信心，形成发展合力，推动潍坊市节能环保产业的大发展、大聚集、大协同、大提高，使其尽快成为促进潍坊经济增长方式转变和环境改善的有效手段，成为潍坊市经济发展的支柱产业，展示潍坊市对外经济发展水平的“城市名片”。

经过调研分析，案例借鉴与现场走访，立足潍坊资源禀赋与产业特征，结合国家和上级有关政策、产业趋势，初步确立“打造立足潍坊，辐射带动全省、全国乃至全球生态经济的“中国节能谷”的愿景目标，通过构建“三大中心、五个平台、八个产业基地”。制定了“三步走”的实施步骤，提出了“十二大工程”，拟定了节能环保产业园的入园标准和工作重点，研究确立了规划实施的保障机制和考核体系，通过融合提升传统产业，辐射带动全市、全省节能环保产业，逐步将产业园打造成山东省、我国乃至全球节能环保产业的技术创新“集聚者”、产品标准“参与者”、服务资源“提供者”和产业应用“示范者”。

附新闻报道：吴维海博士参加潍坊市举行节能环保产业园规划建设报告会

来源：齐鲁网 作者：韩琳琳 2014-07-08

关键词：潍坊 节能环保产业园 报告会

[提要]近日，潍坊节能环保产业园规划建设报告会在潍坊潍城区级机关行政办公中心举行。报告会上，国家发改委国际合作中心城市发展咨询院副院长、研究员、高级经济师吴维海作辅导报告。

潍坊7月8日讯（记者 韩琳琳）近日，潍坊节能环保产业园规划建设报告会在潍坊潍城区级机关行政办公中心举行。报告会上，国家发改委国际合作中心城市发展咨询院副院长、研究员、高级经济师吴维海作辅导报告。作为潍坊节能环保产业园发展规划编制组组长，吴维海系统介绍了潍坊节能环保产业园发展中长期规划有关情况，就规划提出的规划理念、远景目标、建设思路和战略步骤以及重点产业链条、重点工程进行了详细的分析解读，并有针对性地介绍了外地成熟园区建设运营和招商宣传方面的经验做法。

潍坊市潍城区委书记王兆辉在发布会上说，潍坊市委、市政府着眼推进中心城区工业转型升级，确定建设潍坊节能环保产业园，并同意落户在潍城，是对潍城区以“一城、四基地”发展定位为引领、进一步推进节能环保产业发展、加快建设城市工业基地的充分肯定。同时，节能环保产业园建设上升为市级战略，对于潍城区加快经济结构调整，建立现代产业体系具有重要意义；为潍城区推进工业转型升级和城市工业基地建设确定了发展重点和方向，对潍城当前和今后一个时期的发展影响深远。工作中，要重点抓好五个方面。一是抓好规划落实。切实增强机遇意识、竞争意识和责任意识，积极参与和支持产业园的规划建设，通过规划建设节能环保产业园，打造园区建设的亮点和品牌，增强潍城的区域发展竞争力。二是抓好招商引资和项目建设。以节能环保产业为重点，强化绿色、低碳、生态、高效的发展理念，进一步完善节能环保产业园发展规划、运行机制和扶持政策，推动园区科学规划、科学发展。三是抓好产业链条。加强产业集群发展和产业链条培育，按照建链、强链、补链的发展思路，立足潍城产业基础优势和发展方向，组建产业联盟，加快产业链条延伸，通过几年努力形成几条百亿级的产业链条，打造中国节能谷。四是抓好责任落实。尽快组建产业园建设指挥部及其办公室，加快产业园市场化建设运营主体建设，研究成立节能环保产业服务公司，推进产业创新服务联盟建设。五是抓好企业服务。以开展党的群众路线教育实践活动为契机，进一步增强服务企业的能力，为全区经济社会更好更快发展作出积极贡献。

四、低碳生态规划

（一）内涵解读

低碳生态规划是以减少碳排放为规划目标，以复合生态系统和生态学基本原理为指导的城市规划。

当前，我国低碳生态城市规划存在的突出问题，主要有：

低碳生态规划缺少低碳、生态理念和核心要素，与传统城市规划雷同；低碳生态城市规划的编制缺少整体性，没有将低碳生态城市建设目标和规划内容融合到专项规划之中；缺少有效工具和实施手段，规划制定和实施活动脱节等。

笔者对低碳规划编制的体会与建议，如下：

低碳生态规划编制注重节能减碳，源头上主动降低碳的来源，过程中消减碳的排放，结果上加强碳捕捉与碳监测，具体通过合理的空间布局与产业转型等措施实现低碳发展目标。

区域规划要增加城镇体系规划有关低碳发展的强制性内容，包括：区域统筹和协调发展、资源节约和集约利用、能源设施规划布局、环境保护、风景名胜资源管理、公众利益和公共安全等，注重资源和环境的承受能力，考虑空间布局和土地使用，发展节能低碳交通，注意文物、基本农田、森林等保护。

总体规划编制方面，要系统分析城市资源及生态环境的承载能力，构建城市低碳发展关键指标，规范低碳发展评估系统。规划和设计集约用地、可再生能源占比、绿色建筑、绿色交通，减少和杜绝高耗能、高排放的项目。规划并推动城市再生水利用、生活垃圾资源化利用等项目。在总体规划土地利用与空间布局规划时，遵循集约化、紧凑型的空间开发理念，引导就业、人口相对均衡分布，减少城市全社会通勤时间。

总体规划与专项规划衔接方面，要注重平衡经济增长与碳排放之间的关系，解决人口迁移、导入及社会发展协调的关键问题，依据低碳生态城市建设核心指标，确立规范、可操作的规划控制指标体系。

详细规划研究与规划编制阶段，要重点分解落实低碳生态城市核心指标，做好与控规指标的紧密衔接。组织增量成本分析，提出空间管控图则，实现

“三图合一”。确立绿色建筑、绿地与景观、绿色基础设施与市政工程生态化、可再生能源与清洁能源利用、环境保护与水资源综合管理、垃圾分类与资源循环利用等技术导则。

低碳生态城市规划编制的重点领域，包括但不限于：土地利用、经济发展、绿色交通、绿色建筑、水资源利用、能源利用、废弃物处理、信息化建设和能力保障等，确定重点规划方向与技术领域。

（二）案例研究：贵阳高新区低碳示范区发展规划

为推动贵阳高新区低碳示范区建设，笔者受贵阳高新区委托，在全国首家编制《贵阳高新区低碳示范区发展规划》，笔者系统研究了当地产业现状和工业能耗等有关情况，并就全国、贵州、贵阳和高新区的能耗、单位碳排放等变化趋势进行了初步分析，具体如下图所示。

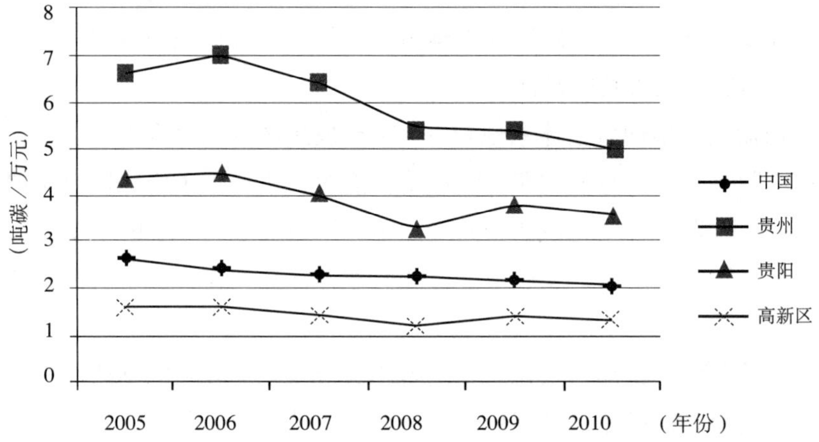

2005—2010 年单位 GDP 碳排放

在该低碳发展规划编制过程中研究和探索了低碳指标设计与重点项目，反复论证并提出了“1246”的低碳发展规划，即：“一个立足，两大目标，四类指标，六大保障”，进而构建国家级低碳发展示范区，逐步形成贵州省低碳发展的“名片”和中国西部地区低碳示范基地。

为确保低碳发展规划的落实，项目组与贵阳高新区协调与交流，对重点企业与主要产业进行了调研分析，逐步研究确立了该地区低碳规划基本目标，即：建立健全低碳发展管理与监测体系，不断优化产业结构，显著改善能源结构，逐步降低单位能源消耗，有序推进节能减排，不断提高低碳建筑的比重，构建绿色低碳交通体系，稳步提高森林覆盖率，CO_2 排放达到控制目标，增强碳汇和碳交易能力，全面实现经济增长目标，初步形成符合高新区产业规划、资源禀赋和经济增长模式的低碳产业体系，构建贵阳市和高新区低碳发展的碳交易管理平台、技术研发与科技转换平台、投融资推动平台和信息服务共享平台，争创国家级低碳示范区，打造中国西部地区低碳发展的示范基地。

在规划目标设定方面，研究确立了规划期末（2015 年）贵阳高新区规模以上工业总产值，比基期（2010 年）年均增长比率。规划期末（2015 年）低碳情境下规模以上工业企业总产值单位能耗（吨标准煤／万元），比规划基期（2010 年）的降低比率。低碳情境下规模以上工业企业总产值单位碳排放（吨碳／万元），比规划基期（2010 年）的降低比例。

项目组研究确立了规划期末（2015 年）贵阳高新区规模以上工业增加值比规划初期（2010 年）年均增长比例。低碳情境下规模以上单位工业增加值能耗（吨标准煤／万元），比规划初期（2010 年）降低比例。研究确立了 2020 年，贵阳高新区森林覆盖率提高目标，具体如表 19 所示。

表 19　贵阳高新区 2015 年和 2020 年低碳管理主要目标

低碳指标	2015 年计划	比 2010 年增减	2020 年计划	比 2015 年增减	指标性质
规模以上工业总产值（亿元）	略	略	略	略	指令型计划
规模以上单位工业总产值能耗（吨标准煤／万元）	略	略	略	略	指令性计划
规模以上工业增加值（亿元）	略	略	略	略	指令性计划
规模以上工业总产值单位碳排放（低碳情景，吨碳／万元）	略	略	略	略	指令性计划
规模以上单位工业增加值能耗（吨标准煤／万元）	略	略	略	略	指令性计划

续表

低碳指标	2015年计划	比2010年增减	2020年计划	比2015年增减	指标性质
规模以上工业增加值单位碳排放（低碳情景，吨碳／万元）	略	略	略	略	指令性计划
财政收入（亿元）	略	略	略	略	指导性计划
人均碳排放（低碳情境，吨碳／人）	略	略	略	略	指导性计划
森林覆盖率	略	略	略	略	指令性计划
低碳政策	略	略	略	略	指导性计划

笔者在规划编制过程中，充分考虑规划对象的经济情境，假设了不同的经济发展条件，并划分为基准情境、节能情境和低碳情境，对贵阳高新区碳排放情况进行了系统分析。其中：节能情境下，2015年高新区规模以上工业增加值能耗比2010年降低*%；低碳情境下，2015年高新区规模以上单位工业增加值能耗比2010年降低*%。

基准情境：充分考虑高新区发展的需求和愿望，经济发展遵循经济学的普遍规律，在一定程度上仍延续工业化的历程，技术进步使得能源效率有一定的提高。

节能情境：充分考虑当前的节能减排措施，但不采取专门针对气候变化的政策。在该情境中，经济发展模式有一定转变，高耗能产品产量在近中期保持较高水平，交通出行主要考虑方便、快捷，交通体系不太发达，发展过程没有完全杜绝先污染后治理的现象，技术投入大。

低碳情境：综合考虑高新区的可持续发展、能源安全、经济竞争力和节能减排能力，主动努力改变经济发展模式，转变生产和消费方式，强化技术进步，属于尽力争取可能实现的低碳发展情境。

三种情境下2011—2020年规模以上企业工业总产值单位能耗、单位增加值碳排放的综合分析发现，不同情境下的工业总产值单位能耗逐年降低。

规划还研究分析了全国、贵州、贵阳高新区等不同层级的单位碳排放，如下图所示。

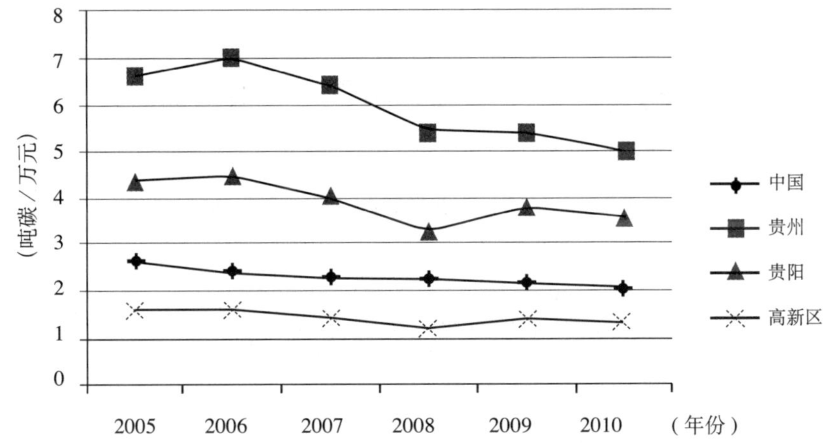

2005—2010 年单位 GDP 碳排放

进一步分析贵阳高新区规模以上工业增加值碳排放如下如下图所示。

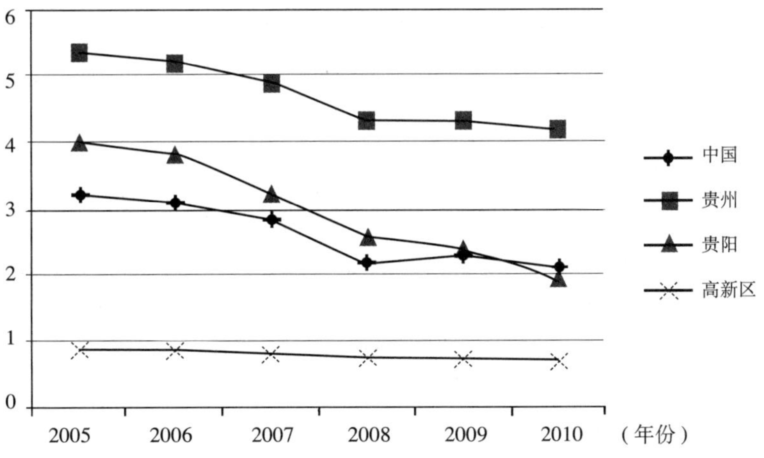

2005—2010 年规模以上工业增加值碳排放

注：以上图标数据是初稿预测指标数据。

在贵阳高新区低碳示范区发展规划的空间布局上，项目组研究提出了“7+1”低碳产业功能与空间布局，具体如下图所示。

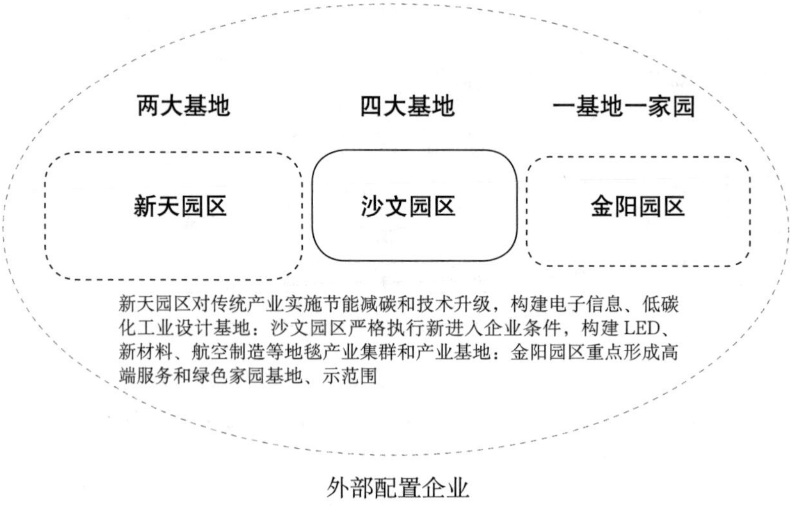

高新区低碳发展的“7+1”产业基地布局

在产业园功能定位上，项目组研究确立了贵阳高新区的三大功能，即：研发与设计功能、工业制造与产业集群功能、综合服务功能。同时，提出了贵阳高新区跨园区功能分工和产业协同的总体框架思路，具体描述如下图所示。

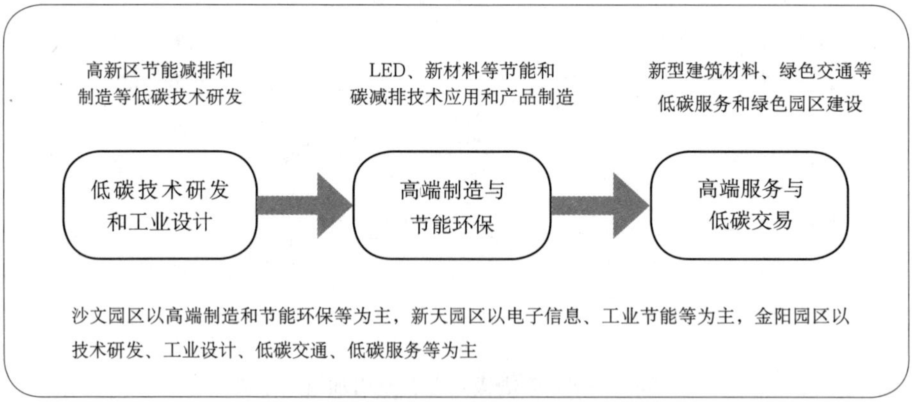

贵阳高新区跨园区的功能分工和产业协同

贯彻贵阳高新区低碳示范区发展规划，重点从产业链打造、产业结构、能耗结构、建筑节能、交通与环境、消费和服务、低碳技术、低碳政策等方面确立了未来一段时间贵阳高新区低碳发展的工作重点。

在效益测算方面，项目组从经济效益、社会效益、低碳效益三个方面进行了初步测算。

在经济效益方面，项目组划分了节能情境和低碳情境的能耗数据如表20所示。

表 20 高新区两种情境下的能耗降低指标预测

情境假设	统计口径	单位能耗减少预测（吨标准煤／万元）	节能总量预测（万吨）
节能情境	规模以上工业总产值口径	数据略	数据略
	规模以上工业增加值口径	数据略	数据略
低碳情境	规模以上工业总产值口径	数据略	数据略
	规模以上工业增加值口径	数据略	数据略

在社会效益方面，重点分析了低碳发展给当地的就业、居民收入、生活质量、产业带动、财政收入等影响和积极的作用。

在低碳效益方面，划分了节能情境和低碳情境，分别进行了实施效果预测。测算了空气质量和森林覆盖率改善等实施效果。单位碳排放降低的效果预测，具体如表21所示。

表 21 高新区低碳规划的碳排放效益计算

情境假设	统计口径	单位碳排放量减少预测（吨碳／万元）	碳排放减少总量预测（万吨）
节能情境	规模以上工业总产值口径	数据略	数据略
	规模以上工业增加值口径	数据略	数据略
低碳情境	规模以上工业总产值口径	数据略	数据略
	规模以上工业增加值口径	数据略	数据略

为了实现贵阳高新区低碳发展规划的各项任务，笔者确定了低碳发展的指标体系，主要包括引导性指标和控制性指标，具体如表 22 所示。

表 22　低碳发展规划的指标体系

主题层			指标层	单位	现状与规划目标			指标类型
					2010 年	2015 年	2020 年（参考）	
社会经济指标	经济发展	经济规模	人均 GDP	元 / 人				引导型
		经济结构	第三产业增加值占 GDP 比重	%				引导型
			高耗能行业增加值占工业增加值比重	%				引导型
	社会进步	收入水平	平均职工工资	元 / 人				引导型
		教育水平	高等教育毛入学率	%				引导型
		技术水平	节能改造投资总额占 GDP 的比重	—				控制型
低碳指标	低碳能源	可再生能源利用	可再生能源占一次能源消费比重	%				引导型
		碳汇资源	森林覆盖率	%				引导型
	低碳生产	低碳产品生产	可再生能源产品产值占工业总产值比重	%				引导型
		人均排放强度	人均碳排放量	吨 / 人				控制型
		碳排放强度	万元 GDP 碳排放量	吨 / 万元				控制型
			万元工业增加值碳排放量	吨 / 万元				控制型
		能源利用效率	万元 GDP 能源消费量	吨标准煤 / 万元				控制型
			万元工业增加值能源消费量	吨标准煤 / 万元				控制型

续表

<table>
<tr><th colspan="3" rowspan="2">主题层</th><th rowspan="2">指标层</th><th rowspan="2">单位</th><th colspan="3">现状与规划目标</th><th rowspan="2">指标类型</th></tr>
<tr><th>2010 年</th><th>2015 年</th><th>2020 年（参考）</th></tr>
<tr><td rowspan="7">低碳指标</td><td rowspan="4">低碳消费</td><td>生活低碳</td><td>人均生活能源消费量</td><td>千克标准煤／人</td><td></td><td></td><td></td><td>控制型</td></tr>
<tr><td>建筑低碳</td><td>节能建筑面积比重</td><td>%</td><td></td><td></td><td></td><td>引导型</td></tr>
<tr><td>交通低碳</td><td>人均交通碳排放量</td><td>千克／人</td><td></td><td></td><td></td><td>控制型</td></tr>
<tr><td>低碳意识</td><td>公众低碳认知度</td><td>—</td><td></td><td></td><td></td><td>定性，引导型</td></tr>
<tr><td rowspan="3">低碳管理</td><td>低碳规划</td><td>是否编制低碳发展规划</td><td>—</td><td></td><td></td><td></td><td>定性，引导型</td></tr>
<tr><td>资金投入</td><td>市政府节能减碳专项资金占地方财政收入比重</td><td>%</td><td></td><td></td><td></td><td>引导型</td></tr>
<tr><td>信息平台</td><td>城市低碳信息平台</td><td>—</td><td></td><td></td><td></td><td>定性，引导型</td></tr>
</table>

项目组探索与编制了地区性低碳发展规划的指标体系，核心指标包括：经济指标、能耗指标、碳排放指标、低碳管理指标四类一级指标，其中：

经济指标包括：规模以上单位工业总产值、高新区全部产值或整体增加值、高新区人均纯收入 3 个二级指标；

能耗指标包括：规模以上单位工业增加值能耗、可再生能源占一次能源消费、碳汇资源、高技术企业增加值占全部工业增加值比重、节能建筑达标率、人均生活能耗 6 个二级指标；

碳排放指标包括：万元工业总产值（或增加值）碳排放、人均碳排放、空气质量（优良空气天数）、森林覆盖率 4 个二级指标；

低碳管理指标包括：公众低碳认知度、低碳政策水平、低碳规划执行力、低碳检测平台 4 个二级指标，共计 17 个二级指标。

为了落实规划目标，规划报告建议要实施引导性的金融投资和专项基金的优惠政策，土地资源适当向低碳项目和企业倾斜，帮助重点产业、重大项目和重点企业的节能减排和低碳化发展。强化政府和企业在低碳管理工作中的激励考核和政策引导，激发政府各部门、各重点企业低碳发展的主动性和积极性，确保规划战略的贯彻落实。

五、城市矿产规划

（一）内涵解读

1．概念

“城市矿产”指工业化和城镇化过程产生和蕴藏在废旧机电设备、电线电缆、通讯工具、汽车、家电、电子产品、金属和塑料包装物以及废料中，可循环利用的钢铁、有色金属、稀贵金属、塑料、橡胶等资源，其利用量相当于原生矿产资源。

2．示范基地建设要求

⑴ 回收体系网络化。示范基地要积极创新回收方式，通过自建网络或利用社会回收平台，形成覆盖面广、效率高、参与广泛的专业回收网络。

⑵ 产业链条合理化。示范基地要形成分拣、拆解、加工、资源化利用和无害化处理等完整的产业链条，着力资源化深度加工。推动示范基地内企业之间构建分工明确、互利协作、利益相关的产业链。

⑶ 资源利用规模化。示范基地要通过吸纳企业入园、重组兼并等方式，实现企业集群、产业集聚效应，提高产业集中度。要结合本地区实际，开展多种“城市矿产”资源的循环利用。

⑷ 技术装备领先化。示范基地要通过产学研相结合，开展共性关键技术开发，引进、消化、吸收国外先进技术，培育形成具有成套处理装备研发、设计、制造能力的企业。要加快推广应用先进适用技术，淘汰落后工艺、技术，向产品高端化发展。

⑸ 基础设施共享化。示范基地要加快建设完善的基础设施，实现“五通一平”，建立物流体系，组织搭建促进资源循环利用的公共服务、信息服务、技术服务等平台。

⑹ 环保处理集中化。示范基地要建立完善的污染防治设施，对废水、废气和固体废物实行集中收集和处理，严禁产生二次污染。支持示范基地开展清洁生产审核、质量管理体系和环境管理体系认证。

⑺ 运营管理规范化。示范基地要建立完善的规章制度和指标考核体系，建立符合现代企业制度要求的组织结构，实现行业管理规范化、高效化，切实解决单个企业“小、散、乱”的问题。

3．示范基地条件

各地推荐的园区（企业）应具备以下基本条件：

(1) 园区已被确立为国家或省级循环经济试点单位。

(2) 实行园区化管理（有明确的园区边界，成立了园区管委会或专门管理机构等）。

(3) 园区符合土地利用总体规划和城市总体规划。

(4) 园区有符合标准的各项环保处理设施，近三年内无重大环保事故。

(5) 园区有完善的再生资源回收网络体系，保障原料来源。

(6) 园区“城市矿产”品种两种以上，年集聚量不低于 30 万吨，有合理产业链，加工利用量占集聚量的 30% 以上，且加工利用工艺技术水平国内领先。

4．申报材料包括：

(1) 省级循环经济综合管理部门、财政部门的联合申报文件。

(2) 建设国家“城市矿产”示范基地实施方案。申报单位要按照发改环资〔2010〕977 号文件要求，按照《国家“城市矿产”示范基地实施方案编报指南》（见附件）认真编制实施方案。实施方案要结合本地区资源循环利用产业发展现状，园区现有资源聚集基础，加工利用情况，科学合理规划示范基地建设目标和指标，提出实现标志性目标指标的支撑项目和具体措施。

(3) 相关证明材料：包括园区规划、立项批复、土地证明、环评批复、相关资质证明以及其他批复性文件和地方出台的支持性政策文件等。

5．程序安排

(1) 地方初审。有关省、自治区及计划单列市循环经济发展综合管理部门、财政部门要会同有关部门，组织专家对拟申报园区的示范基地建设实施方案进行联合初审，并将初审意见和专家名单连同申报材料一并报送。

(2) 联合评审。国家发展改革委、财政部将会同有关部门组织专家对各地上报的实施方案进行评审，批复通过评审的实施方案，并将该园区确定为国家“城市矿产”示范基地，向社会公布。

(3) 签订承诺书。示范基地所在地省级（自治区、直辖市、计划单列市）人民政府要与国家发展改革委、财政部签订《国家“城市矿产”示范基地建设承诺书》，保证完成建设目标，落实相关政策等。

(4) 资金拨付。财政部、国家发展改革委安排中央财政专项资金，采取预拨与清算相结合的方式，支持示范基地新增再生资源加工处理能力建设（含升级改造）、基础设施和公共服务平台建设，以及再生资源回收体系建设，并根据示范基地建设实施方案，按照相关标准，共同核定示范基地中央财政补助资金额，并按照补助金额的 50% 下拨启动资金。中央财政补助资金由地方政府统筹使用，专项用于示范基地建设，各地要于每年年底前将资金使用情况逐级联合上报财政部、国家发展改革委备案。

(5) 实施建设任务。地方政府应督促示范基地按照批复的实施方案开展建设，并于每年年底前将建设进度逐级联合上报国家发展改革委、财政部备案。项目有调整的，需报国家发展改革委、财政部批准。

(6) 考核验收。国家发展改革委、财政部将根据地方申请，组织考核验收。考核合格的，拨付剩余补助资金，不合格的不再拨付。3 年内工作无实质进展或发生重大环境污染等事件的，将扣回已拨付补助资金。

（二）案例研究：国家“城市矿产”示范基地

根据国家发改委环资司关于“城市矿产”示范基地的评选要求，地方政府委托部委机构撰写国家“城市矿产”示范基地实施方案，并提交国家发改委审批。具体方案报告目录如下所示。

国家“城市矿产”示范基地实施方案目录

1.3.4 在构建县域循环经济体系中处于先行先导地位

1.4 建设国家“城市矿产”示范基地对某省经济社会发展的意义

1.4.1 具有缓解某省矿产资源承载力的压力的意义

1.4.2 具有提高“城市矿产”产业集中度、降低生态环境压力的意义

1.4.3 具有带动某省多元化经济发展的现实意义

1.4.4 具有实现城镇化的战略意义

第 2 章 园区现状及发展基础

2.1 园区地理位置与交通条件

2.2 园区基本情况与发展基础

2.2.1 园区基本信息

2.2.2 园区资源利用与新增资源来源渠道的可达性

2.2.3 园区污染物排放与治理情况

2.2.4 园区技术装备和生产规模

2.2.5 园区现行管理体制

2.2.6 园区资质、专利技术、荣誉称号

2.2.7 现有公共服务平台

第 3 章 园区建设国家“城市矿产”示范基地的优劣势分析

3.1 优势分析

3.1.1 资源聚集优势

3.1.2 产业链优势

3.1.3 技术优势

3.1.4 区位优势

3.1.5 规划优势

3.1.6 政府扶持优势

3.2 存在的主要问题

3.2.1 再生资源回收监管力度有待加强

3.2.2 区域制约，成本增加

3.2.3 投资巨大亟需资金支持

第 4 章　指导思想、原则和目标

4.1 指导思想

4.2 基本原则

4.3 主要目标

4.3.1 总体目标

4.3.2 主要指标

4.3.3 可达性分析

第 5 章　主要任务

5.1 回收体系网络化

5.2 产业链条合理化

5.3 技术装备领先化

5.4 污染治理集中化

5.5 运营管理规范化

第 6 章　重点项目

6.1 园区项目建设总表

6.2 各项目情况

6.2.1 清洁生产闭合循环产业链

6.2.2 电池生产闭合循环产业链

6.2.3 再生资源生态工业圈区管理产业

第 7 章　保障措施

7.1 组织保障体系建设

7.2 地方政府政策支持

7.3 技术支撑体系建设

7.4 公共服务平台建设

7.5 污染防治监管体制

7.6 园区与本地回收体系链接

7.7 统计评价考核体系

7.8 体制机制创新建设

附表

六、循环化改造示范试点

（一）内涵解读

1．推荐部门

《国家发展改革委办公厅、财政部办公厅关于请组织推荐2014年园区循环化改造示范试点备选园区的通知》（发改办环资〔2014〕729号）提出，各省、自治区、直辖市及计划单列市、新疆生产建设兵团循环经济综合管理部门、财政部门组织推荐循环化改造备选园区。

2．推荐园区应具备的条件

(1) 列入中国开发区审核公告目录或经国务院批准的园区、国家循环经济试点园区、再制造示范基地（“城市矿产”类园区除外）；

(2) 园区符合土地利用总体规划和城市总体规划；

(3) 园区内的产业符合国家产业政策；

(4) 具有明确的园区边界以及园区组织管理机构或投资运营主体；

(5) 园区具备一定的产业基础和产业规模；

(6) 园区土地尚有开发利用空间，发展潜力较大；

(7) 园区废弃物产生量大，减量化、再利用、资源化潜力较大，循环化改造潜力较大；

(8) 园区基础设施较为完善，具备符合国家标准的各项环保设施，近三年未出现重大环境污染事故和群体事件；

(9) 园区具备循环化改造基础，已开展相关基础工作；

(10) 财政部、国家发展改革委确定的节能减排财政政策综合示范城市的园区优先，国家或省级循环经济试点园区、生态工业园区或教育示范基地优先。

3．推荐材料

主要包括：

(1) 省级循环经济发展综合管理部门、财政部门联合推荐文件。

(2) 园区循环化改造实施方案。结合本地区资源环境、产业发展现状及园区特点，按照《国家发展改革委财政部关于推进园区循环化改造的意见》(发改环资〔2012〕765号）的要求，参照《园区循环化改造实施方案编制指南》

（见附件），组织编写园区循环化改造示范试点实施方案。实施方案中要围绕园区物质流分析，明确园区循环化改造的主要目标和重点任务，提出拟建设的重点支撑项目。省级循环经济发展综合管理部门、财政部门共同组织专家对园区循环化改造实施方案联合审核后报国家发展改革委、财政部。

⑶ 相关证明文件。包括园区的批复文件，符合土地利用、城市规划、环境保护规划等规划的证明文件，国家发展改革委的审核公告，国土资源部确定的四至范围证明文件，环境保护部门的环保审查报告，以及成立管理机构的证明文件等各类证明文件。

4．程序安排

⑴ 地方初审实施方案。各地省级循环经济发展综合管理部门、财政部门共同组织专家对园区循环化改造实施方案进行初审，并将初审意见和评审专家名单随同申报材料一同报送。

⑵ 评审批复实施方案。国家发展改革委、财政部会同有关部门组织专家对实施方案进行评审。方案通过评审的，由国家发展改革委、财政部联合批复。对实施方案获得批复的园区，可在适当位置标示“国家循环化改造示范试点园区”标志。标志式样由国家发展改革委、财政部另行发布。

⑶ 签订承诺书。园区所在地市（包括计划单列市、副省级省会城市、地级市）、州、盟、区（指直辖市市辖区县）人民政府与国家发展改革委、财政部签订承诺书，确定园区循环化改造的目标任务、重点项目，落实相关配套措施和优惠政策。

⑷ 拨付资金。财政部、国家发展改革委根据园区循环化改造实施方案，综合考虑园区循环化改造项目投资计划，共同确定给予园区循环化改造的中央财政补助资金额，财政部、国家发展改革委按照补助金额的50%下拨启动资金。中央财政补助资金由地方政府统筹使用，专项用于园区循环化改造。中央财政补助资金具体支持范围和支持方式按照《循环经济发展专项资金暂行管理办法》执行，主要支持内容包括：①园区循环化改造的关键补链项目。包括循环经济产业链接或延伸的关键项目，资源共享设施建设项目、物料闭路循环利用项目、副产物交换利用、能量梯级利用、水的分类利用和循环使用项目，污染物“零排放”或系统构建项目。②公共服务设施建设。包括园区内污染集中防治设施建设及升级改造项目、废物交换平台项目、循环经济

技术研发及孵化器项目、循环经济统计信息化项目及监测体系建设项目、生产型服务业循环改造项目等基础设施和公共服务平台项目。

(5) 实施改造。园区按照国家发展改革委、财政部批复的实施方案进行循环化改造，每年年底前将实施进展情况报国家发展改革委、财政部。省级循环经济发展综合管理部门、财政部门加强跟踪，督促落实，帮助协调解决循环化改造中的问题。地方政府根据园区循环化改造实施方案统筹使用补助资金，专项用于园区循环化改造，并于每年年底前将资金使用情况报送财政部、国家发展改革委备案。项目建设要严格按照国家项目管理的有关程序和规定执行，项目有调整的要及时报国家发展改革委、财政部批准。

(6) 考核验收。实施期内，园区配套基础设施和关键补链项目建设进度完成实施方案设定目标，且资源环境指标达到实施方案预期目标 90%以上的，由地方政府提出考核和余款拨付申请，国家发展改革委、财政部组织力量进行考核。考核重点是实施方案是否完成，实施情况是否达到预期效果，园区配套基础设施和关键补链项目建设是否发挥应有作用，其中对关键补链项目建设，主要考核补链后资源节约和环境污染减少是否达到预期目标。考核合格的，财政部、国家发展改革委拨付剩余资金，并命名为“国家循环化改造示范园区”，不合格的不再拨付。3 年内工作无实质性进展的，将已拨付补助资金扣回。具体考核办法由国家发展改革委、财政部另行制定。

（二）案例研究：池州循环化改造示范试点方案

《国民经济和社会发展第十二个五年规划纲要》提出大力发展循环经济，将园区循环化改造列为循环经济重点工程。2012 年 3 月 21 日，国家发展改革委、财政部以发改环资〔2012〕765 号印发《关于推进园区循环化改造的意见》，提出到 2015 年，50%以上的国家级园区实施循环化改造，通过循环化改造，实现园区的资源产出率、土地产出率大幅度上升，固体废物资源化利用率、水循环利用率、生活垃圾资源化利用率显著提高，主要污染物排放量大幅度降低，基本实现“零排放”。

池州经济技术开发区（简称开发区）是中国第一个国家级生态经济示范区——池州市境内，前身是 1992 年 6 月经原池州行署同意设立的贵池市江口经济技术开发区，2011 年 6 月经国务院批准升级为国家级开发区，开发区从设立开始，按“生态立市”要求和“循环经济”理念进行规划、建设，经过 20 年的发展，已进入快速发展期，主要经济指标均保持 40% 以上增幅，形成了电子信息、装备制造、电气器材、冶金、化工、火电、建材、医药、食品、纺织服装、港口物流等多种产业门类，由于历史原因，开发区产业结构中，火电、铅锌冶炼、耐火材料、化工等重化工业比例高，战略性新兴产业规模较小，产业布局和产业链有待完善。随着国家节能减排和重点污染物总量控制政策的实施，以及受金融危机影响，现有产业增速趋缓，需要转变发展方式，通过循环化改造，破解资源环境约束，形成产业链整体竞争优势，培育新兴产业，营造发展新优势。由于正威半导体产业园、铜冠铜箔等重大项目的落户，开发区迎来了产业升级的机遇，初步形成循环经济产业链，为循环化改造提供了比较有利的现实条件。

按照国家发改委和财政部关于推进园区循环化改造的要求，结合开发区实际和转型发展需求，开发区决定实施循环化改造行动，依照“减量化、再利用、资源化”原则，优化调整产业布局及产业结构，全力发展以电子信息产业为首位的先进制造业，推进传统产业升级改造，加快引进循环补链项目，大力开展清洁生产，全面加强污染治理，持续完善基础设施建设，力争成为“经济持续发展、资源高效利用、环境优美清洁、生态良性循环”的国家级循环化改造示范园区。

为确保循环化改造目标的实现，制定了优化产业布局、优化产业结构、构建循环型产业链、开展清洁生产、加强污染治理、完善基础设施建设、创新管理体制机制等重点任务，力争在产业转型升级、循环经济补链、清洁生产及管理机制创新四个方面取得大的突破，使开发区由资源消耗型产业向创新驱动型产业转型，电子信息、装备制造、铅锌冶炼、火电建材等重点产业实现物质流闭路循环、“三废”排放强度大幅下降，清洁生产水平达到或接近行业一级水平，循环化改造长效机制基本形成，为全国同类园区循环化改造提供典型示范。

通过循环化改造方案的实施，池州经济技术开发区将建设成为 “产业高端、人才集聚、功能完备、设施现代、宜居宜业”的生态产业新城和美好智慧园区。

七、智慧城市规划

（一）内涵解读

“智慧城市”充分运用信息和通信技术（ICT）手段感测、分析、整合城市运行核心系统的各项关键信息，从而对包括民生、环保、公共安全、城市服务、商业活动在内的各种需求做出智能的响应，为人类创造更美好的城市生活。

智慧城市是目前我国各地政府积极推动的重要产业领域，也是提升城市信息化、智慧化与综合竞争力的重要手段。国务院、国家发改委、住建部、科技部等分别研究并颁布了有关政策文件，积极推动智慧城市的项目建设与创建验收考核。

国家部委研究院所、各类科研机构、各地高校和各类规划设计院等行业机构与研究人员，也高度关注并积极探索智慧城市建设与智慧城市规划的组织实施。

2015 年 10 月 24 日至 25 日，全球智慧城市（北京）高峰论坛在人民大会堂召开。此次会议旨在紧密加强城市与城市之间的联系，城市与企业、项目与金融的结合，创新智慧城市发展模式，大力弘扬以“互联网 +”的经济发展新形态，营造良好的“互联网 + 城市”氛围。笔者受到经济日报、经济杂志等会议主办方的邀请，作了主题为“协同，发展，共创人类文明”的主题发言，阐述了智慧城市和国家战略的关系，以及我国智慧城市走出去，实现国际合作的五大关系、五大战略。

基于智慧城市的现状、发展机遇和国家战略融合趋势，笔者在论坛演讲当中作了重点阐述。以下是笔者 2015 年 10 月在人民大会堂关于智慧城市和国家“一带一路”战略的专题发言。

协同，发展，共创人类文明

——智慧城市与国家“一带一路”战略的协同与发展

吴维海　博士

国家发改委国际合作中心　执行总监

尊敬的各位领导、各位来宾：

上午好！

很高兴参加这次论坛！

我是国家发展和改革委员会国际合作中心的执行总监吴维海。我们单位（国际合作中心）是国家一带一路战略办公室（国际合作组）的执行单位，是国家发改委核心智库之一，正厅级事业单位。在初冬乍寒的日子，相聚在人民大会堂，共同探讨：智慧城市与国家“一带一路”战略的协同与发展。希望透过寒冷的冬天，寻觅春天的踪迹。

10月19日，国家统计局表示：2015年前三季度，国民经济运行总体平稳。初步核算，前三季度国内生产总值487774亿元，按可比价格计算，同比增长6.9%。近日媒体消息：“十三五”期间我国GDP年均增速可能定为6.5%，这给在座的各位平添了几丝忧虑：中国经济将走向如何？我们的商机在哪里？

各位朋友，尽管当前经济增速有所放缓，但是，我国经济社会的基本面是平稳发展。换个角度来看，特定时间的经济放缓，正是在座各位调整战略，发现和把握商机的腾飞之时！

各位朋友，想必大家每天都体验着智慧城市带来的工作和生活便利：轻轻点击鼠标，订单就送到你的身边；发一个微信，朋友就能分享你的产品或信息。应该说，智慧城市已经成为人们生活、工作的好帮手！智慧生活融入了我们的每一天、每个家庭！

“智慧城市”这个概念，2008年由IBM第一次提出，短短7年，就在我国和世界各地得到广泛响应和传播。

2015年政府工作报告中，李克强总理表示要发展智慧城市，保护和传承历史、地域文化，加大公共设施建设。这是“智慧城市”一词首次写进国家层面政府工作报告。

智慧城市是应用互联网、云计算等新一代信息技术及大数据、社交网络等方法，实现城市各个行业，全面透彻的感知、泛在、互联、智能融合及可持续创新。

从国家战略来看，智慧城市是党中央、国务院、国家部委适应经济新常态，基于全球化战略而确立的重大、前瞻性的高端布局。它使我们在大数据和信息时代，能够追赶，甚至超越某些西方发达国家，成为全球新规则的参与者和制定者，使我们站在全球竞争的前列。

从战略价值看，建设智慧城市，是转变我国城市发展方式、提升城市发展质量的客观要求，它让城市发展更全面、更协调、更可持续，让城市生活更健康、更和谐、更美好。截至目前，我国已有数百个城市提出或正在建设智慧城市，其中：北京、上海、广州、深圳、宁波、南京等已经成为我国智慧城市的领跑者。

“十八大”以来，国家积极推进新型城镇化建设，实施长江经济带战略，将城市推到了政治、经济和技术的核心地位，发挥着经济发展和战略转型的主导作用。

从全球产业来看，2014年，习近平总书记提出并全面实施“一带一路”国家战略，这既给智慧城市发展带来了新的协同，也为智慧城市建设带来了新的、千载难逢的机遇。

从协同性来看，智慧城市建设与国家“一带一路”战略，存在五个方面的协同：

一是战略协同。智慧城市建设，目的是通过信息技术应用和管理精细化，应对粗放、传统、高能耗、低回报的经济发展模式，显著提高城市管理和主导产业的发展质量，改善人们的工作生活水平，为全球发展提供更多的示范和贡献。国家“一带一路”战略，目的是适应全球新形势，立足中国新常态，应对美国主导的TPP战略等挑战，凝聚沿线国家共识，通过互利共赢，赢得更多发展中国家的认可和参与，实现中国优势产能输出、跨区域资源与技术互通，提升我国和沿线国家的经济发展质量，带动沿线国家的技术进步和人民共同富裕；

二是内容协同。智慧城市建设，其战略核心是通过信息系统和物联网等新技术，通过“三网融合”和信息基础设施建设，实现城市管理和各行各业的智能化、泛在化。而国家“一带一路”

战略，倡导中国和沿线国家的政策通、设施通、货币通、贸易通和民心通——“五通”。要做到“一带一路”战略的互联互通，首先要构建中国单个城市和各个城市之间的智能化与信息共享、互联，这就需要加快建设智慧城市，实现国内各城市自身和不同城市之间的信息共享、互联、互通。进一步来讲，通过智慧城市和大数据，拓展国内城市和“一带一路”沿线国家之间的信息互通、共享。从这一视角来看，智慧城市和国家“一带一路”战略之间存在高度的战略协同；

三是机制协同。智慧城市建设，是一项复杂的系统工程，涉及城市和各个产业的诸多领域，涉及多个参与者和利益攸关者，需要构建政府引导、市场主导、社会各方参与的机制和体系，才能够有序推进和取得新的进展。国家“一带一路”战略基于中国和沿线60多个国家、地区之间的政策、设施、贸易、货币和民心的互联互通，各个国家的政策、法律、文化、经济、基础设施等差异大，需要制定各方认可的规则和行为模式，探索、构建和推动各个国家之间的政府引导、市场主导、企业和相关各方参与的机制与体系，通过互惠互利，互信合作，才能实现重大项目或特定市场的可持续、健康发展。总体来看，两者具有较强的机制和体系的相同性、协同性；

四是技术协同。智慧城市建设，实现了信息共享和资源优化，推动了信息技术的应用和信息基础设施建设，促进了行业和技术的融合与创新。国家“一带一路”战略，需要相关技术的应用和创新，需要将有竞争力的技术应用到沿线国家和合作项目，需要构建国内、国际共享的技术研发平台或者在海外设立技术研发中心，设立海外工厂等，实现技术输出和跨国技术合作，两者在技术研发、技术应用、技术分享和技术输出等方面具有较高的协同性;

五是市场协同。一方面，通过智慧城市，夯实“一带一路”战略实施的基础，使城市管理者和“一带一路”战略的参与者，有效、实时、动态地跟踪市场需求和产业趋势，分析自身的优势和资源禀赋，判断未来发展方向与重大项目，选择潜在的合作伙伴，实现不同城市之间，产业价值链上下游企业之间的互联互通，优势互补。同时，我国智慧城市建设的案例，可以通过“一带一路”战略，复制和移植到沿线国家和相关地区，帮助他们提高城市管理效率和企业信息化、智能化水平。另一方面，中国智慧城市建设和重大工程，长期以来，引进了大量的欧美国家和“一带一路”沿线国家的研究机构、跨国企业参与，这各个领域都有这些企业的技术、工程合作，比如：IBM、麦肯锡、安永等海外咨询公司，以及印度的软件公司等，承揽了我国各级政府、企事业单位很多的信息应用系统、软硬件智能项目和智慧城市项目，他们在中国智慧城市建设中占据了相当的市场份额，获得了可观的营业收入。中国智慧城市建设体现了很强的开放性、透明性、共享性、多元性和包容性。

从发展机遇看，国家“一带一路”战略，为智慧城市建设带来了五大机遇：

一是经验复制。通过智慧城市建设，有效积累实践经验和典型案例，将智慧城市建设从我国特大型城市和东部沿海城市，复制到技术、人才相对落后的我国中西部和东北地区等，延伸到“一带一路”战略的海外沿线国家，帮助这些国家或地区培养专业人才，提高信息化和城市管理水平，拓展海外收入和国际市场，增进我国不同地区之间、我国与沿线国家，友好城市之间的项目合作；

二是信息传递。通过大数据、信息系统互联等信息平台，向经济和交通落后地区传递有效需求和技术信息，传导特定项目的资金需求和先进理念，进一步拓展到向“一带一路”沿线国家充分传递和沟通我国的政策、需求、文化、技术和信息，促进我国和这些国家的城市管理、项目合作、货币互通和文化互通，进而提高沿线国家对我国“一带一路”战略的现场体验、深度理解和彼此感情；

三是创新驱动。通过智慧城市建设，促进有关城市和参与企业开展技术创新，推动特大城市、东部沿海城市与国内“一带一路”战略的中西部枢纽城市等的技术合作和智慧城市重点项目合作，提高国内外信息需求的共享性和流动性，提高我国科技创新和核心关键技术的控制力，增强在国际市场的竞争力；

四是品牌传播。通过智慧城市建设，显著提高相关城市管理水平，促进周边城市的智慧化建设，推动我国城市管理整体水平和智能化，有助于塑造我国城市管理效率和国际良好品牌，扩大我国优势资源、传统文化和先进技术的外向型发展，增强对“一带一路”沿线国家和欧美国家的吸引力，推动我国优势产业、文化旅游、互联网+等具有比较优势项目和现代服务业等的快速发展，吸引国内各地投资人、海外投资机构和国内、海外游客前来投资和旅游，为各个城市和国内企业带来更多的投资来源、旅游收入、市场机会和全球合作的空间；

五是要素整合。智慧城市建设本身就是城市管理信息系统和各产业的优势资源、核心要素的整合。也是技术和管理先进城市或企业对于国内落后城市或企业的管理要素和优势资源的引导与整合，对于相关产业和项目的并购和整合。基于“一带一路”战略，国内外城市和企业，更有机会对于我国和海外沿线国家的相关城市、产业、企业或项目，在特定规则和机制的运作中，进行要素、资源整合或战略合作，进而在更大范围内实现要素的优化和重新分配，提高“一带一路”沿线国家的要素配置效率和整体发展水平，提高区域竞争力和人们的工作生活质量和沿线国家的文明程度。

“一带一路”战略，为我们打开了通向世界的窗口。智慧城市嫁接“一带一路”战略，既是我国城市文明的重大战略，也是凝聚、传播智慧和人类文明的一大创举。

站在历史的新起点，面临事业腾飞的新机遇，我们满怀信心和期待。

冬天来了，春天还会远吗？

让我们以本次论坛为契机，抓住“一带一路”战略带来的机遇，超前布局，抢位发展，与丝路沿线国家携手，互联互通，传播友谊，共享人类文明，共同创造全球辉煌、灿烂的新纪元！

（二）案例研究：智慧城市与节能环保产业协同发展智慧城市与节能环保产业协同策略研究

（本文发表于国家发改委核心期刊《全球化》第 4 期）

1. 背景分析

(1) 研究背景。

智慧城市是我国城市发展的必然趋势和最高目标。党的十八大提出工业化、新型城镇化、信息化、农业现代化“四化融合”的发展思路，将信息化建设（包括智慧城市）提到了前所未有的国家战略高度。智慧城市作为我国信息化与工业化高度融合的载体，借助智慧技术，以更智慧的方法感测、分析、整合城市运行核心系统的关键信息，改变政府、企业和人们相互交往的方式，对各种需求做出快速和智能的响应，提高城市管理的智慧水平，促进我国经济发展质量和效率。

智慧城市与节能环保密切相关。智慧城市包含了新一代信息技术的产业发展，也包括对现有工业、农业和服务业的信息化和智能化，对节能环保产业的智能化等，它与节能环保产业是高度交叉和相关的。节能环保建筑是节能环保产业的实践应用和重要组成部分，它的实施平台是智慧城市，智慧城市是信息化推动工业化、城镇化的时代体现和具体落实，是 21 世纪创新驱动、产业升级、结构重整、财富增长的新兴平台，是承载绿色发展、环境治理、生态文明，实现“中国梦”的基本路径，它与节能环保产业的发展目标高度一致。有必要构建规范的概念模型与运行机制，推动两大产业的协同发展。

以节能环保为重点的绿色产业及相关产品将在今后全球经济、技术应用和国际贸易等领域展开激烈的竞争。中国想在新一轮的经济增长中占据有利地位，必须不断提升节能环保产业的规模和质量。

(2) 内涵解读。

智慧城市是根据科学合理的城市发展理念，运用新一代信息技术，在泛在互联网和信息全面感知的基础上，实现人“物”城市功能系统之间无缝连接与协同联动的智能自感知、自优化，从而对民生“环保”公共安全“城市功能”商务活动等城市需求做出智能的响应，形成具备可持续内生动力的安全“便捷”、“高效”绿色的城市形态。智慧城市包含了智慧环保、绿色发展等理念，由此可知，智慧城市与节能环保产业相互依存、相互渗透。

关于智慧城市的概念，不同的人有不同的解读。IBM 认为，智慧城市实质是采用先进的信息技术，实现城市智慧式的管理和运行，进而为城市的居民创造更美好的生活，促进城市的和谐，可持续成长[1]。

智慧城市与节能环保存在关联性。因此，需要研究节能环保的概念及其组成要素，以及协同的概念和主要内涵。

节能环保产业指为节约能源资源、发展循环经济、保护环境提供技术基础和装备保障的产业，主要包括节能产业、资源循环利用产业和环保装备产业，涉及节能环保技术与装备、节能产品和服务等；其业务领域包括：节能技术和装备、高效节能产品、节能服务产业、先进环保技术和装备、环保产品与环保服务。“十二五”规划纲要提出，节能环保产业重点发展高效节能、先进环保、资源循环利用关键技术装备、产品和服务。节能指应用技术现实可靠、经济可行合理、环境和社会都可以接受的方法，有效地利用能源，提高能源设备使用或工艺的能量利用效率。狭义的环保产业指在环境污染控制与减排、污染清理以及废物处理等方面提供产品和服务。广义的环保产业包括生产中的清洁技术、节能技术，以及产品的回收、安全处置与再利用等，是对产品全生命周期的绿色全程管理。

协同论主要研究远离平衡态的开放系统在与外界有物质或能量交换的情况下，如何通过自己内部协同作用，自发地出现时间、空间和功能上的有序结构。协同论认为，千差万别的系统，尽管其属性不同，但在整个环境中，各个系统间存在着相互影响而又相互合作的关系。

(3) 起源与特征。

国外智慧城市建设最早可追溯到 1992 年，新加坡首次提出了智慧岛计

[1] 张梅艳，宋拥军，苏州建设智慧城市的定位思考，商业经济，2013 年第 9 期。

划。IBM 在 2008 年提出“智慧地球”的理念，将其作为应对金融危机“振兴经济”的重点领域。欧盟的“欧洲 2020 年战略”、日本的 U−Japan、韩国的 U−City、新加坡的“智慧国 2015 计划”都提出了本地化的智慧城市愿景及发展目标。

从系统工程角度看，智慧城市的理念是把城市看成生态系统，城市中的市民、交通、能源、商业、通信、水资源构成功能各异的子系统。这些子系统形成普遍联系、彼此影响的整体。

IBM 在《智慧的城市在中国》中对智慧城市的特征做了界定，具体如下图所示。

IBM 关于智慧城市的四大特征

全面物联：智能传感设备将城市公共设施物联成网，对城市运行的核心系统实时感测；

充分整合：物联网与互联网系统完全连接和融合，将数据整合为城市核心系统的运行全图，提供智慧的基础设施；

激励创新：鼓励政府、企业和个人在智慧基础设施之上进行科技和业务的创新应用，为城市提供源源不断的发展动力；

协同运作：基于智慧的基础设施，城市里的各个关键系统和参与者进行和谐高效的协作，达成城市运行的最佳状态[2]。

(4) 趋势分析。

在全球化战略的背景下，世界各国积极应对全球金融危机和气候变化挑战，把实施绿色新政、发展绿色经济作为刺激经济增长和产业转型的重要内容，通过推进节能环保产业、新能源产业等绿色产业发展，降低单位能耗和环境污染，实现绿色 GDP 和生态发展。我国中央政府提出的“集约、智能、绿色、低碳”等建设目标，与国家新型城镇化建设规划等目标、思路，构成了我国城市建设的国家目标导向。

为实现“十二五”规划《纲要》确定的单位 GDP 能耗降低、主要污染物排放总量减少等约束性指标，必须不断提升我国节能环保技术装备和服务水平，为大规模节能减排、大力发展循环经济提供坚实的产业支撑，是我国转变发展方式、调整经济结构的必然选择。国务院、国家发改委、环保部、住建部、工信部等各部委出台智慧城市或节能环保产业政策文件，包括：《国家新型城镇化规划(2014—2020 年)》、《关于促进智慧城市健康发展的指导意见》、《交通运输业智能交通发展战略(2012—2020 年)》等。国家住建部 2012 年公布智慧城市试点 90 个城市，2013 年公布 103 个试点城市。 2014 年 8 月 22 日，住房和城乡建设部、科技部联合发布《关于开展国家智慧城市 2014 年试点申报工作的通知》，启动 2014 年度国家智慧城市试点申报。我国已有超过 400 个城市宣布计划建立智慧城市，新型城镇化建设进入加速期。在第十六届高交会的智慧城市发展高峰论坛上，工业和信息化部软件服务业司长李颖预计全球智慧城市市场规模 40 万亿美元，中国智慧城市市场规模估计人民币 4 万亿元。

节能环保产业是全球经济发展的重要引擎和产业方向，也是实现各国、各地区智慧城市建设的基础保障，受到全球主要经济体和欧美发达国家的高度重视，每年保持了较快增长。据统计，全球环保产业的市场规模从 1992 年的 2500 亿美元增至 2013 年的 6000 亿美元，年均增长率 8%，远远超过全

[2] 陈秉钊，和谐的城市，生活才美好[J]. 规划师，2010，(8)：5-8.

球经济增长率，成为世界各国积极推动的“朝阳产业”。美国、日本、欧盟等国家和地区的环保产业已经成为全球环保市场的主要力量。2010 年我国节能环保产业总产值 2 万亿元，从业人数 2800 万。2013 年 8 月，国务院办公厅《国务院关于加快发展节能环保产业的意见》（国发〔2013〕30 号）提出：“节能环保产业产值年均增速在 15% 以上，到 2015 年，总产值达到 4.5 万亿元，成为国民经济新的支柱产业。” 2014（第五届）中国钢铁节能减排论坛上，国家发改委资源节约和环境保护司表示，“2011 年环保产业总产值约为 2.3 万亿元，从业人数达 2800 万。‘十二五’后三年（2013—2015 年），通过推广节能环保产品预计拉动消费需求 4900 亿元，通过增强技术能力预计拉动投资需求 3.66 万亿元。”这给中国节能环保产业发展带来了新的机遇。

由于我国经济发展中存在的高能耗、环境污染、管理粗放、信息化手段落后等问题，制约了我国产业转型与智慧城市建设，也与“国家富强、民族振兴、人民幸福”为核心的“中国梦”有所冲突。因此，研究智慧城市与节能环保产业的协同发展，对于中国经济结构调整和城市可持续发展，具有重大的战略意义。

2. 协同现状

(1) 关联性研究。

智慧城市应用一般包括：智慧商业、智慧家庭、智慧文教、智慧政务、智慧安全、智慧市政、智慧医疗、智慧社区、智慧能源、智慧交通和智慧金融等，基本涵盖了公共服务、商业产业和居民生活三大领域。国内智慧城市建设多以政府主导，行业应用示范为主，智慧城市体系框架一般自下而上分为感知层、设施层、数据支撑层和应用层四个层次。

关于智慧城市与节能环保产业的关联性。以上海市徐汇区为例，2012 年，徐汇区街道制定了低碳社区建设规划，选址南丹小区进行风光互补（太阳能车棚改造），通过信息化手段控制和监测，较好地解决了居民充电难、停车难等问题，实现了居民对节能环保技术的实践应用，二氧化碳排放每年减少约 1500 千克，节约用电 3000 度，通过互联网手段等监控，利用上海电费错峰收费政策，降低了用电费用。这是智慧城市与节能环保相互渗透、相互促进的典型案例[3]。

智慧城市与节能环保在政策关联、技术应用、产业融合等有较高的相关性。智慧城市具有节能环保的特征，同时智慧楼宇和信息技术系统等都与先进的节能技术、环保产品的应用紧紧相连，彼此交叉。

智慧城市建设是新一代信息技术成长的重要的发展契机，将带动一大批有广泛市场前景、能源消耗低、产业带动大、综合效益好的产业发展，催生智慧医疗、智慧教育、智慧旅游、智慧交通、智慧环境、智慧物流、智慧安全等对城市经济社会发展具有直接拉动作用的新兴产业，促进城市的经济增长。

智慧城市有助于提升城市运营管理水平，直接带动新一代信息技术为核心的信息产业发展，间接推动城市传统支柱产业转型升级、战略性新兴产业（包括节能环保产业）发展。

各级政府、各地区已经意识到节能环保产业与重大项目的智能化、信息化和城市管理的智慧化程度紧密相关，相互促进。少数城市和决策者开始探索和采取一系列有效措施，不断推动节能环保产业和智慧城市的逐步融合。

(2) 协同模型。

分析智慧城市与节能环保产业是否存在关联，需要从协同模型的研究入手。

1）欧盟智慧城市评估模型。

欧盟中等城市的智慧城市评估模型，包括：智慧产业、智慧民众、智慧治理、智慧移动、智慧环境、智慧生活六个方面，其中智慧环境包括：自然环境魅力、污染、环境保护和可持续资源管理，这与我国的环保产业高度相关。智慧产业的生产率，智慧生活的文化设施、居住质量等也与节能产业相关。欧盟中等城市的智慧城市评估指标体系清晰地阐述了智慧城市与节能环保产业具有较高的协同关系。具体描述如下图所示的欧盟中等城市的智慧城

[3] 编者，徐汇区推进节能智慧社区有成效，上海节能，2014 年第 4 期。

市评估指标模型。

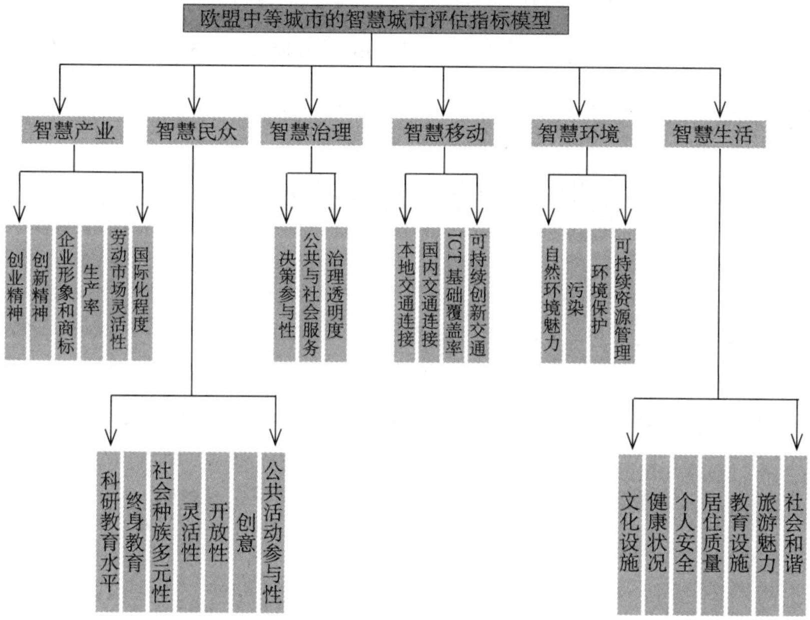

欧盟中等城市的智慧城市评估指标模型

2）我国智慧城市模型。

我国各级政府、国家部委和上海、北京、无锡等试点城市结合各自特征和城市管理实践，积极推动智慧城市指标模型构建与优化。为规范和推动智慧城市的健康发展，住房和城乡建设部、科技部于 2014 年 8 月 22 日联合发布《关于开展国家智慧城市 2014 年试点申报工作的通知》，启动 2014 年度国家智慧城市试点申报。8 月 29 日，国家发改委、住建部、科技部等八部委联合发布的《关于促进智慧城市健康发展的指导意见》，这也是国家首次就智慧城市出台全局性指导意见，被誉为智慧城市的顶级规划。

从层次结构看，智慧城市的关注重点包含了节能环保的要素和内容。智慧城市建设关注关键技术，确保为城镇化建设提供强有力的技术支撑，把各项技术有效集成，有效地管理。节能环保产业作为我国战略性新兴产业的重点之一，智能化管理是其重要的发展方向。节能环保产业聚集在城市产业园或行政区，其智能化与智慧城市建设的地理空间和产业内容存在交叉。智慧城市的架构一般可分为：感知层、网络层、平台层和应用层，其主要目标是：保增长、保民生、保稳定，这三个目标都与节能环保相关联。具体如下图所示。

应用层：智慧城管、智慧环保、智慧节能、智慧交通、平安城市等

平台层：IT、CT、数据中心

网络层：通讯网、物联网、互联网

感知层：手机、视频电话、无线、PC、Internet、传感器、摄像头等

智慧城市的三大目标：保增长、保民生、保稳定

智慧城市的架构模型

智慧环保是智慧城市建设的内涵，我国城市发展转型将智慧作为主导方向，积极参与试点示范，为智慧环保提供了引进先进政策、技术提供了平台。实现智慧环保目标，以环境信息化为基础载体，让信息技术为我国城市环境管理服务创新提供支撑，建立高度信息化、现代化和智慧化，使政府、企业和市民满意[4]。

从产业价值链看，节能环保产业主要包括节能产业、环保产业和资源循环利用三大类产业，具有产业链长、关联度大的特点。从产业组织的角度来看，节能环保产业是先进制造业和生产服务业紧密结合的跨行业、涵盖面宽的综合性产业，包括方案设计、技术研发、材料采购、生产制造、销售物流、售后服务等基本环节，它需要大数据、云应用、智慧物流、工业自动化、电子商务等支撑，并与智慧城市的相关环节相协同，具体如下图所示。

---

[4] 杨军，徐振强，智慧城市背景下推进智慧环保战略及其顶层设计路径的探讨，城市发展研究 21 卷，2014 年第 6 期。

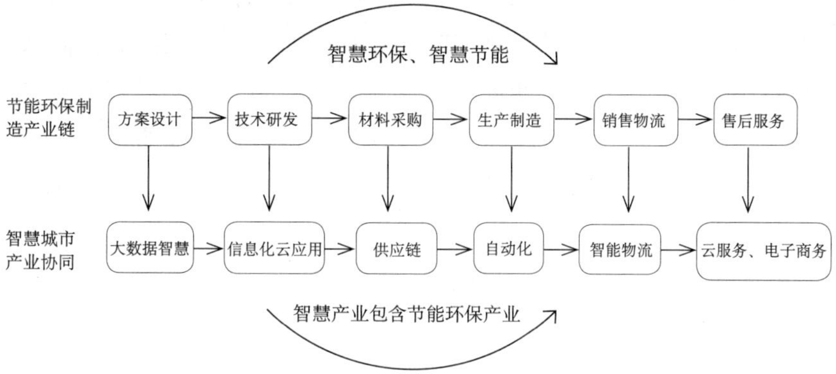

节能环保制造业产业链与智慧城市产业协同模型

由上图可知，智慧城市产业的大数据、智慧设计与节能环保产业的方案设计有机协同；智慧城市产业的信息化、云应用与节能环保产业的技术研发协同；节能环保产业的其他环节包含了或蕴藏着智慧城市产业的要素与内容，如：节能环保产业的销售与物流与智慧城市建设的电子商务、智慧物流等相协同。

从产业协同看，根据智慧城市四层分析法，对应节能环保产业有关架构，探索构建两者的产业协同关联模型，如下图所示。

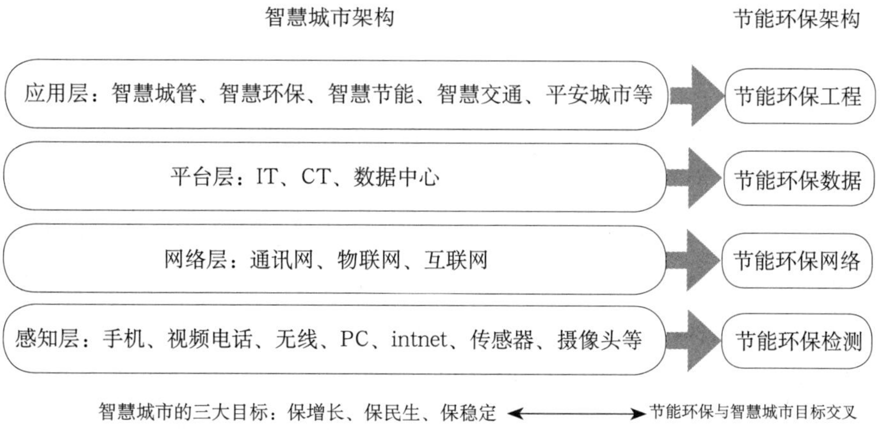

基于分层对应的智慧城市与节能环保产业协同关联模型

由上图可知，智慧城市建设包含了感知层、网络层、平台层和应用层四个层次，各层次分别对应着节能环保部分产业或特定项目的监测与摄像、网络传输、数据和报表处理、行业或企业分析等，两者之间在某些内容和架构上交叉和对应。通过这一对应模型分析，有助于直观和间接地研究智慧城市和节能环保产业之间的关联性，进而揭示其彼此协同的影响与关系。

从经济实践看，研究北京市等智慧城市建设指标体系。北京市在智慧城市建设中强调“绿色北京”概念，建设理念和具体内容体现了与节能环保产业的协同发展。上海等将智慧城市建设列入“十二五”发展规划（2011—2015 年），体现了智慧城市与节能环保等产业协同。上海的智慧城市建设指标体系包含了智慧的环保、智慧的能源管理、政府信息化平台、企业信息化平台等要素，该分析要素与上面的感知层、网络层、平台层和应用层的研究模型大概呼应，即：智慧的环保和智慧的能源管理基本处于应用层和平台层，政府信息化平台和企业信息化平台基本属于平台层、网络层和感知层。使用这一模型进行关联性分析，基本反映了智慧城市与节能环保产业的协同性，展示了智慧城市与节能环保在服务平台支撑等方面的资源共享与统筹规划的必要性。杭州市以“智能＋互联＋协同”为理念，建设以政务信息共享和业务协同系统平台为基础的综合应用，属于重点构建智慧城市的平台层、感知层、数据层等建设内容，较好地推动了智慧城市建设，也会对节能环保产业发展带来积极的促进作用。

综合分析可知，国家住建部有关智慧城市评价指标体系，从保证体系与基础建设、智慧建设与宜居、智慧管理与服务、智慧产业与经济四个维度进行评估，其中包含了节能环保产业等智能化建设的基本内容。住房和城乡建设部《国家智慧城市（区、镇）试点指标体系（试行）》，为我国智慧城市试点建设提供了标准依据。在该指标体系的制定过程中，住建部参考了《绿色 GDP 指标体系》、《智慧 GDP 指标体系》、《循环经济评价指标体系》、《城市建设评价指标体系与方法研究》、《国家生态园林城市标准指标》等多项国内外指标文件，借鉴了上海浦东新区、南京、武汉等智慧城市研究地区的规划标准。

3）产业协同趋势。

分析智慧城市与节能环保产业的协同程度，有助于科学研究和前瞻性制定产业政策，进行智慧城市顶层设计，提高跨产业系统设计的质量。

从国内外智慧城市建设发展方向看，呈现与节能环保产业协同、融合的趋势。日本《朝日新闻》2014 年 7 月 7 日报道，可灵活调配太阳能发电和蓄电的日本首个环保型城市“柏之叶智能城市”正式启动，该智能城市由三井不动产公司以筑波快线的柏之叶校园站为中心，投资约 1000 亿日元（约合人民币 61 亿元）。除了供应中心街区和商业设施的太阳能电力外，还设置了 1.6 万千瓦的备用蓄电池，其容量为一般家用蓄电池的 3000 倍。在电力充裕时先储存电力，工作日供应给写字楼，假日供应给商业设施，以及在灾害发生时优先供电给住宅区使用等，将电力提供给必要的设施迪比克市是美国第一个提出建设“智慧城市”的城市，绿色环保是其建设的初衷。迪比克市携手 IBM，以连接城市所有资源（水、电、油、气、交通、公共服务等）为目标，将能源、水务以及交通三大系统建设作为优先发展领域，使城市的资源使用状况动态监测，并智能化地做出响应。

我国“十二五”期间，国家从总量减排四项约束性指标和固废、危废监管等重点领域开始，启动国家级环保物联网重点应用示范工程，为全行业物联网的建设提供典型示范。2011 年前后，无锡、哈尔滨、北京、河北、浙江等地探索实施环境监控物联网应用示范工程项目与智慧环保产业建设，推动了智慧城市建设。

工信部副部长杨学山认为，“智慧城市是当今城市发展的新理念和新模式，是新一代信息技术创新应用与城市转型发展深度融合的产物，是城市走向绿色、低碳、可持续发展的本质需求”。杨学山副部长将智慧城市与节能环保的目标——“绿色、低碳”之间的关系进行了简要阐述。

4）产业协同表现。

我国智慧城市与节能环保产业的协同发展，主要表现在：

①节能环保产业与智慧城市的建设理念的一致性。解决环境安全问题，保持生态环境的可持续，建设环境友好型社会，是智慧城市建设的内在要求。节能环保产业以降低能耗和改善环境质量为前提，它是国家大力推进的七大战略性新兴产业之一，是节约能源资源、发展循环经济、保护生态环境的保

障性产业，它与智慧城市的核心理念——低碳、节能、绿色、环保、宜居等相一致、相协调。

2013年《国务院关于加快发展节能环保产业的意见》明确指出，资源环境制约是当前我国经济社会发展面临的突出矛盾。解决节能环保问题，是扩内需、稳增长、调结构，打造中国经济升级版的一项重要而紧迫的任务，也是智慧城市建设的经济基础。

“智慧北京行动纲要”确立了“人文北京、科技北京、绿色北京”的战略任务，“智慧北京”的基本特征是宽带泛在的基础设施、智能融合的信息化应用和创新可持续的发展环境，其中：“绿色北京”的智慧城市战略任务体现了环保、节能的核心理念，这从侧面印证了智慧城市与节能环保产业在建设理念、建设内容等行业或领域是高度一致的、产业协同的。

节能环保产业属于典型的政策法规驱动型产业，需要突出市场导向，充分发挥市场配置资源的基础性作用。同时，加强政府引导，驱动潜在需求转化为现实市场。这与智慧城市的建设方针密不可分。

智慧城市是以人为本的社会代表，是以物联网为桥梁的高度联通的社会。节能环保产业发展，从根本上改善民生，确保智慧城市建设的顺利、有效进行。二者存在理念上的高度一致性和交叉性。

②节能环保产业与智慧城市的建设目标、技术手段、实现路径的一致性。我国智慧城市的顶层设计在发展战略方面强调绿色、泛在和协同的综合应对方案。绿色是智慧城市建设的灵魂，智慧城市的基本要素以绿色为核心，围绕节能减排和优化环境进行规划布局，不断提高城市的宜居度、智慧化。泛在城市即实现各城市内和城市间在智慧技术支持下的跨越时空的物与物、人与物、人与人的网络数字信息联系，使各类资源的效能最大化和最优化，借以提高市民生活和工作的便捷度。协同城市指实现城市社会管理各要素间的整合与转型，以信息产业集群为基础，实现跨系统、跨部门、跨网络的应用集成、信息共享、融合互通，提高城市管理的灵敏度。

从智慧城市建设的技术手段和建设路径看，节能环保产业与智慧城市建设需要下一代信息技术的支撑，需要构建云应用和大数据为核心的技术路径，形成政府、产业和企业等为服务对象的信息基础设施综合服务平台。如：以智慧环保为例，我国环境保护领域的建设内容包括：污染源自动监控系统、空气质量自动监控系统、水环境质量自动监控系统、机动车排放监控系统、危险品抛弃物监管系统、区域生态监测系统、环境应急指挥系统等，而这些是智慧城市中的“智慧环保”的重要内容。

③节能环保产业与智慧城市在智慧化产业链的重点环节的一致性。智慧城市产业链，主要包含：智慧规划、智慧技术、智慧产业、智慧应用、智慧服务、智慧治理、智慧人文、智慧生活等，其中：智慧技术的创新和应用是智慧城市建设的驱动力，智慧产业和智慧应用是智慧城市的主要载体，节能环保产业的智慧化是智慧城市建设的重要内容和方向。

5）可能的协同概念模型。

研究智慧城市和节能环保的现有政策、标准体系，归纳与提炼两大产业的协同关系。

北京市“智慧北京行动纲要”及行动方案明确提出：建设“资源和生态环境智能监控”工程，完善北京市节能监测体系，实现对工业、交通及大型公共建筑、公共机构等主要用能行业（领域）及场所、单位的能耗监测。建设智能的土地、环境和生态监管体系，实现对全市土地利用、生态环境、重点污染源、地质资源和灾害、垃圾处理等领域的动态监测。这表明了智慧城市建设与节能环保产业在技术研发、产业应用等产业环节有较高的协同性和融合度。

2014年国家标准化管理委员会发布《关于成立国家智慧城市标准化协调推进组、总体组和专家咨询组的通知》指出，为加强我国智慧城市标准化工作的统筹和协调管理，国家标准委经商发展改革委、科技部、工业和信息化部、住房和城乡建设部等，成立国家智慧城市标准化协调推进组、国家智慧城市标准化总体组和国家智慧城市标准化专家咨询组，发布了国家智慧城市标准化协调推进组名单、国家智慧城市标准化总体组名单以及国家智慧城市标准化专家咨询组名单，表明了国家部委层面在积极推动智慧城市与产业发展的协同机制与政策协调。

研究从现有产业政策和标准体系初步断定，智慧城市与节能环保产业的建设理念、建设内容、技术融合、支撑平台等方面有较高的协同性。两者的产业协同关系模型，如下图所示。

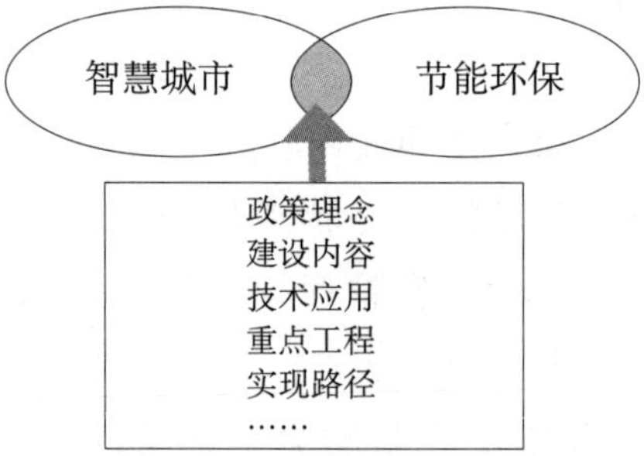

节能环保与智慧城市产业协同关系模型

上图表明，智慧城市与节能环保产业在政策理念、建设内容、技术应用、重点工程、实现路径等方面，具有较高的融合与交叉性，智慧城市在这些方面体现了节能环保的意识或宗旨，具体工程有一些兼容性。同时，节能环保本身也是智慧城市的“智慧产业”中的智慧环保、智慧节能等的具体组成部分。

按照前面分析的智慧城市建设的产业政策、建设理念、建设内容、核心技术、重点产业和服务平台等框架体系，初步可以探索和构建智慧城市与节能环保产业协同的概念模型（见表23）。

表23　智慧城市与节能环保产业协同概念模型

分析维度	研究要点	一级指标	协同度（理想状态）
国家政策	基于节能环保或智慧城市理念的政策	政策融合性 政策一致性 政策适应性	◕
发展理念	智慧城市与节能环保理念是否一致	发展思路一致性 发展模式协同性	◕
建设内容	智慧城市建设内容是否贯彻节能环保	基础设施建设	◑
		电子政务建设	◑
		重点应用项目	◕

续表

分析维度	研究要点	一级指标	协同度（理想状态）
技术融合	物联网相关技术运用的融合性	节能环保的信息技术应用 物联网硬件融合	◕
产业融合	产业重要节点的融合性	重点环节的融合 重点环节的促进	◕
支撑平台	多级支撑体系	政府平台	◑
		企业平台	◕
		公众平台	◕

◑ 部分协同　◕ ¾ 协同

注：本表使用特尔非法，借鉴部分学者的研究成果评估。

表 23 通过不同分析维度与影响要素的系统研究，对智慧城市和节能环保各层级的一级指标进行初步探索与概念性设计，有助于对智慧城市和节能环保产业的关联性进行量化研究，更好地推动智慧城市和节能环保产业的协同性监测与产业发展。

3. 缺陷研究

(1) 主要缺陷。

研究智慧城市建设的案例，分析与提炼研究对象的基本特征与本质。

当前，我国城市污染问题态势严峻，城市管理的信息化程度不高，严重制约各地区的生态文明建设。唐山、保定、石家庄等地空气污染严重，空气质量堪忧，北京等地的沙尘暴、光化学烟雾和灰霾等时有发生，PM2.5 成为加剧大气环境问题的温床，导致了我国特大城市空气质量下降，对人体健康构成威胁，也对智慧城市建设和节能环保产业提出了更高的要求。智慧环保对于提升城市治理水平和生态环境改善具有显著的效能潜力，节能环保产业的智慧化管理与监测等市场需求巨大。

从整体看，我国一些城市与地方政府在智慧城市与节能环保产业发展中，往往各行其是，相互分离，容易忽视两大产业的协同规划，忽视资源统筹，忽视产业促进，各地区在智慧城市建设与节能环保工作中存在一些问题和缺陷。研究北京、上海、无锡、广州、重庆等智慧城市建设案例，我国地方政府智慧城市与节能环保产业协同存在如下的缺陷，具体如下图所示：

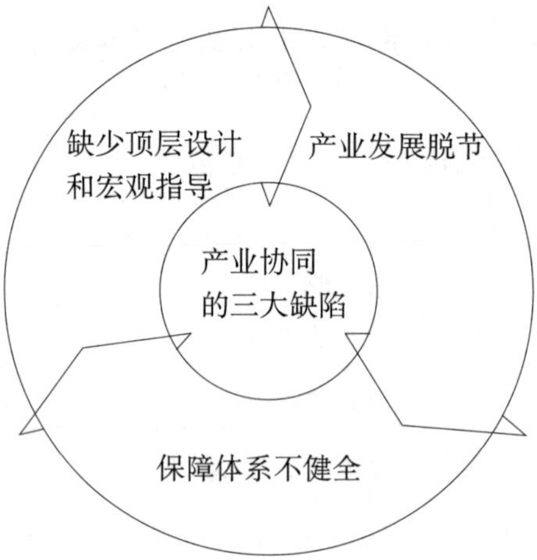

智慧城市与节能环保产业协同存在的三大缺陷

1）缺乏跨产业的顶层设计和宏观指导。

主要表现在：国务院和各部委的政策规划和法律法规还不完善，智慧城市的建设目标不明、基础建设标准模糊、智慧城市与节能环保产业的关系不清晰、相关部门各自为政等。

2）智慧城市建设与节能环保脱节。

主要表现在：个别城市推动的智慧城市建设与发展偏重于技术层面和智能交通等个别领域，存在盲目性、长官意志、面子工程与业绩导向。节能环保产业发展往往忽视智能化和互联网技术应用等，存在两层皮的脱节现象。

3）信息安全保障体系不完善。

主要表现在：缺乏国家政策约束和统一指导，各城市的智慧城市建设存在随意性、主观性和信息“孤岛”，少数城市喜欢聘请外资公司进行技术设计和硬件配套，存在国家信息安全漏洞等。智慧城市建设财力有限，投资分散、资源重复浪费、没有构建城市安全防火墙和隔离手段，节能环保等信息化平台和城市监测系统没有形成规范、严谨、实用、前瞻的规范标准。

(2) 协同障碍。

分析我国主要城市智慧城市建设与节能环保产业发展的现实情况，总结产业协同中的缺陷和障碍，有助于研究制定下一步的改进措施。目前两大产业协同发展的主要问题或障碍，直观描述如下图所示。

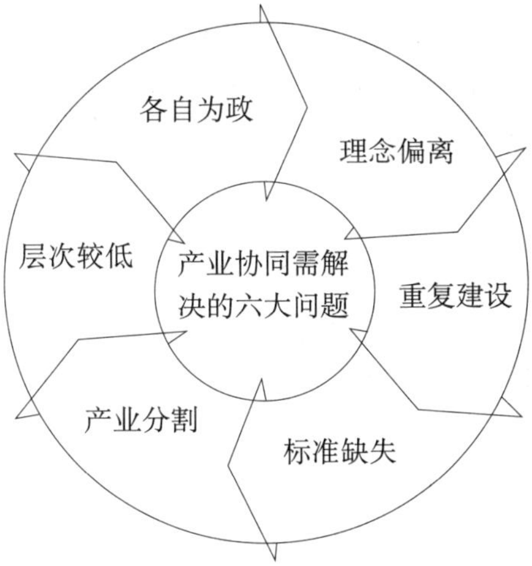

智慧城市与节能环保产业协同需解决的六大问题

如上图所示，我国智慧城市和节能环保产业协同的六大问题或障碍为：

1）各自为政。

在国家政策制定方面，国务院、各部委以及地方政府在智慧城市与节能环保产业领域往往出台各自独立的文件，有些文件、规定相互之间不一致，跨部门协调和沟通较少，容易导致部委之间以及地方政府主管部门的本位主义和各自为政，如：目前，国务院、国家发改委、国家住建部、国家工信部、国家环保部等各自颁布了一些智慧城市、信息化建设文件，各自推动智慧城市建设，导致了地方政府无所适从，或者主管部委太多，相互扯皮或跨部门协调困难。

2）理念偏离。

在发展理念方面，住建部的文件和地方政府往往追求大而全的智慧城市建设，这与西方欧美国家的行业性、区域性智慧城市做法存在较大差异。同时，一些地方政府在节能环保产业发展中不能做到与智慧城市“一盘棋”，容易出现各主管市长各唱各的戏，各念各的经，结果是各部门之间人之不一致，投资重复和规划重复。

3）重复建设。

在建设内容方面，有些地方政府和试点城市出现了智慧环保、智慧交通、智慧水务等各自的智慧信息系统，各套信息系统各自投资，其技术路径、信息源、大数据平台相互分散、分离，形成一个个信息孤岛，信息和相关人员不共享，造成了巨大的浪费和不必要的能耗。

4）标准缺失。

在技术融合方面，国家没有构建统一的行业规范、技术标准和实现路径，智慧城市、节能环保产业的信息化建设制度要求和其主管部门都不统一，各层级跨部门的技术沟通与协同研究少，存在相互分割现象。

5）产业分割。

在产业融合方面，智慧城市规划与建设往往由政府成立一个信息化部门管理并推进，节能环保产业的信息化一般由工信部及下属机构推动，各个部门的职责与目标不协调以及部门之间职责分工不明晰容易导致智慧城市与节能环保产业融合的协调机制缺失，无法以系统的、协同的心态进行规划设计，并主动沟通与推进各产业的健康发展。

6）层次较低。

在支撑平台建设方面，当前智慧城市建设由于缺少资金和技术，多数地方推动电子政务比较多，与智慧城市相关的企业云、产业云、电子商务等实施困难。同时，服务于节能环保的大数据基本空白，节能环保的智能化监控与管理信息系统多数城市没有建立，这些都是智慧城市与节能环保产业协同发展中存在的突出问题。

由上可知，我国智慧城市和节能环保产业协同存在政策融合不够，各自为政，认知理念有差距，项目重复投资，缺少协同标准，产业分割，协同层次较低等问题和障碍，产业协同的理想目标与实践操作差距很大。

4．政策措施

为推动我国智慧城市和节能环保产业的协同发展，应采取如下的政策措施：

(1) 强化国家层面的政策协调和产业融合顶层设计，提高智慧城市与节能环保产业协同发展的政策支持与窗口指导。

国务院成立智慧城市工作领导小组，由国家发改委、工信部、住建部、环境保护部、国土资源部、人民银行等各部门参与，定期召开专题会，研究政策、出台跨产业协同的发展规划，协调各自的行动，明确不同阶段的工作目标，部署各自的重点任务，协调解决产业协同中的难题，重要事项提请工作协调小组研究决策，修订和出台智慧城市与节能环保协同发展的政策法规与操作办法。

强化国家、地方政府智慧城市与节能环保产业发展的顶层规划与行动计划。重新审议现有智慧城市规划、管理模式和各部委的操作机制，从国家层面进行智慧城市标准设计和产业规范，将智慧城市与节能环保有机结合，通过产业的融合实现智慧城市的落地，将智慧城市与节能环保产业发展目标和技术方案、主管部门、产业实现路径、运行机制等进行新的谋划与优化，确保国家、部委等顶层设计的规范性、连续性和一致性。

(2) 构建智慧城市与节能环保产业协同发展的组织运行机制。

成立国家部委沟通协调、责任分工的国家智慧城市与产业协同日常管理办公室，具体设在国家发改委或住建部。各地成立省市长、县区长挂帅的智慧城市建设与产业协同工作组，完善国家发改委、住建部等职能部门的责任与分工，制定并下达智慧城市与节能环保产业协同发展的行动路线图，规范产业协同标准、重大决策与实施流程，确保两大产业的协同发展和智慧城市项目的低碳化、循环化、减量化，以及重大节能环保项目的智能化、自动化、融合化。

(3) 构建智慧城市与节能环保产业协同发展的技术融合方案。

以全球化标准进行智慧城市建设的体系设计，选择全球先进的技术和操作流程，不断研究和创新技术研发、技术应用的新模式、新思路，跟踪国际前沿的智慧城市与节能环保核心技术，引进专业机构，进行智慧城市与节能环保协同发展的技术路径选择和顶层设计，进而确定合理的资源共享方案，推动两大产业在地方经济发展中的技术研发、技术选择、技术应用和技术融合，提高技术应用的共享性和扩展性。

(4) 构建智慧城市与节能环保产业协同发展的产业融合方案。

以国家产业政策和城市发展趋势为指针，研究全球和我国新兴产业发展路径与操作模式，分析智慧城市建设的经验和教训，从产业融合的视角，进行跨部委、跨产业的工作协调和项目推进，打破各部门、各行业的部门割裂和本位主义，以集约的、融合的、协同的、泛在的发展理念，制定和执行政府、开发区、部门的智慧城市和节能环保产业融合行动计划。在跨产业融合方案中，充分体现智慧的、环保的、节能的理念和要求。以智慧城市建设推进节能环保产业的信息化、智能化、泛在化，以节能环保产业推进、引导和落实智慧城市的全面发展，进而推动我国智慧城市与节能环保产业的高度协同与均衡发展，提高地方经济发展的质量与效率。

(5) 构建智慧城市与节能环保产业协同发展的绩效考核体系。

转变政府业绩考核导向，以智慧城市和节能环保产业协同发展为重要业绩目标，分解各自的职责与工作任务，明确指标与开发进度，分工到部门和各个岗位，进行定期考核与检查评比，逐步提高两大产业协同发展的执行力和绩效力。

立足各地区、各时期节能环保等新兴产业发展与智慧城市建设的核心需要，制定与评估不同区域、不同行业的智慧化水平，确定节能环保产业协同的关键指标，明确各类指标的责任主体，逐步形成《智慧城市与节能化环保协同发展关键指标责任表》，与各地政府、各部门主要负责人的绩效考核挂钩，同部署，同考核，同兑现。国务院各部委、各级政府、各部门根据责任分工和任务分解，明确各自重点，制定分解年度实施方案，强化相关计划执行。

建立智慧城市与节能环保产业协同发展的第三方评估机制，按照责任分工、任务分解计划与年度实施方案，开展季度、年度评估和产业协同成果考核，将评估考核内容纳入各级政府、各部门和领导干部的绩效考核与兑现范围。

(6) 构建智慧城市与节能环保产业协同发展的支撑平台体系。

加强跨产业协同规划制定与综合服务平台建设的协调与资源共享。以智慧城市综合服务平台和专业化服务平台为重点，构建智慧环保、智慧节能（智慧工业节能、智慧农业节能、智慧交通节能等），形成节能环保产业的智能化监测体系与控制机制，形成智慧城市的节能化与环保达标，提高我国智慧城市与节能环保产业的协同发展水平。

八、工业节能节水专项规划

（一）内涵解读

工业节能节水规划主要是分析国家和地方有关政策，研究产业发展趋势，立足工业领域和工业产业，研究并设计科学、先进的节能和节能规划目标和实施路径等，以降低单位产值能耗和单位水耗，实现减量化、循环化等发展目标的一种专项规划。

（二）案例研究：北京市工业节能节水专项规划

为实现北京市工业节能节水的工作目标，北京市经信委贯彻落实国家有关政策要求，委托笔者及研究团队对北京市工业节能节水规划进行了调研、基础分析、目标策划、重点工程设计，以及路径确定和修订等。

通过对北京市节能节水环境调研和原有规划的编制、评估与修订，明确了北京市工业节能节水的工作思路，提高了专项规划实施的可行性，为北京市循环经济发展提供了一定的决策支撑。

九、新型城镇化规划

（一）内涵解读

根据中国共产党第十八次全国代表大会报告、《中共中央关于全面深化改革若干重大问题的决定》、中央城镇化工作会议精神、《中华人民共和国国民经济和社会发展第十二个五年规划纲要》和《全国主体功能区规划》的编制，国家新型城镇化规划（2014—2020 年），明确未来城镇化的发展路径、主要目标和战略任务，统筹相关领域制度和政策创新，是指导全国城镇化健康发展的宏观性、战略性、基础性规划。

在城镇化快速发展过程中，存在需要解决的突出矛盾和问题：农业转移人口难以融入城市，市民化进程滞后；“土地城镇化”快于人口城镇化，建设用地管理粗放、低效；城镇空间分布和规模结构不合理，与资源环境承载能力不匹配；城市管理服务水平低，交通拥堵等“城市病”突出；自然历史文化遗产保护投入不够，城乡建设缺乏特色；体制机制不完善，阻碍了城镇化的可持续发展。

（二）案例研究：《国家新型城镇化规划》

《国家新型城镇化规划》报告文本的研究要点包括：规划背景、指导思想和发展目标、农业转移人口市民化、优化城镇化布局和形态、提高城市可持续发展能力、推动城乡发展一体化、改革完善城镇化发展体制机制、规划实施共八部分，其中：

1．指导思想

高举中国特色社会主义伟大旗帜，以邓小平理论、“三个代表”重要思想、科学发展观为指导，紧紧围绕全面提高城镇化质量，加快转变城镇化发展方式，以人的城镇化为核心，有序推进农业转移人口市民化；以城市群为主体形态，推动大中小城市和小城镇协调发展；以综合承载能力为支撑，提升城市可持续发展水平；以体制机制创新为保障，通过改革释放城镇化发展潜力，走以人为本、四化同步、优化布局、生态文明、文化传承的中国特色新型城镇化道路，促进经济转型升级和社会和谐进步，为全面建成小康社会、加快推进社会主义现代化、实现中华民族伟大复兴的中国梦奠定坚实基础。

2．基本原则

以人为本，公平共享。以人的城镇化为核心，合理引导人口流动，有序推进农业转移人口市民化，稳步推进城镇基本公共服务常住人口全覆盖，不断提高人口素质，促进人的全面发展和社会公平正义，使全体居民共享现代化建设成果。

四化同步，统筹城乡。推动信息化和工业化深度融合、工业化和城镇化良性互动、城镇化和农业现代化相互协调，促进城镇发展与产业支撑、就业转移和人口集聚相统一，促进城乡要素平等交换和公共资源均衡配置，形成以工促农、以城带乡、工农互惠、城乡一体的新型工农、城乡关系。

优化布局，集约高效。根据资源环境承载能力构建科学合理的城镇化宏观布局，以综合交通网络和信息网络为依托，科学规划建设城市群，严格控制城镇建设用地，严格划定永久基本农田，合理控制城镇开发边界，优化城市内舱间结构，促进城市紧凑发展，提高国土空间利用效率。

生态文明，绿色低碳。把生态文明理念全面融入城镇化进程，着力推进绿色发展、循环发展、低碳发展，节约集约利用土地、水、能源等资源，强化环境保护和生态修复，减少对自然的干扰和损害，推动形成绿色低碳的生产生活方式和城市建设运营模式。

文化传承，彰显特色。根据不同地区的自然历史文化禀赋，体现区域差异性，提倡形态多样性，防止千城一面，发展有历史记忆、文化脉络、地域风貌、民族特点的美丽城镇，形成符合实际、各具特色的城镇化发展模式。

市场主导，政府引导。正确处理政府和市场关系，更加尊重市场规律，坚持使市场在资源配置中起决定性作用，更好发挥政府作用，切实履行政府制定规划政策、提供公共服务和营造制度环境的重要职责，使城镇化成为市场主导、自然发展的过程，成为政府引导、科学发展的过程。

统筹规划，分类指导。中央政府统筹总体规划、战略布局和制度安排，加强分类指导；地方政府因地制宜、循序渐进抓好贯彻落实；尊重基层首创精神，鼓励探索创新和试点先行，凝聚各方共识，实现重点突破，总结推广经验，积极稳妥扎实有序推进新型城镇化。

3．发展目标

城镇化水平和质量稳步提升。城镇化健康有序发展，常住人口城镇化率达到 60% 左右，户籍人口城镇化率达到 45% 左右，户籍人口城镇化率与常住人口城镇化率差距缩小 2 个百分点左右，努力实现 1 亿左右农业转移人口和其他常住人口在城镇落户。

城镇化格局更加优化。“两横三纵”为主体的城镇化战略格局基本形成，城市群集聚经济、人口能力明显增加。东部地区城市群一体化水平和国际竞争力明显提高，中西部地区城市群成为推动区域协调发展的新的重要增长极。城市规模结构更加完善，中心城市辐射带动作用更加突出，中小城市数量增加，小城镇服务功能增强。

城市发展模式科学合理。密度较高、功能混用和公交导向的集约紧凑型开发模式成为主导，人均城市建设用地严格控制在 100 平方米以内，建成区人口密度逐步提高。绿色生产、绿色消费成为城市经济生活的主流，节能节水产品、再生利用产品和绿色建筑比例大幅提高。城市地下管网覆盖率明显提高。

城市生活和谐宜人。稳步推进义务教育、就业服务、基本养老、基本医疗卫生、保障性住房等城镇基本公共服务覆盖全部常住人口，基础设施和公共服务设施更加完善，消费环境更加便利，生态环境明显改善，空气质量逐步好转，饮用水安全得到保障。自然景观和文化特色得到有效保护，城市发展个性化，城市管理人性化、智能化。

城镇化体制机制不断完善。户籍管理、土地管理、社会保障、财税金融、行政管理、生态环境等制度改革取得重大进展，阻碍城镇化健康发展的体制机制障碍基本消除。

十、生态文明示范城市

（一）内涵解读

2013 年 12 月，国家发改委等部委下发《关于印发国家生态文明先行示范区建设方案（试行）的通知》，以推动绿色、循环、低碳发展为基本途径，促进生态文明建设水平明显提升。

2014 年 3 月 10 日，国务院印发《关于支持福建省深入实施生态省战略加快生态文明先行示范区建设的若干意见》，福建成为十八大以来，国务院确定的全国第一个生态文明先行示范区。福建建设生态文明先行示范区将突出“先行先试”。国家在福建省开展生态文明建设评价考核试点，探索建立生态文明建设指标体系。率先开展森林、山岭、水流、滩涂等自然生态空间确权登记，编制自然资源资产负债表，开展领导干部自然资源离任审计试点。开展生态公益林管护体制改革、国有林场改革、集体商品林规模经营试点等。

国家发改委等六部门联合批复《贵州省生态文明先行示范区建设实施方案》，标志着贵州建设全国生态文明先行示范区正式启动。

（二）案例研究：国家生态文明建设试点示范区指标

1．生态文明试点示范县（含县级市、区）建设指标

(1) 基本条件。

1）建立生态文明建设党委、政府领导工作机制，研究制定生态文明建设规划，通过人大审议并颁布实施 4 年以上；国家和上级政府颁布的有关建设生态文明，加强生态环境保护，建设资源节约型、环境友好型社会等相关法律法规、政策制度得到有效贯彻落实。实施系列区域性行业生态文明管理制度和全社会共同遵循的生态文明行为规范，生态文明良好社会氛围基本形成。

2）达到国家生态县建设标准并通过考核验收。所辖乡镇（涉农街道）全部获得国家级美丽乡镇命名。辖区内国家级工业园区建成国家生态工业示范园区；50% 以上的国家级风景名胜区、国家级森林公园建成国家生态旅游示范区。县级市建成国家环保模范城市。

3）完成上级政府下达的节能减排任务，总量控制考核指标达到国家和地方总量控制要求。矿产、森林、草原等主要自然资源保护、水土保持、荒漠化防治、安全监管等达到相应考核要求。严守耕地红线、水资源红线、生态红线。

4）环境质量（水、大气、噪声、土壤、海域）达到功能区标准并持续改善。当地存在的突出环境问题和环境信访得到有效解决，近三年辖区内未发生重大、特大突发环境事件，政府环境安全监管责任和企业环境安全主体责任有效落实。区域环境应急关键能力显著增强，辖区中具有环境风险的企事业单位有突发环境事件应急预案并进行演练。危险废物的处理处置达到相关规定要求，实施生活垃圾分类，实现无害化处理。新建化工企业全部进入化工园区。生态灾害得到有效防范，无重大森林、草原、基本农田、湿地、水资源、矿产资源、海岸线等人为破坏事件发生，无跨界重大污染和危险废物向其他地区非法转移、倾倒事件。生态环境质量保持稳定或持续好转。

5）实施主体功能区规划，划定生态红线并严格遵守。严格执行规划（战略）环评制度。区域空间开发和产业布局符合主体功能区规划、生态功能区划和环境功能区划要求，产业结构及技术符合国家相关政策。开展循环经济试点和推广工作，应当实施清洁生产审核的企业全部通过审核。

(2) 建设指标。

包括：生态经济、生态环境、生态人居、生态制度、生态文化等系统，不同系统分解为一定的指标，具体指标参见《国家生态文明建设试点示范区指标》。

2．生态文明试点示范市（含地级行政区）建设指标

(1) 基本条件。

1）建立生态文明建设党委、政府领导工作机制，研究制定生态文明建设规划，通过人大审议并颁布实施 4 年以上；建立实施基于主体功能区区划和生态功能区划，符合当地实际的生态补偿制度；国家和上级政府颁布的有

关建设生态文明，加强生态环境保护，建设资源节约型、环境友好型社会等相关法律法规、政策制度得到有效贯彻落实。实施系列区域性行业生态文明管理制度和全社会共同遵循的生态文明行为规范，生态文明良好社会氛围基本形成。

2）达到国家生态市建设标准并通过考核验收。所辖县（县级市、区）全部获得国家生态文明建设试点示范区称号。辖区内国家级工业园区建成国家生态工业示范园区；45% 以上的国家级风景名胜区、国家级森林公园建成国家生态旅游示范区。设市城市建成国家环保模范城市。

3）完成上级政府下达的节能减排任务，总量控制考核指标达到国家和地方总量控制要求。矿产、森林、草原等主要自然资源保护、水土保持、荒漠化防治、安全监管等达到相应考核要求。严守耕地红线、水资源红线、生态红线。

4) 环境质量（水、大气、噪声、土壤、海域）达到功能区标准并持续改善。当地存在的突出环境问题和环境信访得到有效解决，近三年辖区内未发生重大、特大突发环境事件，政府环境安全监管责任和企业环境安全主体责任有效落实。区域环境应急关键能力显著增强，辖区中具有环境风险的企事业单位有突发环境事件应急预案并进行演练。危险废物的处理处置达到相关规定要求，实施生活垃圾分类，实现无害化处理。新建化工企业全部进入化工园区。生态灾害得到有效防范，无重大森林、草原、基本农田、湿地、水资源、矿产资源、海岸线等人为破坏事件发生，无跨界重大污染和危险废物向其他地区非法转移、倾倒事件。生态环境质量保持稳定或持续好转。

5）实施主体功能区规划，划定生态红线并严格遵守。严格执行规划（战略）环评制度。区域空间开发和产业布局符合主体功能区规划、生态功能区划和环境功能区划要求，产业结构及技术符合国家相关政策。开展循环经济试点和推广工作，应当实施清洁生产审核的企业全部通过审核。

⑵ 建设指标。包括：生态经济、生态环境、生态人居、生态制度、生态文化等系统，由不同指标组成，具体指标参见《国家生态文明建设试点示范区指标》。

其中：

1）资源产出增加率。指标解释：资源产出率指消耗一次资源（包括煤、石油、铁矿石、有色金属稀土矿、磷矿、石灰石、沙石等）所产生的国内生产总值。它在一定程度上反映了自然资源消费增长与经济发展间的客观规律。若资源产出率低，则一个区域经济增长所需资源更多的是依靠资源量的投入，表明该区域资源利用效率较低。

考虑到区域间经济发展不平衡，各地资源禀赋、城镇化、工业化差异明显，考核资源产出率的绝对值意义不大。因此，本指标体系采用资源产出增加率，即某一地区创建目标年度资源产出率与基准年度资源产出率的差值与基准年度资源产出率的比值。

2）单位工业用地产值。指标解释：指辖区内单位面积工业用地产出的工业增加值，是反映工业用地利用效益的指标。单位工业用地产值越高，土地集约利用程度越高。其中，工业用地参照《土地现状利用分类》（GB/T 21010—2007）统计，工业增加值采用不变价核算。

3）再生资源循环利用率。指标解释：指废旧金属、报废电子产品、报废机电设备及其零部件、废造纸原料（如废纸、废棉等）、废轻化工原料（如橡胶、塑料、农药包装物、动物杂骨、毛发等）、废玻璃等再生资源的循环利用程度。

4）碳排放强度。指标解释：指辖区内某年度单位GDP 二氧化碳排放量。

二氧化碳排放总量：根据发展改革委发布的《省级温室气体清单编制指南（试行）》，二氧化碳排放总量计算公式为：

二氧化碳排放量＝（燃料消费量（热量单位）× 单位热值燃料含碳量－固碳量）× 燃料燃烧过程中的碳氧化率

5）单位GDP 能耗。指标解释：指辖区内地区生产总值所消耗的能源，是反映能源消费水平和节能降耗状况的主要指标。

标准煤：能源的种类很多，所含的热量也各不相同，为了便于相互对比和在总量上进行研究，我国把含热值7000千卡（29307.6千焦）的能源定义为一千克标准煤也称标煤。另外，我国还经常将各种能源折合成标准煤的吨数来表示。能源折标准煤系数＝某种能源实际热值（千卡／千克）/7000（千卡／千克）。

在各种能源折算标准煤之前，首先直测算各种能源的实际平均热值，再折算标准煤。平均热值也称平均发热量，是指不同种类或品种的能源实测发热量的加权平均值。计算公式为：

平均热值（千卡／千克）＝Σ（某种能源实测低位发热量）（千卡／千克）× 该能源数量（吨）／能源总量（吨）

6）节能环保产业增加值占 GDP 比重。指标解释：指辖区节能环保产业增加值占 GDP 的比例。

7）主要污染物排放强度。指标解释：指单位土地面积所产生的主要污染物数量，反映了辖区内环境负荷的大小。按照节能减排的总体要求，本指标计算化学需氧量（COD）、二氧化硫（SO_2）、氨氮（NH_3—N）、氮氧化物（NO_x）的排放强度。

8）污染土壤修复率。指标解释：指辖区内受污染农田开展修复和被二次开发（改变用途）的面积占辖区受污染农田总面积的比例。

十一、传统产业转型升级试验区规划

（一）内涵解读

产业转型升级指推动产业结构高级化，向更有利于经济、社会发展方向发展。产业转型升级的关键是技术进步，在引进先进技术的基础上消化吸收，并加以研究、改进和创新，建立属于自身的技术体系。

产业结构转型升级中的“转型”核心是转变经济增长的“类型”，将高投入、高消耗、高污染、低产出、低质量、低效益转变为低投入、低消耗、低污染、高产出、高质量、高效益，将粗放型转为集约型，而不是单纯地转变行业。

产业结构转型升级中的“升级”，包括产业之间的升级，如由第一产业向第二、第三产业演进。也包括产业内的升级，某一产业内部的加工、再加工程度逐步纵深化、技术集约化，提高生产效率。

传统产业，也称传统行业，主要指制衣、制鞋、机械、制造业等劳动力密集型的、以制造加工为主的行业。

传统产业转型升级规划指地方政府或产业园等，根据国家政策和产业政策，立足市场需求和自身资源禀赋，组织专业人员编制的，研究本地区、本单位如何构建规划目标，确立主导产业，实施重点工程，有计划地实现传统产业由低层级向高层级，或者产业内部的深加工或技术改造，实现产业聚集、技术进步、能耗降低、成本减少等更好的经济增长模式与发展预期的专项规划。

（二）案例研究：传统产业转型升级三年行动计划

编制该类规划和行动方案的基本思路是：

一是分析规划编制的依据、背景、发展基础，以及当前的形势与挑战等；如有必要，可进行标杆分析，确定需解决的问题和实践借鉴。

二是研究确定规划指导思想，例如：以科学发展观为指导，全面贯彻上级《关于加快推进经济转型发展的决定》，以产业转型升级为主线，以市场为核心，深入实施新型工业化战略，加快技术改造和自主创新步伐，促进经济发展方式转变，推动工业经济集约、集群发展。

三是研究确定规划目标。例如：某地专项规划提出“通过政策引导、行业自律等手段，利用市场倒逼机制，以企业为主导，推动传统产业转型升级，力争 2018 年全市纺织产业链、印染产业链、小家电产业链和机械加工产业链等四大传统产业转型升级取得明显成效。”

四是明确主要工作任务或措施，例如：推动技术创新和产业化，优化产业链的关键核心环节，加大招商引资力度，塑造地区行业品牌，构建公共服务平台，推动国际贸易与海外合作等。

五是构建保障机制，成立传统产业转型升级领导小组，设立专门办公室，完善工作程序；强化资源保障，安排新增土地指标和排污指标，引进金融机构，申请部委资金，拨付财政资金等；建立产业转型升级的信息统计体系、动态监控机制和具体考核奖励办法等。

十二、资源枯竭型城市转型战略

（一）内涵解读

资源枯竭型城市指矿产资源开发进入后期、晚期或末期阶段，其累计采出储量已达到可采储量的 70% 以上的城市。资源枯竭城市转型问题是世界各国经济和社会发展中都经历过或正在经历的突出问题。

资源枯竭型城市，有四大共性特点：

一是随着资源枯竭，产业效益下降；

二是产业结构单一，资源产业萎缩，替代产业尚未形成；

三是经济总量不足，地方财力薄弱；

四是大量职工收入低于全国城市居民人均水平。

由于资源产业与资源型城市发展的规律，资源型城市必然经历建设—繁荣—衰退—转型—振兴或消亡的过程。

（二）案例研究：欧美国家资源枯竭城市的转型模式

欧美国家对于资源枯竭型城市采取的转型措施，主要有：

一是美国模式。政府很少进行具体的转型控制，主要通过市场机制，政府制定转型规划和各种服务，通过市场机制和企业参与，推动城市转型。

二是欧盟模式，以法、德为代表。主要采取政府领导的模式，政府成立专门委员会和其他经济组织，根据经济环境、地理区位、市场结构、城市规模、文化背景等，制定详细的规划目标、具体计划和相关政策，通过各级政府引导、社会各界参与，调整产业结构，促进地区产业转型和经济发展，推动区域经济的转型提升。

三是日本模式。日本采取产业政策指导的产业援助，政府根据国内外市场环境与和资源型城市的产业特征，制定和修改产业政策，设定转型目标和具体措施。

四是放任模式，主要是苏联和委内瑞拉模式，政府不采取任何转型的政策或主动的措施，资源型城市由于资源衰竭而停止发展。

借鉴欧美国家和我国成功的资源枯竭型城市转型模式，初步认为，资源枯竭型城市转型的产业选择，需要遵循如下的产业方向：

新的产业是劳动密集型的，便于安置就业；选择的产业是内生外向型的，既能拉动销售，又能安置就业；选择的产业是产业关联性的，能够带动地方经济全面发展的产业；选择的产业必须符合国家产业政策和满足市场需求。

十三、一路一带产业融合规划

（一）内涵解读

习近平在 2013 年提出建设“新丝绸之路经济带”和“21 世纪海上丝绸之路”的战略构想。

“一带一路”是合作发展的理念和倡议，是依靠中国与有关国家既有的双、多边机制，借助既有的、行之有效的区域合作平台，借用古代“丝绸之路”的历史符号，倡导和平发展、互利共赢，探索发展与沿线国家的经济合作伙伴关系，共同打造政治互信、经济融合、文化包容的利益共同体、命运共同体和责任共同体。

丝绸之路经济带战略涵盖东南亚、东北亚经济整合，最终融合在一起通向欧洲，形成欧亚大陆经济整合的大趋势。

21 世纪海上丝绸之路经济带战略从海上联通欧亚非三个大陆和丝绸之路经济带战略形成一个海上、陆地的闭环。

“一带一路”沿线大多是新兴经济体和发展中国家，涵盖中亚、南亚、西亚、东南亚和中东欧等国家和地区。总人口约 44 亿，经济总量约 21 万亿美元，分别约占全球的 63% 和 29%。

（二）案例研究：一路一带产业融合规划

国家主席、中央财经领导小组组长习近平 2014 年 11 月 4 日主持召开中央财经领导小组第八次会议，研究丝绸之路经济带和 21 世纪海上丝绸之路规划、发起建立亚洲基础设施投资银行和设立丝路基金。

习近平强调，做好“一带一路”总体布局，确定今后几年的时间表、路线图，要有早期收获计划和领域。推进“一带一路”建设要抓落实，由易到难、由近及远，以点带线、由线到面，扎实开展经贸合作、扎实推进重点项目建设，脚踏实地、一步一步干起来。

习近平指出，推进“一带一路”建设，要抓住关键的标志性工程，力争尽早开花结果。要帮助有关沿线国家开展本国和区域间交通、电力、通信等基础设施规划，共同推进前期预研，提出一批能够照顾双边、多边利益的项目清单。要高度重视和建设一批有利于沿线国家民生改善的项目。坚持经济合作和人文交流共同推进，促进我国同沿线国家教育、旅游、学术、艺术等人文交流，使之提高到一个新的水平。

习近平强调，“一带一路”建设是一项长期工程，要做好统筹协调工作，正确处理政府和市场的关系，发挥市场机制作用，鼓励国有企业、民营企业等各类企业参与，同时发挥好政府作用。要重视国别间和区域间经贸合作机制和平台建设工作，设计符合当地国情的投资和贸易模式，通过机制化安排推进工作。加大对外援助力度，发挥好开发性、政策性金融的独特优势和作用，积极引导民营资本参与。要统筹好部门和地区关系，各部门和各地区要加强分工合作，形成合力。

中央财经领导小组会议提出，帮助有关沿线国家开展本国和区域间交通、电力、通信等基础设施规划，共同推进前期预研，提出一批能够照顾双边、多边利益的项目清单。要高度重视和建设一批有利于沿线国家民生改善的项目。

“一带一路”要形成重点区域和国际共赢的格局，即：东盟、东南亚、南亚、非洲等一些新兴市场国家是未来战略的主体，推动形成利益共同体。

“一带一路”规划方案将在交通互联互通、经贸、产业等方面做指引，东盟、东南亚、南亚、非洲等是未来战略的主体，通过国家战略平台的建设逐步形成东出西进的格局。

目前，全国各省市、各地区、各级政府，如山东省、辽宁省、福建省、烟台市、青岛市、大连市、泉州市等，正在积极研究和编制“一路一带”产业融合专项规划，跟踪研究“一路一带”国家战略带来的产业机会和对外贸易模式，探索制定适应“一路一带”战略的产业融合发展规划，拓宽产业空间，提升国际竞争力，优化产业结构和经济增长方式。

十四、文化旅游规划

（一）内涵解读

文化产业的核心要素是产业集聚，目标是构建产业链和产业集群。文化产业的核心要素包括：地理环境、地理成本、文化主题、经济成本和竞争力等。

文化旅游指以旅游文化的地域差异性为诱因，以文化的碰撞与互动为过程，以文化的相互融洽为结果的，它具有民族性、艺术性、神秘性、多样性、互动性等特征。文化旅游是以旅游经营者创造的观赏对象和休闲娱乐方式为消费内容，使旅游者获得富有文化内涵和深度参与旅游体验的旅游活动的集合。

文化旅游规划指将特定地区、特定产业园的历史故事、文化要素、旅游资源定，与文化创新、工业创意、文化旅游产品、历史文化保护、休闲娱乐、特色商贸等结合，形成产业聚集、功能完善的特色产业和品牌定位。通过产业聚集、资源倾斜和规模效应，集聚优势产业、优势项目与重点企业，推动地区文化旅游产业的聚集、延伸和提升，提高文化旅游产业在当地经济中的比重，优化产业结构，促进地区经济发展。

文化旅游创意产业指为了满足旅游者对精神方面的需求而策划设计的文化活动内容并形成旅游者可以体验参与的活动，以及为此而必备的制度安排和设施条件。创意主要是释放在文化活动的内容、形式和设施上。从旅游业角度看，重点在旅游文化产业的发展与谋划，包括原有产业的稳定发展和深度发展，以及新型创意产业的培育。旅游创意主要包括旅游产品创意（增加文化品位）、旅游活动创意（增加深度体验）、旅游商品创意（加强设计水平）和旅游服务创意（更加人性化）等方面。

（二）案例研究：北京市文化创意产业提升规划

1．规划编制依据

《北京市文化创意产业提升规划（2014—2020 年）》编制依据有：

《中共中央关于全面深化改革若干重大问题的决定》、《国务院关于推进文化创意和设计服务与相关产业融合发展的若干意见》、《国务院关于加快发展对外文化贸易的意见》、《国务院办公厅关于印发文化体制改革中经营性文化事业单位转制为企业和进一步支持企业发展两个规定的通知》、《文化产业振兴规划》、《文化部“十二五”时期文化产业倍增计划》、《中共北京市委关于发挥文化中心作用加快建设中国特色社会主义先进文化之都的意见》。本规划实施期限为 2014 年至 2020 年。

2．规划编制背景

中央明确提出北京市要发挥全国文化中心示范作用，为首都发展文化创意产业提供了良好的外部环境。在文化大发展大繁荣的背景下，居民文化消费和科技体验要求日益增强，北京文化资源丰富、文化人群聚集、科技力量汇聚，有利于提升首都发展文化创意产业的竞争优势。

3．规划发展目标

到 2020 年，构建起富有首都特色的“3+3+X”文化创意产业体系，产业支柱地位更加巩固，成为支撑本市科学发展、绿色发展、创新发展的核心力量，推动首都建设成为中国最具活力的文化创意名城、在世界上具有重大影响力的著名文化中心，文化氛围浓郁，创新活力四射，环境和谐宜居。文化创意产业增加值占 GDP 比重达到 15% 以上。该规划主要从传统产业、优势产业和融合产业三个领域进行了分析与设计。主要的规划目标是：产业结构优化升级；市场主体日益壮大；创新能力显著提升；要素市场日趋完善。

4．主要工作任务

对文化艺术、广播影视、新闻出版三大传统行业，重点扶持原创和精品生产，创新网络文化服务模式，繁荣文学、艺术、影视、音乐创作和传播，积极鼓励文化输出。创新体制机制，加快培育多元化市场主体，激发国有企事业单位经营活力，加快推动混合所有制企业和非公企业成长壮大。

对广告会展、艺术品交易、设计服务三大优势行业，利用现代信息技术加快推进商业模式与营销模式创新，通过政策扶持、平台建设和主体培育，汇聚各类创新要素，让一切知识、技术和专业服务的活力竞相迸发，让一切有助于文化内涵提升、创意塑造的源泉充分涌流，推动行业规模加速壮大。

发挥文化引领作用，加快文化元素与产业的研发、设计、营销等环节的融合融入，改变传统生产与消费模式，转变传统增长机制，推动向产业链两端延伸、价值链高端攀升，加快产业结构创新、链条创新与形态创新，提高产业链整体发展水平和创新创意能力。加快新业态培育，推动文化创意产业与科技、金融及其他产业融合发展、互促共赢。

5．规划报告参考目录

北京市西城区“十二五”时期文化创意产业发展规划

序言

第一章 “十一五”时期西城区文化创意产业发展回顾

第二章 “十二五”时期西城区文化创意产业发展面临的形势

一、发展机遇

二、面临挑战

第三章 指导思想和基本原则

一、指导思想

二、基本原则

第四章　“十二五”时期文化创意产业发展目标

一、发展目标

二、产业布局

第五章　“十二五”时期主要工作任务及重点实施项目

一、文化演艺业

二、新闻出版业

三、艺术品交易业

四、文化旅游业

五、设计服务业

第六章　“十二五”时期文化创意产业发展的主要保障措施

一、优化产业发展环境

（一）建立高效的联动协调机制

（二）制定切实可行的产业促进政策

（三）加快集聚区功能提升

二、完善投融资服务体系

三、推动产业融合发展

四、加强人才队伍建设

五、加强知识产权保护

六、提升区域文化品牌

七、规划实施

第七章　规划评估

一、监督考评

二、规划调整

十五、城市住房发展规划

（一）内涵解读

住房发展规划是完善房地产市场调控长效机制。我国建立了国家、省区、城市 3 个层次的住房发展规划体系。

城市住房发展规划的编制规范包括：

1.规划定位。城市住房发展规划是国民经济和社会发展规划的专项规划。在编制过程中，依据全国和省级住房发展规划、国民经济与社会发展规划、土地利用总体规划和城市总体规划，和本地的城市近期规划等相衔接。

2．规划原则。立足住房的消费品属性，体现政府住房保障职责；注重住房发展与城市发展相适应；坚持各种规划衔接；坚持政府引导、专家参与、部门与公众参与。

3．规划期限与范围。一般规划期 5 年，与五年规划衔接，规划范围与城市近期空间建设规划范围一致。

4．规划内容。一是现状评估，二是规划目标、分项目标和发展目标，三是主要任务和重点工程，包括：住房供应体系、供应结构、住房保障、房地产市场、住房建设和消费模式、空间布局、社区环境与住宅质量改善等，四是空间布局与用地规划，五是开发时序安排，重点建设项目库，六是资源配置、资金筹措，七是规划保障。

5．规划成果要求。规划成果应包括规划文本、图纸和附件，其中附件应包括规划说明书、专题研究报告与基础资料汇编，基础资料汇编可单独编制，也可纳入说明书各章节的现状条件分析中。规划成果包括文本、图纸和附件。

（二）案例研究：北京市“十二五”时期保障性住房发展规划

1．发展目标

“十二五”规划时期，北京市将加大保障性安居工程建设力度，“十二五”时期建设、收购各类保障性住房 100 万套，其中公开配租配售 50 万套，首都功能核心区人口疏解、棚户区改造等定向安置住房 50 万套。发放租金补贴家庭 10 万户。竣工各类保障性住房 70 万套。对符合保障条件的申请家庭努力做到“应保尽保”。

发展公共租赁住房，“十二五”时期供应数量占到公开配租配售保障性住房的 60% 以上。建设多元化的住房租赁体系，优化住房供应结构，合理引导住房消费，引导市民通过租赁方式解决住房问题。

稳步推进首都功能核心区人口疏解和房屋保护性修缮工程，完成城市和国有工矿棚户区改造任务，加大农村抗震节能房屋改造建设力度，多措并举改善群众住房条件。

进一步健全保障性住房建设、审核、分配和后期管理机制，全面实施保障性住房“阳光工程”，全程引入廉政风险防范和效能监察机制，充分保障人民群众知情权、参与权和监督权，确保住房保障工作公开、公平、公正。

2．主要任务

落实各项支持政策和保障措施，完成100万套建设收购任务；创新建设管理模式，大力发展公共租赁住房；完善保障性住房准入、审核和分配制度，科学有效配给住房保障资源；加强保障性住房后期管理，促进持续健康发展；加快推进棚户区改造等保障性安居工程建设，多渠道解决群众住房困难。

3．保障措施

一是积极推进住房保障立法工作，二是做好年度实施计划的制定和落实，三是加快完善住房保障信息管理平台，四是完善监督考核和问责机制，五是加强住房保障政策和实施成果的宣传。

十六、农村垃圾处理规划

（一）内涵解读

县市区农村垃圾处理规划主要指针对农村垃圾处理问题而组织编制的关于如何研究和确定特定地区农村垃圾规划编制依据、规划适用范围、垃圾处理现状、编制背景、工作目标、重点任务、主要项目、规划保障机制等内容的一种专项规划。

（二）案例研究：县（市、区）农村垃圾处理规划编制规范

我国县市区农村垃圾处理规划编制的实施规范，一般如下：

1．规划编制的目标与依据，包括：规划依据的上一层次规划，规划的法律依据、需要实现的效果等。

2．规划的适用范围，包括：规划的执行对象与地点、概念等。

3．规划编制原则，包括但不限于：遵循减量化、资源化、无害化原则，因地制宜，分类指导，防止污染，保护耕地和改善生态人文环境，促进乡村可持续发展，引导农村环境卫生设施有序建设。

4．规划实施规范：规划经费来源和审核程序。

5．规划编制，包括：规划委托、规划调研、规划评审、规划执行等。

6．规划编制要点，包括：规划期限、现状、目标、项目和工程、重点任务、处理方式、步骤与计划、措施建议等。

7．规划提交成果，包括：报告、图纸和附件等。

8．规划效力、资质和生效期限等。

十七、土地利用总体规划

（一）内涵解读

土地利用总体规划是在一定区域内，根据国家社会经济可持续发展的要求和当地自然、经济、社会条件，对土地的开发、利用、治理、保护在空间上、时间上所作的总体安排和布局，是国家实行土地用途管制的基础。土地利用总体规划是指在各级行政区域内，根据土地资源特点和社会经济发展要求，对今后一段时期内（通常为 15 年）土地利用的总安排。

土地利用总体规划的成果包括规划文件、规划图件及相应的附件。土地利用总体规划实行分级审批制度。

（二）案例研究：土地利用总体规划基本规定

土地利用结构优化是为了达到一定的经济、社会和生态最优目标，依据土地资源的自身特性和适宜性评价，对区域内各种土地利用类型进行更加合理的数量安排和空间布局，从而提高土地利用效率和效益，维持土地生态系统的相对平衡，实现土地资源的可持续利用。

土地利用结构调整，包括：

数理分析预测模型。数理分析就是利用数理推理框架实现预测，常用的有回归分析预测模型、灰色预测模型、Markov 预测模型、神经网络预测模型等。这些模型主要是对历史数据进行训练，通过校正模型参数实现规律顺推，是分析土地利用结构的简单有效的方法。

数量优化模型就是利用解析数学对优化方程进行精确求解，一般有线性规划和多目标规划模型等。优化模型要考虑调控目标如传统上有社会、经济、生态三大效益目标等。基于生物智能的优化模型用不完全近似搜索策略，接近调控目标。

空间因果关系模型。土地利用在空间上的布局可以解释为一系列空间因素共同作用的结果，实际是一套因果关系分析系统。目前，典型的应用就是CLUE−S分析系统。土地利用格局的变化是每个微观地块的共同演化体现。利用微观个体间的相互作用，构建“自下而上”的离散动力学模型。

土地利用空间优化分区是在土地利用空间优化配置模型的基础上，根据空间管理的不确定性，再利用一定的地理综合原则构建的用途管制分区。

土地利用结构优化内涵包括数量结构和空间结构，土地利用空间布局是数量结构的空间落实，二者共同反映了区域土地利用结构调控。

我国土地利用总体规划是政府规划的重要构成部分。

规划目录

1．规划目标

一般包括：

1）总目标

区域土地的可持续利用，实现区域可持续发展，三个效益的统一。

2）具体目标

是总体目标下的子目标，是总目标的具体体现。

2．规划内容

一般包括：

1）土地利用现状分析

2）土地供给量预测

3）土地需求量预测

4）确定规划目标和任务

5）土地利用结构与布局调整

6）土地利用分区

7）确定实施规划的措施。

3．规划的主要任务（略）

十八、历史文化名（城）村规划

（一）内涵解读

为了加强历史文化名城、名镇、名村的保护与管理，继承中华民族优秀历史文化遗产，2008 年 4 月 2 日国务院第 3 次常务会议通过《历史文化名城名镇名村保护条例》，自 2008 年 7 月 1 日起施行。

国家对历史文化名城、名镇、名村的保护给予必要的资金支持。历史文化名城、名镇、名村所在地的县级以上地方人民政府，根据本地实际情况安排保护资金，列入本级财政预算。

国家鼓励企业、事业单位、社会团体和个人参与历史文化名城、名镇、名村的保护。

具备下列条件的城市、镇、村庄，可以申报历史文化名城、名镇、名村：

1. 保存文物特别丰富；

2. 历史建筑集中成片；

3. 保留着传统格局和历史风貌；

4. 历史上曾经作为政治、经济、文化、交通中心或者军事要地，或者发生过重要历史事件，或者其传统产业、历史上建设的重大工程对本地区的发展产生过重要影响，或者能够集中反映本地区建筑的文化特色、民族特色。

申报历史文化名城的，在所申报的历史文化名城保护范围内还应当有 2 个以上的历史文化街区。

2013 年，住房和城乡建设部颁布《(历史文化名城名镇名村保护规划编制要求)试行》涵盖历史文化名城、名镇、名村保护规划编制要求等内容。

（二）案例研究：江苏省历史文化名村(保护)规划编制导则

《江苏省历史文化名村(保护)规划编制导则》大纲包括：

总则、村庄保护与发展目标、历史文化保护、村庄建设发展、保护机制与实施策略。规划图纸包括：历史文化遗存分布图、现状图、建筑分析图、保护规划区划图、空间格局保护规划图、建筑物保护与整治规划图、用地规划图（道路交通规划图)、基础设施规划图、规划总平面图、重要节点规划图。

规划任务：调查研究村庄的发展演变和历史文化遗存，总结历史文化价值及特色，确定各类保护对象，提出保护和利用措施，同时对村庄的发展建设做出规划安排。

历史研究：对村庄的历史沿革，包括村庄的起源、变迁、建制变化及主要发展阶段进行研究，关注村庄的社会结构，包括宗族世系、农村基层组织及其相关的生产关系、村庄经济等的发展变化、建筑分类和评价：对规划范围内的现状建筑入户调查，按年代、层数、风貌、质量、功能等分类和评价。

确定保护对象：根据历史研究和现状调查评估的结论，确定需要保护的各类物质文化遗存和各类非物质文化遗产的名录。

划定保护范围：将文物保护单位和历史建筑相对集中，历史格局和风貌保存较为完好的区域，划定为历史文化名村的核心保护范围。

明确保护要求：提出文物保护单位、历史建筑等的保护、修缮、修复和展示利用的要求和措施；提出村庄历史空间格局和风貌的保护控制要求；提出历史环境要素的保护措施，以及与功能、景观相结合的展示利用方法；提出村庄自然景观环境保护要求，明确景观和生态修复与整治措施；提出承载非物质文化遗产的建筑和空间的展示利用方法。

明确建筑整治模式：各级文物保护单位、历史建筑应当按照相关法律法规进行修缮、修复；其余建筑，应综合风貌和质量，逐栋明确整治模式。

历史文化名村保护、村庄保护与建设评估：通过访谈、问卷等形式对村民进行调查。内容包括：村民对历史文化名村历史文化价值的认知和保护方式的建议，对住宅建设、村庄环境及设施配套的意愿，对村庄发展建设的诉求和建议等。

鼓励公众参与：历史文化名村（保护）规划的编制与实施充分尊重村民意愿，按规定进行公示，广泛征求公众意见，调动社会各界参与历史文化名村保护的积极性。村集体将历史文化名村保护要求纳入村规民约，加强宣传教育，发动村民主动参与和监督保护工作。

十九、矿产资源规划

（一）内涵解读

矿产资源规划指根据矿产资源禀赋条件、勘查开发利用现状和一定时期内国民经济和社会发展对矿产资源的需求，对地质勘查、矿产资源开发利用和保护等作出的总量、结构、布局和时序安排。

（二）案例研究：矿产资源规划编制实施办法

矿产资源规划是国家规划体系的重要组成部分，应当符合国民经济和社会发展规划，与国土规划、主体功能区规划相协调，与土地利用总体规划、环境保护规划等相互衔接。

涉及矿产资源开发活动的相关行业规划，应当与矿产资源规划做好衔接。

矿产资源规划包括矿产资源总体规划和矿产资源专项规划。

矿产资源总体规划包括国家级矿产资源总体规划、省级矿产资源总体规划、设区的市级矿产资源总体规划和县级矿产资源总体规划。

国家级矿产资源总体规划应当对全国地质勘查、矿产资源开发利用和保护进行战略性总体布局和统筹安排。省级矿产资源总体规划应当对国家级矿产资源总体规划的目标任务在本行政区域内进行细化和落实。设区的市级、县级矿产资源总体规划应当对依法审批管理和上级国土资源主管部门授权审批管理矿种的勘查、开发利用和保护活动作出具体安排。

下级矿产资源总体规划应当服从上级矿产资源总体规划。

国土资源部应当依据国家级矿产资源总体规划和一定时期国家关于矿产资源勘查开发的重大部署编制矿产资源专项规划。地方各级国土资源主管部门应当依据矿产资源总体规划和本办法的有关规定编制同级矿产资源专项规划。

矿产资源专项规划应当对地质勘查、矿产资源开发利用和保护、矿山地质环境保护与治理恢复、矿区土地复垦等特定领域，或者重要矿种、重点区域的地质勘查、矿产资源开发利用和保护及其相关活动作出具体安排。

国家规划矿区、对国民经济具有重要价值的矿区、大型规模以上矿产地和对国家或者本地区有重要价值的矿种，应当编制矿产资源专项规划。

国土资源部负责全国的矿产资源规划管理和监督工作。

地方各级国土资源主管部门负责本行政区域内的矿产资源规划管理和监督工作。

省级国土资源主管部门应当建立矿产资源规划实施管理的领导责任制，将矿产资源规划实施情况纳入目标管理体系，作为对下级国土资源主管部门负责人业绩考核的重要依据。

各级国土资源主管部门应当在矿产资源规划管理和监督中推广应用空间数据库等现代信息技术和方法。

各级国土资源主管部门应当将矿产资源规划管理和监督的经费纳入年度预算，保障矿产资源规划的编制和实施。

国土资源部负责组织编制国家级矿产资源总体规划和矿产资源专项规划。

省级国土资源主管部门负责组织编制本行政区域的矿产资源总体规划和矿产资源专项规划。

设区的市级、县级国土资源主管部门根据省级人民政府的要求或者本行政区域内矿产资源管理需要，负责组织编制本行政区域的矿产资源总体规划和矿产资源专项规划。编制省级矿产资源专项规划，应当经国土资源部同意。编制设区的市级、县级矿产资源专项规划，应当经省级国土资源主管部门同意。

承担矿产资源规划编制工作的单位，应当符合下列条件：

(1) 具有法人资格；

(2) 具备与编制矿产资源规划相应的工作业绩或者能力；

(3) 具有完善的技术和质量管理制度；

(4) 主要编制人员应当具备中级以上相关专业技术职称，经过矿产资源规划业务培训。

矿产资源规划编制工作方案应当包括下列内容：

(1) 指导思想、基本思路和工作原则；

(2) 主要工作任务和时间安排；

(3) 重大专题设置；

(4) 经费预算；

(5) 组织保障。

矿产资源总体规划的期限为五年至十年。矿产资源专项规划的期限根据需要确定。

矿产资源总体规划应当包括下列内容：

(1) 背景与形势分析，矿产资源供需变化趋势预测；

(2) 地质勘查、矿产资源开发利用和保护的主要目标与指标；

(3) 地质勘查总体安排；

(4) 矿产资源开发利用方向和总量调控；

(5) 矿产资源勘查、开发、保护与储备的规划分区和结构调整；

(6) 矿产资源节约与综合利用的目标、安排和措施；

(7) 矿山地质环境保护与治理恢复、矿区土地复垦的总体安排；

(8) 重大工程；

(9) 政策措施。

二十、文化金融试验区

（一）内涵解读

2014 年 3 月，文化部、中国人民银行、财政部联合发布《关于深入推进文化金融合作的意见》。据报道，2014 年文化部与中国人民银行和专家多次沟通、论证，2015 年将发布具体申报情况。从全国情况看，各地对文化金融实验区的反响热烈，已经有 10 个地区申报，包括深圳、天津、吉林以及北京的西城和东城等地区。

2015 年 5 月份，中国人民银行营业管理部与北京市国有文化资产监督管理办公室联合签署《文化金融战略合作协议》，双方宣布，将共同打造“文化金融合作试验区”，支持首都文化创意产业发展。双方将在文化金融合作试验区制定资金、财税、土地、人才等先行先试政策，推动文化融资担保、文化融资租赁、文化小额贷款、文化投资基金、文化信托、文化保险、文化银行等产业的集聚发展。北京市文资办主任周茂菲表示，试验区将努力搭建金融机构与文化企业的对接平台、文化项目孵化平台、文化企业信用评估平台、文化要素配置平台、文化金融人才聚集平台、文化金融信息传播平台等六大平台，并开展行业信用体系建设试点，探索文化企业信用贷款的融资新模式。在合作协议签订仪式上，中国农业银行、北京银行、招商银行等与部分文创企业签署了合作意向书。

（二）案例研究：争创文化金融合作试验区

潍坊市立足文化与创新性金融的区位特色，研究推动“建设文化金融聚集区，争创国家级文化金融合作试验区行动方案”。在此期间，2014 年 11 月，笔者受到潍坊人民银行和地方政府的邀请，在潍坊开展了“文化金融、科技金融与三农金融产品创新”专题讲座。

本次专题讲座，笔者分析了全球、国内经济金融形势，介绍了当前经济金融现状、存在的问题和产业趋势，以曼哈顿岛销售案例，阐述了金融的奥妙。

在文化金融创新方面，介绍了全国文化金融现状、困难、国家金融政策，实践创新并结合潍坊特点提出了潍坊市打造文化金融试验区的重点工程、空间布局、重要产业链以及实施思路，提出了文化金融创新的具体产品和方向。

在科技金融创新方面，讲解了美国等国际最佳实践、中国政府科技金融政策，对科技金融的特点和融资模式，科技金融创新区建设和产品创新如股权融资，产权交易等提出了改革的思路。

在三农金融创新方面，分析了三农金融创新的机制体系、制度标准等，包括土地与林权抵押、房屋抵押、支农再贷款、发债、财政贴息等融资渠道、创新模式。

讲座系统介绍了国家级文化金融合作实验区的建设模式和申请方案，分析了申请文化金融合作实验区的重点工程和行动计划。地方政府文化金融合作实验区实施方案报告，示例如下：

创建国家级或省级文化金融合作实验区实施方案

参考目录

一、产业政策

二、产业环境

　　（一）全球文化产业现状

　　（二）主要发达国家的文化产业政策

　　（三）主要发达国家文化产业金融支持模式

　　（四）海外国家文化金融的主要借鉴

　　（五）中国文化产业现状

　　（六）中国重点地区文化金融创新与借鉴

三、发展基础

(一) 全球文化金融趋势和基础
(二) 全省文化产业基础
(三) 本市文化产业基础
(四) 本市金融产业基础
(五) 本市文化金融支持
四、愿景与长期目标
(一) 指导思想
(二) 长期目标
(三) 战略布局
1. 主要聚集区
2. 创新平台
3. 重点工程
4. 重点产业链
五、重点产业链
(一) 现有产业基础
(二) 主导产业链构建
1. 出版产业链
2. 文化产业人才服务产业链
3. 创意设计产业链
4. 民间工艺品产业链
5. 文化艺术品交易产业链
6. 文化旅游开发产业链
六、产业聚集
(一) 文化创意聚集区
(二) 文化旅游聚集区
(三) 文化会展聚集区
(四) 文化金融聚集区
七、重点工程及重大项目
(一) 文化金融一条街建设工程

1. 文化金融博物馆开发建设项目

2. 本市重点文化产品品牌整合项目

3. 重点文化产品品牌打造项目

（二）金融服务聚集区打造工程

（三）重点文化旅游区开发工程

1. 本市文化旅游整合项目

2. 重点文化街开发项目

（四）重点产业园深度开发工程

1. 重点产业园重点招商项目

2. 工业设计策划聚集项目

（五）传统文化挖掘提升工程

重大项目：中医药文化开发项目

八、平台建设

（一）文化金融专业服务平台建设

（二）文化金融创新支持平台建设

（三）文化艺术品交易平台建设

（四）重点文化集团运营平台

九、运行机制

（一）完善领导机制

（二）成立研究院

（三）政策激励机制

（四）文化金融创新聚集机制

（五）文化金融多元融资机制

（六）文化金融交易机制

十、行动保障

（一）切实加强建设工作领导

（二）制订完善扶持政策和管理办法

（三）优化管理服务，创新体制机制

二十一、科技金融创新试验区／金融综合改革试验区

（一）内涵解读

科技金融创新试验区是地区性科技与金融紧密结合的试验区。

金融改革综合试验区是国务院推出的地方性金融改革示范区域，主要是探索民间金融、小微金融等一系列改革措施，为全国各地的金融改革实践提供一定的推广经验。

2010 年，结合专家评审意见和国家区域发展战略布局，科技部会同“一行三会”确定中关村国家自主创新示范区、天津市、上海市、江苏省、浙江省“杭温湖甬”地区、安徽省合芜蚌自主创新综合实验区等 16 个地区为首批促进科技和金融结合试点地区。2012 年，国务院批准广东省建设珠江三角洲金融改革创新综合试验区。2012 年 3 月 28 日，国务院常务会议决定设立温州市金融综合改革试验区，批准实施《浙江省温州市金融综合改革试验区总体方案》，引导民间融资规范发展，提升金融服务实体经济能力，为全国金融改革提供经验。2012 年 12 月《福建省泉州市金融服务实体经济综合改革试验区总体方案》获国务院批准通过，泉州成为继温州金融综合改革试验区、珠三角金融改革创新综合试验区之后，第三个国家级金融综合改革试验区。泉州金改方案主要任务包括：建立健全服务实体经济的多元化金融组织体系，加大对小微企业及民生的金融支持力度，提升农村金融服务能力，加强泉台港澳侨金融合作，规范发展民间融资，扩大直接融资规模，提升保险服务水平，完善金融风险防控机制。

经国务院批复同意，中国人民银行等 11 个部委办 2013 年 11 月 21 日联合印发《云南省广西壮族自治区建设沿边金融综合改革试验区总体方案》，为云南沿边开放和金融改革带来新机遇。

2014 年 6 月，广东省出台《关于深化金融改革完善金融市场体系的意见》，提出到 2020 年广东金融业增加值占 GDP 比重要达到 9% 以上，建成珠江三角洲金融改革创新综合试验区，建成粤港澳紧密联系、在亚太地区具有较强集聚辐射能力的国际金融中心区域，建成与广东省经济地位相适应的金融强省。

（二）案例研究：嘉兴创建科技金融改革创新试验区行动计划

经过三年的努力，将嘉兴市建设成为浙江省科技企业创业创新的活跃区、创业投资基金的集聚区、科技金融服务创新的先行区、对接多层次资本市场的示范区、长三角科技金融合作的前沿区。

《计划》提出了发展风险投资、对接多层级资本市场、加大信贷支持、加快科技金融配套服务体系建设等 25 条举措。

在风险投资方面，大力发展种子基金、天使投资，扩大创业投资引导基金规模，建立产业引导基金，并深化南湖区“基金小镇”建设。到 2016 年，全市种子基金总规模将力争达到 5000 万元，市创投达 100 亿元，设立产业引导基金达到 5 只以上，进一步整合资源，建立完善以政府资金为引导、社会资金为主体的创业资本筹集机制和市场化的创业资本运作机制。届时，南湖区“基金小镇”有形平台建设将初显形象。

在对接多层次资本市场方面，启动科技型中小企业培育计划，遴选资质优良、符合高新产业发展导向的种子期、初创期科技型企业，纳入培育计划，大力支持其股改，争取到 2016 年，科技型企业完成股改不少于 100 家。加快推动科技型企业在区域性股权交易市场和“新三板”挂牌，到境内外市场上市，并推广直接债务融资工具，支持科技型企业并购重组，以此来支持科技型企业做强做优。

加强对科技型企业的信贷支持，在农行嘉科支行、嘉兴银行高新支行创新信贷模式的基础上，鼓励商业银行与各县（市、区）加强协作，新设或改组科技专营支行。随着科技保险、科技担保、科技小贷、融资租赁、互联网金融等业态的不断完善，以及金融服务和产品的不断创新，与科技型企业成长周期“无缝”契合的金融供应链逐步形成。

在配套服务方面，加强科技金融中介服务体系建设，逐步建立一个由科技主管部门、科技型企业、高新园区、科技企业孵化器、金融机构、中介机构等共同参与，面向全市的科技金融服务平台。我市将不断加强区域交流合作和人才保障，扩大科技金融改革创新的品牌效应和影响力，加快推动科技成果、人才等要素的区域集聚，把该市建设成创业创新的乐园。

二十二、国家现代农业示范区

（一）内涵解读

国家现代农业示范区是以现代产业发展理念为指导，以新型农民为主体，以现代科学技术和物质装备为支撑，采用现代经营管理方式的可持续发展的现代农业示范区域，具有产业布局合理、组织方式先进、资源利用高效、供给保障安全、综合效益显著的特征。

（二）案例研究：国家现代农业示范区申报

农业部《关于创建国家现代农业示范区的意见》（农计发〔2009〕33号）提出了创建国家现代农业示范区。目前，国家陆续公布了包括北京顺义、山东省枣庄市滕州市、山东省潍坊市寿光市、山东省青岛市平度市、山东省东营市国家现代农业示范区、山东省莱州市国家现代农业示范区、山东省泰安市岱岳区国家现代农业示范区、山东省沂水县国家现代农业示范区等在内的三批国家现代农业示范区名单。

近年来，国家先后两批建设国家级生态农业示范县100余个，带动省级生态农业示范县500多个，建成生态农业示范点2000多处，连续多年实施了10个循环农业示范市建设。

2014年，《农业部关于2014年申报创建国家现代农业示范区的通知》（农计发〔2014〕77号）下达54个创建指标。《农业部关于2014年申报创建国家现代农业示范区的补充通知》追加78个指标，使第三批示范区申报总量达到132个。

创建目标。从2010年开始，用五年的时间，在全国范围内创建一批具有区域特色的国家现代农业示范区，使之成为现代农业生产与新型农业产业培育的样板区、农业科技成果和现代农业装备应用的展示区、农业功能拓展的先行区和农民接受新知识新技术的培训基地，引领区域现代农业发展，加速中国特色农业现代化进程。

拟申请创建的国家现代农业示范区，应符合以下基本条件：

1．规划编制科学。示范区建设规划应符合当地经济社会和农业发展规划的要求，布局开放，形式多样，资源条件和生态环境具有代表性。

2．主导产业清晰。示范区主导产业能够体现当地农产品生产优势与特色，产业化水平高，产业拉动作用明显。

3．建设规模合理。示范区建设规模应与其生产条件、环境承载能力、技术应用和管理水平相匹配，处于本省前列，辐射带动能力强、范围广。

4．基础设施良好。示范区内水、电、路等基础条件配套完善，设施装备达到标准化、规模化、机械化、无害化安全生产条件，管理服务设施齐全。

5．科技水平先进。示范区具有稳定的技术依托单位，具有一定规模的新品种、新技术的展示示范场所，引进示范成效显著，土地产出率、资源利用率和劳动生产率明显高于周边地区，已培育和带动一批科技示范户、种养大户和农机大户。

6．运行机制顺畅。示范区建设主体清晰，管理部门明确，规章制度健全。已建立科学的组织管理机制、高效的经营管理机制和健全的社会化服务机制。当地政府重视，切实加强领导，支持示范区发展，农民群众欢迎，发展环境良好。

设立示范区布局与重点建设任务。依据农业部优势农产品区域布局规划、新一轮“菜篮子”工程规划和特色农产品区域布局规划，重点在优势农产品区域、大中城市郊区和特色农产品区域择优创建国家现代农业示范区。

其中：

优势农产品区域。在水稻、小麦等16个主要农产品生产优势区和复合产业带（区）创建一批国家现代农业示范区，突出粮棉油糖、畜禽和水产品等优势农产品的生产、加工、贮藏示范和技术培训功能。大力发展优质粮食产业，着力提升畜产品标准化规模养殖和水产品标准化健康养殖水平，努力把示范区建设成为高产、优质、高效、生态、安全农产品生产的亮点和样板，为提升优势区域粮食等大宗农产品综合生产能力，促进产业优化升级，发挥辐射带动作用。

大中城市郊区。在直辖市、省会城市、计划单列市和百万人口以上大中城市郊区创建一批国家现代农业示范区，突出蔬菜、水果、食用菌和花卉等高效园艺作物安全生产示范、优质高效畜禽标准化生产示范，积极拓展农业多种功能，努力把示范区建设成为大中城市“菜篮子”产品生产示范基地，辐射带动我国城郊地区园艺产品安全生产、优质畜禽产品安全生产发展。

特色农产品区域。在10大类特色农产品优势区域创建一批国家现代农业示范区，突出具有地方特色的农产品生产示范功能，努力把示范区建设成为优质、高效、生态特色农产品生产经营的核心示范区，为推进我国特色农产品产业持续高效发展，促进欠发达区域农民增收致富发挥示范带动作用。

创建市级示范区须符合以下要求：

1．党委政府重视

市委市政府创建意愿强，推动现代农业发展的措施针对性强、力度大，能有效整合财政、组织资源开展建设。创建区域内有关县（市）积极性高，对整市创建认同度较高，非省直管县。

2．现代化水平高

按照《国家现代农业示范区建设水平监测评价办法（试行）》，创建市2012年农业现代化建设水平综合得分处于全国前列且不低于60分（一般应达到70分以上），区域内各县市发展水平较为均衡。

3．代表性较强

创建市现代农业发展特色鲜明，具备一定规模的耕地面积，在产业类型、资源禀赋等方面具有典型性，引领带动能力强。

对尚无县级国家现代农业示范区的创建市，按照农计发〔2014〕77号文要求的程序申报；对已有县级示范区拟扩大示范范围、创建市级示范区的，按照成熟一个审批一个的原则，由符合条件的市政府申请、经省级政府主要负责同志同意后报我部认定，不计入本次申报分配名额。我部将对市级示范区单独评审，严格标准、严控数量。

二十三、现代农业生态循环示范

（一）内涵解读

2015年1月6日，农业部新闻办公室介绍农业部和浙江省政府签署的关于共建现代生态循环农业试点省合作备忘录的相关情况。农业部科技教育司司长唐珂表示，大力发展现代生态循环农业，推进农业发展方式转变，是保障粮食安全、农产品质量安全和农产品产地环境安全的必然要求，也是推进生态文明建设的具体举措，对于促进农业农村经济持续健康发展具有重要意义。

（二）案例研究：现代农业生态循环

农业部部长韩长赋在全国农业工作会议上提出“一控两减三基本”的目标任务，要求大力发展现代生态循环农业，并将其作为转变农业发展方式、建设农业生态文明的重要举措和有效途径。农业部和浙江省共同推进浙江现代生态循环农业试点省建设，力争在未来3—5年内实现“两减少、三基本”目标。通过试点省建设，要在现代生态循环农业制度设计和长效机制方面创新出一些规律性、系统性的成果。

从浙江省的现代生态农业循环示范建设的实践情况看，该省开展农业水环境治理，依法重新划定畜禽养殖禁限养区，2014年，浙江省政府制定《关于加快发展现代生态循环农业的意见》。生态循环农业发展的法律、政策和规划保障体系基本构建。浙江省提出通过3年（2015—2017）左右时间的努力，全面推进“一控两减三基本”目标实现，即农业用水总量控制，化肥、农药施用总量减少，畜禽养殖粪便与死亡动物、农作物秸秆、农业投入品废弃物基本实现资源化利用或无害化处理，形成现代生态循环农业发展体系和农业可持续发展长效机制。

浙江省嘉兴县2014年《关于加快推进现代生态循环农业发展的实施意见》提出：坚持政府引导、市场主体、依法管理、示范带动，以“减量化、再利用、再循环”为原则，以资源高效利用和循环利用为核心，以农作模式集成创新为载体，以先进技术和设施装备为手段，以环境影响评价为标准，以统筹农业发展规划、优化农业产业结构、培育循环农业产业为着力点，推进生产技术、装备技术、环境技术等现代生态循环农业发展技术体系、管理体系、保障体系建设。通过3年左右时间的努力，基本构成产业布局生态优化、资源利用循环高效、生产清洁产品优质，环境质量持续改善的现代生态循环农业体系。

二十四、规划环境评价报告

（一）内涵解读

环评报告书，全称环境影响评估报告书。是由环境保护部门对某些重大建设项目一旦实施后对该区域周边环境可能产生的影响的预见性评定。

环评报告，即环境影响评价报告，是新建、扩建、改建项目对环境造成的影响的预见性评定。根据对项目所在地的地下水、土壤的监测，对项目所用原材料、可能产生的废弃物、项目的环保设施的设计的评价，从而评估项目建成对环境的影响。

（二）案例研究：规划环境影响评价条例

为了做好规划环评，国家出台《环境影响评价法》，对环境影响评估进行了规范。2009 年 10 月 1 日国家出台《规划环境影响评价条例》，要求对各级政府或部门编制的土地利用的有关规划和区域、流域、海域的建设、开发利用规划（即综合性规划），以及工业、农业、畜牧业、林业、能源、水利、交通、城市建设、旅游、自然资源开发的有关专项规划，进行环境影响评价。

区域性规划环评指评估各类区域规划是否符合资源禀赋，与其环境容量和生态承载力是否相适应，人口和产业的密集程度能否承载规划项目建成后的环境影响。区域性规划环评包括各级行政区域，特定自然区域，特定的自然资源开发区、生态系统保护区等。

区域性规划环评的研究要点：区域的自然结构（包括自然地理区位和经济地理区位）和承载力，经济发展方向、规模、总投资等基本评价和阐述，各种不同部门和行业的工业基地，主要产品规模，外部运入的配套原材料、化工原料污染特性，未来可能消耗的能源、资源等，工业基地的产品方向，区域内的经济和人口集聚态势和区域间的关系，规划区域是否处在流域的上游，下游人口和经济密集情况等。

各类发展规划要根据资源优势和环境承载能力，确定规划目标和行业定位，保障规划区域的生态与环境安全。

区域性规划环评需要评估区域规划的产业结构和方向，重大项目环境保护等。通过区域性规划环评，排除可能带来环境安全问题的行业、企业或产品，控制某些产业、工业区、开发区、矿区等，使区域性经济和社会发展规划，与环境承载力和环境规划等协调。

企业（项目）环评主要是对具体企业的主要产品生产及其排放的废弃物是否符合环境保护要求，如何进行厂区布局、污水处理、环境安全的风险管理等环境评估。

规划环评报告的研究要点，如下所示：

规划环评报告的研究要点

1. 规划依据与产业环境研究。研究和重点分析规划与相关法律、法规、政策及上位规划的符合性、适应性，本规划和同位有关规划的协调与衔接性。

2. 规划之间衔接研究。规划与生态环境功能区规划、环境保护规划、环境功能区划、城市（城镇）总体规划、土地利用规划、能源利用的协调性等。

区域性规划环评是针对区域性中长期规划的环评，有宏观和前瞻性的特点，也称为“战略环评”。在时间尺度上与项目（企业）环评不同。通过区域性规划环评，排除规划中那些可能给本区域或给相邻区域带来严重的环境安全问题的行业、企业或产品生产，控制某些产业、某些城镇、工业区（开发区等）、资源开发的矿区等规模，使区域性经济和社会发展规划与环境承载力和环境规划等协调。

区域性环评指标包括：区域的自然结构和承载力；区域规划中经济发展方向、规模、总投资等的基本评价和阐述；不同部门和行业的工业基地，主要产品的生产规模，需要从外部运入的配套原材料、化工原料的规模（数量）及其污染特性；工业基地的产品方向；区域内的经济和人口集聚态势和区域之间的关系。

各项评价指标的确定应该符合国家和地方有关政策与要求，构建不同规划期的环境目标和评价指标体系。

资源承载力指某区域一定时期内在确保资源合理开发利用的条件下，资源能够承载的人口数量及相应的经济社会活动总量的能力。资源包括土地资源、能源、水资源等。

环境承载力指在一定时期内，在维持相对稳定的前提下，环境资源所能容纳的人口规模和经济规模的大小。环境承载力分析通过调研区域环境质量现状，分析规划的环境影响，明确评价环境质量达标、生态影响及扰动情况，测算环境容量，或纳污能力，明确规划开发的污染物排放总量符合性等。

3. 规划环评目标分析。规划的环境目标和评价指标体系主要为资源与能源评价指标、环境质量与污染控制指标以及经济发展指标等方面。

4. 规划存在的冲突与问题。重点研究规划之间的相符性和协调性等，分析明确环评报告与相关规划之间的主要矛盾。

5. 提出措施建议。主要是给出结论，提出优化调整的建议等。

二十五、循环经济示范城市实施方案

（一）内涵解读

循环经济是落实党的十八大推进生态文明建设战略部署的重大举措，是加快转变经济发展方式，建设资源节约型、环境友好型社会，实现可持续发展的必然选择。

循环经济是对生产、流通和消费等过程中开展的减量化、再利用、资源化活动的总称，是最大限度地节约资源和保护环境的经济发展模式，是国家和地方政府实施可持续发展战略的重要内容。地方政府贯彻循环经济有关部署，争创国家级循环经济示范城市，适应经济新常态，发挥区位优势和资源禀赋，优化调整产业结构和经济、生活方式，推动自身经济社会可持续、循环化发展，这是战略性、全局性的前瞻谋划与具体的制度、行动安排。

（二）案例研究：潍坊市国家级循环经济示范城市申请方案

为了推动潍坊市的循环、绿色、低碳、转型发展，全面做好国家循环经济示范城市创建工作，打造潍坊发展的升级版，特制定《潍坊市循环经济示范城市创建实施方案》（以下简称《方案》）。《方案》的实施范围为潍坊市全域，基准年为2012年，期限为2013—2016年。

方案提出潍坊市发展循环经济的指导思想和基本原则，设置了社会经济发展水平、资源产出水平、减量化、再利用和资源化、污染减量及效果、基础设施与生态环境、绿色消费、循环文化、保障条件、特色指标共10大类、

74 项循环经济指标。《方案》从构建循环型产业体系、循环型流通体系、循环型社会体系等 3 个方面设置了示范城市创建的主要任务，突出以石化盐化、机械装备为主导的特色循环经济工业体系及“种—养—加—贸—游” 特色循环型农业体系，并结合指标体系对主要任务的贡献度进行了深入分析，明确了创建目标的可达性。《方案》优选出 57 个重点支撑项目，作为具体落实的主要任务；规划了管理保障措施，提出了潍坊市示范城市创建后的提升措施。

以电子信息产业循环经济产业体系构建为例。潍坊市在推动电子信息产业循环化方面，积极推进电子信息产品从中间产品向终端产品转变，推动电子信息企业从简单加工向掌握核心技术转变。以大项目建设带动产业大发展的思路，壮大半导体照明、光电子、电声器件、软件与信息服务等优势产业，重点突破集成电路、新一代显示技术、传感器与无线射频识别软件等关键技术，提升产业核心竞争力。重点建设光电产业、太阳能光伏、电子元器件、信息服务业基地、潍坊软件园、地理信息产业园 6 个信息产业园区（基地），提升园区的孵化能力和特色服务功能，创造良好的产业聚集环境，促进产业集群化发展，力争将潍坊建成国家级电子信息产业基地。

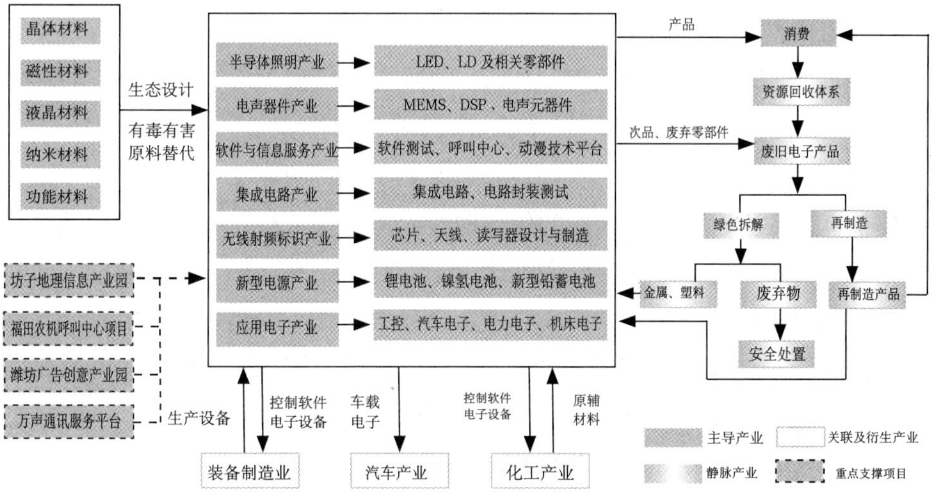

潍坊电子信息产业循环经济产业链体系构建

二十六、城市治理规划

（一）内涵解读

城市已经成为人类社会政治、经济和文化中心，成为政府管理和人民生活的主要聚集地和载体。城市管理以城市市政、市容提升等为工作目标，通过目标设定、行为规范、法制约束和日常监督等，体现城市管理者的意志和导向。

从城市管理的趋势看，1976 年联合国召开了首届“人类住区大会”，提出用可持续发展的观点来建设和保护人类居民点环境，1989 年，联合国成立“联合国人居环境奖”，引导和鼓励各国建立宜居环境优美的城市。1996 年，联合国召开第二届人类环境大会，提出了城市应当适宜居住的人类社区概念，明确指出了城市的宜居性概念，是指空间、社会、环境的特点与质量，宜居城市观念得到了国际共识。

2001 年巴黎提出将城市生活质量作为巴黎规划和建设的重要内容，确保城市功能的多样性和居民的社会融合，在发展经济的同时，保护社会文化和环境。2003 年《大温哥华地区长期规划》要求城市规划能满足所有居民的生理、社会和心理方面的需求，有利于居民自身发展。2004 年《伦敦规划》将“宜人城市”作为核心内容，即宜人、繁荣、公平、可达、绿色，宜居城市已成为世界范围内城市管理者竞相追逐的目标。

由联合国环境规划署认可、国际公园协会主办的“国际宜居城市与社区”评比，提出了“世界宜居城市”评选的 11 条基本准则：

①必须拥有设计良好、有国际长程航班的国际机场；②低犯罪率；③国家提供优质的教育；④高素质的保健医疗服务；⑤气候宜人；⑥通信系统良好；⑦社会容忍度高，能容忍同性恋、不同种族，并让妇女平等就业；⑧凌晨 1 时仍能买到酒；⑨公共交通收费合理且服务佳；⑩当地媒体及国际报刊杂志的有无、多寡及其素质；⑪城市规划可让市民接触到大自然，并尽量避免污染和生态破坏。2008 年全球国际花园城市总决赛共评出 15 个国家的 27 个城市，代表了世界城市建设的最高水平。

我国对宜居城市的研究是从 2004 年开始，随后呈现直线上升的趋势，越来越多的学者和政府开始关注宜居城市建设。自 2004 年北京市总体规划出现“宜居城市”概念以来，我国在内涵、标准和建设措施方面进行了大量的探索，取得了较多的成果。

有研究认为，宜居城市需要具备两个条件：一是自然条件，要有新鲜的空气、洁净的水、安全的步行空间、人们生活所需的充足的设施；二是人文条件，即人性化的城市、平民化的城市、充满人情味、有文化底蕴的城市，居民有归属感的城市。

从全球城市管理，包括市政市容管理来看，正在向人文管理、科技管理、民主法制管理等方向演变。研究我国经济社会发展对城市管理的基本需求，初步判断，我国市政市容管理将逐步由粗放、零散、割裂的管制与罚款，向精细、综合、多方参与的城市治理转变，进而向系统、智慧、协同、动态、更高层次的城市管理的方向转变。

习近平总书记强调，治理和管理一字之差，体现的是系统治理、依法治理、源头治理、综合施策。社会治理是一门科学，要着力提高干部素质，把培养一批专家型的城市管理干部作为重要任务，用科学态度、先进理念、专业知识去建设和管理城市。

2014 年 2 月 25 日，中共中央总书记、国家主席、中央军委主席习近平在北京市考察，对破解特大城市发展难题提出了具体的要求。主要有六点：

一是城市规划：城市规划在城市发展中起着重要引领作用，考察一个城市首先看城市规划，规划科学是最大的效益，规划失误是最大的浪费，规划折腾是最大的忌讳。

二是基础设施建设：要提升城市建设特别是基础设施建设质量，形成适度超前、相互衔接、满足未来需求的功能体系，遏制城市“摊大饼”式发展，以创造历史、追求艺术的高度负责精神。要把解决交通拥堵问题放在城市发展的重要位置，加快形成安全、便捷、高效、绿色、经济的综合交通体系。

三是环境治理：环境治理是系统工程，必须作为重大民生实事紧紧抓在手上。加大大气污染治理力度，要聚焦重点领域，严格指标考核，加强环境执法监管，认真进行责任追究。

四是城市管理：健全城市管理体制，提高城市管理水平，尤其要加强市政设施运行管理、交通管理、环境管理、应急管理，推进城市管理目标、方法、模式现代化。

五是历史文化保护和发展：历史文化是城市的灵魂，要像爱惜自己的生命一样保护好城市历史文化遗产。搞历史博物展览，为的是见证历史、以史鉴今、启迪后人。要在展览的同时高度重视修史修志，让文物说话、把历史智慧告诉人们，激发民族自豪感和自信心，坚定全体人民振兴中华、实现中国梦的信心和决心。

六是老城区改造：老城区改造要回应不同愿望和要求，工作量很大，有关部门要把工作做深做细，大家要多理解多支持，共同帮助政府把为群众办的实事办好。

2015 年 11 月 10 日，习近平主持召开中央财经领导小组第十一次会议，习近平总书记指出，做好城市工作，首先要认识、尊重、顺应城市发展规律，端正城市发展指导思想。要推进农民工市民化，加快提高户籍人口城镇化率。要增强城市宜居性，引导调控城市规模，优化城市空间布局，加强市政基础设施建设，保护历史文化遗产。要改革完善城市规划，改革规划管理体制。要改革城市管理体制，理顺各部门职责分工，提高城市管理水平，落实责任主体。要加强城市安全监管，建立专业化、职业化的救灾救援队伍。

从国内外城市治理趋势、国际城市案例，以及总书记有关城市治理重要思想来看，我国的城市治理，不仅是“管控”与“处罚”，更应该是基于“现代”理念的“发展”与“融合”，包括：规划、运营、管理、服务、融合等基本要素与核心功能。

总体来说，现代城市治理规划，应该体现“城市”、“管理”、“发展”、“融合”等基因和运作机制，推动城市管理的实质性改革与实践创新。

（二）案例研究：城市治理规划

研究新加坡城市管理案例，主要有五个特征：

1．规划、建设与管理分离：各部门分别承担相应职责；

2．城市管理法制化：严格执法、监控网络；

3．重视宣传教育：加大宣传；

4．城市管理单位与居民有效沟通；

5．官员以身作则：城市重建局、建屋发展局、公园及康乐局、市镇理事会的工作人员每天巡视公园、绿地、街道等，政治违规行为，新加坡总理经常亲自上街巡视，亲自检查。

新加坡城市实践对于中国城市改革的经验借鉴，如下：

1．管理理念先进：以人为本，服务优先，法制保障。

2．城市管理体系科学。职责明确，职责通过法律固定，授权设立；成立花园城市行动委员会，拟定政策、综合协调。考评制度严格，考评项目体系化，指标评分标准具体。自治程度高，公众监督，将城市化为5个社区，设立社区理事会。

3．法制环境健全。制定了操作性强，执行标准明确，立法严密，执法严正。

习近平总书记在2015年12月份召开的城市工作会议上提出： 坚持集约发展，框定总量、限定容量、盘活存量、做优增量、提高质量，立足国情，尊重自然、顺应自然、保护自然，改善城市生态环境，在统筹上下功夫，在重点上求突破，着力提高城市发展持续性、宜居性。同时提出了“尊重城市发展规律；统筹空间、规模、产业三大结构，提高城市工作全局性；统筹规划、建设、管理三大环节，提高城市工作的系统性；统筹改革、科技、文化三大动力，提高城市发展持续性；统筹生产、生活、生态三大布局，提高城市发展的宜居性；统筹政府、社会、市民三大主体，提高各方推动城市发展的积极性”等工作思路，这为我国今后城市治理工作奠定了决策基础。

基于以上研究，笔者认为，我国城市治理规划报告的一般目录，如下：

城市治理规划的报告目录

一、编制依据

二、“十二五”规划回顾

三、政策经济社会环境

四、上级规划和部署

五、城市治理的经验、缺陷

六、城市治理总体战略

1．指导思想

2．规划原则

3．规划思路

4．规划目标

5．空间布局

七、城市治理创新改革

1. 构建城市管理新格局
2. 推动城市管理机构改革
3. 创新城市治理机制体制
4. 培养城市治理干部队伍
5. 完善城市治理决策流程
6. 明确城市治理关键路径
7. 确立城市治理评估机制

八、城市治理重点内容

1. 城市环境
2. 城市热电等
3. 城市交通
4. 城市物流
5. 城市景观
6. 污水垃圾
7. 城市管网
8. 公共安全
9. 生态保护
10. 主导产业……

九、城市治理重大工程

十、城市治理行动计划

十一、城市治理深层改革

十二、城市治理保障体系

二十七、创建国家级社会信用示范城市

（一）内涵解读

社会信用体系也称国家信用管理体系或国家信用体系，它是一种社会机制，旨在建立一个适合信用交易发展的市场环境，保证国家的市场经济向信

用经济方向转变，即从以原始支付手段为主流的市场交易方式向以信用交易为主流的市场交易方式的健康转变。

有关文件：《社会信用体系建设规划纲要（2014—2020 年）》、《社会信用体系建设规划纲要（2014—2020 年）任务分工》和《社会信用体系建设三年重点工作任务（2014—2016）》。

（二）案例研究：国家级社会信用示范城市申请方案

创建国家级社会信用示范城市，是地方政府或城市完善社会信用体系，提高自身知名度，改善信用环境，更好地发展经济的重要机遇。编写国家级或省级社会信用示范城市申请方案，应遵循国家发改委和人民银行总行等联合下达的文件要求，创建国家级社会信用示范城市，并编制申请方案，要体现如下的操作要点：

1. 申请国家级社会信用示范城市，需要由申请单位提交省人行、省发改委（经信委）自己的创建方案，然后，联合提交国家发改委、人民银行总行审批。

2. 申请材料：《关于上报 ** 市创建社会信用体系建设示范城市工作方案的请示》。创建工作方案为附件。

3. 创建要点：阐述总体要求和重点工作，主要包括如下：

⑴ 规定动作。贯彻“十三五”《规划纲要》；新建立信用记录、网站、平台互通、数据库等；网上公开等；统一社会信用代码制度；建立工作体系和运行机制，落实人员和经费；使用信用产品和记录；建立惩戒机制；开展教育和创建活动。

⑵ 自选动作。本地特色；主要经验；工作任务；创建措施；时间进度；其他等。笔者研究制定的地方城市创建社会信用示范城市申请方案的参考目录，如下：

案例：创建国家级社会信用示范城市申请方案报告目录

一、创建背景及依据

（一）创建背景

（二）基本依据

二、社会信用体系建设现状
(一) 当前社会信用建设的成效
(二) 问题和挑战
(三) 典型案例和标杆分析
三、指导思想和规划目标
(一) 指导思想
(二) 基本原则
(三) 规划目标
(四) 社会信用诚信框架体系 5
(五) 社会信用建设实施步骤
(六) 社会信用建设空间布局
四、做好重点领域诚信建设
(一) 建设政务诚信
(二) 建设商务诚信
五、建设社会诚信
六、建立司法公共诚信
七、加强诚信体系和诚信文化建设
八、加强信用系统建设
(一) 建设行业信用
(二) 建设地方信用
(三) 完善信用系统
(四) 建立金融业统一征信平台
(五) 建立信用信息交换和共享体系
九、建立信用运行机制
(一) 建立信用奖罚机制
(二) 建立信用制度和标准体系
1. 建立信用制度体系
2. 建立信用标准体系
(三) 培育信用服务市场

（四）保护信用信息主体权益

（五）保护信息主体安全

十、主要任务和重点工程

（一）主要任务

（二）重点工程

（三）建设制度体系

（四）落实行动计划及责任分工

十一、建立社会信用支撑体系

（一）完善组织领导

（二）强化责任分工

（三）出台优惠政策

（四）推动创新示范

（五）创新融资机制

二十八、自贸区（新区）或经贸合作区

（一）内涵解读

自由贸易区（Free Trade Zone）指在贸易和投资等方面比世贸组织有关规定更加优惠的贸易安排；在主权国家或地区的关境以外，划出特定的区域，准许外国商品豁免关税自由进出。实质上是采取自由港政策的关税隔离区。狭义仅指提供区内加工出口所需原料等货物的进口豁免关税的地区，类似出口加工区。广义还包括自由港和转口贸易区。1973 年国际海关理事会签订的《京都公约》，将自由贸易区定义为："指一国的部分领土，在这部分领土内运入的任何货物就进口关税及其他各税而言，被认为在关境以外，并免于实施惯常的海关监管制度。"

国家级新区：由国务院批准设立，承担国家重大发展和改革开放战略任务的综合功能区。新区的成立乃至于开发建设上升为国家战略，总体发展目标、发展定位等由国务院统一进行规划和审批，相关特殊优惠政策和权限由

国务院直接批复，在辖区内实行更加开放和优惠的特殊政策，鼓励新区进行各项制度改革与创新的探索工作。国家级新区是我国90年代初设立的一种新开发开放与改革的大城市区，1992年10月上海浦东新区成立，2005年10月天津滨海新区成立，2010年6月重庆两江新区成立，2011年6月浙江舟山群岛新区成立，2012年8月兰州新区成立，2012年9月广州南沙新区成立，2014年1月陕西西咸新区成立、贵州贵安新区成立，2014年6月青岛西海岸新区成立、大连金普新区成立，2014年10月四川天府新区成立，2015年4月湖南湘江新区成立，2015年6月南京江北新区成立，2015年9月福州新区成立、云南滇中新区获批成立，中国国家级新区总数达到15个。

境外经贸合作区：由商务部牵头，与相关国家作政府部门达成协议，由我国企业为主设立，在境外国家建设工业园区，从事经济贸易合作等业务。截至2015年9月，中国企业在建设的具境外经贸合作区性质项目共69个，分布在33个国家。69个合作区建区企业累计完成投资67.6亿美元，其中基础设施投资34.2亿美元；入区企业1088家，累计实际投资99.2亿美元；合作区累计总产值402.1亿美元，缴纳东道国税费12.9亿美元；解决当地就业14.9万。其中：分布在“一带一路”沿线国家的合作区48个，主要在18个国家，其中10个合作区通过国家商务部、财政部的确认考核。截至2015年9月，48个合作区建区企业累计完成投资51亿美元，实际平整土地128平方公里；入区企业805家，其中中资控股企业458家，累计实际投资74.2亿美元；合作区累计总产值279.3亿美元，缴纳东道国税费7.7亿美元；解决当地就业12.8万人。

（二）案例研究：中韩自贸区和大连金普新区规划

1．中韩自贸区方案

中韩自贸区谈判2012年5月启动，目的是为两国货物贸易提供制度保障，拓展电子商务、节能环保、金融服务等新兴战略服务领域的合作，共同构建一个规范稳定可预期的框架。建立中韩自贸区能够促进亚太区域一体化。2015年2月25日，中韩双方完成中韩自贸协定全部文本的草签，对协定内容进行了确认。至此，中韩自贸区谈判全部完成。

2015年6月1日，中韩自贸协定签署，标志着中韩自贸区建设正式完成制度设计，即将进入实施阶段。中韩自贸协定创新性引入地方经济合作条款，明确将中国威海市和韩国仁川自由经济区作为地方经济合作示范区，发挥示范和引导作用（具体文本方案略）。

2．大连金普新区规划

大连金普新区位于辽宁省大连市中南部，范围包括大连市金州区全部行政区域和普兰店市部分地区，总面积约2299平方公里。大连金普新区是中国第10个国家级新区，也是东北三省地区唯一一个国家级新区。大连金普新区由金州新区（市辖区）、保税区（功能区）、普湾新区（功能区）三区组成，合计2299.8平方公里。

2014年6月23日，《国务院关于同意设立大连金普新区的批复》（国函〔2014〕76号）决定，同意设立大连金普新区。大连金普新区位于辽宁省大连市中南部，范围包括大连市金州区全部行政区域和普兰店市部分地区，总面积约2299平方公里。

2014年，笔者参与大连金普新区发展规划与行动方案的调研和方案编写，现场调研与分析大连金普新区产业定位与发展路径。

笔者参与完成的大连金普新区发展规划报告初稿目录，如下：

大连金普新区发展规划报告（修订稿）目录

一、发展条件和战略意义

（一）发展基础

（二）发展环境

（三）战略意义

二、总体要求和发展目标

（一）指导思想

（二）基本原则

（三）战略定位

（四）发展目标

三、优化空间布局

（一）强化陆域空间管制

(二) 打造“双城、四区、四组团”的空间发展格局
(三) 促进海陆空间统筹开发
四、构建对外开放新格局
(一) 拓展对外开放领域
(二) 提高对外开放层次
(三) 搭建对外开放新平台
(四) 优化对外开放环境
五、着力建设自主创新示范区
(一) 增强自主创新能力
(二) 培育壮大自主创新主体
(三) 构筑科技创新平台
(四) 促进科技与金融深度融合
六、构建具有国际竞争力的现代产业体系
(一) 优先发展战略性新兴产业
(二) 提升改造传统优势制造业
(三) 加快发展现代服务业
(四) 积极发展现代都市农业
七、着力推进新型城镇化和城乡发展一体化
(一) 适度放开新区落户限制
(二) 推进农业转移人口享有城镇基本公共服务
(三) 优化提升城市功能
(四) 加快城乡发展一体化
八、加强社会发展和创新社会治理
(一) 大力发展社会事业
(二) 创新社会治理
(三) 建设“平安金普”
九、加强生态文明建设
(一) 统筹陆海资源节约集约利用
(二) 构筑陆海生态安全防护体系

(三) 实施陆海一体化环境保护与治理
(四) 全面建设循环经济体系
(五) 打造绿色低碳新区
十、提高对东北地区服务支撑能力
(一) 加强航运与客运枢纽建设
(二) 完善辐射东北地区的集疏运体系
(三) 提升水资源与能源保障能力
(四) 增强信息服务功能
十一、全面推进体制改革创新
(一) 构建新型管理体制和运行机制
(二) 健全高效行政运行机制
(三) 营造全面激发新区发展活力的体制机制
(四) 加快金融和投融资体制创新
(五) 深化涉外经济管理体制改革
(六) 统筹推进生态文明制度建设
十二、保障措施
(一) 加强组织领导和统筹协调
(二) 加大重点领域政策支持力度
(三) 强化规划实施与监督

二十九、国务院和省市国资委关于国有企业总体规划

（一）内涵解读

国务院国资委和各省（市）国资委都直接管理或委托管理数量不等的国有企业，这些企业是中央或地方国民经济的重要支柱，或者关系国计民生的重要产业，作为企业管理、考核和监督部门，国务院国资委和地方国资委都会研究制定直属企业总体五年规划或者专项五年规划、中长期发展规划，并且要求所属企业报送各类规划，包括五年规划（战略）、三年滚动战略等。通过规划调研、编制、下达、执行、考核、修订等模式，实现重点产业、优

秀企业和主导产品等按计划、有步骤地开展，进而确保实现国有资产保值增值，国计民生工程的全面实现。

笔者多年来参与编制了国务院国资委关于中央企业战略型新兴产业十二五发展规划、国务院国资委关于中央企业新一代信息技术十二五发展规划、广东省佛山市国资委关于佛山市国有企业中长期发展规划、广东省深圳市关于深圳长安汽车85亿元投资项目（宝安区）政府决策方案等规划或课题研究。上述规划或研究基本遵循了规划编制的基本规则：系统研究与分析全球、国内经济、政治形势和技术发展趋势，分析本地区上级产业政策、上位规划和经济布局等，研究所辖机构的产业基础和资源特征，确立相应的规划目标、产业定位、业务组合、资源匹配，以及重大工程、实现路径、规划保障等，在此基础上，形成相应的发展规划报告。

（二）案例研究：国资委国有企业产业发展规划编制

1．国务院国资委关于中央企业十二五战略性新兴产业规划

为了贯彻国家关于加快发展战略性新兴产业的指示精神，推动国务院国资委直接管理的100多家中央企业的产业转型和战略性新兴产业发展，笔者及研究团队受到国务院国资委有关部门委托，参与编制《中央企业十二五战略性新兴产业发展规划》。我们对全球形势、国家政策和经济现状、中央企业“十一五”产业基础、当前存在的问题和挑战，以及产业发展趋势等进行了分析，开展了企业座谈和二手资料分析，进行了规划编制和讨论，最终形成了规划报告（初稿），提交国务院国资委有关部门交流、审核和评审、修订。经批准后下达中央企业执行并考核。例如：规划编制过程内各种，我们注重研究国务院国资委对中央企业十二五的发展要求“国务院国资委结合中央企业改革发展实际，研究提出了中央企业‘十二五’发展总体思路，即：围绕一个目标，实施五大战略，加强三个保障。”一个目标是：做强做优中央企业、培育。这一目标是基于中央企业的地位作用，立足国家整体发展战略提出来的。中央企业大多处在关系国家安全和国民经济命脉的重要行业和关键领域，做强做优中央企业，是加快转变经济发展方式、实现科学发展的必然要求，关系经济社会发展的全局，关系全面建设小康社会宏伟目标的实现。“十二五”时期，国资委要深化国有企业改革、完善国资监管体制、加强和改进党的建设，为实现做强做优中央企业、培育世界一流企业的目标，提供持续的动力、

体制和组织“三大保障”。这些政策与规划的系列研究，为国资委关于中央企业战略性新兴产业“十二五”专项规划的制定与实施指明了方向。

2．佛山市国资委“十二五”发展规划编制

笔者及研究团队在2010年受到广东省佛山市国资委委托，研究编制佛山市国资委“十二五”发展规划。笔者调查发现，佛山市国资委自2004年6月成立以来，贯彻落实市委、市政府关于现代产业发展规划的指示精神，发挥监管与服务职能，不断推进市属国有企业及各类国有经济转制和发展，积极稳妥解决各类历史遗留问题，取得了显著的成效。截至2010年末，9家市属国有企业共有资产961.91亿元，业务收入达到50.56亿元。“十一五”期间，市属国有经济在有效支撑全市经济发展的同时，也暴露出不容忽视的问题和困难，主要表现在：经营机制僵化，个别企业政企不分，国有经济占佛山市经济总量的比重下降快，部分企业发展模式单一，大部分企业盈利能力较低，企业管理团队的职业化素养偏低，薪酬体系缺乏市场竞争力等。同时，市国资委监管工作也存在提升的空间，需要健全和优化监管体系，改变原有工作方式、方法，适应新形势下监管与服务国企的要求。在调研分析和座谈走访的基础上，形成并提交了《佛山市国资委“十二五”发展战略报告》，供广东省佛山市国资委审核和颁布实施。报告目录，如下：

案例：广东省佛山市国资委“十二五”发展战略报告研究目录

前言

一、发展基础

（一）“十一五”时期主要成绩

（二）“十一五”市属国有企业的发展状况

（三）“十二五”市属国有经济所处的发展环境

（四）“十二五”时期的困难和挑战

二、总体要求和发展战略

（一）总体要求

（二）总体战略

（三）总体战略目标

（四）产业布局战略及目标

（五）管理创新战略及目标

（六）经济发展方式转变战略及目标

三、规划实施任务

（一）规划实施的主要工程

（二）规划实施的步骤

四、重点板块和企业发展规划

（一）公用事业板块

（二）资本运营板块

（三）现代服务业板块

（四）高端文化产业板块

五、规划实施保障

（一）变革监管理念

（二）明确规划定位

（三）搭建投融资、监管与服务的四大平台

（四）调整产业布局

（五）加大经营考核

（六）制定和实施特殊优惠政策

三十、企业战略编制与管理

（一）内涵解读

企业发展战略，尤其是国有背景的企业战略，需要与国家政策、产业政策、全球形势、区域政策，企业所处行业的市场、技术和环境变化而进行调整和修订，进而形成企业发展战略，为企业未来发展提供决策与资源配置的依据。总结近年来笔者负责的各级国资委发展战略、中国电子信息产业集团战略、中国节能环保集团战略、中国航天科工集团国际化战略、江淮集团发展战略、中国进出口总公司发展战略、中投科技公司战略、华东电脑战略、贵州轮胎集团战略等，都基本遵循了全球形势、产业政策、市场格局、技术变革、区域政策、行业变化、企业优势、竞争与挑战、行业标杆、资源禀赋等分层次、系统性研究，同时，进行各级国资委或上一级集团公司等的战略定位于系统分析。在此基础上，确立本集团公司或企业的战略方向、产业定位、发展目标、重点任务，并通过资源或能源分配、战略路径选择和分子公司战略，落实分解上级战略，纳入年度考核，推动中长期战略或三年规划战略的全面实施。

各类企业战略的编制、执行、衔接、评估、优化和考核等工作程序、基本原理，与政府规划的全流程管理基本相似，可以参考借鉴。

（二）案例研究：中国节能环保集团发展战略

2010 年，笔者及研究团队接受中国节能环保集团委托，进行该集团“十二五”战略规划的修编。笔者进行了调研和座谈，分析了国家政策和产业环境。2010 年 10 月，国务院出台《关于加快培育和发展战略性新兴产业的决定》，将战略性新兴产业作为“引导未来经济社会发展的重要力量”。我国到 2020 年，战略性新兴产业增加值占国内生产总值的比重力争达到 15% 左右。节能环保作为战略性新兴产业之首将在国民经济中占有越来越重要的位置。

研究认为：中国节能环保集团公司作为唯一专业从事节能环保的中央企业，未来 10—20 年是我国节能环保产业发展的重要机遇期，集团顺应时代发展需求，承担国家发展任务，有必要根据集团发展需要，编制《中国节能环保集团公司 2011—2015 年战略发展规划》。

本发展战略从编制背景、产业环境与竞争格局、集团公司现状、规划思想、战略定位、战略目标、战略措施、战略保障等方面进行了定位与设计，提出了中国节能环保集团“十二五”时期战略定位与业务组合的框架体系、重点任务、实施路径等，为该集团“十二五”期间业务优化和战略转型提供了较好的决策依据。《中国节能环保集团 2011—2015 年战略发展规划》的报告目录（讨论稿）具体如下：

案例：中国节能环保集团公司 2011—2015 年战略规划（讨论稿）目录

第二十章　规划评估案例

一、规划评估框架

（一）规划评估内涵

前面各章详细介绍了规划制定、执行、评估、调整等要素、规范、技巧和模型等。本章重点剖析规划评估案例与框架体系，希望通过规划评估的操作，使规划评估对于规划的合理性、落地性、动态性、循环性等起到承前启后、相互融合的统领、促进作用。

预评估、规划实施过程评估（中期评估）、规划实施后评估各有特点，各有操作的侧重点，这里不再赘述。

《城市总体规划实施评估办法》的评估规定：城市人民政府是城市总体规划实施评估工作的组织机关。城市人民政府应当按照政府组织、部门合作、公众参与的原则，建立相应的评估工作机制和工作程序，推进城市总体规划实施的定期评估工作。城市总体规划实施情况评估工作，原则上每两年进行一次。各地可以根据本地的实际情况，确定开展评估工作的具体时间，并上报城市总体规划的审批机关。

（二）规划评估要点

各级政府或产业园在组织各类规划评估的时候，应该重点针对特定规划评估的类型、评估的目的、预期实现的效果和实施条件等，进行规划评估的要点研究与确定，制定规划评估方案，组织专门人员或机构予以组织实施。

城市人民政府应当及时将规划评估成果上报本级人民代表大会常务委员会和原审批机关备案。

二、新区（专项）规划评估案例

（一）专项规划评估结构

专项规划评估结构，一般包括：基本工作内容确定（规划编制数量、内容和成果等评估；规划成果编制内容的评估；规划实施情况及效果的评估；初步结论等）、规划评估的思考（评估问题的思考、解决对策的思考、小结等）等框架结构。

（二）案例研究：某新区规划评估

1．某新区规划评估基本内容

某新区规划评估的主要工作内容包括规划成果评估和规划实施评估。主要工作计划，如下：

前期进行调研和座谈，收集资料，研究新区的发展阶段和存在的问题，确立“资料搜集—调研—问题提炼—成果与问题归纳—问题分析—对策解决”的规划评估与问题解决技术框架体系。采取先整理，后评估，再归纳的工作思路，采取图表、量化等分析方法，进行编制数量、时间、覆盖率等评估，规划编制效果评估和规划实施效果评估。

其中：

规划编制数量、时间、覆盖率等评估。调研和归纳发现，新区对经济规划、分区规划、专项规划、控制性规划、详细规划、城镇规划、村规划等进行了编制，形成了一定的规划体系，一定程度上体现了规划引领的作用。规划在很大程度上提高了经济和社会发展的预见性，覆盖空间较全面，规划实现的成果以图标的形式对比和展示，为问题的发现和对策提出奠定了基础。

规划成果编制内容的评估。调研和分析对于多年来的规划编制和成果体现进行了研究，运用标杆分析法等，对规划编制理论、体系、方法、步骤、内容等进行了归纳和问题剖析。对于各类规划的合理性和匹配性进行了研究。对于内在有效性和外在有效性进行了重点分析，进而作出了一些结论。

规划实施效果评估。重点评估了规划实施的目标、组织、行动计划、年度业绩、基础设施、公共服务等方面进行了调研、分析和归纳，提出了评估的初步结论。

通过分析和评估，发现了存在的主要问题，例如：规划目标不客观、计划不匹配、保障制度不多、责任不落实、规划衔接不充分等，采用对比和图表等形式予以展示。

初步结论。通过评估，得出了基本的结论，如规划客观性设计不足，调控目标不清晰、规划与计划缺少衔接、规划调整随意性大、规划的技术手段落后等。

2．规划评估分析

规划评估的问题研究。通过规划评估和问题剖析，发现新区规划定性多，定量少，操作性不强。缺乏评价参数，规划评估制度和机制不完善等。这些问题需要尽快制定解决的策略和手段。

完善规划的对策。针对发现的各类问题，新区评估报告中提出了解决问题的对策，提出了规划修订的具体内容。本部分重点阐述了编制规划情况、规划成果评估、采取了分层和案例相结合的模式，实施了定性和定量相结合，运用了信息化手段，对规划实施的制度、机制和公众参与等进行了评估，得出了基本的结论。

基本结论。通过新区规划评估，进行问题和效果分析，形成了结论性分析报告，提出了下一步改进建议和规划修订方向。

三、五年规划评估案例

（一）五年规划评估结构

五年规划的评估结构一般包括：规划编制内容的评估；规划实施情况及效果的评估；规划评估问题的思考、规划解决对策的思考、小结等。

其中：城市总体规划实施评估报告的内容，应当包括：

1. 城市发展方向和空间布局是否与规划一致；

2. 规划阶段性目标的落实情况；

3. 各项强制性内容的执行情况；

4. 规划委员会制度、信息公开制度、公众参与制度等决策机制的建立和运行情况；

5. 土地、交通、产业、环保、人口、财政、投资等相关政策对规划实施的影响；

6. 依据城市总体规划的要求，制定各项专业规划、近期建设规划及控制性详细规划的情况；

7. 相关的建议。

城市人民政府可以根据城市总体规划实施的需要，提出其他评估内容。

（二）案例研究：北京市“十二五”规划中期评估

为了检查规划实施进展，客观评价实施成效，系统分析存在问题及原因，推进规划顺利实施，按照监督法、国家发展改革委有关部署和《纲要》实施要求，北京市 2013 年 5 月份组织了北京市“十二五”规划纲要实施情况的中期评估报告。基本评估情况和操作步骤，如下：

1. 开展了五年规划评估工作

由北京市委、市政府确定和牵头，制定了评估工作方案，听取专项汇报。市人大、市政协开展了专题座谈和调研，对规划评估提出了建议。按照市政府要求，市发展改革委负责评估组织协调和《纲要》评估报告的研究起草，举办培训研讨班，组织召开了专项规划评估座谈会，加强沟通交流。各区县、各部门完成了各自承担的专项评估任务。

确立了中期评估的基本原则，采用了全面评估与重点评估相结合、定性评估与定量评估相结合、自我评估与外部评估相结合、专家咨询与公众参与相结合的评估方法，确立了《纲要》及 78 个市级专项规划、16 个区县规划纲要执行情况的评估范围和对象，实施了自我评估。委托 8 家专业机构对《纲要》进行了综合与专题相结合的第三方评估，面向企事业单位和社会公众开展问卷调查，收到有效问卷 5776 份。听取专家意见，紧密结合国内外形势变化，按照党的最新要求，查找问题，分析原因，提出对策。

1. 评估归纳了五年规划目标任务

综合评估后认为，“十二五”期间的 2011—2013 年，全市坚持将推动科学发展、加快转变经济发展方式作为新时期首都发展的核心使命和战略任务，深入实施“三个北京”发展战略，《纲要》提出的主要目标和任务总体进展良好，基本实现了“时间过半，完成任务过半”，首都经济、政治、文化、社会和生态文明“五位一体”建设取得新的成就，转型发展走在全国前列。

北京市五年规划评估的基本结论，如下：

(1) 主要指标完成较好。从评估结果看，《纲要》确定的经济社会发展目标实现情况总体较好，从 25 项主要指标完成情况看，除空气质量二级和好于二级天数的比例指标停止使用外，其余 24 项指标中有 20 项提前完成或达到中期时间进度要求，占全部指标的 83.3%。

从指标类别看：

经济发展 4 项指标中，全市地区生产总值略低于 8% 的规划目标。地方公共财政预算收入高于 9% 的规划目标。服务业占地区生产总值的比重快于中期时间进度要求。

社会发展 8 项指标中，城镇居民和农村居民人均纯收入年均增长略低于 8% 的规划目标。城镇登记失业率低于 3.5% 的控制目标；重点食品安全监测抽查合格率、药品抽验合格率均符合规划目标要求。

创新发展 3 项指标中，全社会研究与试验发展经费支出占地区生产总值比重、每万人发明专利授权量、技术交易额均完成计划。

绿色发展 10 项指标中，全市万元地区生产总值能耗、水耗、二氧化碳排放完成进度快于目标要求。主要污染物二氧化硫、氮氧化物、化学需氧量和氨氮排放量大幅超过国家下达的阶段性目标。中心城公共交通出行比例、生活垃圾资源化率达符合中期进度要求。再生水利用率慢于中期进度要求。林木绿化率快于中期进度要求。耕地保有量逼近 2205 平方公里的控制目标。

评估小结：

指标完成情况呈现三个特征：一是反映经济结构优化和资源产出效率的指标完成情况好于经济增速指标，全市结构调整成效明显，经济增长正从速度型向质量效益型转变。二是创新类指标全部超额完成规划目标，显示出创新投入持续加大，创新发展能力明显增强。三是社会保障指标和节能减排指标整体完成情况良好，反映出民生保障不断加强，资源节约利用水平位居全国前列。

(2) 重点任务推进顺利。主要评估了创新能力、发展质量、创新势能、结构调整、产业空间、社会建设、民生福祉、公共服务、管理创新、文化发展、古都风貌、公共文化、文化创意、城市管理、市民出行、城市运行保障、生态建设、环境治理、绿色空间、改革攻坚、区域合作等领域或要素。

评估小结：

《纲要》实施取得了阶段性成效，得到了社会各界的认同。

1. 规划评估重点归纳了存在的问题

一是人口资源环境约束矛盾依然突出，二是经济结构调整深层次问题还没有很好解决，三是城市功能布局有待进一步完善，四是转型发展的体制机制障碍依然较多，五是《纲要》实施过程中的约束力和统筹力也有待加强。

4. 规划评估报告提出了落实《纲要》的主要对策

根据中期评估情况和形势要求，“十二五”后半期推进《纲要》实施的总体考虑：深入贯彻党的十八大和市十一次党代会精神，紧紧围绕科学发展主题、加快转变经济发展方式主线，牢牢把握首都发展的阶段性特征，以提高发展质量和效益为中心，以解决规划实施中存在的突出问题为重点，坚持经济发展与城市功能相协调、发展方式与首都人口资源环境相适应、城市发展与满足人民群众对美好生活的新期待相统一，持之以恒地贯彻落实好“十二五”规划指导思想、总体思路和重大举措，确保《纲要》目标如期实现和各项任务圆满完成，推动首都全面协调可持续发展。

具体有五项主要对策：一是优化和提升城市功能，二是大力改善环境质量，三是坚持不懈地推进创新发展，四是深化改革开放，释放改革红利，五是保障和改善民生福祉，推进“平安北京”建设。

北京市“十二五”规划纲要中期报告在提交北京市人大审议之后，由北京市政府根据市人大常委会的审议意见，在原《纲要》目标任务分工方案的基础上，创新规划实施管理机制，加强规划与各专项工作方案、行动计划、年度预算的衔接配合。

附件：《大型国有企业战略性新兴产业转型研究》报告

背景说明：

“十二五”规划初期，国务院出台关于加快战略性新兴产业发展的重要政策，积极培育和推动战略性新兴产业发展。国务院国资委、有关部委、国务院国资委直管中央企业和省市国资委管理的国有企业，在新的经济形势下，出现了思想、战略、运营和考核等方面的困惑与矛盾，在经营决策与规划管理中出现了迷茫和彷徨。

为解答这些困惑与现实问题，更好地服务工信部、国务院国资委、中央企业、地方国有企业和地方政府，推动国有企业向战略行新兴产业的战略转型，笔者组织研究团队遵循产业政策，研究区位优势，系统研究并创新性提出了推动国有企业向战略行新兴产业方向转型、融合的新思路、新模式、新策略，组织研究和撰写了本课题报告。

本课题报告共五章，重点分析了我国大型国有企业向战略性新兴产业战略转型的五大特征、从产业价值链和驱动力的各自转型模式、三大转型风险、三大转型趋势，以及五大转型策略。该报告对当时各级政府、工信部、国资委和国有企业实施战略转型起到了一定的参考作用，对总结评估“十二五”时期国有企业战转型效果，对比各自经验与实践教训，提升国有企业“十三五”时期的战略性新兴产业战略转型的质量，仍然具有一定的借鉴意义。

以下是该课题研究全文。

第一章　大型国有企业战略性新兴产业转型的主要特征

一、拥有政策优势，但缺乏操作的灵活性

从现有税收和金融政策看，国家重点扶持的高新技术企业按照 15% 的税率征收企业所得税，国家积极推动设立战略性新兴产业发展专项资金和产业投资基金，金融机构普遍对中央企业和大型国有企业的信用等级评级较高，这在一定程度上为大型国有企业融资提供了便利（见附图 1）。

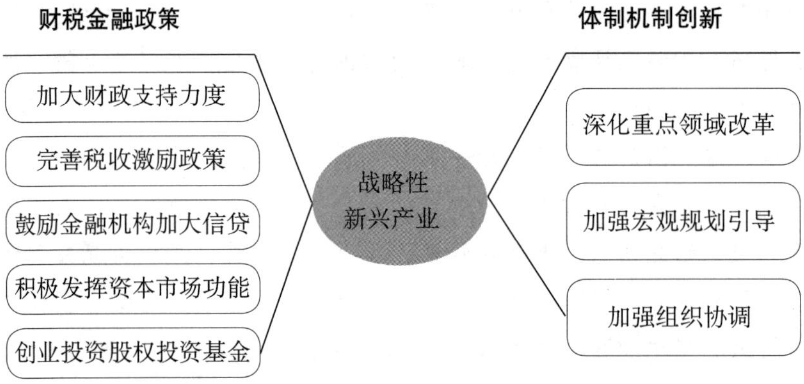

附图 1　战略性新兴产业支持政策

从大型国有企业的业务调查看，很多企业在推进战略性新兴产业方面，缺乏实践操作的灵活性，一个重要原因在于国有企业的体制问题。以三网融合为例，从 1998 年三网融合即被列入“九五”规划，到 2010 年温家宝在国务院会议上明确三网融合的措施和阶段性目标，经历了十几年，目前仅仅基本实现了广电企业“一省一网”和双向改造，没有形成全国统一的广电网络（见附图 2）。

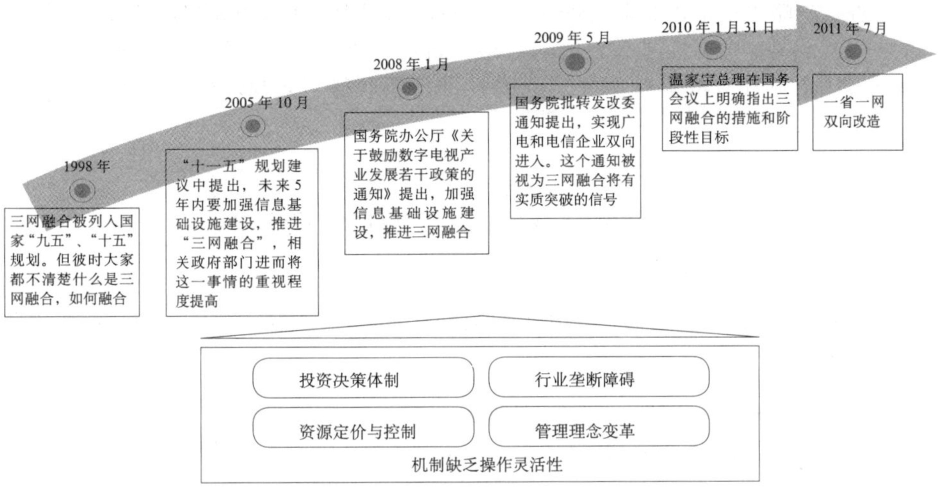

附图 2　我国三网融合产业发展分析

二、战略上较为重视，但实际执行力度不够

中央企业以及其他大型国有企业普遍重视战略性新兴产业的发展，并将其作为公司发展战略的重要内容。据对 50 家中央企业及重点大中型国有企业访谈和调研，将发展战略性新兴产业作为未来 3—5 年规划的被调查企业超过 95%。在这些企业中，实际进行战略实施的只有 63%，通过投资或项目研发等取得实质成果的企业仅占战略实施企业的 16% 左右（见附图 3）。

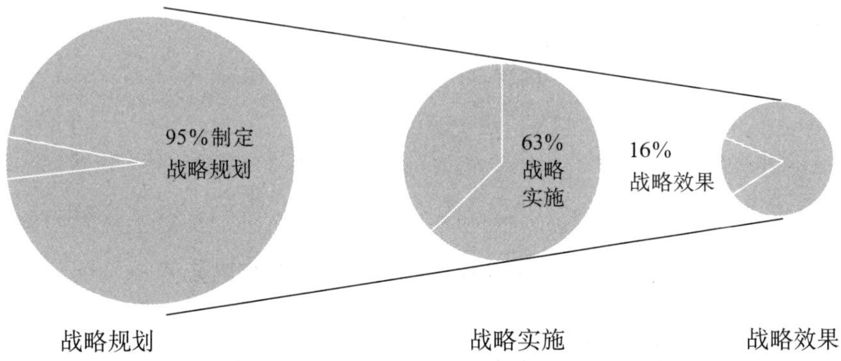

附图 3　战略性新兴产业实施情况

注：战略规划指企业将战略性新兴产业明确列为未来重点发展或进入的领域；战略实施指企业已经针对战略性新兴产业进行了实际投资；战略效果指企业针对战略性新兴产业的投资已经取得了效果，产生了实际的经济效益。

三、一定程度存在产业选择雷同、项目重复建设的现象

总体来看，大型国有企业对于战略性新兴产业的发展十分重视，在新兴产业的推进过程中，出现了部分企业盲目上马项目现象，造成了部分产业的重复投资。

大型国有企业将战略性新兴产业重点聚焦在节能环保、新能源、新一代信息技术和高端装备制造等领域（见附图 4）。

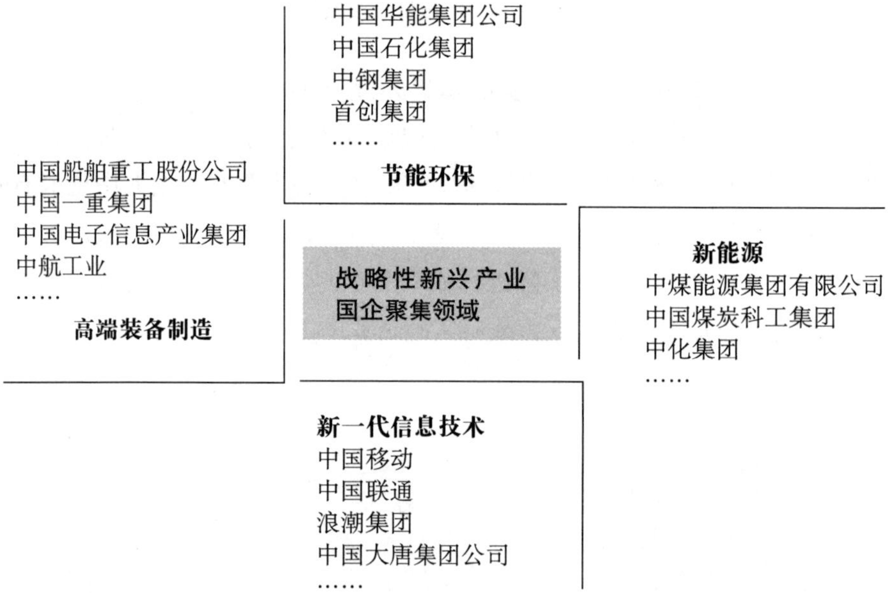

附图 4　大型国有企业战略性新兴产业聚集情况

大型国有企业在投资战略性新兴产业的过程中，在某些领域和地区出现了盲目过热的情况，例如：据国家能源局新能源司有关调研表明，经过几年发展，全社会投资风电的积极性已经形成，但对于风电设备投资盲

目过热，导致近期难以消化过多产能。当下我国有70多家风电设备制造企业（包括大型国有企业和民营企业等），真正具备能力的仅有10家左右，能够有能力形成批量的有3家左右。2007年开始的多晶硅投资过热的调研与辩论，多次见诸报端。LED产业被视为极有可能引发新一轮产业革命的战略性新兴产业，在我国出现了盲目规模投资的迹象，甚至出现局部投资过热的情况，在一定程度上印证了部分战略性新兴产业投资过热的观点。

四、有局部的技术优势，整体技术研发投入不足

分析七大类近四十个小类的战略性新兴产业的核心技术，我国仅在锂电池、高端装备制造等少数领域具有一定的技术优势，其他领域技术发展相对滞后（见附图5）。

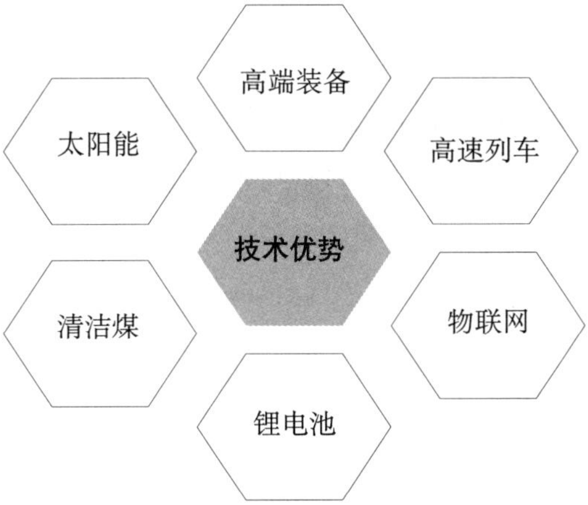

附图 5　我国在战略性新兴产业的主要技术优势

调研发现，在战略性新兴产业的研发费用投入方面，国有企业整体投入仍然不足。近年来，国有企业及国有控股企业尽管R&D费用逐年增加，但是，国有企业R&D费用占GDP的比重不足0.1%，国有及国有控股企业R&D费用占GDP的比重不足0.5%。R&D费用投入不足，直接影响到国有企业自主创新的健康发展，制约其向战略性新兴产业转型的步伐（见附图6）。

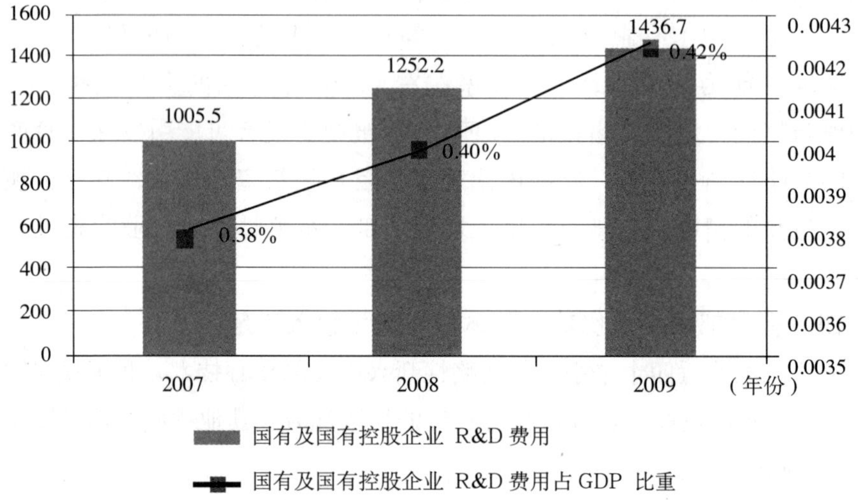

附图 6　国有及国有控股企业 R&D 费用及占 GDP 比重

目前，国有大中型高科技企业针对战略性新兴产业的创新研发主要集中在医药制造、电子元器件、通信设备和航空航天制造等产业，其研究机构和研究人员占比超过 90%，造成了项目盲目上马和重复投资等问题，相对而言，其他产业领域的研究显得不足（见附图 7、附图 8）。

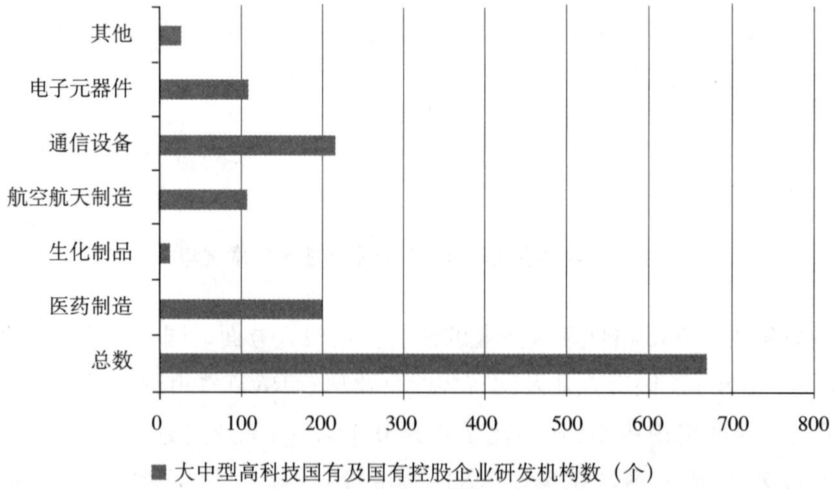

附图 7　大中型高科技国有及国有控股企业研发机构数

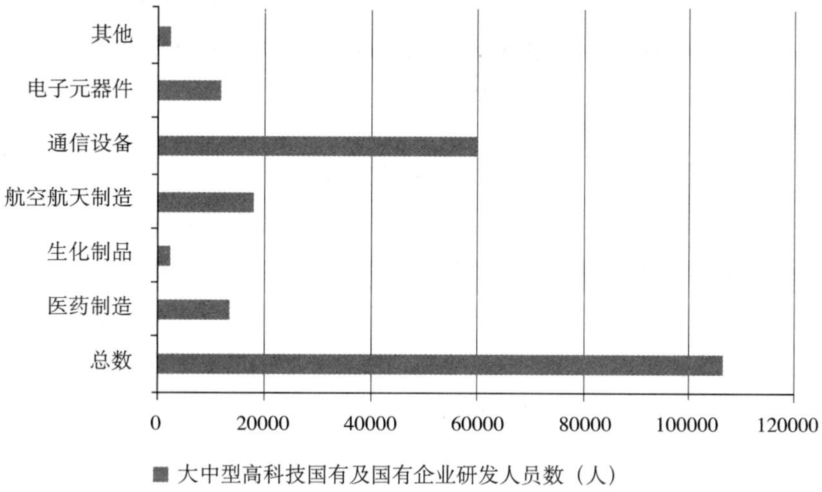

附图 8　大中型高科技国有及国有控股企业研发人员数

五、短期行为明显，考核机制不配套

通过对 50 家大型国有企业调研发现，在对战略性新兴产业的投资上超过 80% 的企业负责人存在顾虑，主要原因在对国有企业考核的短期机制与战略性新兴产业投资的长期性之间的矛盾，相应的考核机制不配套、不健全（见附图 9）。

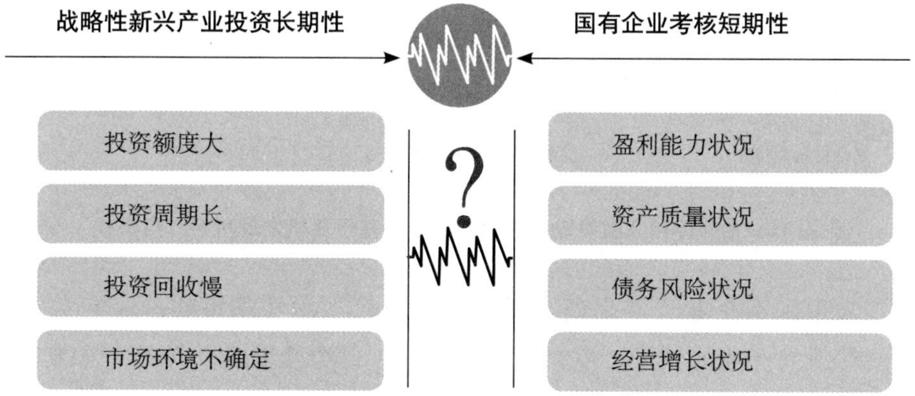

附图 9　战略性新兴产业投资与国有企业考核矛盾示意图

第二章　大型国有企业战略性新兴产业转型的主要模式

一、基于产业价值链视角的三大转型模式

以七大战略性新兴产业的产业链为研究和分析的视角，对大型国有企业的战略性新兴产业转型战略和主营业务进行分析，初步归纳它们实施战略转型的三种基本模式。

1．点模式：即从产业链的某个环节切入，进而带动战略转型

“点模式”是大型国有企业探索战略性新兴产业初期，通常采取的一种谨慎的战略转型模式。 重点聚焦在某一个或几个点，集中资源和资金，积极拓展，力图实现少数“点”的突破。

以发动机制造为例，研制飞机发动机可对产业链建设和经济拉动产生显著效应。为了参与我国大飞机制造工程，中航系统内的中航商用飞机发动机有限责任公司主动融入“世界航空产业链”，抓住“发动机”这个关键点，充分整合和利用全球资源，构建合作共赢格局，加快实现我国民用飞机发动机的国产化和参与国际竞争的跨越式发展（见附图 10）。

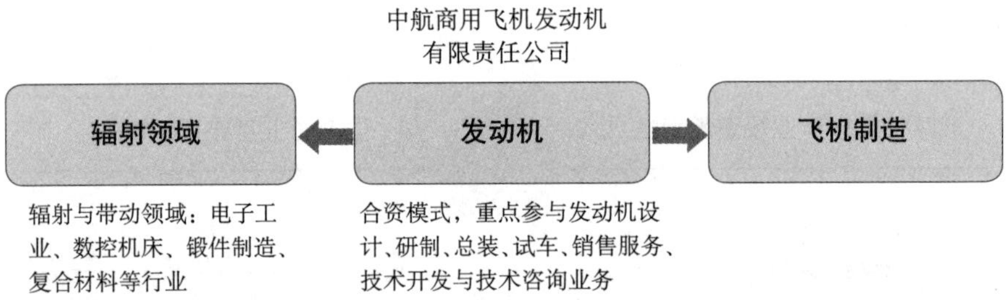

附图 10　中航商用飞机发动机有限责任公司基于飞机发动机的“点模式”

大型国有企业近年来通过采取“点模式”的经营策略，探索实施向战略性新兴产业的转型，取得了一定成效。部分企业案例分析，如附表 1 所示：

附表 1　大型国有企业“点模式”的应用示例

企业名称	“点模式”的内容	主要应用领域	相关战略性新兴产业
中国华能集团公司	先进成熟技术	机组发电	节能环保
中国石化集团	清洁产品研发和生产	石油生产	节能
中国船舶重工股份公司	自主研发的高速离心式曝气鼓风机	能源交通装备	高端装备制造
中国一重集团	核电实验快堆的核心堆容器制造	核电领域	新能源、高端装备制造
……			

注：本表所述模式只限于对某一集团的特定业务模式研究，一个集团可能有几种模式。

2．线模式：即全产业链模式，实施全产业链的业务扩张战略

“线模式”是大型国有企业实施产业链延伸和战略性新兴产业转型的重要模式。以中国电子信息产业集团 CEC 的海外军工贸易为例，该集团的海外军工贸易业务以进出口贸易的产业链环节为基础，积极推进高端装备制造产业的延伸，嫁接军品制造，实施贸易实体化，完善产业链的贸易、技术研发和制造环节，初步实现了军工产品的战略转型目的（见附图 11）。

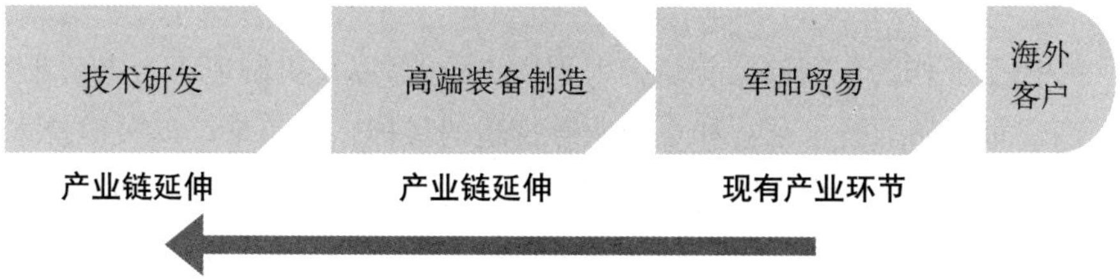

附图 11　CEC 基于军品贸易的产业链延伸“线模式”

我国大型国有企业实施战略性新兴产业战略转型的线模式，目前逐渐成为主流的发展方向。具体分析如附表 2 所示：

附表 2　大型国有企业“线模式”的应用分析

企业名称	“线模式”的内容	主要应用领域	相关战略性新兴产业
中国电子信息产业集团	军工贸易	雷达、舰艇等	高端装备制造、新材料等
中粮集团	射频技术应用	食物追溯	新一代信息技术等
浪潮集团	浪潮 64 位服务器	IT 领域	新一代信息技术
中国移动	TD － LTE 技术	移动话音、数据、IP 电话和多媒体业务	新一代信息技术
中国煤炭科工集团	洁净能源技术等	工程建设、煤机装备、安全技术等	高端装备制造、新能源等
中煤能源集团有限公司	煤化工技术、干溜气技术	煤矿开发等	新能源
……			

注：本表所述模式只限于对某一集团的特定业务模式研究，一个集团可能有几种模式。

3．网模式：即产业网络模式，实施跨产业链的战略转型

“网模式”是大型国有企业未来实现传统产业向战略性新兴产业转型的重要模式，它的一般特点是：这类国有企业原来已经在某些领域具有较好的生产或科研基础，已经有一定的研发力量或核心技术，相关产品的技术应用和产品升级的壁垒不大，容易形成相关多元化、重复性、多领域的商业应用业务。

中航工业作为中国航空领域的大型中央企业，以飞机制造等为主营业务，为了实现军民品的技术互补和全产业链打造的目标，近年来，以关键技术为研发重点，逐步构建由中国航空研究院、子公司、成员单位和外部战略合作伙伴的研究机构组成的科技创新体系，积极推进战略导向、基于全流程前沿探索的研究中心（COR），市场导向、基于全流程系统集成的能力中心（COC）和效率导向、基于全流程核心公共部件的优异中心（COE）为主要内容的“3C”体系，努力组建若干飞机、发动机、机载专业化能力中心（COC），打造高效的设计、制造和服务一体化组织；依托新项目组建若干新机试制快速反应

中心，健全知识产权转移、保护和利用机制，加快推动科技成果在军品、民机、非航空和现代服务业等细分产业的商业应用和技术转化，逐步推进传统制造等产业向高端装备制造、新材料等战略性新兴产业的基于“网模式”的战略转型（见附图 12）。

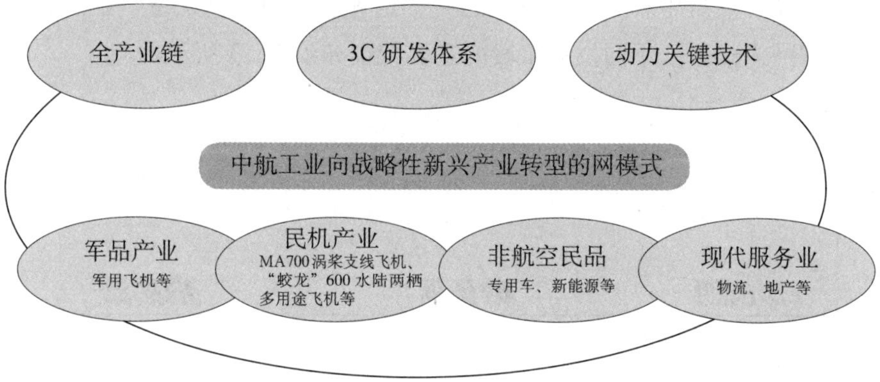

附图 12　中航工业基于核心技术应用的“网模式”

对我国中央企业和部分省市大型国有企业的初步研究，对这些企业向战略性新兴产业战略转型的“网模式”进行案例分析和基础研究，如附表 3 所示：

附表 3　大型国有企业“网模式”的应用分析

企业名称	“网模式”的内容	主要应用领域	相关战略性新兴产业
中航工业	动力关键技术	军用飞机、民用飞机、物流、新能源等	高端装备制造、新材料、新能源
中国石化	“开发一批、转化一批、准备一批”，解决共性的、关键性的技术难题	油气勘探开发、炼油、化工等	节能环保、新材料
中钢集团	节能技术	矿产开发、物流、技术服务、装备制造	节能环保、高端装备制造
中化集团	老化工，新材料	液体分离膜技术、水处理技术	新材料、节能环保等
……			

注：本表所述模式只限于对某一集团的特定业务模式研究，一个集团可能有几种模式。

据对我国中央企业、省市大型国有企业在战略性新兴产业战略转型过程的主流模式和所处产业发展阶段的系统研究，企业在战略性新兴产业转型的初期，基本采取“点模式”的方式，随着产业的成熟度增加和业务规模的扩大，逐渐向战略性新兴产业的上下游延伸，呈现明显的“线模式”的特征；等到企业规模、技术和产业成熟度达到一定程度，初步进入跨产业、多领域应用的“网模式”。不同发展阶段的主要特征如附图 13 所示：

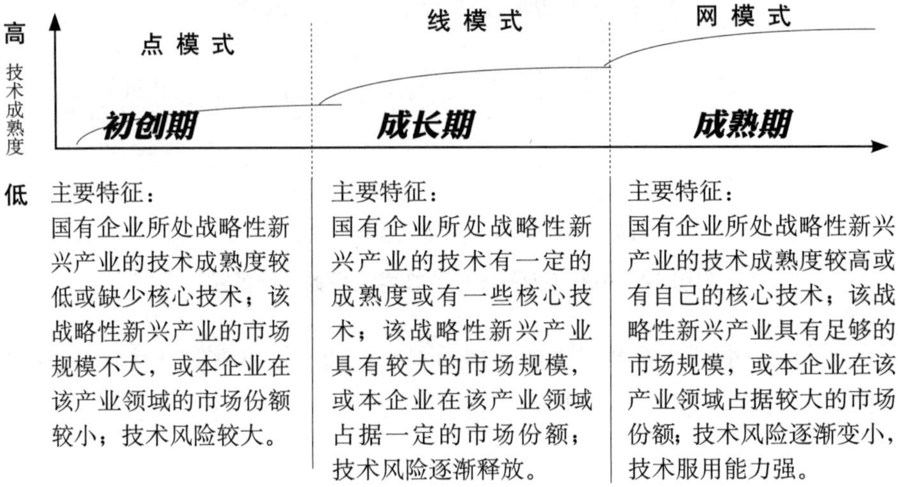

附图 13　大型国有企业向战略性新兴产业转型战略的三种模式

二、基于驱动力视角的四大转型模式

大型国有企业立足自身优势，制定和实施各自的战略转型，不断推进战略性新兴产业的技术研发和可持续发展，除了具有国家产业政策的激励因素之外，还具有相关外在的、内在的驱动力。

1．技术驱动的转型模式

战略性新兴产业代表着科技创新产业升级的方向。由于新兴产业面临巨大的技术突破，云计算、物联网等新技术逐渐融合，战略性新兴产业呈现出高技术含量、高风险等产业特点，这也是一些大型国有企业偏爱核心技术驱动产业转型的重要原因。

中国电子科技集团公司（简称中国电科）是经国务院批准、在原信息产业部直属研究院所和高科技企业基础上组建的国有大型高科技企业集团。主要从事国家重要军民用大型电子信息系统的工程建设，重大装备、通信与电子设备、软件和关键元器件的研制生产。集团所属二级成员单位55家，上市公司6家，分布在全国18个省市区。现有职工8万余人。拥有15个国家重点实验室、4个研究应用中心、9个研发中心，有20个博士后科研工作站。拥有一批国内一流的中试线、生产线、装配线和机加工中心。集团采取技术驱动的发展模式，积极推进高端装备制造、新一代信息技术等战略性新兴产业的快速发展，在国务院国资委中央企业负责人2004至2009年度经营业绩考核中连续六次夺得A级和任期考核连续两次夺得A级（见附图14）。

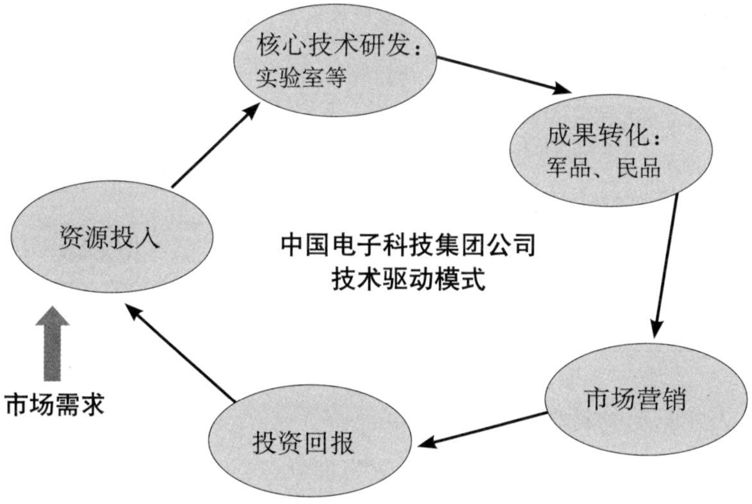

附图14　中国电子科技集团公司的技术驱动发展策略

技术驱动是当前战略性新兴产业发展的重要特征。大型国有企业在向战略性新兴产业转型的过程中，通过技术驱动的竞争策略，可以较好地培育核心竞争力，初步实现业务转型的战略定位，为下一步的市场、客户、渠道和实施路径提供决策基础。部分大型国有企业的技术驱动与所在产业、驱动效果的基本分析，如附表4所示：

附表 4　大型国有企业技术驱动的路径分析

技术驱动内容	企业名称	所在战略性新兴产业	驱动效果
电子信息、软件	中国电子科技集团公司	高端装备制造、新一代信息技术等	业绩排名提升
TD－LTE技术	中国移动	新一代信息技术	业绩良好、品牌卓越
云计算技术	浪潮集团	新一代信息技术	中国行业领先品牌
飞机制造技术	中国商用机有限责任公司	高端装备制造	国产大飞机
核动力技术	中国核工业集团	高端装备制造、新能源	核能源、核设备
风力发电技术	中国船舶重工集团	新能源	新能源
煤层气、燃料乙醇和油砂等新能源	中国石油天然气集团	乙醇、油砂等	新能源
智能楼宇技术	首创集团	建筑楼宇、工程	节能环保
……			

2．人才驱动的转型模式

21世纪最宝贵的是人才。实施战略性新兴产业的转型，其人才驱动的主要体现是：核心技术人才、高级管理人才和高级资本运营人才等的重要驱动。通过引进、培育和稳定核心人才，构建强大的技术研发、商业应用、市场运营和资本运作的核心能力，体现和竞争对手的差异性，实现预期的战略转型目标。

目前，我国战略性新兴产业人才方面存在的主要问题有：骨干人才缺乏、战略人才不足，人才结构不均衡。“重使用、轻培养”，可持续性培养机制缺乏。实践证明，关键人才或优秀的人才团队可以快速推动和实现国有企业在某些战略性新兴产业方面的核心技术突破、市场拓展或资本整合。在这方面，北京、上海、山东等地纷纷采取了一系列吸引人才的具体措施（见附图15）。

北京：细化新能源等战略性新兴产业，以基地和产业聚集区吸引高端人才

山东：引导国有资本向战略型新兴产业和骨干人才聚集，增强人才聚集效应

浙江："八八战略"和"两创"培育国有经济的战略型新兴产业的骨干人才

湖南：实施战略型新兴产业的人才开发"博士行"，大力吸引核心人才

上海：产业化、技术创新和市场培育"三驾马车"，引进高端专业人才

广东：投入万亿资金，粤港联手，凝聚高端海外战略性新兴产业顶尖人才

附图 15　部分省市国有经济实施战略性新兴产业的人才驱动竞争策略分析

为了大力发展战略性新兴产业，各地政府、各地国资委和国有企业纷纷采取了一系列人才引进的政策，有效地推动了战略性新兴产业人才的合理流动和相对聚集。（见附表 5）

附表 5　地方政府和国有企业人才驱动的路径分析

人才驱动内容	国有企业所处地域	所在战略性新兴产业	驱动效果
"两高一低"(高学历、高级职称、低年龄)	北京市政府	电子信息、生物工程、新医药、光机电一体化、环境保护、新材料等新兴高技术产业；电子、汽车、机械装备等主导行业	战略性新兴产业基地发展迅速
实施创新驱动战略，打造中国人才与科技名城	江苏省	技术人才、管理人才和高技能人才	增加了人才引进的政策激励
海外高层次人才居住证等政策、实施"海鸥计划"	浙江省	创新人才或浙江省科技、产业发展和学科建设急需、紧缺领域的领军人才或学术技术带头人等	增强了吸引力
高薪、培训、子女入学等	中国南方电网	海外高层次科技创新人才、实用性技术人才	引进了需要的人才
用 5 年时间建设 50 家国家级人才创新创业基地，引进 500 名列入中央"千人计划"的海外高层次人才	国资委	优秀人才、高层次人才	提升了管理和研发能力
……			

3. 资本驱动的转型模式

大型国有企业推动战略转型和实施战略性新兴产业的探索与发展，在一定时间、一定业务领域，需要进行兼并重组和资本运作，以更好地实现资源整合和技术研发等目标。各级国资委和国有企业立足本地和本企业的资源与特点，运用多层次的资本市场和资本运作手段，完善有利于创新的激励机制和风险分摊机制，加快推进金融产品和服务方式的创新，解决战略性新兴产业发展的资金难题。

以中国节能环保集团为例，阐述战略性新兴产业的资本运作思路。中国节能环保集团公司是国资委监管的唯一一家主业为节能减排、环境保护的中央大型企业，长期致力于推动节能环保技术进步与产业升级，公司围绕节能减排、环境保护、新能源和清洁技术三大主业方向，重点强化工程服务、运营管理服务、装备制造和科技研发孵化与产业化推广四大支撑，各主业板块已形成较强的核心竞争力和较大的产业规模。该集团经过了重组和整合，逐步构建了节能、环保、新能源等战略性新兴产业的业务板块。具体如附图 16 所示：

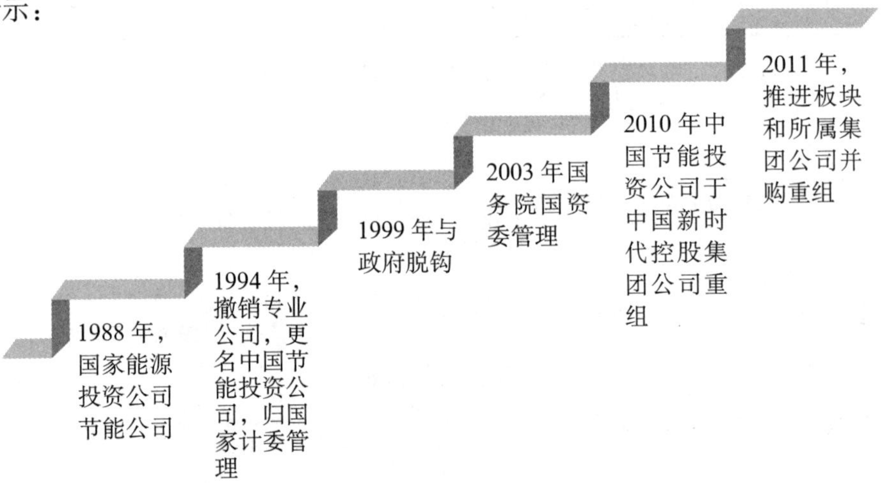

附图 16　中国节能环保集团基于战略性新兴产业的资本驱动策略

目前，中国节能环保集团正在执行和实施新的发展规划，进一步推进各业务板块的资本运作和资源整合，积极推进核心技术研发，大力拓展节能环保业务，实现预期的发展战略。

我国部分大型企业资本驱动的路径，初步归纳如附表 6 所示：

附表 6　大型国有企业资本驱动的路径分析

资本驱动内容	企业示例	所在战略性新兴产业	驱动效果
二级集团和板块重组	中国节能环保集团	节能环保、新能源	较少下属企业数量，提高管理效率
对外并购或控股，控股冠捷科技集团，控股贵州振华公司等	中国电子信息产业集团	高端装备制造、新一代信息技术等	提高核心技术，增强贸易实体化的能力
新建风电场、发电站、上市融资	大唐集团	新能源	收入和利润增加
机场并购、出卖、智能物流新建等	中国航空公司	新一代信息技术	服务功能增强
建新厂，改进工艺，更换设备等	武汉钢铁	节能环保	降低能耗
……			

大型国有企业通过战略性资本并购、上市、业务扩张等，可以实现资源的优化和业务结构调整，能够显著提升市场竞争力，增强市场发展的后劲。以大唐集团为例，该集团属于中央企业，近年来，该集团实施了“把集团公司建设成经营型、控股型，市场化、集团化、现代化、国际化，具有较强发展能力、盈利能力和国际竞争能力的国际知名能源公司”的发展战略，积极推进业务结构优化和资本扩张。2009 年，大唐集团重组渝能集团，大唐电信科技产业集团引进中国人民保险公司 15 亿元投资等。一系列的资本运营策略，促进了业务收入持续增加，该集团的新能源等战略性新兴产业得到了较快发展。该集团 2002—2019 年的业务收入变化，如附图 17 所示：

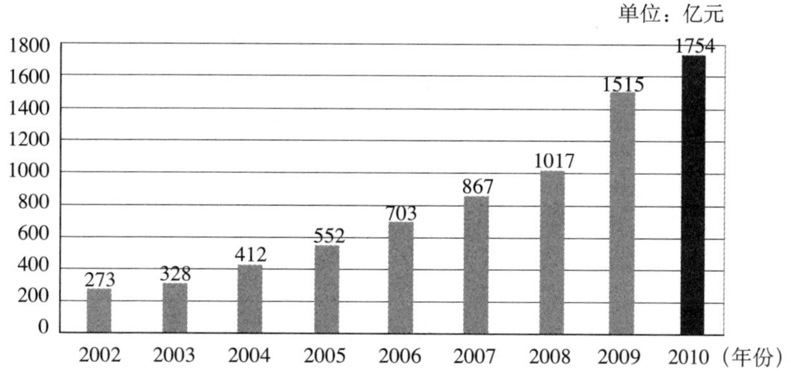

附图 17　大唐集团 2002—2010 年收入增长

4．混合驱动模式

混合驱动模式指的是企业在战略性新兴产业的转型过程中，采取两种或以上的转型驱动模式，例如：采取技术驱动和人才驱动模式，采取资本驱动和技术驱动的模式等。该模式的企业比例逐渐增加（见附图 18）。

附图 18　中国航天科工集团发展战略性新兴产业的混合驱动模式

混合驱动模式是大型中央企业经常采用的战略性新兴产业发展的重要驱动模式，也是国资委领导和国有企业高层应普遍关注的重点。具体分析如附表 7 所示：

附表 7　大型国有企业混合驱动的路径分析

混合驱动内容	企业示例	所在战略性新兴产业	驱动效果
技术＋资本驱动	中国航天科工集团	高端装备制造、新材料	核心能力显著提升
人才＋资本驱动	联想集团	新一代信息技术	国际影响力增强
技术＋人才驱动	海尔集团	新一代信息技术、高端装备制造	国际知名企业
技术＋资本驱动	国家电网	新能源、节能环保	行业领先者
技术＋资本＋人才驱动	五矿	新能源、新一代信息技术	行业领先者
……			

第三章　大型国有企业战略性新兴产业转型的风险

一、战略雷同与战略跟风可能导致经营失败

中央企业在投资战略性新兴产业的过程中的战略雷同和战略跟风，将会导致重复建设和产能过剩。一方面，造成产品积压，供过于求，价格下降，降低了投资收益；另一方面，大量资源用于重复建设造成了浪费，不利于资源的最优配置。战略上的这些问题都将导致企业在经营中面临风险。

以煤化工、多晶硅和风电设备为例，许多中央企业大规模进入新能源产业领域，结果造成行业产能过剩，如附表 8 所示：

附表 8　煤化工、多晶硅和风电设备产能过剩情况

行业领域	行业产能过剩的相关数据
煤化工	目前，全国 3000 万吨以上大型煤炭企业几乎都涉及煤化工，全国甲醇装置开工率只有 50% 左右
多晶硅	多晶硅的产能在 2010 年达到五六万吨，几年后则将达到十七八万吨
风电设备	2010 年我国风电装备产能超过 2000 万千瓦，而每年风电装机规模仅为 1000 万千瓦左右

二、高端人才与核心技术匮乏严重制约央企实现转型升级

中央企业进入战略性新兴产业的一个重要瓶颈就是高端技术和技术人才的缺乏，导致企业对于核心技术存在较大的外部依赖性，产业技术水平较低，企业被迫锁定在价值链的低端，中央企业实现转型升级困难。

目前，在中央企业拥有的科技人才中，高层次人才数量虽然总体呈现增长趋势，但所占的比例仍然偏小，如附图 19 所示：

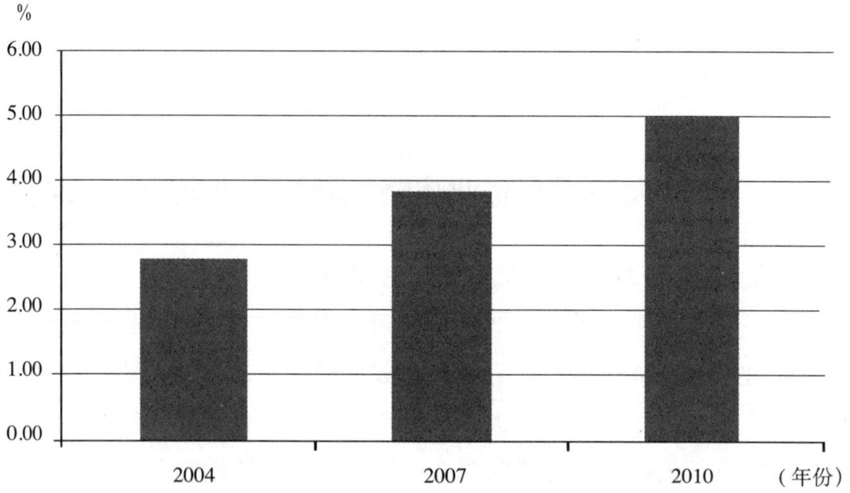

附图 19　2004、2007 和 2010 年中央企业高层次人才总量占科技人才总量比例

以科技部联合国资委和中华全国总工会发布的 50 家创新型中央企业为例，它们代表着我国中央企业创新的最高水准，它们发明专利的申请量占国内申请总量的比例虽然已从 2005 年的 4.4% 提升到 2009 年的 8.8%，但仍不足 10%，在国内申请中并没有占据主导优势。如附图 20 所示：

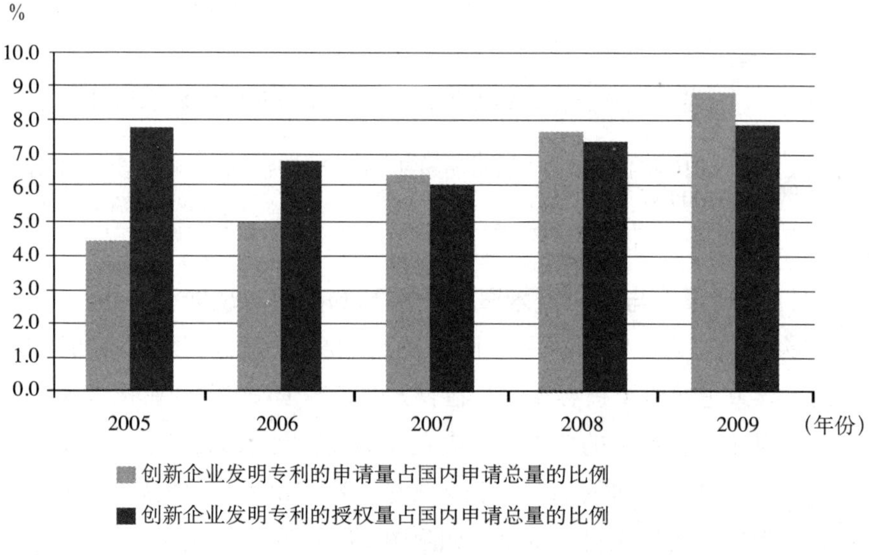

附图 20　2005—2009 年度创新企业发明专利申请和授权的份额

三、考评体系缺失影响转型战略实施

原有的考评体系在考核中央企业战略转型升级方面针对性不强，没有相应的专门指标来进行测量和评估，因此在引导中央企业转型升级方面的拉动力不够。这些指标的缺失，导致企业经营管理者在进行决策和管理活动时，缺乏足够的激励来推动和发展战略性新兴产业，较大地影响了转型战略的实现。

国资委对中央企业领导人的经营业绩考核非常重视，颁布了《中央企业负责人经营业绩考核暂行办法》，并设计了相应的任期经营业绩考核综合得分等计算公式。但对于中央企业领导人在战略性新兴产业转型方面的考核较弱，缺乏类似的、规范的考核细则，不利于在这方面引导中央企业转型战略的实施。

这种针对性不足的业绩管理现状，还可以从中央企业综合绩效评价指标及权重表中看出。在这一指标体系中，管理绩效所占比重为30%，而其中发展创新的权数为15分，总权数只有4.5分，权重比例相对偏小（见附表10）。

附表 10　中央企业综合绩效评价指标及权重表

<table>
<tr><th colspan="2" rowspan="2">评价内容与权数</th><th colspan="4">财务绩效（70%）</th><th colspan="2">管理绩效（30%）</th></tr>
<tr><th>基本指标</th><th>权数</th><th>修正指标</th><th>权数</th><th>评议指标</th><th>权数</th></tr>
<tr><td>盈利能力状况</td><td>34</td><td>净资产收益率
总资产报酬率</td><td>20
14</td><td>销售（营业）利润率
盈余现金保障倍数
成本费用利润率
资本收益率</td><td>10
9
8
7</td><td rowspan="4">战略管理
发展创新
经营决策
风险控制
基础管理
人力资源
行业影响
社会贡献</td><td rowspan="4">18
15
16
13
14
8
8
8</td></tr>
<tr><td>资产质量状况</td><td>22</td><td>总资产周转率
应收账款周转率</td><td>10
12</td><td>不良资产比率
流动资产周转率
资产现金回收率</td><td>9
7
6</td></tr>
<tr><td>债务风险状况</td><td>22</td><td>资产负债率
已获利息倍数</td><td>12
10</td><td>速动比率
现金流动负债比率
带息负债比率
或有负债比率</td><td>6
6
5
5</td></tr>
<tr><td>经营增长状况</td><td>22</td><td>销售（营业）增长率
资本保值增值率</td><td>12
10</td><td>销售（营业）利润增长率
总资产增长率
技术投入比率</td><td>10
7
5</td></tr>
</table>

第四章　大型国有企业向战略性新兴产业转型的趋势

一、大型国有企业在战略性新兴产业中的地位和作用日益增强

战略性新兴产业要求进入企业必须获得较强的技术研发能力、资金实力和市场化水平，在这些方面，大型企业尤其是大型国有企业有着天然的优势。国资委已明确提出，要进一步推动国有经济向战略性新兴产业集中。未来，大型国有企业将继续在战略性新兴产业上重点投入、积极推进，并承担主力军的角色。

随着新型产业自身的快速发展和进一步成熟，品牌和市场的集中度水平将不断提高，大型国有企业的地位和作用将日益增强。

目前，中央企业纷纷抢滩战略性新兴产业，积极表示将进入该领域的中央企业约有100家，并有约六成中央企业已实际投资战略性新兴产业，发展势头方兴未艾。如附图21所示：

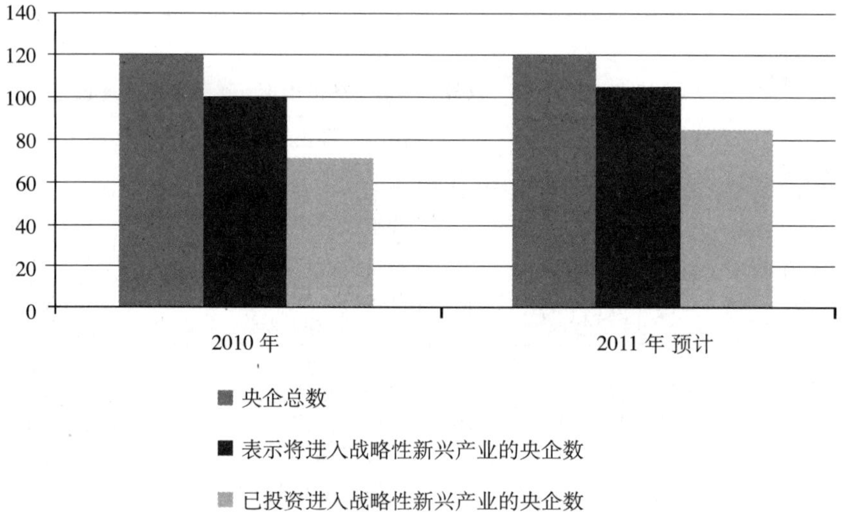

附图 21　中央企业进入战略性新兴产业情况

二、基于禀赋优势的战略方向理性调整将成为转型企业的必然选择

随着战略探索期的结束，大型国有企业在战略性新兴产业领域中的发展方向和发展路径将逐渐明确和稳定，禀赋优势将成为战略选择的重要依据。大型国有企业将在此前探索的基础上，积极借鉴国内外战略性新兴产业的发展经验，通过整合自身在技术、资金、人才和体制等方面的优势，对自身的战略方向进行理性调整和准确定位，逐步将有限的优势资源投入到最有效益的产业领域，积极优化产业结构，打造企业的独特的核心竞争力（见附图 22）。

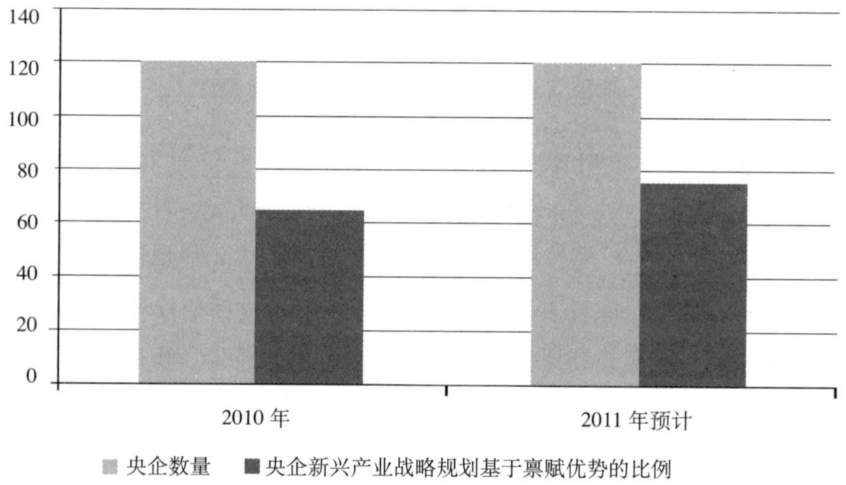

附图 22　中央企业战略方向调整及预测

三、核心技术将成为大型国企新业务主要的市场竞争力

战略性新兴产业是一个技术密集型的领域，增强自主创新能力是其发展的中心环节，也是企业在这一市场中获得竞争力的主要途径。目前，核心技术既是我国发展战略性新兴产业的短板，也是企业在该行业中突出重围的最佳点位。针对这一薄弱环节，大型国有企业依托自身的技术积累和国家的政策资金支持，将不断加大技术研发投入，完善科技创新体制，增强技术创新能力，积极开发和掌握关键核心技术，以占据战略性新兴产业的制高点。

近年来，中央企业在科技研发和专利申请方面发展迅速，科技实力进一步增强，如附图 23 所示：

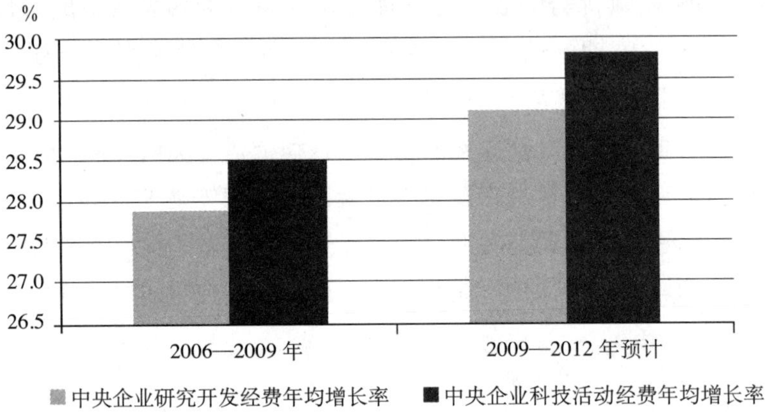

附图 23　中央企业专利增长情况及预计

四、股权多元化和并购重组将成为大型国企新业务开拓的重要手段

大型国有企业在发展战略性新兴产业的过程中，将积极整合各种内外部资源，通过股权多元化和并购重组的方式实现多方位的战略协同和战略联盟。在技术研发方面，为吸引和激励技术人才，将引入技术期权和技术入股方式；在投融资领域，将充分利用多层次资本市场的融资功能，积极开展并购重组，发展创业投资和股权投资基金；在国际技术交流与合作领域，为吸引国外风险投资和先进技术，将积极运用各种参股合资的方式。

以电子信息行业为例，近年来并购案例不断增加，年并购总金额一直高于 150 亿元，并购重组已经成为相关企业重要的发展战略，如附图 24 所示：

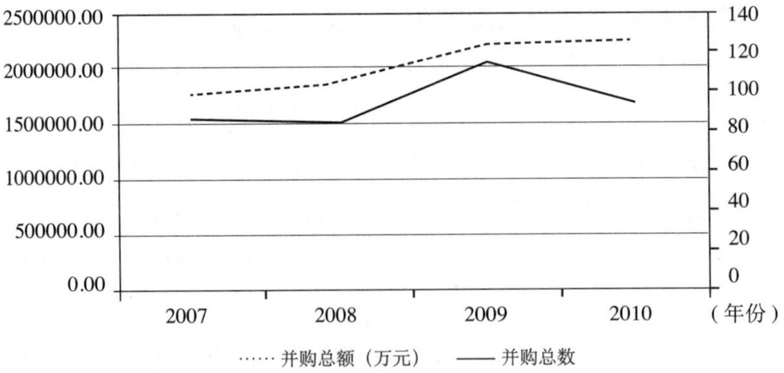

附图 24　电子信息制造业 2007—2010 年并购案例与金额

第五章 大型国有企业转型策略

一、业务策略：建立科学的业务选择体系，找准突破口，把握进入时机

战略性新兴产业是一个庞大和复杂的领域，发展尚不够成熟，蕴含着许多未知的风险。大型国企在进入这些行业之时，应当通过建立科学的业务选择体系，认真分析和研判各类业务领域，以规避风险，获得收益。构建科学的业务选择体系，需要对新业务的环境和技术效率、产业增长潜力、产业波及效应、自主创新能力等进行评估，在空间上找准突破口，在时间上把握最佳机会，并随时跟踪项目的进展状况和市场的变动，对既有的业务体系进行及时的调整。业务选择指标体系可从产业发展力、产业主导力和产业竞争力等方面构建，初步思路如附表 10 所示：

附表 10　战略性新兴产业考核指标体系

一级指标	二级指标	三级指标	指标描述
产业发展力	环境效率标准	资源消耗率	原材料、能源消耗量 / 该产业全部产值
		污染排放率	该产业污染物排放量 / 该产业全部产值
	技术效率标准	专利密度	该产业专利数 / 全部产业专利数
		技术密度	该产业技术人员数 / 全部就业人数
	风险－赢利率标准	产业成长风险	推出该产业的企业数 / 总企业数
		产业赢利率	该产业成本利润之比
产业主导力	产业增长潜力（筱原基准）	收入弹性基准	产业产品需求增长率 / 人均国民收入增加率
		生产率上升基准	综合要素生产率（TFP）：劳动、资金、能源生产率的加权平均
	产业波及效应标准	感应度系数	该产业逆矩阵横向系数的平均值 / 全部产业逆矩阵横向系数的平均值的平均
		影响力系数	该产业逆矩阵纵向系数的平均值 / 全部产业逆矩阵纵向系数的平均值的平均
		产业空间集聚度系数	EG 指数
	就业效应标准	就业吸纳力	产业每年增加的就业人数 / 总就业增加人数
		就业人员素质	就业人员中高学历和高技术人才比例
		就业环境	就业人员对就业环境的满意度

续表

一级指标	二级指标	三级指标	指标描述
产业竞争力	自主创新力标准		该产业 RD 投入额 / 全部产业 RD 投入额
	产业需求力标准	市场占有率	该产业的 CR3、CR8 值
		最终依赖度	该产业各个最终需求项目的生产诱发额 / 该产业各个最终需求项目的生产诱发额合计
	出口带动力标准		该产业出口额 / 全部出口总额

二、人才策略：创新人才培养，完善激励机制，营造卓越创智环境

大型国企向战略性新兴产业的成功转型离不开核心技术的突破和掌握，而技术研发的成功依赖于创新激励机制的完善和创新人才的培养。

首先，在人才引进上，大型国企需要在内部培养和外部引进两方面着手，充分集聚高端人力资源和技术力量；

其次，在人才使用和激励上，需要改变不适应创新人才和技术精英成长和发挥作用的旧体制，大胆尝试多种形式的激励制度，充分利用多种激励资源，最终实现人得其所，人尽其用。

链接：中国核工业集团公司实施人才战略发展战略性新兴产业
中国核工业集团公司不遗余力，通过相应的人才招聘优惠政策来吸引青年才俊，通过公开选拔、成员单位提拔等方式来引进管理干部。以 2010 年为例，中国核工业集团公司公开招聘的集团公司党组管理干部就多达 12 名。而且在外部积极加强与东华理工大学、清华大学等高校的合作，充分借助外脑，加速人才培养，加强人才队伍建设
中核集团人才战略的落地保证了我国大型商用核电站实现四个自主，取得了杰出的成就和发展。在管理层和两院院士的带领下，中国核工业集团公司对人才的教育培训工作也一直走在央企前列

三、资本策略：加强资本运作，降低投资风险

战略性新兴产业对资本有着较高的需求，同时又具备较大的风险。大型国有企业在实施战略转型时既需要加大资本投入，以支撑新业务的拓展，又需要分散投资风险，确保投资回报。为此，在资本策略方面，企业需要积极进行资本运营，努力探索和尝试各种投融资形式，充分利用多层次的资本市场。直接融资、间接融资等多种融资方式并举，股票、债券等多种投资手段相结合，调动整个社会资源的积极参与，形成强大的资本支持，分摊投资的

风险和成本。

以上市融资为例，根据对A股上市公司统计，中央企业利用上市融资方式，获得大量现金，又有效分散风险。如附图25所示：

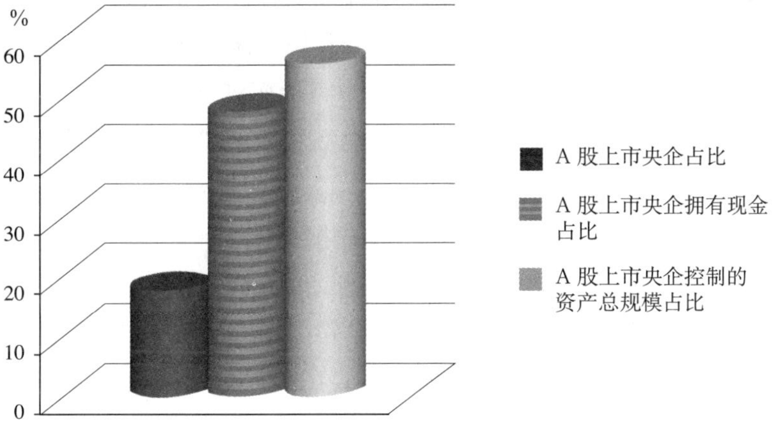

附图25　A股上市中央企业资本运作状况

四、创新策略：引进内部风投等创新机制，倡导创新文化，打造企业创新力

成功实现向战略性新兴产业的转型，需要强化创新机制，增强自主创新能力。为此，大型国企需要引进和完善各种内部风投、内部创业形式，积极调动创新人员的积极性、主动性和创造性，即赋予创业团队以一定的创业资源和自主权利，但同时要求成果责任并进行必要的监管。容忍创新时的犯错，鼓励创新的成果，在企业内部形成创业的文化，使得大型企业大而不僵，大而灵活，从而造就大型国有企业的创新能力。

链接：中国船舶重工集团引进内部风投创新机制发展战略性新兴产业
中国船舶重工集团公司于2003年成立了自己的投资公司，负责航运、游艇、医疗器械、精密机电、电子信息等行业领域的投资业务，参股并拥有两家上市公司股份。通过内部风投，激励创新人员的积极性和能动性，鼓励创新和创业的文化和机制
截至2010年末，公司总资产达到约8.7亿元，净资产约8.6亿元，净利润超亿元。内部创新机制对于央企向战略性新兴行业转型具有重要战略意义，战略性新兴产业存在诸多市场不确定性，借助内部风投等创新机制可以有效降低经营风险，加强集团公司的管控能力

五、考评策略：建立以市场绩效为出发点的新业务指标评价体系，完善考评机制

由于战略性新兴产业是一个高风险高回报的领域，其中蕴含着许多不确定性和陷阱。在传统的业务指标评价体系下，冒险创新成功的报酬太低，失败时的惩罚重，形成了国有企业高层管理者相对保守的决策特征。

为了推动战略性新兴产业发展，大型国企在对新业务进行考评时，建议变革和创新业务指标评价体系，增加战略性新兴产业的考核比重，以市场绩效为出发点，以权责对等作为考评原则，改善内部考核评价机制，鼓励适当的风险经营，激发企业内部活力，促进战略转型。

备注：本转型战略报告于 2011 年 8 月完成，并以“内刊”的形式提交工信部各司局和部级领导，8 月 3 1 日得到工信部苗圩部长的签批好评并要求规划司学习应用该成果。由于时间演变，有些研究数据和观点可能有所变化，在此说明。

后　记

《全流程规划》是新课题、新思维、新理念，是一项复杂的系统工程。笔者总结规划实践和课题研究，再征求部委专家、地方政府和智库学者的建议，形成本规划文稿。

由于规划对于专业和实践要求高，全流程规划的创新难度大，以及笔者学识、能力、时间等限制，本书观点和思路可能还不成熟，需要继续研究和探索。在此，抛砖引玉，希望通过规划创新，与部委同仁、地方政府、行业专家、学者等分享讨论，开展实践碰撞，为各地、各城市、各产业园、卓越企业的规划与战略编制、模型应用、规划执行、中期评估和流程管理，以及地方经济和社会发展，发挥建设性、前瞻性的推动、示范与引导作用。

本书在撰写过程中，得到国家部委、高校、国内外智库、地方政府等领导、专家、学者的指导与帮助，大家提出了建设性的意见。在此，诚表感谢。

如果本书能够对政府、产业园和企业的规划与战略分析、编制、执行、评估和调整等，发挥借鉴与参考作用，将无比欣慰。

书中不足之处，敬请理解、交流、批评与指正。

注：本著作仅是作者个人研究成果，不代表工作单位的观点。

交流邮箱：350807541@qq.com
微信公众号：huaxiazhiku

作者：吴维海
于北京